国际会计学

主　编　居尔宁　张凤英
副主编　赛　娜　陈玉菁　张　莉

经济科学出版社

图书在版编目（CIP）数据

国际会计学/居尔宁，张凤英主编．—北京：
经济科学出版社，2013.5
ISBN 978 - 7 - 5141 - 3548 - 0

Ⅰ．①国…　Ⅱ．①居…②张…　Ⅲ．①国际
会计　Ⅳ．①F811.2

中国版本图书馆 CIP 数据核字（2013）第 141416 号

责任编辑：计　梅　张　萌
责任校对：杨　海
责任印制：王世伟

国际会计学

主　编　居尔宁　张凤英
副主编　赛　娜　陈玉菁　张　莉
经济科学出版社出版、发行　新华书店经销
社址：北京市海淀区阜成路甲 28 号　邮编：100142
总编部电话：010 - 88191217　发行部电话：010 - 88191104
网址：www.esp.com.cn
电子邮件：esp@ esp.com.cn
天猫网店：经济科学出版社旗舰店
网址：http://jjkxcbs.tmall.com
保定市时代印刷厂印装
787×1092　16 开　19.5 印张　462000 字
2013 年 7 月第 1 版　2013 年 7 月第 1 次印刷
ISBN 978 - 7 - 5141 - 3548 - 0　定价：46.00 元
（图书出现印装问题，本社负责调换。电话：010 - 88191502）
（版权所有　翻印必究）

编委会名单

主　　编　　居尔宁　　张凤英
副主编　　赛　娜　　陈玉菁　　张　莉
编写人员　　武春梅　　孙鹏云　　张　娟
　　　　　　邱鹏云　　吴鹏程　　张晓芳
　　　　　　王　辉　　徐晓阳　　杨逸婷
　　　　　　刘之一　　李明宇

前　言

国际会计不仅仅是站在国际市场角度研究跨国公司经营的财务状况和财务成果所引起的会计问题，也是反映全球经济变动总量的工具，更是促进国际经济发展趋势信息需求的保证，本书将试图为这一目的而努力。但遗憾的是至此完稿之时也尚未如愿，留一些不完美继续学习完善。

我们讲授国际会计课程十几年来最大的感受就是这门课程真难，一直处于不断地学习、努力地掌握和探索前人们研究问题的阶段。要说原因总结起来有很多，但归纳起来不外乎有两个，其一，国际会计涉及的知识面极其广泛。有政治、经济、法律、文化等相关综合内容，所研究的内容还缺乏定论，更缺乏有价值的参考文献，所以很难把握书中准确的定义和论述中观点的正确性。其二，国际会计学相对于其他会计课程来讲所站的角度高。站在国际市场和各个国家的立场上，多国利益基础之上思考会计语言问题，要吃透相关内容需要的时间可能倾尽一生也难以完成，世代专业人士的传承就显得十分必要，有时想懈怠、有时想放弃，但又时不可待，此教材就是在这样的条件下应运而生，不足之处需要以后不断的调整改进。

本书主要围绕会计的国际方面的主要相关问题进行介绍。即国际会计的基本理论研究、国际会计的实务处理透视、国际会计的相关问题探索。尤其是 2008 年爆发的国际金融危机更使人们认识到，制定一套全球高质量的会计准则，提高会计信息透明度，对国际金融体系和资本市场的稳定与发展至关重要。会计理论问题已经不仅仅是统一问题，而是着重于各国参与和互动来实现多国共赢的问题。国际会计的实务处理问题也不仅仅是外币会计、合并报表、物价变动、金融衍生工具四大问题，而是增加了适应于发展中国家的特有的关联方交易、改组上市成本认定、公允价值根据现实情况使用，以及相关政治、经济、法律等诸多问题的研究，国际会计准则标准是否准确反映这些综合性内容等进行探讨。

本书其实是在 2004 年出版的《国际会计学》教材基础之上的进一步更新，除了每章内容的更新和调整，还增加了国际比较会计、国际审计、西方非营利组织会计三章内容，参加编写的人员变化很大，整合了人才结构，基本上是老中青相结合、海外学成归国的人才几乎都是年轻人，参与编写的好处就是新思想、新的理念融入到本书中，丰富了该书的内容，提高了该书的水平及质量，以供同行们参考。

全书共 15 章，第 1 章由居尔宁、陈玉菁编写，第 2 章、第 12 章由赛娜编写，第 3 章、第 13 章由张娟、李明宇编写，第 4 章、第 5 章由居尔宁、吴鹏晨编写，第 6 章、第 7 章由居尔宁、刘之一编写，第 8 章由张凤英、居尔宁编写，第 9 章由张莉、居尔宁编写，第 10 章由孙鹏云、杨逸婷编写，第 11 章由邱鹏云编写，第 14 章由武春梅编写，第 15 章由居尔宁、陈玉菁、张凤英编写，全书由居尔宁拟定编写大纲并进行总纂。

目　　录

第1章 国际会计概述

【本章提要】

本章节讲解了国际会计的形成和发展、国际会计的概念，以及国际会计研究的主要内容和目标。

会计是随着经济的发展和管理的需要而产生和发展的。第二次世界大战以后，由于国际贸易、国际资本流动和国际经济合作的飞速发展，使世界经济发生了巨大的变化，特别是跨国公司的经营活动，使得会计活动的区域跨越了国界，为会计趋于国际化创造了客观条件。

20世纪60年代以后，随着国际经济、文化和技术交流的进一步扩大和发展，会计国际化与国家化的矛盾加剧，于是一些专门研究国际会计协调的全球性和地区性的会计组织相继成立，在这些研究活动的基础上。逐步形成了一门崭新的学科——国际会计学（international accounting）。

1.1 国际会计的形成和发展

会计作为一种通用的商业语言，可以说从它产生之时起就具有国际性。正如美国著名会计学家 F. D. 乔伊（Choi）和 G. G. 米勒（Mueller）所说，"会计的历史是一种国际性的历史"。国际会计的形成和发展完全可以说明这一点。

1.1.1 会计世袭遗产的国际性

会计世袭遗产的国际性是会计国际化的历史基础。众所周知。会计从来就是随着商业活动的扩展而传播的。早在14～15世纪，意大利商人的经商活动就跨越国界了。作为现代簿记方法鼻祖的借贷复式记账原理，就始于意大利。意大利数学家卢卡·帕乔利（Luca Pacioli）在1494年发表了他的著作《关于算术、几何、比和比例概要》，以后，借贷复式记账法开始在世界各国传播，并得到各国会计学者在理论上和技术上的不断发展和完善。

16世纪，意大利的借贷复式记账法在西欧得到普及，先是传播到德国、法国和荷兰等国家，后又从那里传播到英国。传入德国以后，使当时德国汉萨同盟的商人在经营管理上得到很大帮助。荷兰的企业家利用复式记账原理改进了计算某一会计期间收入的方法，法国人把借贷记账法应用于政府的预算和核算工作中。

17、18世纪，英国进行工业革命，使英国在世界上的经济地位大大提高，欧洲的经济中心从意大利转向英国。随着英国的商船伴同其炮舰驶往世界大部分地区，英国成为会计的国际传播者。与此同时，法国则把会计传播到它的非洲殖民地，荷兰把会计传播到印尼和南非，德国则把会计传播到瑞典等北欧国家以及沙皇俄国和日本。

19世纪是会计史上的重要时期。推动会计发展的主要动力是现代化大生产，美英两国的股份公司广泛地发展起来，为了便于对生产经营活动的管理和控制，产生了成本会计，为了保护投资者的利益，产生了职业会计师和外部审计。

进入20世纪以后，尤其是第二次世界大战之后，美国在许多主要的科学技术领域取得了突破性的进展，并在此基础上推动了经济的飞跃发展。随着英国的衰弱和美国经济实力的日益提高，美国逐步取得了它在世界经济中的霸主地位。美国会计开始向世界各国渗透。就我国而言，新中国成立前，"中式簿记"就曾逐步让位于以美国会计为首的"西式簿记"。美国会计不仅传播到菲律宾、墨西哥、巴西等发展中国家，在第二次世界大战以后又传播到战败的日本和德国，而且对现在的英联邦国家也产生了程度不同的影响。加拿大因为地域和对美自由贸易的关系，它的会计几乎与美国亦步亦趋。

从会计在国际间的传播和发展进程可以看出，现代会计使用的借贷复式记账法从一开始就具有国际性质。

1.1.2　国际贸易的兴起和发展

众所周知，市场的国际化开端于国际贸易。早期的国际贸易比较简单、规模较小，对会计和财务报告也没有太多的要求。然而进入20世纪以后，国际贸易的规模扩大，并以惊人的速度向前发展，许多企业积极参与国际性的贸易活动，争取国外客户，增加国外业务量。在这种情况下，有关进出口业务的会计处理、国际直接投资核算、货币汇兑与换算、合并报表的编制等即刻成为现实问题，影响和妨碍了世界经济向前发展的步伐。于是，人们开始研究不同国家之间会计的异同。研究开发新的会计处理方法以解决会计的国际问题。国际会计开始从理论上和实践上引起人们的重视。因此，可以说国际贸易的兴起与发展是导致国际会计产生的一个重要原因。

1.1.3　跨国公司的形成和壮大

跨国公司是指至少在两个国家进行制造、销售和服务活动的公司。跨国公司的兴起始于发达国家。第二次世界大战以后，发达国家的企业除了通过国际贸易将其商品向海外输出外，其向海外的直接投资规模也迅速扩大。一般认为，当企业通过对国外的直接投资在东道国建立起从事生产或经营活动的机构时，它就可能进入跨国公司的行列了。在多国范围内从事经营活动和筹集资本，已成为跨国公司的两大特征。虽然人们在把企业归入跨国公司时，往往还加上"规模"这个标准。被视为跨国公司的企业，世界上早已突破1 000家，它们的年销售额每家都超过2.5亿美元，跨国公司生产的产品约占全世界生产总值的1/4，国际贸易中大约有1/4的进出口交易额属于跨国公司集团的内部销售，而跨国公司的雇员人数，几乎相当于发达国家全部就业机会的1/4。20世纪80年代以来，全球跨国直接投资平均每年增长29%左右，比世界贸易额的增长幅度高3倍，比世界国民生产总值的增长幅度高4倍。20世纪90年代初，全球跨国直接投资总额已达到1 960亿美元。跨国公司经济力量之巨大，由此可见。

由于世界各国经济、政治、社会和文化等背景不同，而且也基于各国奉行的有利于本国经济发展的政策，因此，各国的会计准则和会计实务之间，还存在着很大的差异。跨国公司基于其跨国经营和向国际筹资的需要，一方面希望通过国际会计协调化来缩小这些差异，以便于其进行全球性的经营管理；另一方面又十分重视利用各国现存的会计差异来谋求其最大的财务利益。但无论是哪一方面的原因都极大地丰富了国际会计的内容。对各国会计模式和重要会计方法的比较研究，正是顺应跨国公司的需要和利益而发展起来的。因此，可以说跨国公司的形成与壮大是国际会计得以发展的重要推动力量。

1.1.4　国际资本市场的建立与发展

随着国际资本流动而来的是货币、资本市场的国际化。国际金融机构，如货币基金组织、世界银行、国际性的证券交易所等，已成为推动会计国际化的重要力量。目前在国际金融市场上，除了各国的传统金融市场外，还存在着相当活跃的欧洲美元、亚洲美元和欧洲货币市场。世界货币市场的发展，使得不仅是跨国公司，即便是国内公司也向国际货币市场融通资金。这就意味着国际货币和资本市场对贷款人或筹资者提出了应提供在国际间相互可比且可靠的财务信息的要求。实务中许多从事跨国经营活动的公司都必须按照东道国的语言、货币和会计规则编制财务报告。因而，跨国筹资和跨国投资活动对于会计信息国际协调的需要是毫无疑问的，没有可相互理解的会计信息，国际资本市场将无从谈起。为了保证会计工作能够帮助国际资本市场的正常运转，当今许多国家和国际组织都正在做出各种努力来保证跨国筹资与投资的信息需要。因此，可以说如何通过会计技术和财务报告的改善来满足国际资本市场的需要已成为国际会计的一项重要任务。

1.1.5　特殊会计问题的国际化

国际贸易、跨国公司经营，以及国际资本市场的交易，不仅会引起商品与资金流动跨越国界，而且会由此产生一些特殊会计方法，这些方法都涉及会计的国际问题。例如：

外币核算问题，一个国家可以利用该国的货币向别的国家支付费用，也可以利用对别国的投资所得来偿付应向别国支付的费用。无论采取哪种方法支付，都必然会涉及两国或更多国家之间的货币核算。因此，会计上就产生了外币交易问题。这是会计国际化必然要涉及的一个会计方法问题。

合并报表问题，作为跨国公司的母公司如何对国外子公司的财务报表进行合并，则是会计国际化要解决的另一个会计问题。跨国公司在国外都设有子公司，为了全面反映整个集团的财务状况和经营成果，就需要将母公司与各子公司的财务报表进行合并。由于各子公司所在国与母公司所在国的记账本位币不同，货币购买力不同，如何进行合并，这就成为国际会计所涉及的另一个特殊的会计问题。

因此，可以说国际间的贸易、投资和经营活动的扩大和发展带来了一系列需要从国际角度加以研究的特殊会计问题。这些问题奠定和充实了国际会计的内容，促进了国际会计的发展。

1.1.6　会计职业界的国际化

国际融资、投资活动和跨国公司的经营活动必然要求会计职业界提供国际性的服务。这是促使会计职业国际化的主要推动力，会计职业的国际化也促进了国际会计的发展。国际上由于一些会计师事务所跨国执业，自然需要了解相关国家的会计惯例，需要对相关国家的会计惯例进行比较，并从执业的角度来促进国际会计协调。

直至目前，规模巨大的国际性的会计师事务所还是屈指可数的，为数众多的是以本国为基地、以提供国内服务为主的中小型的会计师事务所，只是在临时性协作的基础上为他们的本国委托人提供国际性的服务。下面介绍的会计职业界提供国际性服务的三个层次，标志着会计职业国际化的不同程度。

1. 最高层次是一体化的国际性会计师事务所（会计公司）

他们的组织模式是国际性的典型的"合伙组织"，在世界范围内以同一名称经营会计服务。当前最大的国际会计师事务所都起源于英美，通过相互间的兼并和兼并其他事务所而成。如德勤（Deloitte Touche Tohmatsu）、安永（Emst & Young）、毕马威（KPMG）、普华永道（Pricewaterhouse Coopers）。

2. 第二层次是建立在"联盟"基础上的兼并国际和国内性质的会计师事务所

当今世界上大约有20多家这样的国际性会计师事务所，他们也以同一名称在国际范围内从事经营业务，入伙的各国会计师事务所成为其成员所，在"联盟"的基础上从事国际性业务的经营。入伙的成员所之间的财务处理，一般都建立在按工作收费的基础上，在专业性的服务上则常设有一个国际秘书处来推动交流、培训和技术工作。他们在国际上以同一名称的身份和职业工作标准从事业务活动，而在各自国家内则仍以本国事务所的身份从事业务活动，在本国建立自主的管理机构。因此，各成员所兼具国际和国内的双重性质。应该说，这是各国的国内会计师事务所向国际性事务所发展的比较灵活的方式。

3. 第三层次是国内性质的会计师事务所为从事国际业务而进行的临时性协作

为数众多的国内性质的会计师事务所为了对其国内委托人的国外经营机构提供业务服务，往往通过代理协议邀请其他国家的会计师事务所进行。作为代理的事务所与它很少具有直接的组织系统关系，而只是同意在尊重双方的业务要求和质量标准的基础上各自为对方工作。邀请的会计师事务所将向当地的委托人收费，并在约定的期限内把按双方约定方式计算的工作费用拨付给国外的代理事务所。这种代理关系可能发展为经常性的和相互的，但只是在有业务需要时才逐项签订代理协议。大多数国家的职业会计师协会都设有国际联络委员会来推动这方面的工作，而这种代理安排往往是通过国际性的职业界会议来促进的，当然也可能通过双方的直接联系进行。

综上所述，从国际的观点来看，会计在国际间传播和发展的历史，使会计本身从其一开始就具有国际色彩。跨国公司与国际资本市场的发展扩大，带来了对会计和会计工作新的需要和要求，使会计理论与实务在国际间经营活动的运用中，产生了许多单纯国内经营所没有的各种特殊会计问题，对这些问题的研究和解决，奠定了国际会计的发展基础，同时也充实了国际会计的内容。另外会计职业界的国际化也促进了国际会计的形成与发展。

1.2　国际会计的基本概念

什么是国际会计？关于这一问题可谓仁者见仁，智者见智，至今仍无定论。人们在国际会计的发展进程中，对其概念的理解存在不同的观点。下面按时期介绍一些著名的国际会计学家对国际会计所下的定义。

1.2.1　20世纪60年代

这一时期主要有两种观点。一种观点强调会计的国别差异，把国际会计限定为对各国会计理论和实务的比较分析。如美国会计学家科拉里奇（Kolarich）和马霍（Mahon）于1967年对国际会计所下的定义是："国际会计是对所有国家的会计原则、方法和准则进行研究和分析。"这种观点缺乏远见，认为国别会计不可能向国际协调化的方面发展。另一种观点认为国际会计应该向"世界会计"的方向发展。如美国齐默曼（Zimmerman）教授于1968年提出的国际会计的定义是："国际会计是最离层次会计的抽象，其目的在于打破国界，发展世界性的会计理论，并在任何一个国家的会计中加以应用。"这种观点显示了会计学家们对开拓国际会计研究领域的抱负、热忱和较高的期望。

1.2.2　20世纪70年代

20世纪70年代初，美国会计学者T. R. 韦利奇（Wairich）、G. G. 艾弗里（Avery）和H. R. 安德森（Anderson）三位教授在《国际会计的不同定义》一书中，将国际会计的概念归纳为以下三个方面：①一个世界性体系；②一种描述各国现行准则和惯例并提供与此有关信息的方法；③母公司和国外子公司之间的会计事务。根据这种观点，对国际会计可做如下理解。

1. 世界会计

这一观点认为，国际会计可以被世界上所有国家采纳，是一个全球性体系。为此，应该制定一套在世界范围内公认的会计准则。这样，跨国公司遵循这套准则所编制的财务报告，就是世界各国都通用的财务报告，这也是国际货币资本市场所希望的。显然，这种作为国际会计追求的最高目标是无可厚非的，但从目前各国经济环境和会计实务来看，世界各国会计惯例的分歧，还很难在协调的基础上建立一个统一的、全球性的会计体系。因此，这种观点过于乐观和理想化，可望而不可即。

2. 国别会计

这种观点认为，各国会计的差异是由不同的经济、政治、社会、法律、文化、地理等环境所形成的，是不可能协调一致的，为此，要制定出一套世界性的、能为各国所接受的会计准则是根本不可能的。国际会计应该是世界上所有国家的会计准则和惯例的集合体，因此会计师在学习国际会计时应自觉地掌握多种会计原则，了解各国提供会计信息和传递会计信息的不同手段和方式。如美国注册会计师协会（AICPA）1964 年出版的《25 个国家的职业会计》和 1975 年出版的《30 个国家的职业会计》。可以作为代表。诚然，我们应当承认各国在会计环境及会计准则方面客观存在的差异，但是，把国际会计仅仅理解为国别会计，未免消极和被动，不符合国际会计的现状和未来发展趋势。因为，如果我们不否认会计的世袭遗产是国际性的话，那么，在当今世界国际资本流动和国际技术交流合作不断发展的情况下，原来相异的环境因素也会逐步趋同，各国的会计准则和惯例的差异会从对立走向协调。

3. 国外子公司会计

这种观点认为，国际会计就是跨国公司会计，它所研究的课题是母公司与其国外子公司之间有关会计的问题。由于国外子公司一般要按所在国的货币作为记账本位币，财务报表的编制要符合子公司所在国的规定，为此，要比较子公司所在国与母公司所在国在会计原则、制度、方法等方面的差异；要研究如何对国外子公司的财务报表进行折算和调整，以便编制合并报表。应当看到，国际会计作为会计学中的一门新兴学科，它绝不仅仅局限于跨国公司的会计实务，还涉及法律、金融、税务等问题。所以，把国际会计理解为是国外子公司的会计，这种观念是狭隘的。

1.2.3　20 世纪 80 年代以后

20 世纪 80 年代以后，随着经济全球化的飞速进程，以及通过各种类型的国际组织的共同努力，国际会计协调化的趋向逐渐冲淡了国别差异，即"世界会计"与"国别会计"对立的观念渐渐融合。以下两个具有代表性的说点，反映了这一趋向。

美国会计学家 F. D. 乔伊（Choi）和 G. G. 米勒（Mueller）两位教授在他们合著的《国际会计》（1984 年版和 1992 年第 2 版）中写道："国际会计把本国导向的通用会计最广义地扩展到：①国际比较分析；②跨国经营交易和跨国企业经营方式下独特的会计计量和报告问题；③国际金融市场的会计需求；④通过政治的、组织的、职业界的以及准则制定等方面的活动，对世界范围内会计和财务报告的差异进行的协调。"他们的观点反映了这一时期国际会计发展的主流趋向。

M. Z. 伊克彼（Iqbal）、J. U. 麦尔科（Melcher）和 A. A. 伊利马拉夫（Elmallah）三位美国教授在《国际会计：全球观》（1997 年版）中所下的定义是："国际性交易的会计，不同国家会计原则的比较，以及世界范围内不同会计准则的协调化"。这个定义的特点是十分简洁，直截了当，但相当全面，更突出了国际会计协调化。

综上所述，尽管国际会计的定义至今尚未形成统一认识，但不同时期的这些定义从不同的角度对国际会计所作的解释，实际上也有助于人们进一步加深了对国际会计的理解和认识。我们认为，乔伊、米勒两位教授的观点比较全面、系统地反映了国际会计发展的两个趋势，这也是他们的观点至今被广泛运用的原因所在：①在国别会计基础上的国际比较分析仍是国际会计的主要内容。同时，世界范围内对会计和财务报表差异的协调化努力，使协调化在国际会计中占有十分重要的地位；②协调化来自两方面的需求，即国际金融市场以及跨国经营活动。这种需求实际上也就是对协调世界范围内会计和财务报表差异的要求。

1.3　国际会计研究的内容和目标

1.3.1　国际会计研究的内容

早在 20 世纪 60 年代，美国各大学就开始对国际会计进行研究，但是对于国际会计应包括哪些内容，各大学的学者们意见不一。有人认为，国际会计研究的内容是找出各国会计差异的影响因素，并对这些影响因素进行分析比较；有人认为，国际会计研究的内容必须以国内会计为基础对涉及国际方面的有关会计问题进行探讨；有人认为，凡涉及有关国际投资业务的会计问题，无论是与本国相关或不直接相关，都可以作为国际会计问题进行研究。因此，自 20 世纪 60 年代以来，美国高等院校开设的国际会计课程的内容基本有三种类型：一是着重强调各国会计与社会环境及由此产生的会计的差别；二是重点研究美国会计中存在的有关国际会计方面的问题；三是着重提出会计在国际方面存在的各种问题。当然，这三种类型所研究的内容并不是相互孤立的，而是既相互交叉，又各有侧重。

美国著名国际会计专家乔伊和米勒在 1978 年合著的《多国会计导论》中，列举了国际会计研究的九个部分的内容：①国际会计的类型；②外币折算和通货膨胀会计；③跨国财务报告和信息的提供；④国际会计准则和有关国际会计组织；⑤欧洲经济共同体会计；⑥多国经营活动的理财计划；⑦管理信息系统的控制；⑧多国税务和转让价格；⑨当前问题和今后发展。1984 年，乔伊和米勒重新调整了国际会计的内容，主要包括：①会计的国际性；②概念的发展；③比较会计惯例；④外币折算；⑤通货膨胀会计；⑥更多的方法问题；⑦财务报告与揭示；⑧分析外国财务报表；⑨审计；⑩管理会计；⑪转让价格和国际税务；⑫国际准则与国际组织。

1981 年美国会计学会（AAA）的国际委员会对国际会计研究的分类主要有三个领域：①对各国会计的说明和比较；②建立国际会计准则；③分析跨国公司的特殊会计问题。

由此可见，国际会计作为一门新的会计学科所涵盖的内容尚处在探索之中。综观国内外已出版的国际会计的专著，本书将国际会计的研究内容归纳为以下几个方面。

1. 国际比较会计

这部分内容主要是对各国的会计模式进行比较和分析。其必要性表现在两个方面：一是可以在熟悉各国会计模式的基础上，有效地扩大国际业务的范围；二是在比较各国会计模式异同的基础上，促进国际会计协调活动的开展。但在比较时应注重以下问题：

（1）应联系环境因素对各国会计模式进行比较。社会制度、经济政策、政治体制、文化性质、法律上的惯例和制度等都是影响会计形成和发展的环境因素。要分析、比较和研究这些环境因素对各国会计的影响。这样，一方面便于了解它们之间的异同的原因；另一方面有利于会计实务的改善和会计准则的协调。

（2）应把财务报告作为研究各国会计模式的侧重点。研究国际会计必须了解各国财务报告的内容。财务报告是传达某一经济实体经济活动信息的手段，它构成了会计实务的一项重要内容，它是各国会计法规、会计原则、会计惯例的集中表现。因此，各国的财务报告在内容上、编制依据和方法上都不统一。然而在国际经济活动中，人们不仅希望能看住本国的财务报告，而且希望能掌握有关国家的财务报告的特征。因此，研究各国财务报告的差异，成为国际比较会计的一个重要内容。

2. 国际会计准则的协调

会计准则是会计实践的经验总结，是会计工作的指导和规范，它是国际会计协调的主要内容。目前，有些国家由官方制定会计准则，有些国家由民间团体制定会计准则，有些国家会计立法和会计准则并行。由于存在上述差异，导致各国编制的财务报表的内容存在很大差别。这种现象的存在，对报表的使用者理解财务信息造成严重的障碍，以至于影响经济决策的制定和经济资源的有效分配。因此，会计准则的国际协调成为必要。协调的目标在于消除或减少各国会计准则之间的差别，从而使各国提供的财务信息在国际间具有可比性。

然而由于世界各国政治、经济、法律等因家的影响，国际会计准则的协调存在许多障碍，但是随着国际经济和国际政治的发展，国际会计必然要朝着协调的方向迈进。目前，在国际上已建立了许多包括政府间的、民间的和地区性的协调组织，他们正在采取积极的措施来推进协调化的进程。

3. 与国际经济活动有关的特殊会计方法

（1）外币交易与外币折算。外币交易的形式包括商品和劳务购销交易、向国外借款或对外贷款等。如果这些交易是用本国货币进行的，那就不存在外币交易问题；反之，如果这些交易用外币进行，就会发生外币交易问题。

外币折算不仅要改变报表的币种，即将某一种货币用另一种货币来表达或者用另一种货币重新进行计算，而且会涉及汇率的变动。采用不同的折算方法会产生不同的汇兑差额。

（2）国外子公司财务报表的合并。国外子公司的财务报表是否需要合并，各国并不统一。美、英、日等国原则上对所有国外子公司的财务报表都要合并。德国的公司法规定，是否仅对国内子公司的财务报表进行合并由企业自行决定。在存在国外子公司的情况下，由于东道国的政治、经济和文化等方面的环境不同，存在很多特殊问题，因此国际会计有必要对此进行研究。

（3）通货膨胀下子公司财务报表的调整。合并报表中存在一个棘手的问题是，当子公司所在国处于通货膨胀阶段，在编制合并报表时，存在着应该用母公司所在国的物价指数（母公司观点），还是用子公司所在国的物价指数（多国观点）进行表述的问题。实务中，还存在着是"先重新表述而后折算"还是"先折算而后重新表述"的争论。

（4）金融衍生工具会计。进入世纪之交，金融工具会计已成为国际会计界最热门的课题。20 世纪 80 年代初，在世界范围内掀起了金融自由化和金融创新的浪潮，金融市场在蓬勃发展的同时，出现了前所未有的非常剧烈的证券价格、利率及汇率的波动。为了对筹集资金、规避风险和投机套利提供多种多样的手段，金融界创新了大量的金融衍生工具。金融衍生工具市场和交易量达到了空前的规模。然而，由于金融衍生工具所具有的高收益、高风险，以及是未来交易的特点，它既可作为筹集资金和转移风险的有效手段，也提供了投机套利的机会。金融衍生工具的这种两面性，造成的对金融投机中获取暴利和招致严重损失的事例触目惊心。因此，如何把金融衍生工具交易中形成的金融资产和金融负债，以及它们可能带来的报酬和损失在财务报告中得到反映，如何制定金融衍生工具会计准则，成为国际会计研究的内容。

4. 国际管理会计

国际管理会计是国际会计必不可少的组成部分。这部分内容也是和跨国经营及资本市场国际化相联系的，具体包括国际战略管理会计、国际筹资会计、国际投资会计，以及国际责任会计等。

除上述几个问题以外，国际经济活动中的外汇风险管理、国际转移价格和国际税务管理等也是国际会计领域研究的内容。

1.3.2　国际会计的目标

国际会计的目标是指国际会计最终要达到的目的。由于国际会计学和国际会计工作的特殊性。其目标不仅仅在于明确向谁提供信息、提供何种信息，而且还在于如何利用信息以加强会计管理、如何分析差异并进而协调差异。具体来说，国际会计的目标可以从以下几个方面来认识。

1. 协调差异，以期建立相对统一的会计报告体系

国际会计的基本内容，也是国际会计的目标之一是：分析和比较各国的会计差异，进而协调差异。从某种意义上讲，正因为各国会计客观上存在差异，才产生了国际会计。然而，会计的国家特征并非是恒久不变的，自从跨国公司这种企业组织形式出现之后，会计的国家特征和国际会计惯例就在既相互排斥又相互吸纳的矛盾过程中交替发展着，并使得世界会计在国际化和国家化两大潮流的推动下不断前进。可以说，在当今社会，既不会有任何一个经济发达国家愿意放弃自己国家的会计特征，也不会有任何一个经济发达国家和发展中国家会漠视国际会计惯例，这便从根本上给国际会计协调提供了必要性和可能性。

协调差异并非是要消除差异，协调差异的最终目的是为跨国经营和理财活动创造一个相对统一的财务会计环境。毕竟会计是商业语言，人类在多层次、全方位的商业活动中，对会计这种语言的求同是必然的，而这既是每一个国际性会计协调组织的使命，也是国际会计所要实现的目标之一。

2. 为跨国经营活动提供高质量的国际会计信息

前面已经指出，与国际经济活动有关的特殊会计方法主要包括外币交易会计，物价变动会计、合并财务报表和金融衍生工具会计等，这几种特殊会计方法都是由跨国公司的经

营活动所直接引发出的会计问题，它们在本质上是企业财务会计的一种自然拓展，因而也就有其特定的信息使用者。就跨国公司而言，其所有者、债权人、政府间管理机构及内部经营管理者都是国际财务会计的信息使用者。从他们所需求的信息来看，无论是本国的所有者还是国外的所有者，他们都希望了解该跨国公司资本的保值能力和企业的盈利能力，以便作出是否维持投资和增加企业投资的决策；无论是本国的债权人还是国外的债权人，他们都希望了解跨国公司资产的变现能力和偿债能力，以此判断持有债权的风险状况；跨国公司各子公司所在国的政府管理部门如税务机关、工商部门、外汇管理机构等希望能真实、全面地了解企业的业务活动和获利情况，以履行政府部门的管理职能；企业的经营管理者需要了解企业资产的分布情况、资本的运营情况、成本的管理情况、负债和投资所承担的风险情况等，以期加强企业管理，提高业务运营效率。而所有这些需求都不是母公司或子公司单方面的会计信息所能满足的。必须要运用特有的国际会计方法，如外币报表折算、合并会计报表、物价变动会计等对原有的信息予以进一步加工，通过提供加工生成后的信息来满足跨国公司的财务关系人的需求。反过来说，满足跨国公司所有者、债权人、政府管理部门及内部经营者的会计信息需求，便成为国际会计所要达到和实现的又一个基本目标。

3. 服务和参与资金决策，提高跨国公司资本运营效益

国际会计范畴中的国际管理会计，其目标的定位类似于国内企业管理会计目标的定位，它既有确定的服务主体，又有明确的管理内容。

国际管理会计的服务主体是跨国公司，这个主体同样可以理解为是国内管理会计主体的延伸和拓展。由于跨国公司的子公司通常分布在世界各地，这就给国际管理会计带来了一些特殊的问题，如转移定价、各国税务筹划、外汇风险管理等，这些环节体现了国际管理会计对跨国公司事前、事中和事后三个阶段的管理，进而也成为国际会计所要实现的目标之一。

本 章 小 结

国际会计的形成和发展，应从以下几个方面来考察：会计世袭遗产的国际性是会计国际化的历史基础；国际贸易的兴起和发展；跨国公司的形成和壮大；国际资本市场的建立与发展；特殊会计问题的国际化；会计职业界的国际化。

国际会计的概念，关于这一问题历代学者都给出了定义，可谓仁者见仁，智者见智，至今仍无定论。我们认为，乔伊、米勒两位教授的观点比较全面、系统地反映了国际会计发展的两大趋势，这也是他们的观点至今被广泛运用的原因所在：①在国别会计基础上的国际比较分析仍是国际会计的主要内容。同时，世界范围内对会计和财务报表差异的协调化努力，使协调化在国际会计中占有十分重要的地位；②协调化来自两方面的需求，即国际金融市场以及跨国经营活动。这种需求实际上也就是对协调世界范围内会计和财务报表差异的要求。

国际会计研究的内容，学者们意见不一。本书将国际会计的研究内容归纳为以下几个方面：国际比较会计；国际会计准则的协调；与国际经济活动有关的特殊会计方法（包括外币交易与折算、国外子公司财务报表的合并、通货膨胀下子公司财务报表的调整、金融衍生工具会计）；国际管理会计。

国际会计的目标可以从以下几个方面来认识。第一是协调差异，以期建立相对统一的会计报告体系；第二是为跨国经营活动提供高质量的国际会计信息；第三是服务和参与资金决策，提高跨国公司资本运营效益。

复习思考题

1. 从历史发展的进程谈谈你对会计随商业活动的扩展而传播的看法。

2. 跨国公司是否在百分之百地推动会计国际化？你赞成把国际会计等同于跨国公司与国外子公司之间的会计实务吗？

3. 你倾向于把国际会计定义为世界会计还是国别会计？

4. 国际会计的目标是什么？

第2章　各国会计模式

【本章提要】

本章在阐明会计模式的基础上，首先论述影响会计模式的因素，而后介绍几种具有代表性的对会计模式的国际分类，再进一步论述美国、英国、法国、德国、日本等国具有代表性的会计模式和会计实务。

比较和分析各国会计实务体系的基本特征，把它们概括分类为若干会计模式，联系现存的环境因素及其演变趋向，探求求同存异的国际协调化的途径，是国际会计的重要内容。

2.1　会计模式的影响因素

会计模式是会计实务体系的示范形式，它是对已定型的具有代表性的会计实务体系的概括和描述。会计模式是对特定国家和地区的会计实务体系的概括和描述，它的内容是非常广泛丰富的，可以包括会计目标、会计信息质量要求、会计原则和会计准则、会计管理体制等。

人们普遍认为，会计模式的特征在很大程度上取决于其所处的外部环境。由于各国的差异，即法律环境、政治环境、经济制度环境、税收体制环境、文化环境、教育水平环境等不同，才会形成各国各具特色的会计模式。

2.1.1　法律环境对会计模式的影响

法律对包括会计在内的社会各方面产生深刻影响。不少国家在法律中直接或间接地规定会计工作所应遵循的准则及应采取的会计程序和方法。法律环境因素对会计模式的影响主要包括法系种类和会计立法主导思想方面。

法律环境是国家法律和行政法规以及由此所产生的社会制度的总和，"法律"是阶级社会特有的现象，它是体现统治阶级意志，由国家制定并认可而且以国家强制力保证实施的行为规范的总和。不管意识形态如何，各国都有不同的法律制度，这些法律制度是最直接、最经常地制约经济行为和会计实务的。由于不同的法律制度存在差别，导致它们会计制度的差别，最主要的是法系对会计模式的影响。近代一般分为五大法系：中国法系、印度法系、阿拉伯法系、普通法系、罗马法系。其中中国法系、印度法系基本上是法制史上的概念。其中阿拉伯法系、普通法系、罗马法系在西方各国具有重要影响。法系的不同影响管理体制的形式和内容。

1. 普通法系

普通法系或判例法系，是源于日耳曼习惯法的普通法为基础，逐渐形成的一种法律制度。普通法比较具体、不抽象，普通法中的规定是为每一个具体案例寻找答案，而不是为未来的发展制定一般的规定。代表性国家包括：英国、美国，以及曾是英国殖民地的国家和地区，如加拿大、澳大利亚等。

英美法系对于会计披露存在一定的差异，美国由于受到证券交易委员会（SEC）的影响，出于对投资者或潜在投资者的考虑，要求美国企业或在美国上市的企业披露的内容较多，但法律对会计信息披露的规定比较笼统，没有罗马法系那么详尽。英美法系的美国，注册会计师有一百多年的历史，但直到近 20 年，才制定颁布了《统一会计师法》，并且多数州依然保留了各自的会计师法。英国一直没有颁布单独的注册会计师法，而是在《公司法》中专门对会计师作出了规定。同是英美法系的加拿大，各省都有自己的会计师法。

2. 罗马法系

罗马法系，是以罗马法为基础而发展起来的法律的总称。罗马法系是古罗马的法律以及在罗马法的基础上制定和发展起来的各国法律的统称。罗马法系首先盛行于欧洲大陆，故亦成为"大陆法系"。罗马法以成文法为主要形式，其中民法最为完备，对后世资本主义社会的民法影响深远，成为许多国家立法的依据。例如，1804 年颁布的《拿破仑法典》，就是以罗马法为基础制定的法律。大陆法系代表性的国家包括：以法国、德国为代表的欧洲大陆国家，亚洲的日本等。在罗马法系的国家中，公司法或商法对公司的各种活动以及会计和报告问题都有较为详细的规定，有的国家的公司法中公司事项是很重要的内容，占有较大的篇幅，有具体的记账规则和报表格式。各公司在这样的法律环境中进行的会计处理必须严格遵守法定的要求，会计职业界几乎没有自己制定会计规则的余地。

大陆法系的法国、德国、日本都有专门的会计师法典。法国有 1945 年颁布、1994 年最后修订的《法国注册会计师法》；德国有 1990 年修订的管理注册会计师及审计师行业的《德国审计师行业管理法》；日本有 1948 年颁布、1986 年最后修改的《日本公认会计师法》。大陆法系的国家由于其中央集权较高，导致国家对会计实务的操控较强，而相对弱小的会计职业团体在会计准则的制定上存在着严重的被制约性；大陆法系的会计准则受政府的严格管制，其准则都由政府在条文中有明确的列示，会计职业团体在会计准则制定方面的作用非常有限；不同的法系对会计所要披露的要求不一样。大陆法系由于会计要服务于宏观，政府对所有事项都要十分详尽的了解，从而实现政府税收的最大化，因此所要披露的东西非常多，而且要详细。

2.1.2　政治因素对会计模式的影响

会计模式的运行过程实质上是一个政治过程，任何国家的会计模式都必然体现本国的政治要求。政治环境因素对会计的作用比较明显，因为任何一种政治制度下的统治阶层，都可以通过一系列政治环境和法律手段来约束经济活动，调整各种经济利益，会计作为维护各种经济利益的一种活动，就必须对其作出反应。政治环境因素对会计模式的影响往往是通过一些经济政策来体现，并且与经济、法律、文化等各方面因素一起发挥作用。会计制度的性质要反映一个国家的政治观点和政治目标。

对于会计模式，可以比较法国和美国，两者之间有着明显的不同。法国实行的是有计划的资本主义市场，亦即实行市场调节与国家计划指导相结合的市场经济，中央政府的权力相对集中，国家对于市场的干预较大，政府的集中决策对企业决策有决定性的影响，政府在资源配置中起着主导作用。公有化比重高，国有经济在国民经济中占有主导地位，市场经济体制的主导作用是实行经济计划。政府对国民经济实行强有力的干预。占主导地位的企业组织形式是规模不大的有限责任公司，中小企业占绝大多数，股份公司相对其他国家重要性差。由于"税法的有关规定对于法国企业报告经营成果和财务状况有重要的影响，对于法国的会计来说，适应税法规定的要求就是非常必要的"。由此导致法国会计属于政府税收导向模式，强调为宏观经济服务。而美国会计的理论和实践主要是市场经济的产物，会计准则是在激烈的市场竞争中产生、发展、完善起来的，民间会计职业团体制定和修改会计准则，要求会计保护股东的权益。

例如：苏联和俄罗斯联邦。属于不同的政治制度：政治关系会对两个时期的会计实务产生一定的影响。政治上联盟或敌对的国家影响着会计实务向相近或相反的方向发展。

例如：日本和德国在第二次世界大战以前，政治关系一直非常密切，所以两国的会计实务也非常接近。战后德国东西方分成两大阵营，社会主义阵营（包括东德）同资本主义阵营（包括西德、日本）的会计制度和会计实务也出现了根本的分歧。

2.1.3   经济制度对会计模式的影响

经济环境因素对会计的影响是最直接的，决定了会计模式的生成。任何一种会计模式的生成，都源于经济环境内部矛盾运动，其具体内容则分别受到各种经济环境因素的影响。经济环境决定会计模式的转换，经济环境内部的矛盾运动是一种会计模式替代另一种会计模式的动因。经济环境涉及许多经济因素，主要有社会发展水平、经济体制、所有制形式、企业经营方式、企业组织形式等，都对会计模式产生了重要影响。

（1）一个国家的会计发展状况和发展水平一般的是与该国的经济类型和经济发展水平相适应的。在一个以农业为主的国家中不可能有发达的工商企业会计实务；在高度工业化的国家中，产生过程和经济业务相对比较复杂，相应地发展到了更高水平的会计理论和会计实务。

（2）经济制度的不同对会计的要求会有所不同。计划经济体制下，会计主要为执行国家计划服务，各级会计组织要将核算结果逐级上报，为中央政府的国民经济计划的编制和实施提供资料。

（3）企业组织的形式和规模也是影响会计实务的一个因素。例如，独立企业、合资企业、私人企业、独资企业等要求实行市场经济。国有企业不但要求市场经济，而且要遵守行政法规等。例如，大公司结构层次多，会计需要有相应的反映和控制方式，多步骤生产的企业往往需要分步计算成本，而简单的小型企业只需要相对简单的会计制度与之相适应。

2.1.4　税收体制对会计模式的影响

每个国家都有自己的税收体制。税收体制直接制约着企业的经营活动和会计实务。

（1）有的国家税法税则就是会计规则，会计报告中列示的利润与纳税申报表中的利润必须一致。

（2）有的国家财务会计和税务会计不同，会计利润和应纳税所得往往不同，存在时间性差异。还有一些具体规定：例如，折旧提取方法：德国对生产节能和控制污染产品的企业可采用加速折旧。英国对产品企业一般采用年限法。各国协调原则：如果税法对会计计量和报告问题规定的较细，企业会计实务就按税法的规定发展，会计实务与税法的规定趋于一致。否则，就要进行调整。

2.1.5　文化环境对会计模式的影响

所谓会计文化环境是指对会计模式形成与发展具有制约和影响作用的各种文化因素总和，包括思想观念、价值趋向、思维方式、行为准则及语言、文字、风俗习惯等。由于文化是人类在长期的社会实践中创造并积累的，体现一个国家或民族精神特征的财富，因而由各种文化因素组成的文化环境，在不同的社会表现出明显的差异。一个国家的文化取向（主要是其中的价值取向）影响着会计实务的发展过程和方向。

会计文化趋向是指由一个国家的文化取向所决定的会计发展倾向。西方国家在研究文化对会计的影响方面，比较著名的是霍夫斯特德（Hofstede）的价值倾向。代表的文化取向和理论为基础进行的研究一般分四个方面：

1. 个体主义取向对集体主义取向

个体——社会中人们偏好松散联结的社会结构。

集体——社会中人们偏好紧密联结的社会结构。

例如：美国是个体主义取向为主的国家。中国是以集体主义取向的国家。

个体主义取向的文化决定了一个社会中会计职业界比较发达，自制程序较高，政府对会计准则制定和会计实务管理等事物介入较少。相反，政府的统一会计规则比较完善和有较高的权威性。实务中较少需要职业判断，会计职业界相对较弱。

2. 大跨度权利结构取向对小跨度权利结构取向

这是指社会成员所接受的机构或组织中权利分配的程度。大跨度权利结构：人们倾向于接受一种等级制度秩序。每个人在社会中位置不需要证明其合理性。小跨度权利结构：人们倾向于寻求权利的公平，要求证明现存权利不平等的合理性。

3. 避免不确定性愿望中的强避免取向对弱避免取向

这是指一个社会成员对不确定性和模糊性能够容忍的程度。

强避免取向——较强保守主义思想，对利润的计量比较强的保守。

弱避免取向——较弱保守主义思想，对利润的计量比较弱的保守。

4. 阳性取向对阴性取向

这是指人们对待某些事物的态度，是从社会中两性的作用划分来考虑的。

阳性——人们倾向于取得成就，比较自信，讲究赚钱，崇拜强者，崇尚英雄主义，会计计量倾向于公正性和公开性。

阴性——人们倾向于良好的关系，谦逊虚心，关心弱者、保护环境、讲究生活结果等。会计计量倾向于保守性，财务揭示倾向于保密性。

2.1.6　教育水平对会计模式的影响

这是指一个国家的一般教育水平和专业教育水平对会计实务有着重要的影响。一般教育水平：决定着一个国家会计人员的素质。这是会计工作和会计工作质量的前提条件。职业教育状况：是在一般教育水平的基础上进行的会计人员专业教育和职业后续教育等的教育。会计教育体制中设置了比较齐全的层次，就会吸引高素质的学生进入会计界，才能有进一步健全完善的会计方法和新技术的开发和应用。

2.2　会计模式分类

会计模式我们可依据一定的标准对其加以划分，划分会计模式有助于描述和比较不同的会计制度，有助于刻画一国的会计制度从这一模式向另一模式转化时的发展前景。还可用以推动国际会计、比较会计乃至全部会计分支的研究，通过对不同会计模式的研究，能加深理解各国会计制度、各种会计模式的演进和利弊，并明智地选择适合于本国国情的会计制度或会计模式，选择符合本国需要的会计研究课题。对于属同一模式的其他国家会计的深入考察，也有助于预测本国会计未来可能面临的问题，并迅速寻找解决问题的方法和途径。尽管现阶段对世界会计模式的分类，研究者见仁见智，众说纷纭，还没有一个定论，但研究成果有很多，以下介绍一些较为重要的研究成果。

2.2.1　缪勒（Mueller）对会计模式的分类

缪勒于 1967 年根据影响会计发展的环境因素（主要是经济环境），提出了四种会计发展的模式（Gernard G. Mueller. 1967. International Accounting, New York：Macmillan.），在会计模式研究方面作了开创性的工作。他的先驱性研究影响很广，并且成为对世界会计模式分类的依据。缪勒首先对会计实务进行了分类，他指出能够考察会计实务的 10 个不同的"组"：

①美国/加拿大/荷兰；

②英联邦（除加拿大）；

③德国/日本；

④欧洲大陆（除德国、荷兰和斯堪的纳维亚）；

⑤斯堪的纳维亚；

⑥以色列/墨西哥；

⑦南美洲；

⑧近东和远东的发展中国家；

⑨非洲（除南非）；

⑩共产主义国家。

2.2.2　美国会计学会对会计模式的分类

美国会计学会的国际会计教育工作委员会在 1975～1976 年的报告中根据"影响区域"把世界上的会计制度和会计实务划分为"五个影响区"，号称五大会计模式：①英联邦；②法国/西班牙/意大利；③联邦德国/荷兰；④美国；⑤共产主义国家。

（1）英联邦会计模式：强调公司财务报告应给予"真实与公允"反映的英国会计模式。

（2）法国/西班牙/葡萄牙/意大利会计模式：强调服从税法税则的税务会计。目的是在于增强财政收入（赋税）并对企业加强监督。

（3）联邦德国/荷兰会计模式：强调面向公司、保护公司利益的北欧会计模式。从企业角度出发维护企业利益为主的会计模式。

（4）美国会计模式：通过"公认会计模式"强调保护投资者利益的美国会计模式。为了保护企业外部与企业有利害关系的集团和个人的利益。

（5）社会主义国家会计模式：强调计划经济提供服务的原苏维埃会计模式。强调服从于计划经济，实施中央集中计划经济国家的会计模式。

五种会计模式在国际及国家体制变化过程中也在不断变化。20 世纪 90 年代以后，国际政治经济形势的变化，国际会计模式也相应地发生了一些变化。突出的是，苏联和东欧国家政治经济制度发生了变化，相应的会计和财务报告制度也发生了一些变化。从计划经济走向市场经济。现代俄罗斯的会计改革已基于国际会计准则。

欧洲联盟间也发生着变化：欧洲联盟的范围内，随着"第四号指令"于 80 年代开始在各成员国实施，成员国间的会计和报告差异已经得到了控制，并且有所缩小。以法德为主的欧洲大陆国家接受了英国"真实与公允反映"的会计思想，英国也在一定程度上接受了通过法律规定具体会计规则的做法，公司法中包括了比较详细的财务报表格式。

2.2.3　诺比斯、阿伦对会计模式的分类

C. W. 诺比斯对会计模式作了富有创新的多层次分类。这个分类系统划分为 5 个层次，他借用生物学中的术语，把第一个层次称为"纲"，指他所考察的财务报告惯例。在第 2 层次"亚纲"中，他把世界范围内的财务报告惯例，区分为微观和宏观报告惯例。第 3 个层次区分为侧重商业经济学和注重理论的以及侧重商业惯例和实用主义的两类，把以宏观统一为基础的财务报告惯例，区分为根据税制法律和根据经济学理论的两类。第 4 个层次中，又把起源于英国的侧重商业惯例和实用主义分为英国影响和美国影响两类。把根据税制与法律划分为根据税制和根据法律两类。第 5 个层次的"个体"则列出各国财务报告惯例在这个分类系统中的归属。

　　诺比斯和帕克的划分法是多层次的，其结果简洁明了地反映了各种会计模式的内在联系，或相似、相异程度；也是综合的，即在不同层次采纳了不同的划分标准或依据。他们吸取了米勒采用的划分法，在"亚纲"层次上根据企业经营环境将会计模式分为四种。而在"科"这一层次，他们又利用以"势力范围"为依据的划分法，将英、美两大会计模式区划开来，同时保留了它们之间相联系的一面。

　　诺比斯和帕克的划分法尚待扩展与深化，但已给人以耳目一新的感觉，其他方法则相形见绌。

　　阿伦博士根据财务会计的主要服务目标，将世界各国的会计分为五个主要模式：

　　（1）英国会计模式，主要为了保护投资者和债权人的利益；

　　（2）美国模式，主要为了保护证券投资者的利益；

　　（3）法国/西班牙/意大利模式，强调会计处理服从税法，满足国家征税的要求；

　　（4）德国/荷兰模式，强调企业会计主要保护企业利益，允许企业自由地提取各种"准备金"并尽量少地对外提供会计信息；

　　（5）苏联会计模式，主要指苏联和东欧国家的会计，其会计目标主要为国家计划服务，这一模式随着苏联的解体和东欧国家的政变逐渐消失。

　　阿伦的分类结果与美国会计学会的分类结果基本一致，但阿伦采用的分类标准是会计维护谁的利益，即会计的主要目标。不同的会计目标，导致会计准则的制定主体、会计准则采取的形式、会计确认和计量的原则和方法、财务报告的种类和构成、会计信息披露的原则和方式等均有所差别，因此按照会计目标划分会计模式具有相当程度的合理性。

2.2.4　中国学者有关会计模式的划分

　　根据我国会计学者阎达五教授的理论，按会计准则的目标划分为四个模式。

1. 企业主导型（或微观管理型）

　　部分北欧国家，如荷兰、瑞士、挪威等国家采用。较多地强调企业权利，会计准则从维护企业利益，服务企业管理出发，在会计方法方面赋予企业以很大的自由选择余地。

2. 私人投资企业主导型

　　这是指英、美等国家。这些国家较多地强调会计准则为投资者服务（私人投资），维护投资者的利益，为投资人提供决策依据，有助于投资对企业经营者经营业绩作出评价。

3. 国家财政主导型（纳税主导型）

　　这是指德、法、日等国家。强调会计信息为国家税收服务，不允许纳税申报数据与财政报表严重脱节，会计准则主要由政府制定，或直接由立法部门作出具体规定，民间团体制定准则过程中发挥的作用较小。

4. 宏观管理主导型

　　这是指苏联以及我国早期和其他社会主义国家。强调会计准则采取政府颁发规章制度和法令条例的形式，强调会计信息为宏观管理的直接控制服务，从统一性、强制性和一般性来说在会计方法上的无选择性是其主要特点。

2.3 世界主要国家的会计模式

2.3.1 美国会计模式

美国会计实务体系被公认为当今世界范围内影响最大的会计模式。美国政府对微观经济干预很少，实行自由竞争、自由贸易，不制定统一的公司法和所得税法。社会资源在宏观层次上的分配是通过资本市场和兼并破产的竞争机制来实现，在微观层次上，则完全由企业经营者独立完成，所有者对企业经营活动影响有限。企业组织形式以有限责任制公司和股份有限公司为主，且上市比例高、股权分散，信息获取者（以社会公众为主体）和信息报送者（公司管理层）地位不对称。

1. 美国会计模式的主要特征

（1）"公认会计原则"。"公认会计原则"是美国会计模式的基本特征，也是公认会计原则的发源地。"公认会计原则"是指会计和财务报告以保护投资者和债权人的利益为主要目的，在会计实务中普遍运用基本指导思想和约束条件来概括，是体现会计规律、基本特征的原理性规范，是会计核算的基本前提和会计原则，对会计行业的发展具有重要作用。

公认会计原则一词最早出现在 20 世纪 30 年代的美国，由美国会计师协会在 1939 年的年会上首次使用，普遍适应性及拥有相当的权威性支持为其"公认"的本质规定与基本特征。这种"公认"，通常要由授权的全国性的会计职业团体表决通过，或由政府有关部门直接按一定程序组织相应的专门机构制定、审核和颁布。公认会计原则的产生依循着"会计实务→会计惯例→会计原则→公认会计原则"以及"会计原理→会计原则→公认会计原则"两条基本途径，并逐步从以前者为主向以后者为主转化（会计规范体系不够发达但欲同主要受美国公认会计原则体系影响的国际会计准则体系接轨的国家尤其如此）和国际化。公认会计原则实际上是上承会计法律、下接企业会计（西方国家更多的是使用"会计政策"一词）的会计规范的总称，其在不同的国家有着不同的称谓、结构、内容与作用。

（2）对审计报告和财务报告的不同要求。美国管理体制的另一个重要特点是：公司根据州的法律而成立。美国 54 个州和领地在其管辖范围内或多或少地具有要求设置不同的会计账册和记录并提供某些财务报告的粗略的公司法令。但许多法令不具有严格的强制性，向地方机构提供的公司财务报告并不向公众公布。对年度审计和公布财务报告的要求实际上只存在于联邦一级。

州会计委员会是隶属于各州政府的行政管理机构，其资金来源于州总预算拨款，成员一般由各州政府委任。美国政治上的地方自治，决定了《注册会计师法》的立法权属于各州。州会计委员会是监管注册会计师职业最直接的一个机构。

在会计管理方面，州会计委员会主要有三项管理职责：

（1）为注册会计师发放执照；

（2）通过继续教育来保证会计人员的专业水平；

（3）纪律处罚业务水平低以及违反职业道德的有照会计师。

2. 会计准则的制定变迁

从历史沿革来看，美国公认会计准则有着完整的发展轨迹，是着手制定会计准则最早的国家。其发展可分为以下几个阶段：

（1）准则制定酝酿期（1937 年以前）。美国上市公司的会计行为，在 1929 年经济大危机之前，主要通过上市公司自行制定内部会计制度，实现公司内部自我规范。直到 1929 年，以"罗宾斯案"为代表的会计造假案纷纷被揭露，迫使美国政府开始走上会计制度的前台。1933 年《证券法》授权联邦贸易委员会制定统一会计规则，1934 年《证券交易法》授权成立证券交易委员会这一新机构取代联邦贸易委员会制定统一会计规则。1937年，SEC 五位专职委员经过激烈争论，以 3∶2 的票数否决了自行制定会计准则的建议，最终决定由会计职业团体制定公认会计原则，标志着美国公认会计原则时代的开始。

（2）会计程序委员会（CPA）时期（1937～1959 年）。第一个介入会计准则制定工作的民间机构是美国注册会计师协会（AICPA）的前身，于 1938 年成立的美国会计师协会所属的会计程序委员会（Committee on Accounting Procedure，CPA）。然而，因资源有限，会计程序委员会缺少对基本原则和概念的深入研究，20 世纪 50 年代末期，其公报经常遭受人们的质疑，在出现许多复杂且颇有争议的问题时尤其如此。其每一份公告都是独立完成的，与其他公告没有任何关联和协调，有些甚至在会计概念上是有矛盾的。学术界认为，这样的处理方法不符合逻辑，将来会产生更多麻烦。这些批评使美国注册会计师协会成立会计原则委员会来代替会计程序委员会。但 CPA 的作用不在于解决了会计方法的问题，而重要的是因为它牢牢奠定了美国会计政策制定机构民间型的基础。会计程序委员会的成立，标志着美国进入了有组织、有意识地制定会计准则的阶段。

（3）会计原则委员会（APB）时期（1959～1973 年）。1959 年，在当时美国注册会计师协会会长欧文·坎宁斯的倡导下，CPA 被会计原则委员会（Accounting Principles Board，APB）所取代，标志着会计原则问题的研究进入了一个新的时期，它从解决个别的会计问题转到建立基本原理和重要原则的研究。APB 有 18～21 名委员，他们分别来自大型和小型会计师事务所、工业、学术界和政府部门。APB 建立后，对推进标准化会计实务和会计理论作出很大贡献，曾试图克服 CPA 在准则制定工作中存在的问题，但令人失望的是，这种愿望未曾得以实现。在运作过程中，APB 仍然受到社会各界的猛烈批评，这些批评主要集中在以下两个方面：a. 由于缺乏一套比较完整的概念结构，APB 对许多会计问题仍然采用就事论事的解决办法。结果是 APB 成员对许多问题的讨论缺乏一个共同的基础，各个会计准则之间缺乏协调性。b. APB 的成员主要来自会计公司，无法广泛代表相关利益集团的利益。随着社会经济发展，企业规模日益扩大，其经营活动对社会的影响也不断扩大，公认会计原则的制定逐渐成为一项公共事业，而 APB 仍被视为为会计界服务的机构。

（4）财务会计准则委员会（FASB）时期（1973 年至今）。1971 年，由于各界对会计准则制定工作日益增长的不满，促使美国注册会计师协会成立两个调研组进行审查。一个是惠特领导的"制定会计原则研究委员会"调研组（Wheat Study Group），它于 1972 年提出的《制定财务会计准则》的报告，导致了三个新机构的诞生：a. 财务会计准则委员会（Financial Accounting Standards Board），负责制定会计准则；b. 财务会计基金会（FAF），负责任命委员会和筹集经费；c. 财务会计准则咨询理事会，负责提供咨询及有关服务。另一个是特鲁布拉德（Robter M. Trueblood）领导的"财务报表目标研究"调研组，它研究的成果为《财务会计概念公告》的基础。

①财务会计概念公告。FASB 自 1973 年成立至今，一直是负责制定美国财务会计和报告准则的民间性指定组织。它的成立标志着美国会计原则的研究已经进入高级阶段。自成立伊始就有非常明确的工作目标，即建立统一的会计理论框架来指导证券市场会计实务问题。FASB 发布的文告包括：《财务会计准则公告》（Statement of Financial Accounting Standards，SFAS）、《财务会计概念公告》（Statements of Financial Accounting Concepts，SFAC）以及《财务会计准则解释》（FASB Interpretations）。

②FASB 实际上不仅是一个准则制定机构，还是一个会计理论研究机构，其理论成果是由会计目标为起点的《财务会计概念公告》形式发布的，主要目的在于评估现有准则并指导未来会计准则的制定。FASB 制定会计准则制度安排的一般特征：a. 独立性；b. 广泛代表性；c. 充分的程序；d. 权威性。

③FASB 取得的成就。FASB 的主要贡献在于所颁布了一系列代表美国公认会计原则的文件（数以千页计），组成一个公开透明、纲目兼备、层次清晰、易于操作的会计准则体系。包括：a. 财务会计概念公告；b. 财务会计准则公告；c. 解释公告；d. 技术公告；e. 紧急问题工作组公告。FASB 先后制定了 51 份《会计研究公告》、31 份《会计原则委员会意见书》以及 130 多份《财务会计准则公告》，共同构成了美国的 GAAP。

3. 美国会计法律体系及重大法案

美国的会计法律体系不像其他国家那样以公司法的有关条款作为管理公司会计的法律规范，其重要特点是财务会计准则制定的分权制。即在代表政府的证券交易委员会（SEC）的支持下，由独立的民间会计职业组织财务会计准则委员会（FASB）制定指导企业会计实务的公认会计原则（GAAP）。遵守 GAAP 所编制的财务报表被认为是合理地表述一个企业的财务状况、财务状况变化和经营成果的主要标志，如同把"真实和公允观念"作为英国会计模式的特点一样，GAAP 被视为美国会计模式的标志性特点。其会计宏观管理框架可以概括为：国会 – SEC – FASB – GAAP。

（1）美国国会。作为美国最高立法机构，国会极少直接过问会计问题。它授权 SEC 负责实施与证券发行和交易有关的法令以及会计准则的制定，以维护社会公众的利益。

（2）美国证券委员会（SEC）。针对 1929 年股市崩溃及随后爆发的金融危机，1933 年和 1934 年美国政府颁布了《证券法》和《证券交易法》，并于 1934 年成立证券交易委员会。SEC 是美国政府的一个独立机构，由 5 名委员领导。对于证券公开上市的公司，SEC 在制定公认会计准则方面拥有法律赋予的最高权威，负责制定"国会认定与民众利益或保护投资人所必需的恰当的规则和规范"。它对公司会计的权威性影响体现在：①授权对公司提交的报告中财务报表的格式和项目以及编制的会计方法作出规定；②对公认会计原则的制定和监督权。

（3）《2002 年公众公司会计改革和投资者保护法案》的重大改革。美国公司愈演愈烈的财务欺诈案的曝光。以安然、世界通信为代表的美国大公司的轰然坍塌，投资者损失惨重。而安达信会计师行销毁审计证据、最终因定罪为"妨碍司法"而解体的一幕更令公众对资本市场的信心严重受挫。一度被视为美国经济骄子的大公司管理层、负责公司财务报表的会计师、华尔街投资银行以及承担证券市场监管之职的美国证券交易委员会（SEC）都受到广泛而强烈的批评。

2002 年 7 月 30 日，美国总统布什签署了《2002 年萨班斯—奥克斯利法案》（以下简称《萨班斯法案》），对美国会计监管体制以及公司财务报告制度进行了大刀阔斧的改革，也引起了国际金融市场的普遍关注。

《萨班斯法案》的改革措施涉及公司财务报告与审计体制的各个方面，其中最引人注目的是对会计职业监管框架的重构。公司财务报表的审计提供了一个有效率的资本市场所必不可少的信息基础，而审计是在特定的监管框架下运作的。会计职业、公司管理层、证券市场监管机关都与这个框架发生不同程度的互动。《索克斯法案》旨在恢复投资人对美国资本市场的信心，改造审计活动的运作方式自然是重中之重。

4. 美国会计组织和机构

（1）美国注册会计师协会。1886 年美国成立了第一个会计职业组织，目前的全国性组织是美国注册会计师协会（American Institute of Certified Public Accountants，AICPA）——是制定民间准则的主要代表。截至 2005 年年底，AICPA 拥有 327 135 名正式会员。AICPA 设有管理理事会，决定协会的各项活动和政策，由大约 260 名来自各州的成员组成。理事会每年召开两次会议。

董事会作为理事会的执行委员会，负责协会理事会会议闭会期间的工作。董事会由 23 名成员组成，其中包括：16 位董事、3 位公众代表、1 位主席、1 位副主席、1 位上届主席，以及 1 位会长，会长是协会的工作人员。

AICPA 设有以下委员会：会计及检查服务委员会、会计准则执行委员会、同业互查委员会、审计准则委员会、考试委员会、管理后续教育委员会、信息技术执行委员会、咨询服务执行委员会、个人财务计划执行委员会、私营公司业务执行委员会、职业道德执行委员会、SEC 业务部门执行委员会，以及税务执行委员会等。

AICPA 拥有规则制订权、业务监管权和部分违规处罚权。AICPA 对注册会计师和会计师事务所的管理通过以下几个方面进行：

①制定准则和规则。包括制定审计准则、编报和审阅准则、其他鉴证准则、质量控制准则、咨询服务和纳税实务准则以及职业行为守则。

②组织注册会计师考试和阅卷。

③进行后续教育。

④促进准则和规则的实施。

（2）美国会计学会。美国会计学会是美国最大的会计学术组织，其前身是 1916 年成立的美国大学会计教师联合会（The American Association of University Instructors in Accounting，AAUIA）。1936 年，美国大学会计教师联合会改名为美国会计学会。

（3）美国财务分析师协会。美国财务分析师协会主要人员有证券分析家、投资管理者、其他与投资决策有关的人士。主要任务是为投资者提供可靠的决策信息、努力增强投资管理人员的业务能力、提高会员的职业道德水准。同时对所有协会发布的文件作出解释和编制意见书，并且负责举办职业考试和授予特许财务分析家证书。

出版杂志：月刊《财务分析家杂志》、建立了财务分析家协会的伙伴组织。

（4）美国管理会计师协会。美国管理会计师协会（The Institute of Management Accountants，IMA）是一家全球领先的国际管理会计师组织，一直致力于支持企业内部的财会专业人士推动企业的整体绩效和表现。IMA 成立于 1919 年，由美国成本会计师协会（NACA）衍生而来，总部设立在美国新泽西州，拥有遍布全球 265 个分会的超过 65 000 名会员。作为 COSO 委员会的创始成员及国际会计师联合会（IFAC）的主要成员，IMA 在管理会计、公司内部规划与控制、风险管理等领域均参与到全球最前沿实践。此外，IMA 还在美国财务会计准则委员会（FASB）和美国证券交易委员会（SEC）等组织中起着非常重要的作用。

美国注册管理会计师（Certified Management Accountant，CMA）是美国管理会计师协会创立的专业资格。CMA 证书是一个财务管理综合能力考核的证书，考试涉及经济、金融、管理、会计等多方面内容，考试主要以基础知识、实用知识为主，知识覆盖面很广；具有很强的实用性、可操作性。在中国，北京、上海、广州、哈尔滨、南京、西安、长沙等地都有考点，考试由中国教育部考试中心组织（是目前为止由教育部考试中心组织的唯一国外财务资格考试），全部采用英文；学员申请成为美国管理会计师协会（IMA）普通会员后，则可申请到自己就近的考点参加考试。

（5）美国证券行业联合会。美国证券行业联合会是代表美国和加拿大 500 多家证券公司的行业组织。主要职能是为代表会员表达统一的意见，为改进会员的经营效率和效益提供广泛的管理服务，充当会员之间的思想经验和信息交流的中介。

2.3.2 英国会计模式

英国会计模式注重真实与公正，在英联邦国家内具有广泛影响，如澳大利亚、加拿大等国家。在历史上，英国的会计曾对美国会计的发展有过重大影响，而 20 世纪 60 年的美国会计改革又推动了英国会计的发展。在以后，英国会计模式在欧洲经济共同体的努力下，处于与欧洲大陆国家的会计模式相互协调的进程之中。

1. 英国的会计（不列颠会计模式）模式的特征

（1）"真实与公允。"其实 1948 年首次在英国提出的是"全面与公允"，后发展为"真实与正确"，从 40 年代末改为"真实与公允"反映一直沿用至今，并通过欧共体指令影响到欧洲大陆其他国家。但这一法律从未在法律上定义过，它的含义被认为是由职业判断来确定，由法院进行权威性解释来左右会计实务。

英国会计模式注重真实和公正，会计制度主要是保护债券、股票持有人和债权人。其内容为公司财务必须符合公司法和公认会计惯例的规定，公司如果这样做了，就被认为是"真实与公允"地反映了公司的财务状况和经营成果；若在这种情况下，按照公司法和公认会计惯例的要求编报财务报表不能给予"真实与公允"的反映时，公司可以不按公司法和公认会计惯例的要求去做，但必须在报表附注中解释原因和产生的影响。

（2）公司法在会计法规体系中的重要地位。在英国，管理公司事务的主要法律称为"公司法"。法律对会计的约束集中反映在公司法中。英国贸易工业部是管理公司会计事务的政府主管机构，其负责公司法中会计和财务报告各项规定的执行和实施事宜，并监督和检查民间准则制定机构。英国公司法中有关财务会计和报告的要求，构成英国会计准则的基础，但在英国，会计准则的要求是不能违反公司法的规定。英国不存在像美国证券交易委员会那样对公司财务会计准则的制定保持着监督和最终修订权力的政府机构。

英国最早的《公司法》公布于 1844 年，经过 1907 年、1948 年、1967 年、1981 年、1985 年和 1989 年的多次修订，现在所执行的是 2006 年全面修订的《公司法》。公司法中的会计规则要求所有公司都必须在每一会计期以最高原则"真实与公允"编制报表，提交股东大会审批，两名董事签署、存档、公开。在公司法中有可供选择的两种资产负债表和四种损益表的报表格式，各公司可各选择一种使用。

2. 会计准则的制定机构

英国会计准则的制定机构在最近三十年间，经历了由 ASSC、改组后 ASSC、ASC、改组后 ASC 到 ASB 的变迁。经过这些变迁，英国会计准则制定机构由纯粹的会计职业界民间组织，发展成一个带有官方色彩的、半独立的机构；会计准则制定机构的代表性逐渐加强；会计准则的制定程序也日渐完善。

（1）会计职业界制定会计准则的过程。英国会计准则的发展较为缓慢。一直到 20 世纪 60 年代为止，英国都还没有正式制定会计准则。在此之前，只是由英格兰和威尔士特许会计师协会（ICAEW）从 1942 年起陆续发表了一些不具备约束力的"会计原则建议书"，作为企业会计实务的指导性规范。1976 年，英国六大会计职业团体联合成立了"会计团体咨询委员会"（CCAB），并将改组后的 ASSC 改名为"会计准则委员会"（ASC）。从此以后，由 ASC 正式开始制定英国的会计准则。

（2）由独立民间机构制定会计准则。由于英国贸易和工业部委托"德林委员会"（The Dearing Committee），对英国会计准则的制定机构设置以及制定程序等进行了检讨与评价。根据委员会的建议：英国会计准则的制定由独立的民间机构来完成，法律不直接介入会计准则的制定。

1990 年，根据建议，英国成立一个"财务报告委员会"（FRC），负责制定会计准则政策上的指导；同时成立一个新的会计准则制定机构 ASB，其主席由 FRC 的成员担任，并由 ASB 取代 ASC 具体负责会计准则的制定工作。财务报告委员会的 25 名理事及若干观察员，来自代表财务报表使用者、编制者、审计等各个方面的民间人士。

（3）政府对会计准则制定机构的改革。英国贸易部和工业部于 2002 年对各行业进行了考察，2003 年公布了具体的改革内容，主要有明确了财务报告理事会作为独立监管者的角色，由它负责会计准则、审计准则的制定、监督和执行及监管会计职业团体。为了更好地履行职责财务报告委员会于 2004 年进行了改组，改组后的理事会下设 5 个分支机构：

①会计准则委员会；

②财务报告检查小组；

③会计行业监督委员会；

④审计实务委员会；

⑤会计行业调查与纪律委员会。

3. 英国会计职业团体

英国是独立的会计职业组织的发源地，会计职业团体的产生迄今已有 100 多年的历史了。然而，英国的会计职业团体一直没有组成全国性的统一组织，而是多个会计职业团体并存。

目前在英国较大的会计职业团体主要有：英格兰和威尔士特许会计师协会；苏格兰特许会计师协会，1854 年被授予第一张皇家特许证，是最早的会计职业团体；爱尔兰特许会计师协会（ICAI），1888 年授予特许权；注册会计师公会（ACCA），是 1939 年合并了两个会计团体后成立的。现已是国际性的组织，在世界上 130 多的国家举行考试；管理会计师协会（CIMA），1919 年成立，主要为工商界第一线培训成本和管理会计师；财政与会计特许协会（CIPFA），1885 年成立，其成员主要在政府机构和国有企业的财务部门中工作。

2.3.3　法国会计模式

法国会计模式号称面向税务的会计模式。其内容为以强调会计处理服从税法税则的要求，并与税法税则的规定保持一致为主要特征的一种国际会计模式。也称"法国—西班牙—葡萄牙"、"法国—西班牙—意大利"会计模式，以法国及其周边国家为典型代表。在法国和西班牙、葡萄牙的非洲和拉丁美洲前殖民地国家中仍具有深刻影响，而它实行的统一会计方案在西方国家中又别具一格。

1. 法国会计模式的特征

法国位于欧洲东部，是一个有集权政治特点的国家，中央政府、地方政府有着强有力的控制权，高度集权的政治带来了很强的由中央控制经济的传统。法国的经济体制被认为是有计划的市场经济体制，其表现为：政府对国民经济实行强有力的干预；经济计划在市场经济机制中起着指导作用；国有经济在国民经济中占有重要地位，导致证券市场相对不发达，政府控制着营利性企业。企业的资本来源于银行贷款和政府投资的比重较大，再加之法国社会环境的其他因素，导致法国会计信息系统有以下特征。

（1）以税务为导向的会计模式。当代法国法律体系中与会计密切相关的是商法、公司法、税法和一些会计法令。会计规定都采用法律条文的形式，非常详细。各项会计计量、处理方法、报告方法都在有关的法律中作出了规定。法国会计被认为是面向税务的会计，税法和会计是高度相关的，税收在会计发展中起主导作用，会计规范只能依靠税法的支持才能得以推广。强调会计信息的处理过程与税法税则保持一致，而对于有关股本投资人的会计信息并不特别关注。法国企业资本来源主要是银行贷款和政府投资，为股票投资人决策服务的会计信息列报因此不受重视；法国大型企业比较少，有能力开展分部业务的公司当然更少，对分部业务的会计信息需求也就比较小。与此同时，由于财务会计处理必须服从于税法税则的规定，在法国资产负债表中，不许可包括任何递延所得税项目。由此可见，在法国会计信息列报过程中特别重视对国家税收的利益保护。

（2）实行统一的会计制度。法国是西方国家中，由政府制定颁布全国统一的《会计方案》的国家，这应该是它区别于其他西方国家会计体系的重要特点。

法国的第一个《会计方案》是在 1947 年 9 月颁布，进行了多次修订，最后一次修订是在 1999 年。法国会计自实行统一会计制度以来，在服务于国家的宏观决策、确定政府导向机制方面，在服务于企业间业绩评比、为评选国家优胜企业提供数字方面以及在沟通宏观和微观信息系统、促进社会会计的完善和发展方面，都发挥了一定的作用，反映出统一性带来的好处。除此之外，统一会计制度的实行也为国家税收工作以及教育部门培养会计专门人才提供了很大的方便。

它包括财务会计的原则和规则、统一的会计科目表、成本会计和管理会计的要求和规范、编制财务会计报告的具体要求和方法，并有非常详细的会计操作指南。它在实施运用上是很灵活的，首先，体现为根据企业规模的大小来确定适用范围，扩展方案适用于上市公司，标准方案适用于大中型企业，缩简方案适用于小型企业；其次，它考虑了行业差异，制订了一些具体的专业会计方案；最后，它为适应跨国公司发展，制订了独立的合并会计方案，与非跨国企业的会计方案相分离。

（3）积极推广社会责任会计。早在 1975 年，法国在《关于公司法改革的报告》中建议各家公司每年公布"社会资产负债表"，即"社会报告"。1977 年又先后颁布有关法令和政令要求企业实施社会会计，为社会会计的实施建立了法律保障。法国的社会会计要求拥有 300 人以上的企业必须提供下列事项的信息：雇佣情况、工薪待遇以及与之相关的劳动力再生成本、健康和安全条件、职工培训、行业关系以及企业内部的其他生活条件。同时还要求企业注意改善生态环境，如处理废水、废气、废渣，降低能源消耗，减少稀有资源的耗用以及对社会环境治理提供服务和捐赠。要求提供的信息非常详细和具体，这在发达国家也处于领先地位。

2. 法国的会计管理机构

（1）国家会计委员会。1957 年成立，由政府高级官员、高级会计人员、审计人员、企业家、律师、研究人员及其他人员组成。它是财政经济事务部下的一个独立机构。主要职责是：修订发展会计总方案，监督执行会计总方案。让有关各方了解会计总方案、出版与总方案有关的会计指南，讨论和批准以行业会计法规的方式对方案进行的扩充和流通，对会计法规在公共管理部门的使用提出建议。1996 年法国会计改革后，法国国家会计委员会调整了它的工作机构，减并为"会计原则与国际关系"、"非营利性单位"、"企业"三个部门，并且增设了"紧急事件委员会"以便对一些需要快速反应的问题进行处理，其人数也由近 100 人减至 52 人，并聘任了专任主席。与此同时，另组建了会计法规委员会，负责制定具有法律效力的强制性会计准则。

（2）证券管理委员会。1967 年成立，类似于美国的证券交易委员会。负责监督证券市场和证券交易，对法国上市公司的财务报告实施规范，并致力于使法国的公司年报达到国际资本市场公认的水平。法国注册会计师协会是法国会计职业界在国际会计师联合会中的代表。成立于 1942 年，1945 年重建，受政府控制。主要任务是发布有关指导会计实务的技术指南。设置了常设委员会解释实务中出现的问题。

3. 法规的职业团体

在历史上，法国已形成两个会计职业团体：职业会计师协会（OEC）和法定审计师协会（CNCC）。

（1）职业会计师协会。职业会计师协会是依据 1945 年 9 月政府法令成立的由法国注册会计师组成的自律性职业团体，该协会自组建以来一直处于财政经济事务部的控制之下。其主要职业工作包括法定审计以外的所有公共会计业务。协会成员资格仅限于公开从业人员。

（2）法定审计师协会。注册审计师协会是依据 1969 年 8 月政府法令成立的由法国注册审计师组成的自律性职业团体，在业务方面接受司法部的监督、指导。法律规定股份公开公司和非股份公开公司的财务报表必须经国家法定审计师协会成员的审计，所以该协会的成员为法定审计师。法国法律规定股份公开公司和非股份公司的财务报表必须经国家法定审计师协会的审计，协会成员为法定审计师。除此之外，组织法定审计师、注册会计师职业考试。

2.3.4　德国会计模式

德国是位于欧洲大陆中部一个联邦制国家，实行以法律为前提的市场经济制度，是以国家干预经济保障经济健康、协调发展的经济体制。德国的会计模式是"强调面向公司、保护公司利益"的北欧会计模式。德国是北欧国家会计实务的典型代表。这种模式的主要内容：是强调会计处理和财务报告规则应面向公司、保护公司利益为主要特征的一种国际会计模式。这种会计模式的特点是，各种法律在规范会计实务方面起着决定性的作用，会计的统一性是这一模式的传统。

这一模式的特殊要求是："只要求公司给予最低限度的揭示，允许公司建立秘密储备"。采用的国家有荷兰、瑞士、挪威、瑞典、丹麦和芬兰等。

1. 会计法规体系

德国的法律体系属于大陆法系（罗马法或叫成文法）。例如，《商法》、《有限责任公司法》、《股份有限公司法》、《劳资协议法》、《反限制竞争法》。在会计工作规范上，德国没有单行的会计准则，其会计规范是由政府通过分散于《公司法》、《税法》、《商法》中的规定来体现的，即"会计规范法典化"；因此，统一会计原则缺乏应有的独立性，导致证券市场极度的不活跃，直接影响经济的发展。

（1）税法。会计准则基本上取决于税法法规的要求，它规定公司期间收入、费用的计算方法、分配方法、账簿记录必须同税收目标一致。会计报表上的收益必须与税收收益保持一致。如果会计记录与税法不符，税法机关有权拒绝以它为计税依据。这对于企业把会计记录保持在税务当局可以接受的基础上，是一种强大的推动力。

（2）商法。《商法》主要适用于所有组织形式的企业。1985年12月19日德国通过了《会计执令法》，作为《商法》的第3篇，已经大量地采纳了欧盟第4、第7、第8号指令的内容。这是对商法的重大调整，调整以后会计的内容占到整个商法内容的1/3，充分确定了会计法规在商法中的突出地位。

（3）公司法。1965年通过的《股份公司法》和1969年通过的《公司合并法》对会计相关事务有详细、具体的规定。

2. 会计准则制定

1998年德国通过了《企业控制和透明法》，它给民间会计准则委员会成立提供了法律条件。1998年5月德国会计准则委员会（GASC）正式成立，其组织机构包括执行理事会、理事会、会员总会和会计解释委员会。只有具有会计师资格的人员才有资格入选其管理机构。德国会计准则委员会的主要目的是：制定有关合并财务报告方面的会计准则；在IASC中代表德国的利益；在制定会计法规方面起到一个咨询作用。到2006年为止，该委员会已颁布了13项准则。虽然GASC制定的准则目前仅仅是推荐性质的，推荐准则须由德国司法部颁布，立法机构可以否决。但对德国这样的典型欧洲大陆国家，成立GASC本身就是一项重大突破，它显示了德国会计职业界力量的上升，也是德国迈向国际化的一个标志。

3. 德国的职业会计团体

德国的职业会计团体在职业界规模非常小。只有注册会计师协会和注册会计师公会，主要从事法定审计工作。德国注册会计师的资格要求非常严格，可能是世界上最高的，所以西方国家一般认为德国会计职业界人员的素质都比较高。严格的要求使德国的注册会计师人数较少，增长缓慢。例如，联邦德国1986年注册会计师仅有约4 500人，1987年仅增加到5 000人。另一对比数字也能说明问题，从1982年到1987年，欧洲会计公司的合伙人增加了45.2%，而在同期，联邦德国仅增加30.8%，这一比率在欧洲国家中是最低的。德国会计职业的一个饶有兴趣的现象是，一些大的会计公司的股权是由非注册会计师，如银行甚至联邦政府所拥有的。从注册会计师职业建立开始，这种所有权结构始终是允许的，但迫于其他欧盟国家的压力，这一现象开始改变。根据1985年生效的一项指令，只有注册会计师、注册会计师公司以及在注册会计师公司工作的律师和注册税务师，才能拥有新成立的注册会计公司的股份，但以前成立的注册会计师公司，其股权结构仍维持原状。

2.3.5 日本会计模式

日本的会计模式是"以国家财政为主导型，强调为国民经济宏观服务"。近年来，随着会计准则的全球性趋同，日本的会计模式也有所变化。

1. 日本会计法规体系

从时间考察，以"明治维新"为起点，第二次世界大战前主要效仿德国，"二战"后则主要追随美国。从法系上来讲，日本属于大陆法系。其"三法体制"约束着企业经营行为，主要法为：《商法》是根本大法，含有商法会计以维护债权人为指导思想；《证券交易法》，含有证券交易法会计以保护投资者利益为指导思想；《法人税法》是财政法，含有税法会计以国民依法纳税义务保证财政收入为指导思想。见图 2－1。

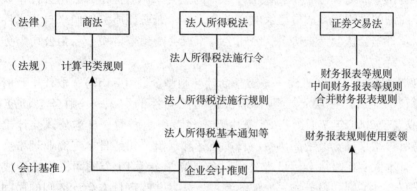

资料来源：王寅东，《日本企业会计制度改革对我们的启示》，《中国会计热点》第 97 页。

图 2－1　日本现行会计法规体系

（1）商法。日本的《商法》是 1899 年通过现在所采用的形式，它由法务省制定，适用于所有的股份制公司。它根植于德国 19 世纪的《商法》之上，由于日本对《商法》进行了多次的修订，因此随着时间的推移，德国的影响已经消失。日本的《商法》的立法理念倾向于保护债权人利益，所以对企业净资产中属于资本维护的部分有严格的规定，禁止动用这部分净资产作为股利或奖金分配。要求编制的是相当简单的不合并的报表，必须经过法定审计人员的查证，但法定审计人员通常是提出报表的公司的成员，而不是独立执行的注册会计师。对股本达 5 亿日元以上或负债总额 200 亿日元以上的大公司，则增加了一些特定的报告要求，并且从 1984 年开始起报表必须由注册会计师开始审计。

（2）证券交易法。日本的《证券交易法》颁布于 1947 年 3 月，该法由大藏省制定，仅适用于公开交易股票的股份制公司。它于第二次世界大战之后通过，当时日本是由麦克阿瑟将军负责管理，麦克阿瑟政权将美国的会计规章体系作为日本会计体系的范本。美国对日本《证券交易法》的主要影响，源自美国 1933 年的《证券法》和 1934 年的《证券交易法》。因此，虽然日本未设立与美国证券交易委员会直接对等的机构，但大藏省关于财务报告方面的职责与权利多处与美国证券交易委员会相似。

日本的《证券交易法》关于会计计量的要求，尤其是关于披露和存档的要求比《商法》的要求更广泛、更具体。这些公司的注册报表和年度报表必须经独立执业的注册会计师审计。按照《证券交易法》的财务报告程序编制的财务报表，与按照《商法》的要求编制的财务报表对比，虽然在最终结果上（反映当期损益和期末股东权益）是一样的，但在格式、使用的术语及披露的具体内容上则存在着一定的差别。根据《证券交易法》的要求编制的财务报表，更趋向于投资者根据报表信息对公司的经营和财务业绩进行分析。

在日本，凡是证券上市交易或公开发行的公司都必须按照《商法》和《证券交易法》的要求分别编制财务报表，并分别报送有关部门。

2. 日本会计准则制定的变迁

日本会计准则制定最初是由以官方为主体，结合民间力量共同制定准则的过程。

公司会计审议会（BADC）是大藏省的一个专门的咨询机构，它负责根据《证券交易法》制定会计准则，是当今日本公认会计原则的主要来源。但是，公司会计审议会并不能发布有悖于商法的准则。其成员由大藏省任命，属于兼职性质。他们来自学术界、政府和企业界，以及日本公认会计士协会，公司会计审议会受到来自一个名为公司财务研究会的研究机构的支持。

2001 年日本成立了民间机构——财务会计准则基金会（FASF），取代了政府主导机构企业会计评议会。日本的会计准则管理机构是民间性的组织——财务会计准则基金会（FASF），成立于 2001 年 7 月。FASF 是由日本经济组织联盟、日本公认会计士协会、东京证券交易所、东京证券经销商协会、日本航运和保险公司、日本工商业理事会、日本银行家协会、日本人寿保险协会、日本公司财务研究学会等 10 个民间机构出资成立。它是通过调查研究会计准则和财务体系的披露制度，开发并制定日本会计准则的民间机构。其背景大致有两方面：一是使日本能在重组的国际会计准则委员会中占有一席之地；二是为了提高会计准则的可信度和企业会计信息的透明度。

财务会计准则基金会（FASF）是由以下组织构成的，会计准则的制定是由企业会计基准委员会（ASBJ）全权负责。ASBJ 的委员由董事会推选任命，其中包括 1 名主席、1 名副主席和 11 名委员，委员是产业界、会计师业界、学术界、经济评论界、金融界等各方面的专家组成。ASBJ 制定会计准则的工作程序如图 2 - 2 所示。

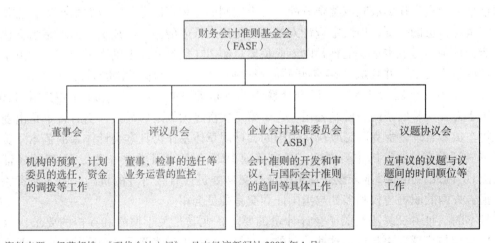

资料来源：伊藤邦雄：《现代会计入门》，日本经济新闻社 2003 年 1 月。

图 2 - 2　日本财务会计准则机构的组织

（1）准备和发布运作计划。

理事会要在每个年度的开始准备一个年度的运行计划和资金预算。

（2）理事会会议。

理事会会议包括：例行会议和特别会议。例行会议每个月召开一次，特别会议在理事会主席认为必要的时候可以随时召开。理事会会议主要对理事会的日常运作和会计准则制定中的各种具体业务进行商讨。理事会的主要内容包括：决定要讨论的议题，听取专家的意见，召开公开听证会，公众参与理事会会议，发布会计摘要。

（3）设立技术委员会。一般情况下，根据实务和会计协调的需要，通过成立各种专门的委员会来负责各项具体会计准则的研究和制定工作。专门的委员会包括常设委员会和技术委员会。常设委员会主要致力于会计准则的解释和进行国际议题的研究与商讨，它下设国际议题常设委员会和实务解答常设委员会。截至 2005 年 11 月，ASBJ 共设立了 17 个委员会，还在运作的技术委员会有以下 14 个：股票期权技术委员会、金融工具技术委员会、固定资产技术委员会、租赁会计技术委员会、减值会计技术委员会、企业合并技术委员会、资产剥离技术委员会、散发贸易技术委员会、退休金费用会计技术委员会、资产负债表特定项目列表技术委员会、公司法现代化技术委员会、关联方披露技术委员会、季度报告会计准则技术委员会、软件收入确认技术委员会。

（4）对技术委员会的工作进展进行监控。各技术委员会是直接进行相关会计实务和会计准则研究的专门小组，都有其目标和相关议程，召开会议对本技术委员会相关的事项安排和进程进行讨论，每次会议都有会议记录。ASBJ 对各个技术委员会的工作进展情况进行监控，理事会有权要求各技术委员会主席提供议题商议进展情况的报告，理事会的成员可以作为观察员在技术委员会讨论时出席会议。

（5）解散技术委员会。技术委员会在本议题所有的商讨都已经完成，并得到理事会的同意后解散。

（6）成立紧急项目小组。当一些重要和紧急的问题发生，常设委员会无法解决并且没有充足的时间来成立临时技术委员会时，可以成立紧急项目小组。

（7）成立研究小组。在理事会内部可以成立研究小组，进行不间断的全面研究并校对和管理与企业会计准则相关的信息。

技术委员会制定会计准则包括下列步骤：首先准备和发布将要讨论的论点。技术委员会向理事会和社会公众发布论点整理，理事会对论点整理进行讨论并在综合公众意见后，确定最终稿。原则上，论点整理向公众公布的时间至少为 1 个月。其次准备和发布公开草案。在技术委员会准备向公众发布公开草案时，技术委员会要向理事会提交这些公开草案，并改进在论点整理中所讨论的意见。原则上，公开草案向公众公布的时间至少也为 1 个月最后制定和发布企业会计准则。

3. 日本的职业会计团体

（1）日本的注册会计师审查会。大藏省授权注册会计师审查会审查、咨询日本的会计工作。其主要职责：调查审议注册会计师制度的运行事宜，调查审议对注册会计师、准注册会计师、外国注册会计师以及审计法人的处分等工作。

日本注册会计师考试自 1948 年举行了第一次全国范围的执业注册会计师考试以来，

形成了比较完备的资格认定制度。根据 1949 年到 2005 年资料分析,考试平均合格率只有 7.4%,合格人数为一万五千人左右,日本的注册会计师考试一直被认为是日本国内最难的考试之一。应考人员为了取得注册会计师资格,必须先后通过三次国家级考试,同时要求期间必须有一年的实习和两年的业务助理经历。

日本在 2003 年修改了注册会计师法,新的注册会计师考试制度在 2006 年开始实施。新的考试制度简化了考试程序,增加了免考科目,目的是为了提高考生的过关率以及考生层次的多样化,希望合格者都是会计领域高素质的人才,能够在日本的经济社会中担负重要的使命。

由于旧的考试制度过于严格,每年合格的注册会计师不到千人,2006 年起日本修订了注册会计师考试制度,简化考试程序,从原先的 3 阶段、5 次考试改为 1 阶段、2 次考试(见图 2-3)。

①第 1 次考试。第一阶段考试对报名者不做年龄和学历、国籍的限制,考试类型为短答式考试,科目包括财务会计、管理会计、审计、商法。财务会计考试内容包括簿记和财务报表理论,考试时间 120 分钟,40 小题以内,共计 200 分。其他 3 科考试时间 60 分钟,20 小题以内,分数为 100 分。总分在全部分数的 70% 以上为通过,单科成绩不能低于总分的 40%。对于在企业中有实务经验的报考人员可以免考财务会计,在会计专门研究生院毕业的考生可以免考财务会计、管理会计、审计。每年考试分为 2 次,5 月和 12 月。第 1 阶段的合格者在 2 年间可以申请下一个阶段论文考试。

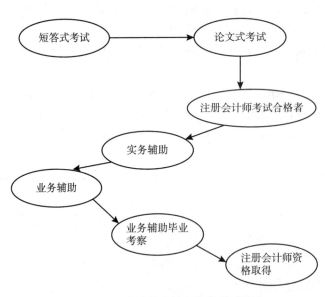

图 2-3　日本注册会计师简化考试程序

②第 2 次考试。第 2 次考试为论文考试,一般在每年的 8 月进行,一共有 5 个科目,会计学、审计、商法、税法是必选科目,管理学、经济学、民法、统计学这 4 个科目中任选一个科目。会计学考试包括财务会计和管理会计、成本会计的内容,满分为 300 分,考试时间是 300 分钟,一共有 5 道大题。其他的科目一般有 2 道大题,考试时

间为 120 分钟，满分为 100 分。合格为全部总分的 52% 以上，但单科成绩不能低于单科总分的 40%。

③实务阶段。2 次考试全部合格后，要求有在会计师事务所的实务经验或在企业做过会计的经验 2 年以上（考试前后都可以）。最后必须有 1～3 年在注册会计师事务所里工作的业务研修的经历，由日本注册会计师协会考察合格后才能申请注册会计师的资格。实务辅助是指在上市公司或是在资本金 5 亿日元的大公司里，做财务分析、管理会计以及在税务机关、银行进行业务检查等工作。业务辅助必须是注册会计师事务所的正式员工，1 年内必须参加对 2 个上市公司进行的审计证明业务，以及注册会计师事务所进行的重要的审计活动。

（2）日本注册会计师协会。这是日本唯一的注册会计师职业团体，所有的注册会计师都是注册会计师协会的成员。主要任务是：从注册会计师的使命和职责出发，为保持注册会计师的应有水平，改进审计业务和其他相关业务。负责对会员进行领导，联系和监督，并办理注册会计师和准注册会计师的登记事宜。

本章小结

会计模式是会计实务体系的示范形式，它是对已定型的具有代表性的会计实务体系的概括和描述。由于各国的差异，即法律环境、政治环境、经济制度环境、税收体制环境、文化环境、教育水平环境等不同，才会形成各国各具特色的会计模式。

现阶段对世界会计模式的分类，研究者见仁见智，众说纷纭，还没有一个定论，较为重要的研究成果有：缪勒对会计模式的分类；美国会计学会对会计模式的分类；诺比斯、阿伦对会计模式的分类。

美国会计实务体系被公认为当今世界范围内影响最大的会计模式。美国会计模式的主要特征是"公认会计原则"、对审计报告和财务报告的不同要求。英国会计模式注重真实与公正，在英联邦国家内具有广泛影响。英国的会计（不列颠会计模式）模式的特征是"真实与公允"、公司法在会计法规体系中占重要地位。法国会计模式号称面向税务的会计模式。其内容为以强调会计处理服从税法税则的要求，并与税法税则的规定保持一致为主要特征的一种国际会计模式。德国的会计模式是"强调面向公司、保护公司利益"的北欧会计模式。德国是北欧国家会计实务的典型代表。这种模式的主要内容：是以强调会计处理和财务报告规则应面向公司、保护公司利益为主要特征的一种国际会计模式。日本的会计模式是"以国家财政为主导型，强调为国民经济宏观服务"。近年来，随着会计准则的全球性趋同，日本的会计模式也有所变化。

复习思考题

1. 会计模式的影响因素有哪些？

2. 诺比斯的会计模式分类的特点是什么？

3. 美国会计模式的特点是什么？

4. 法国与英国会计模式的差别在哪里？

5. 怎样理解日本的会计法规体系？

第3章 国际比较会计

【本章提要】

理解世界各国会计准则的主要区别，理解会计惯例与会计准则的差异，理解资产、负债、业主权益的确认与计量方面的国际差异，理解存货、固定资产、研发支出、负债、坏账准备、递延所得税等事项的会计处理的国际差异。

3.1 世界各国会计准则的主要区别

由于各个国家不同的历史、文化背景、法律、政治等因素的影响，使得各国的会计准则也具有明显的差异。

关于运用到的计量基础，美国、巴西、瑞士、中国和日本普遍要求保守地应用历史成本法。然而，在欧盟国家尤其是英国和荷兰，人们倾向于使用一种更灵活的方式，在这两个国家中，历史成本被重估的市价或重置成本所频繁修正，尤其是在涉及到土地和建筑以及更小范围的工厂和设备的情况下。

在美国和欧盟，尤其是在英国，折旧会计倾向于以使用经济寿命这个概念为基础，而在法国、德国、瑞士和日本，税法普遍鼓励使用加速折旧法。

存货计量普遍以"成本和市价孰低"原则为基础，但对市价定义有多种，即可变现净值或重置成本。有时为了税收目的允许使用后进先出法（如在美国和日本），但更多的时候不允许（如在欧盟国家）。建筑合同普遍采用完工百分比法进行会计处理，但在瑞士、中国和日本可能采用更加保守的全部完工法。

在英美和日耳曼国家，研发成本通常在发生后就立刻计入费用，但巴西普遍采用一种更灵活的方式。这种许可的方式也被广泛应用于对资产借入成本的资本化上。

退休福利通常以应计进行会计处理，计划福利对员工来说可能是应付的，这与中国和巴西采用的更过的即走即付的方式不同。

税收也是造成会计收入记录差异的一个主要方面，尤其在受税收影响严重的法国、德国、巴西和瑞士。

世界上对商业合并的处理方法按照特殊环境下的要求或允许使用权益共享法的程度不同而不同，通常被要求使用购买法。但是随着购买法的采用，国家间对于商誉处理方式的差别和争论也随之而来。巴西、中国和日本要求使用摊销法，与之相反，美国和英国则不要求使用摊销法，但对价值要进行减值测试。

与商誉有关的是无形资产事项，如商标、版权和专利权，它们被普遍地进行资本化（除瑞士），但通常要进行摊销或者减值测试。

最后，在外币折算事项方面，平均汇率和收盘汇率的选择会对收益计量方面产生重要影响。但是，通常情况下，在即期汇率和平均汇率方面有一定的灵活性。

美国、欧盟、巴西、瑞士、中国和日本等一些国家的会计事项的国际比较，如表 3 – 1 所示。

表 3 – 1　　　　　　　　　　　各国会计事项处理方法差异表

会计事项	美国	欧盟
计量基础		
财产	要求历史成本法	阶段性重估（IAS16）
厂房和设备	要求历史成本法	允许重新估计（IAS16）
存货	成本与市价（净可实现净值孰低法）允许后进先出法	成本与市价（可实现净值）孰低法，允许先进先出，不允许后进先出法（IAS2）
折旧会计	通常给予有效使用年限的直线法	通常基于有效使用年限的直线法（IAS11）
建筑合同	完工百分比法	完工百分比法（IAS11）
研发成本	立即费用化	立即费用化（IAS38）
资产借款成本	视为资产成本	通常立即费用化（IAS23）
损益表折算的汇兑损益	即期利率或平均利率	收盘利率（IAS21）
退休福利	基于应计福利的成本	基于应计或预计福利的成本（IAS26）
递延税款	全部递延	全部递延
商业合并	不允许合并	不允许合并
商誉（积极的）	要求非摊销方法——针对减损测试	要求非摊销方法——针对减损测试还没有实行，但很快会实行，因为英国宣布愿意与 IAS 重合
无形资产（商标、著作权、专利权）	根据使用趋势用摊销法——一些资产受到减损测试	成本、摊销能被重新估价
会计事项	巴西	瑞士
计量基础		
财产	历史成本加上通货膨胀调整	通常为历史成本法，但允许低的估价
厂房和设备	历史成本加上通货膨胀调整	通常为历史成本法
存货	成本与市价（可实现净值）孰低法、加权平均法或先进先出法，不允许后进先出法	允许使用各种方法
折旧会计	通常为直线法	允许加速折旧法
建筑合同	完工百分比法	允许完工百分比法
研发成本	允许资本化	通常立即费用化

续表

会计事项	巴西	瑞士
资产借款成本	允许作为资产成本处理	允许作为资产成本处理
损益表折算的汇兑损益	平均汇率或收盘汇率	通常为平均汇率
退休福利	成本在支付时即费用化	基于应计或预计福利的成本
递延税款	受税法严重影响的会计收入	受税法严重影响的会计收入
商业合并	通常要求购买法	在特殊情况下允许合并
商誉（积极的）	要求使用摊销法	允许立即注销
无形资产（商标、著作权、专利权）	允许对摊销资本化	允许对摊销资本化
会计事项	**中国**	**日本**
计量基础		
财产	要求历史成本法	通常为历史成本法，但土地不能被重估
厂房和设备	要求历史成本法	要求历史成本法
存货	成本与市价（可实现净值）孰低法，允许计提损失准备金加权平均法或先进先出法，不允许后进先出法	通常为成本法，不允许成本与市价孰低法，允许方法包括后进先出法
折旧会计	通常为直线法	允许加速折旧法
建筑合同	完工百分比法或完工合同法	允许完工百分比法或完工合同法
研发成本	允许资本化	通常作为发生的进行费用化
资产借款成本	允许作为资产成本处理	允许作为资产成本处理
损益表折算的汇兑损益	平均汇率	通常为平均汇率或收盘汇率
退休福利	成本在支付时即费用化	预计福利的现时价值
递延税款	根据未来 3 年应税利润的程度	临时差别减去不能恢复的数额
商业合并	通常要求购买法	允许某些合并
商誉（积极的）	要求使用摊销法	不超过 20 年的摊销期
无形资产（商标、著作权、专利权）	在估计的使用年限内摊销	在使用寿命内摊销

总之，随着各国会计准则不断地向着国际会计准则趋同，各国会计处理的方法也在趋于一致，当然会计处理的差异还是存在的，但是总体来看差异在不断地减小。

3.2 会计惯例在整体上的国际比较

3.2.1 会计惯例与会计准则

在阐述会计惯例的国际差异之前，我们先来辨析“会计惯例”和“会计准则”之间的关系。

无论是国际会计准则还是西方主要国家的国内会计准则的规定，迄今都是采取从现行会计惯例中筛选的方法。特别是初期，准则的制定受实用主义的影响，很少注意会计方法的概念依据问题，不同会计准则之间，甚至在同一准则允许选用的会计方法之间，都不乏有在概念依据上相矛盾的事例。这就促使会计准则的制定机构去构思一个财务会计概念框架（结构）来指导今后会计准则的制定，并着手对已发布的会计准则进行审查和修订。这个趋向使有些会计准则的要求可能超越当时流行的会计惯例。

发布的会计准则有时也可能没有成为流行的会计惯例，或是因经济环境条件的改变而被停止执行或废止（有关物价变动会计的准则就有这种情况）。

无论是国际会计准则还是各国的国内会计准则，对一些会计问题（如存货计价、固定资产折旧、外币报表折算等）往往有几种可选择的处理方法。这样，同样属于会计准则允许的方法，有的可能成为占优势的会计惯例，有的则不那么流行，也可能几种方法的流行程度不分上下。

凡此种种都说明，"会计准则"和"会计惯例"是既有联系又有区别的概念。会计准则是筛选出来的"标准"会计惯例，会计惯例一般地说是当时流行的会计准则。

西方有一些会计学者，对一些重要的会计方法进行国际调查，为会计惯例的国际差异和协调情况提供实证资料。这无疑是很有价值的研究工作。

3.2.2　会计惯例在整体上的国际比较

在整体上我们可以从资产和负债的确认与计量以及业主权益和分期收益的确定这两个方面来进行概括的国际比较。

1. 资产的确认和计量

大致来看，对资产的确认与计量在国际惯例上似乎不存在什么差异，资产和负债的定义在各个国家基本上是类似的，资产项目按原始交易成本（历史成本）计价，至今仍是全球流行的会计计量原则。但细究起来，在一些边缘问题上，差异和疑义都是存在的。

（1）在资产的确认上，关于无形资产的确认也许是最突出的问题。例如：

①商誉的定义是超正常盈利能力的资本化，这是符合未来经济利益资本化的资产定义的，但对持续经营中企业的自创商誉则不予确认；企业合并中确认的商誉，其"原始交易成本"也往往不是遵循超正常盈利能力的定义来确定的。按照德、荷、法等国家的跨国公司中占优势的会计惯例，对企业合并中的商誉，不是确认为资产而是从合并股东权益中注销，英国在历史上也曾如此，在 1989 年 7 月发布的 SAP22（第 22 号标准会计惯例）《商誉会计》中，曾要求把商誉确认为应摊销的无形资产。欧共体第 7 号指令则要求在 a. 把商誉确认为无形资产而系统地摊销或是 b. 立即从合并股东权益中注销这两种方法中选用其一，而这两种方法在概念依据上是不同的。美国 FASB 在 2001 年 6 月 30 日发布的新准则 FAS142《商誉和其他无形资产》中，改变摊销商誉的方法，代之以测试其减值损失（至少每年一次）的方法，即只有在商誉的账面记录金额超过它的公允价值的会计期间，才记录其减值，并将减值部分确认为当年费用。

②在自行研究开发而申请取得的专利权，其原始成本中往往不包括研究开发支出，因为在大、中型跨国公司中，以研究开发成功与否不能确定为理由，把支出都在当期费用化

了，其余技术鉴定和申请注册等支出资本化记入原始成本。这样的计价基础显然是与未来经济利益资本化的资产定义不符的。

（2）"经济实质重于法律形式"还是"法律形式重于经济实质"，是一些会计问题的国际差异存在的主要原因，也是以美英为代表的不成文法系国家与欧洲大陆国家为代表的成文法系国家在会计惯例上的主要差别。例如：

①长期融资租赁应否资本化？从法律形式上看，这是租赁惯例，融资租入固定资产的所有权，要在付清最后一次租赁费并办理产权转让的法律手续后才能取得，因此不能资本化。但从经济实质上看，这是以租赁资产的形式给予承租人的长期信贷，租金实质上是贷款的偿还，贷款清偿后可以通过办理产权转让而取得资产的所有权，是合乎逻辑的结果，因此，在会计处理上要同时确认资产（融资租入的固定资产）和负债（融资租赁应付款）。

②库存股份在形式上与购存其他公司的股份并无差别，应该同样地确认为资产（短期证券投资），但在实质上这是一部分业主权益的暂时收回，应该从股东权益中抵减。

（3）资产的计量问题。从总体上看：

①在全球范围内至今流行的仍是历史成本（原始交易成本）计量模式，但实际上，任何国家或地区早就不存在"纯粹"的历史成本计量，而是或多或少地在应用原始交易成本时掺杂某种形式的重估价的方法。

在这方面，也存在着国际差异。例如，许多欧洲大陆国家和一些拉丁美洲国家都允许对固定资产进行重估价，把重估价准备作为资本调整项目，而美国则不会这么做。在调整物价变动对会计计量的影响方面，国际差异更为显著。有的跨国公司甚至采用了对实收资本计算假计利息的比较独特的方法，这种方法显然是没有概念依据的。

②金融市场剧烈的价格波动和计量衍生金融工具的需要，以及由于技术创新及多种市场因素导致的资产减值问题，促使国际会计界（包括准则制定机构）启动了以公允价值计量取代历史成本计量的努力。

所谓"公允价值"，按照国际会计准则中给出的定义，是"指在公平交易中，熟悉情况的当事人自愿据以进行资产交换或者负债清偿的金额"。在初始计量时，这当然也是原始交易成本。公允价值计量模式与历史成本计量模式的差别在于：前者要求在每一会计期间（至少是每一会计年度）终结时，对资产项目进行后续计量（重估价），以确认其减值或增值；而后者则保持其初始计量不变，在其每一会计期末的金额（账面价值），一般为原始成本的摊余值（摊余成本）。

公允价值有几种计量基础：a. 现行市价（也就是现行交易成本），这是最可靠的后续计量基础；b. 评估价，这取决于专业评估机构的公正性、权威性和执业质量；c. 计价模型，可以比较恰当地设计，但模型所确定的只是变量及其相互间的作用，仍需要相当可靠的市场数据的输入，而且复杂的计价模型的设计也是相当困难的；d. 未来现金流量的折现值，其可靠性取决于对未来现金流入和折现率的估计，这将面对很多不确定因素。

由此可见，如果关于公允价值计量的可靠性的问题不能很好的解决，那就意味着在未来很长一段时间内，历史成本计量属性和公允价值计量属性还要同时使用。

2. 负债的确认和计量

在负债的确认与计量方面，情况也是类似的。

（1）所得税会计提供了突出的例证。在应税收益背离报告收益的情况下，如果是由于暂时性差异而采用跨期摊配的程序，原来采用的是递延法，这样形成的所得税负债不符合"负债"的定义。在美国已发布的关于所得税会计的新准则（1987 年发布的 FAS96 和取代它的在 1992 年 5 月发布的 FAS109）以及 IASC 于 1994 年重编、1996 年全面修订的关于所得税会计的 IAS12，都转向"负债法"。其中，收益表负债法在当时是流行的会计惯例。

而且，在全球范围内，也还有一些国家是不采用确认递延所得税负债的方法。例如，法、德等欧洲大陆国家由于会计方法基本上从属于税法要求，很少出现暂时性差异；瑞士采用的是分期预提应计所得税的会计程序；阿根廷等国，则根本不去预计所得税负债，而只是在收付实现制的基础上确认所得税支出。

（2）在处理养老金负债方面，差异也是很突出的。例如，是否预计在职职工的养老金负债，按什么做基础预计，许多国家都还没有制定发布这方面的会计准则。即使在美国，不少企业对要求以保险统计为基础预计养老金负债的本国会计准则也不积极支持。

（3）由于负债的计量不可避免地带有程度不等的不确定性，不确知的未来时间对现有资产价值影响的估计也总有程度不等的主观判断性（例如，市场价格和外汇汇率的变动导致的存货跌价）。

西欧主要国家长期以来就容许企业通过故意确认和高估可计量的或有负债和不确知的未来事件对资产价值的影响，作为制造"秘密准备"的最方便的方法。尽管 20 世纪 90 年代以来，随着证券市场的发展，以及欧盟在致力于各成员国会计协调化方面的卓有成效的努力，各国政府和会计职业界都有遏制这种做法的趋向。

3. 业主权益与分期收益的确定

在业主权益与分期收益的确定方面，同样存在值得关注的差异。

（1）最重大的差异来自收益确定的"总括观念（all-inclusive concept）"和"当期经营观念（current operating concept）"。

在 20 世纪 50 年代，美国就提倡收益确定的总括观念，其会计准则要求：除业主投资、业主派得、资本捐赠、资本交易以及重大的前期调整项目以外的所有会计事项都要通过收益表，而不能直接计入留存收益；非常损益和会计政策变更的影响都不能作为对业主权益的直接调整。但几乎所有的非英语国家仍然允许把非常损益和会计政策变更的影响直接作为对业主权益的调整而计入留存收益。

1992 年 10 月，英国会计准则委员会（ASB）发布了第 3 号财务报告准则（FRS3）《报告财务业绩》，率先倡议编制"全部已确认利得和损失表"，与已实现损益表一起共同表述某一报告主体的全部财务业绩，在"全部已确认利得和损失表"中，也将报告反映企业的财务业绩，但根据法律要求或会计准则应作为直接进入权益的"准备"项目；美国 FASB 在 1997 年 6 月发布了 FAS130《报告全面收益》，将全面收益划分为净收益和其他全面收益，一方面保留了传统净收益的概念，另一方面在其他全面收益中，主要报告那些绕过收益表直接列入权益的项目；IASC 在 1997 年 8 月发布的修订后的 IAS1《财务报表的列报》中，提出了与英、美准则制定机构的设想相同的改革业绩报告的要求。但是，其他国家的准则指定机构还很少提出这样的构想。

（2）同等重要的是"收益平稳化"的问题。其根源也许是在对计量经营成果的会计分期概念上的差别。美国的会计准则要求明确地按年度分期，反对利用会计方法谋求"收益平稳化"。例如，在外币交易会计中允许递延汇兑损益，就是一个突出的例子。西欧国家和拉丁美洲国家的会计准则认为，对合理地确定经营成果来说，按年度分期过于短暂，因此，允许甚至支持在报告年度之间进行某些方式的"收益平稳化"。在瑞典，有人还认为，生产经营周期的长度才是计量和报告企业经营成果最合适的分期。

（3）股份公司业主权益会计中的国际差别，很多来自各国不同的法律要求。例如，许多国家规定，每类股票应具有统一的面值，但有一些国家则规定同一类股票可以具有不同的面值。在德国，"每股收益额"就是一个毫无意义的概念，因为大多数有面值的普通股都具有不同的每股马克价格。美国等不少国家则允许发行无面值股票。再如，在关于股票分派（在美国和北美洲的用语为股票股利和股票分割）、认股权计划等事项，特别是在库存股份的会计处理上，北美和欧洲国家存在着显著的差别。对分派少量（不超过外发股份的 20%）股票股利按市价借记留存收益，是美国独特的惯例，其目的在于限制滥用分派股票股利的方式（特别是在法定面值远低于现行市价的情况下）。

3.3　常用会计惯例的国际比较

3.3.1　存货计价

（1）成本与市价孰低规则在期末存货计价中的应用，长期以来在西方国家是普遍采用的方法，同时国际差异也是存在的。例如美国对成本与市价孰低规则的应用，有一个条件的限制，即存货的售价已经下跌。因此，订立了固定售价的合同而尚未发售的存货，虽然其重置价格低于成本，却不能适用这一规则。而欧洲国家的会计惯例则没有这样的条件限制，在北欧国家甚至对进口和出口存货允许计提一定的跌价准备，而不问其重置价格的走向如何。

（2）在存货发出的计价中，美国企业比较流行后进先出法，这主要是基于纳税利益的考虑；在英联邦国家和法、德以及瑞典等北欧国家，占优势的惯例则是先进先出法。1993年修订的 IAS2《存货》规定的基准处理方法是先进先出法和加权平均法，后进先出法只被列为允许选用的方法。2003 年 12 月，IASB 在其《改进国际会计准则》项目中的改进后的 IAS2 中，已经取消了后进先出法，因为这种方法与存货的实物流动情况不符，因而没有合理的概念基础。但是，FASB 在 2004 年 11 月发布的 FAS151《存货成本》中，仍允许采用后进先出法。

（3）关于存货使用资产减值的会计处理，IASC 于 1998 年 4 月发布了 IAS36《资产减值》。

（4）在资产负债表中，存货按完全成本而不是按变动成本计价（即固定制造费用应分配于产品成本），变动成本计算只应用于企业的内部决策和成本控制，这是世界范围内的通行惯例，但瑞士的不少公司则在对外财务报告中按变动成本对存货计价。

3.3.2　提取坏账准备

应收票据和应收账款等应收款项，不可避免地会发生坏账损失。确认坏账损失有两种方法：直接法和备抵法。备抵法是西方国家流行的惯例。但是，在法国流行的会计处理方法却是直接转销法。目前，鉴于欧洲大陆的证券市场的国际化发展，法国公司的这种情况已经有所改变。

从应收款项适用资产减值的会计处理（IAS36）来看，其可收回金额（recoverable amount）和计入各期损益的坏账损失，应采用备抵法来确认。

3.3.3　固定资产折旧和重估价

（1）在折旧方法方面，多数国家比较流行的还是直线法，但这并不排除在纳税申报中采用加速折旧方法。以美国为代表的不成文法系国家，编制对外财务报表所遵循的会计准则与所得税法的会计要求基本上相背离。但是，在法国和德国等欧洲大陆的成文法系国家，两者则要求基本上保持一致，即会计准则基本上要遵从税法要求。在这种情况下，在对外财务报告和纳税申报中，可能是同时采用直线法，而经准许在纳税申报中采用加速折旧法的企业，在对外财务报告中也必须采用加速折旧法。

（2）关于折旧额能否超过固定资产原价的问题，则有较大的国际差异。美国、加拿大、德国、日本等国家都不允许超过原价，英国、法国、荷兰、瑞典、瑞士等国则允许超过原价。

（3）在历史成本计量模式下，固定资产的重估价一般是不允许的，除非是在提供物价变动影响的补充资料中。但是，法国等西欧国家和阿根廷、智利等拉丁美洲国家的会计惯例则允许对固定资产重估增值。如果按照公允价值计量，则在每一会计期末，都应对固定资产和无形资产进行重估价，并确认其资产减值损失（增值则应先抵扣已经计提的减值准备）。

3.3.4　流动负债和长期负债的划分

一般的惯例都是以一年为界限，凡在资产负债表日期一年以后到期的负债项目，应归入长期负债。但是，德国对国内公司的会计惯例则要求四年以后到期的负债项目才归入长期负债，这也从侧面反映了德国企业所持的长期经营目标的观点。再者，按照上述一年为划分流动负债和长期负债的界限，在原来的长期负债中，凡在资产负债表日期后一年内到期的项目，就应归入流动负债，但有些国家对划分流动负债和长期负债的期限界线，还采用了"一年或营业周期孰长"的规定。

3.3.5　研究与开发支出是否费用化

研究与开发支出的流行的会计惯例，一般因研究与开发活动的分类而异。由于基础要求的成功几率一般较低，存在很大程度的不确定性，其研究成本通常费用化。应用研究的针对性虽然很强，但成功的不确定性仍然很高，因而其研究支出的主流惯例也倾向于费用化。开发活动是在研究已经达到预期目标，大规模投产可以合理预期的前提下的一个稳定性开发过程，因此其支出的会计处理主流惯例是资本化。此外对于研究与开发阶段的产品的利润分配，也有不同的会计惯例。这样，研究与开发的会计惯例通常可以按照以下类别来区分：基础研究成本、应用研究成本、开发成本。

基础研究成本确认的会计惯例较少明确规定。在有规定的情况下，也大多是由会计准则制定机构推荐某种处理方法。例如，意大利规定基础研究成本的确认条件是与之关联的预期未来事项是确定的或可能的。

应用研究成本确认的会计管理的明确规定也不多。澳大利亚规定只允许对那些无可置疑的并且成本预期能够被收回的应用研究成本予以确认。意大利则规定应用研究成本的确认条件是与之关联的预期未来事项是确定的或可能的。葡萄牙允许对被解释为开发成本的符合某些条件的应用研究成本予以确认。西班牙和瑞典都允许确认符合某些条件的应用研究成本。

开发成本确认的会计管理较基础研究成本和应用研究成本多些，但有时惯例是允许确认而非要求确认。澳大利亚规定只允许对那些无可置疑的并且成本预期能够被收回的开发成本予以确认，也适用于勘探成本；加拿大允许对符合某些条件的开发成本予以确认，也适用于勘探成本；丹麦、西班牙、瑞典允许对符合某些条件的开发成本予以确认；而葡萄牙则要求对符合某些条件的开发成本予以确认；意大利规定开发成本的确认条件是与之关联的预期未来事项是确定的或可能的；荷兰允许确认开发成本，也适用于某些勘探成本；比利时、芬兰、法国和挪威允许确认开发成本；英国则只允许对某些开发成本予以确认；美国要求对符合某些条件的软件开发成本予以确认，但不允许确认其他开发成本；奥地利和德国则不允许确认开发成本。

3.3.6 递延所得税的会计处理

在前面的论述中，我们已经把所得税会计作为在负债确认方面的国际差异的突出例证。这里还要进一步说明递延所得税资产确认惯例中存在的较大差异。众所周知，作为资产的递延税款借项，是在有关经济事项导致未来纳税利益的情况下确认的，需要企业未来产生足够的应税收益为前提，否则所预期的未来纳税利益是不可能实现的。由于企业的经济环境和自身经营存在很大的不确定性，基于会计的稳健原则，很多国家对递延所得税资产的确认规定了比较严格的条件。例如，比利时不允许确认递延所得税资产；丹麦、芬兰、意大利、荷兰和葡萄牙允许确认所得税资产；奥地利不允许确认以后结转亏损的所得税资产，但如果其产生一项净所得税负债则要求予以考虑；英国要求确认递延所得税资产；其他一些要求确认递延所得税资产的国家都附加了一些条件。例如，澳大利亚一般要求确认递延所得税资产，但对于以后结转亏损的递延所得税资产则要求仅在预期其所代表的未来纳税利益的实现能够在实质上确定的情况下才可以确认；日本的规定在总体上也要求确认递延所得税资产，但不允许确认在同一条件下以后结转亏损的所得税资产；加拿大要求确认递延所得税资产，包括在一定条件下确认以后结转亏损的递延所得税资产；挪威要求在计算递延所得税款净额时，在递延所得税资产大于递延所得税负债时才予以确认递延所得税资产；美国不但要求确认递延所得税资产，而且要求在一定条件下确认以后结转亏损的所得税资产；IASC 则要求企业未来在这些所得税资产实现时有足够的应税利润用于抵销，方能确认递延所得税资产。

本章小结

随着各国会计准则不断地向着国际会计准则趋同，各国会计处理的方法也在趋于一致，当然会计处理的差异还是存在的，但是总体来看差异在不断地减少。

我们可以从资产和负债的确认与计量以及业主权益和分期收益的确定这两个方面，来进行概括的国际比较。大体看来，对资产、负债、业主权益的确认与计量在国际惯例上似乎不存在什么差异，资产和负债的定义在各个国家基本上是类似的，资产项目按原始交易成本（历史成本）计价，至今仍是全球流行的会计计量原则。但细究起来，在一些边缘问题上，差异和疑义都是存在的。

存货计价，成本与市价孰低规则在期末存货计价中的应用，长期以来在西方国家是普遍采用的方法，同时国际差异也是存在的。在存货发出的计价中，美国企业比较流行后进先出法，这主要是基于纳税利益的考虑；在英联邦国家和法、德以及瑞典等北欧国家，占优势的惯例则是先进先出法。

应收票据和应收账款等应收款项，不可避免地会发生坏账损失。确认坏账损失有两种方法：直接法和备抵法。备抵法是西方国家流行的惯例。但是，在法国流行的会计处理方法却是直接转销法。

固定资产折旧，多数国家比较流行的还是直线法，但这并不排除在纳税申报中采用加速折旧方法。在历史成本计量模式下，固定资产的重估价一般是不允许的，除非是在提供物价变动影响的补充资料中。但是，法国等西欧国家和阿根廷、智利等拉丁美洲国家的会计惯例则允许对固定资产重估增值。如果按照公允价值计量，则在每一会计期末，都应对固定资产和无形资产进行重估价，并确认其资产减值损失（增值则应先抵扣已经计提的减值准备）。

研究与开发支出的流行的会计惯例，一般因研究与开发活动的分类而异。研究支出的主流惯例倾向于费用化，开发活动是在研究已经达到预期目标，大规模投产可以合理预期的前提下的一个稳定性开发过程，因此其支出的会计处理主流惯例是资本化。

作为资产的递延税款借项，是在有关经济事项导致未来纳税利益的情况下确认的，需要企业未来产生足够的应税收益为前提，否则所预期的未来纳税利益是不可能实现的。由于企业的经济环境和自身经营存在很大的不确定性，基于会计的稳健原则，很多国家对递延所得税资产的确认规定了比较严格的条件。

复习思考题

1. "会计惯例"与"会计准则"这两个概念是否等同? 其关联和区别表现在哪些方面?

2. 在资产和负债的确认和计量上的国际协调是否超过国际差异? 你认为现存差异还值得关注吗?

第4章 会计的国际协调

【本章提要】

本章首先介绍了协调化与标准化的定义，进而讲述了国际协调的必要性和国际协调的主要障碍。其次讲解了国际政府间组织的协调活动，具体有联合国、经济与发展组织、欧盟、非洲地区的会计组织。最后讲解了非政府间组织的协调活动、民间会计职业团体的协调活动。

协调是对会计实务差异设定限度以增加其可比性的过程。协调后的准则减少了逻辑上的冲突并改进了国家间财务信息的可比性。

4.1 国际协调的必要性

4.1.1 协调化与标准化的含义

通过前面各章的叙述可以看到，在不同的国家中各公司的会计和财务报告实务存在着很大的差异。这使得国际性财务报表的编制、合并、审计、分析和解释说明十分复杂，给财务报表的使用者带来了诸多不便，阻碍了财务信息的国际比较，不利于资本的合理流动、投资的扩大和经济的发展。为了解决这些问题，世界上有许多组织机构进行了各种努力来协调各国的会计准则，以期缩小各国会计和财务报告实务的差异。

在国际会计领域内谈到缩小各国会计和财务报告实务的差异时经常使用协调化（harmonization）与标准化（standardization）两个概念进行描述。协调化和标准化泛指一定的组织在国际范围内为缩小各国会计和财务报告实务差异、增进财务信息的可比性而采取措施、进行调整和促进统一的过程。

关于协调化与标准化的含义，一种观点认为它们是同义词，表达的概念完全相同。将协调化与标准化视为相同概念的观点认为，协调化与标准化可以互换使用，不同的人有不同的偏好。

在欧洲联盟范围内，一般喜欢使用"协调化"一词表述欧洲联盟国家在会计和财务报告方面制定统一规则、缩小实务差异的妥协、调整和统一的过程；而涉及国际会计准则委员会的活动时，往往使用"标准化"一词来概括制定国际会计准则的目的和缩小会计实务差异的统一化过程。

将协调化与标准化视为不同概念的观点认为：协调化是脱离差异、走出差异的过程；

标准化是消灭差异、走向统一的过程。两者在缩小差异的程度上有明显区别；在缩小差异的过程中，首先能通过协调化使各国会计界达到某种共识，明确差异所在、努力避免差异的继续扩大并采取措施减少差异，然后通过标准化制定统一的规则并共同遵守，实现会计实务的统一性，两者在顺序上有先后之分；在协调过程中，目的是通过一定的调整使现有各国的会计实务差异得以和谐共存。而在标准化的过程中，目的是通过统一会计程序和会计方法使各国会计实务差异逐渐消失，两者在缩小差异的态度上有宽严之别；协调化的结果是使各种会计实务处于一种"协调"的状态，而标准化的结果则使会计实务达到一种"统一"的状态。

我们的论述一般使用"协调化"一词，并认为它与"标准化"的概念有一定的区别。我们所说的协调化是指各国有一定代表性的组织机构在国际范围内，经过协商讨论和共同努力，确立能为各方普遍接受的最佳会计实务，以期缩小差异，使会计和财力报告实务趋于标准化的各种活动。

4.1.2　国际协调的必要性

随着国际贸易、国际投资和跨国公司的发展，要求增进国际性财务信息的可比性的压力日益增强。一般认为，如果在世界范围内有统一的会计术语和会计程序，有一套世界上大多数国家公认的会计准则，有各公司间可相互比较的财务信息，将会有利于国际经营活动中各方面参与者的经营决策，有利于提高公司的经营效率和经济效益；可以在编制和分析财务报告中有效地利用人力、财力和时间；国际金融市场也会有透明度更高和更准确的财务信息。

在国际资本市场上，资金的提供者要求进行会计的国际协调，以便能根据可比的财务信息做出最佳投资决策或贷款决策。一个公司的财务报表能被潜在的投资者和财务分析专家所理解并公正地反映公司财务状况，那么这个公司就能比较容易地从资金提供者那里取得资金。在大多数情况下，公司财务报表只有符合了某种统一的、严格的格式要求，才能在国际资本市场上出售股票、发行债券。这种国际资本流动的增长客观上日益要求进行会计准则的国际协调。

会计的国际协调对各国在国际资本市场上进行筹资活动的企业也将十分有利，可以节约这些企业的筹资费用。因为目前一个企业在不同国家的资本市场上筹资都要根据当地的会计准则编制一套财务报表，在几个国家筹资就要编制几套财务报表，这将使这样的企业增加一大笔开支。所以，从一个公司来说，如果能够按照同一套会计准则在世界各地发行证券，便可极大地降低成本。

跨国公司一般是支持会计国际协调的，而且跨国公司也将从中受益。如果会计准则达到一定程度的协调统一，财务信息可比性的增强也会有助于评价各国子公司的经营成果和经营业绩，有助于进行国际投资分析和做出各种国际经营决策，还会有利于为收购国外子公司而进行的评价和分析。

国际会计公司或国际会计师事务所在进行跨国审计或从事其他国际性会计业务中也十分希望各国会计实务的差异能逐步缩小，以便能提高审计依据的统一性，提高审计质量和其他业务工作水平。

会计的国际协调将会有利于各国税务当局的税收征管工作。在涉及国外所得税收征管工作中，各国税务当局常因不同国家利润计量中的差异而遇到麻烦，如果各国利润计算实务能够比较一致，也许会有利于它们的工作。然而，应该承认的是，各国税务当局在许多情况下是差异的制造者，各国税法中对会计处理的不同规定使各国会计实务出现了许多差异。

进行国际协调，建立国际会计准则，有利于发展中国家建立自己的会计准则，有助于促进这些国家的经济发展。发展中国家的会计一般比较落后，短期内不可能形成自己的比较完善的会计惯例和会计准则，经过协调建立起来的国际会计准则可以作为发展中国家建立本国会计准则的基础。这些国家可以根据本国的情况，为使国际会计准则适应本国的需要而作相应的修改。这样，就可以加快这些国家会计事业的发展，以适应经济发展的需求。

许多国家的政府认为国际会计的协调和信息揭示的规范化将有助于消除跨国公司和东道国国内公司之间的不平等竞争，增加跨国公司信息揭示的透明度，改进东道国政府与跨国公司进行讨价还价的地位以及对跨国公司进行管理的能力水平。

4.1.3　国际协调中的主要障碍

协调中的主要障碍是各国间会计实务存在着很大的差异。各国的会计准则和财务报告规则首先是满足本国的需求。如前所述，会计是环境的产物，政治、法律、经济、文化等环境因素塑造了各国不同的会计实务状况。这些影响各国会计实务的各种因素不可能相同，因此会计的国际协调就不可能没有障碍。

在国际协调中，有些国家总是要"以我为中心"，总是认为本国的会计是最好的。英国喜欢按照自己的会计模式去设计全球性会计制度；美国则要把美国的模式传播到其他的国家中去；法国、德国等国家则认为其他国家应效仿它们的会计模式。每个国家都认为它们的制度是最完善的，而不愿意采纳其他的会计制度。有的国家比较强调国家主权和民族独立，不愿意引进国外的会计理论和方法。这些观念都极大地阻碍着会计准则和财务信息揭露方面的国际协调。

会计职业界在各国间发展不平衡也影响了国际协调。以各国职业会计团体为基础组建的世界性组织需要各成员团体实施经过协调而制定出的会计准则，但有的国家的会计团体并不能够决定本国执行什么样的会计准则，也不能控制本国实务的发展，所以由民间会计团体进行的国际协调在短期内很难取得应有的效果。再者，并不是所有的国家都有会计职业团体参加国际性会计职业组织，因此，目前的国际性准则制定机构（如国际会计标准委员会）的影响是有限的，并没有影响到世界上的每个国家。

国际经济的发展是不平衡的，有的国家在国际贸易、国际投资和国际经营活动方面都涉足不多，对于这样的国家来说感觉不到会计协调的必要性，因此不会参与和支持会计的国际协调活动。

4.2　国际政府间组织的协调活动

4.2.1　联合国的讲坛上发出了协调的呼吁

联合国在国际会计协调方面的主要活动是进行讨论和交流，以增进各国间的相互理解。国际性会计和财务报告问题被提到联合国讲台上进行讨论引起了各国政府对这一问题的高度重视，同时也反映了这一问题在国际性事务中的重要地位。联合国努力对国际会计进行协调产生了积极的促进作用，对各国会计实务产生了一定的间接影响。

1973 年，联合国秘书长在对联合国经济和社会理事会的一项决议作出的答复中，指定了一个小组去研究跨国公司经营活动对国际关系的影响。该小组 1974 年提交了一份报告，报告中指出，有关跨国公司的活动严重地缺乏有效形式的财务和非财务两方面的信息，公司报告的可比性也极为有限。报告建议，在跨国公司委员会（经社理事会下属的一个政府间组织）的赞助下召开专家小组会议，考虑制定标准化的会计和报告国际准则问题，协调跨国公司的会计和报告实务，以增进财务信息的国际比较。跨国公司委员会和经社理事会都赞同这项建议。于是，联合国秘书长在 1976 年年初任命成立了会计和报告国际准则专家小组，由 14 名来自不同地区的具有各种背景的成员组成。

专家小组的研究表明跨国公司提供的信息主要问题不是缺乏国际的可比性，而是信息本身提供的严重不足，既缺乏财务信息，也缺乏非财务信息。于是专家小组致力于研究确定跨国公司应揭示的最低的财务信息及非财务信息。1977 年，专家小组向秘书长提交了一份包括四部分内容的题为"跨国公司会计与报告的国际准则"的报告。随后，这份报告连同秘书长的建议一并提交给了 1978 年 5 月，经社理事会根据跨国公司委员会的建议，通过 44 号决议批准成立了国际会计与报告准则特设政府间专家工作组，其成员并不是各个国家的政府代表，报告最终未被采纳。

1979 年 5 月，经社理事会根据跨国公司委员会的建议，通过 44 号决议批准成立了国际会计与报告准则特设政府间专家工作组，其成员按各地区分配，来自 34 个国家，每个当选国家任命一名在会计和报告方面有经验的专家担任，其中 22 个国家是来自亚、非、拉的发展中国家。

特设工作组的目的是审定会计和报告准则，以保证有关方面易于取得所需的跨国公司经营活动的财务和非财务的资料，并使其更具有可比性。跨国公司委员会建议工作集中在与联合国在讨论和研究的有关跨国公司行为准则相联系的会计和报告准则上。从 1980 年 2 月至 1982 年 4 月特设工作组共举行了六次会议，中国政府曾派代表参加了其中的两次会议。特设工作组按规定举行了六次会议以后于 1982 年提出了一份报告，对历次讨论进行了总结。这份报告中最重要的部分列举了会计报告一般至少应包括的内容，称为"通用性报告的最低限度项目"，报告共有 307 段文字。报告记述了历次讨论中协商一致的见解以及各国代表的不同意见后又明确说明，由于各方面分歧意见很大，特设工作组未能完成其原定的任务。

下一步怎么办？主要有两种不同的意见。美国、日本等少数发达国家抱消极的态度，认为联合国关于国际会计准则的讨论，原则上应当就此结束，未能协调的会计准则问题，可参照并结合正在制定的跨国公司行为准则一并研究；而以"七十七国集团"为代表的大多数国家，为了监督跨国公司的经营活动，认为有必要在联合国范围内协调会计准则，要求成立正式的工作组，以继续上述特设工作组未了的工作。联合国经社理事会采纳了多数国家的意见，于 1982 年以"67 号决议"建立了联合国"国际会计和报告准则政府间专家工作组"。工作组由 34 个国家各选派一位具有高深会计学识和丰富经验的专家组成。工作组中的席位根据地域均等原则分配，即亚洲国家 7 席、非洲国家 9 席、东欧国家 3 席、拉丁美洲国家 6 席、西欧及其他国家 9 席，其中半数任期 2 年、半数任期 3 年，连选者连任。工作组隶属于跨国公司委员会，其工作由原跨国公司和管理司负责（由于联合国的机构改革，跨国公司和管理司从纽约转到日内瓦的贸发会议，并更名为"跨国公司和投资司"）。专家工作组的宗旨是促进会计准则在国际间的协调，以便为企业会计报表的使用者提供可比和透明的会计资料。

联合国国际会计与报告准则政府间专家工作组从 1983 年至 1996 年已召开过 14 届会议，下面是有关这些会议的资料：

第一届于 1983 年 2 月召开，这届会议讨论了工作组的任务和工作方案，并且讨论了几个会计和报告方面的具体问题。

第二届于 1984 年 3 月召开，会议着重讨论了四个专题，即某些资产项目的变动、转移价格的制定、政府补贴以及增值额问题。

第三届于 1985 年 3 月召开，会议着重研究、讨论了若干专业性问题，包括立法支持会计准则，关于审慎原则问题，准备金的核算，外币往来事项的核算，研究和开发费用的核算等。

第四届于 1986 年 3 月召开，会议讨论了关于投资的核算，有内部联系者之间交易往来所应公布的资料、技术转让、固定资产的核算、折旧会计、审计师与非财务性资料的责任联系等问题。

第五届于 1987 年 3 月召开，这届会议争论的一个焦点是跨国公司应否公布和怎样公布会计资料的问题。此外，还讨论了企业合并的会计和报告、收入的确认、营业外损益的核算、存货估价等问题。

第六届于 1988 年 3 月召开，会议讨论问题包括会计和报告的基本目标与基本概念、合并财务报表的程序、分部信息等。

第七届于 1989 年 3 月召开，继续讨论了财务报表的基本目标与基本概念，此外还讨论了通货膨胀、物价变动以及资产负债的市价和历史价值的会计核算、退休金费用的核算、董事会年度报告等。

第八届于 1990 年 3 月召开，讨论关于环境措施的资料的公布、退休金费用的核算、参与合营和合营企业的会计、无形资产的核算。

第九届于 1991 年 3 月召开，讨论了当前在全球和国家两级跨国公司会计和报告方面的重要发展情况，合营企业和合营企业投资人的会计核算、环境保护会计、国有企业私有化期间及以后的会计核算、会计职业组织及审计师的作用和资格。

第十届于 1992 年 3 月召开，讨论了当前在跨国公司会计和报告方面的重要发展，当前全球一级的环保问题，私有化期间产生的会计问题，1993 年关于发展中国家和处于过渡时期国家的会计教育和培训问题的准备工作。

第十一届于 1993 年 3 月召开，主题是会计教育和培训问题，主要包括对非洲、亚洲、欧洲、拉丁美洲和北美洲的会计师培训课程以及考试大纲进行比较和研究，审议非洲和中、东欧的培训方案，审议国际和区域组织的报告以及对会计、审计及培训状况的全球性审查。

第十二届于 1994 年 3 月召开，主题是：①审查当前跨国公司会计和报告在全球一级的重要发展；②审查会计和报告在国家一级的重要发展；③新融资手段；④租赁会计；⑤政府补助会计；⑥环境资料的披露。

第十三届于 1995 年 3 月召开，主要议题是环境会计，讨论了会议秘书处提供的文件。

第十四届于 1996 年 3 月召开，正式议题有两个：一是政府特许会议；二是商业银行会计。非正式议题包括关于国际会计准则不一致的原因的国别调查、关于转移定价的方法、关于全球会计发展动态和关于会计师全球资格标准和证书颁布制度等。

1988 年专家工作组发表了其一致同意的"关于跨国公司会计和报告的结论"。1989 年又发表了专家工作组对概念结构问题所作贡献的文件，题目为"基本财务报表的目标和概念"。

至 2007 年这个常设专家工作组已召开 24 次会议，在 2006 年的第 23 次会议上，共有包括西欧国家、日本、中国等 65 个国家参加；此外国际会计准则委员会、国际会计师联合会等 8 个组织和欧盟的代表也作为观察员与会。

从以上所述可以看到，联合国在协调国际会计准则方面已作出了不少努力。虽然联合国的努力对国际会计准则的发展并未显出直接的影响，但它却发挥着一种有效的监督作用和发展国际会计准则的促进作用。

4.2.2 经济合作与发展组织在积极活动

主要资本主义国家的政府于 1961 年成立了经济合作与发展组织。1975 年 1 月，经济合作与发展组织成立了"国际投资和跨国公司委员会"。1976 年 6 月，经济合作与发展组织发布了《关于国际投资和跨国公司的宣言》，这一宣言的附件《跨国公司指南》（以下简称《指南》）中有《信息揭示》一节，其中包括财务信息揭示方面的要求，这些要求虽然是非强制性的，但对大型跨国公司有一定的影响。所以，经济合作与发展组织也进行了一些会计准则方面的协调活动。

《指南》涉及的内容包括财务、税务、竞争、行业关系以及信息揭示。成员国政府同意向跨国公司推荐这一《指南》，这对跨国公司虽有一定的影响，但在实务中只有很少的跨国公司真正重视这些指南。跨国公司指南中有关信息揭示部分的主要内容是：各企业应在充分考虑它们在所处经济环境中的性质和相对规模的基础上，在充分考虑商业秘密方面的要求的基础上，在充分考虑成本的基石上，就企业作为一个整体的组织结构、经营活动和各项政策方面的真实信息以一种适于增进公众理解的形式予以公布，为此需要将其作为跨国公司从事经营活动的所在国国家法律要求揭示信息的补充。为达此目的，各企业应在合理的期限内按规定的报告基础至少每年公布一次财务报表以及与企业作为一个整体有关的其他信息。信息包括：

①企业的组织结构，说明母公司的名称和所在地，主要的联营公司，在这些联营公司中直接和间接掌握的所有权百分比，联营公司之间掌握股权的情况；

②地域分布，母公司及其主要的联营公司开展经营活动的地方以及主要的经营活动；

③各地区的销售和经营成果的情况，企业整体中主要的销售情况；

④整个企业中由各地区在可行的条件下进行的新的重大资本投资的情况；

⑤整个企业的资金来源和运用情况表；

⑥各地区的平均雇员人数；

⑦整个企业的研究与开发支出；

⑧集团内部定价所遵循的方针；

⑨会计政策，包括合并报表的政策，编辑公开信息的政策。

经济合作与发展组织于1979年对《指南》进行了修订，但信息揭示方面的建议基本未动。同时，为了继续会计协调方面的努力，该组织组建了长期性的会计准则工作组，旨在国际会计准则的制定过程中有所作为，但该工作组本身并不想成为准则制定机构，而主要的活动是对其成员国的会计准则情况进行调查研究，如1980年对成员国会计实务的离散状况和可以协调的潜力曾进行过调查，其他还就诸如合并会计、分部揭示和无形资产等问题进行过调查。总之，经济合作与发展组织表现出的工作目的是增进国际理解、促进就广泛的问题达成一致，提高会计和报告准则的可比性与协调性。

4.2.3　欧洲联盟领先一步

欧盟是当今世界上区域经济合作中最为紧密并逐步从经济一体化向政治一体化方向发展的国际联盟。欧共体的最初的12个成员国是法国、德国、荷兰、比利时、意大利、卢森堡、丹麦、英国、爱尔兰、西班牙、葡萄牙、希腊。1993年以后，又增加了瑞典、芬兰、奥地利。至今，加上东欧国家，欧盟共有27个成员国。

欧洲联盟范围内的会计协调是地区一级最有成效的国际协调。欧洲联盟通过颁布有关法规协调各成员国的法律来协调各国的会计和财务报告实务。欧共体颁布的法规和文件包括条例、指令、决定、建议和意见等，其中对会计和财务报告有直接具体规定、影响最大的是"指令"，它是必须并入成员国法律的。欧共体指令通过各成员国的立法机构增加或修改本国法律来并入各成员国的法律体系之中，从而在各成员国中实施。欧共体指令中有关于财务会计报告方面的规定。其中第4号指令是一套全面而广泛的基本会计规则，第7号指令是关于合并财务报表方面的规定，第8号指令规定了审计人员的资格条件。这些是欧共体指令中对会计审计影响最大的4个指令（请参见第7章）。

欧洲联盟在会计协调方面已经作了许多努力，并已取得了一定的成效。第4号指令的颁布实施是协调过程的开端，在提高欧盟国家财务信息揭示的水平和增进办公设备透明度方面发挥了一定的作用，但也应该看到，各项指令中的大部分条款重形式而轻内容；许多规定是要求各成员国"允许"它们的公司遵守指令而不是"命令"这些公司去遵守；在计量和估价原则方面给予了过多的自由选择的灵活性；在外币折算、租赁和现金流量表方面缺乏应有的全面规定。欧共体指令没有取得人们想象的那种效果的一个基本原因，是在欧洲联盟的范围内存在着两种对立的会计思想：第一种是法德的会计思想，注重法律和严格详细的规定；第二种是英荷会计思想，强调"真实与公允"的反映。两种会计思想的协调不是一朝一夕的事情。从另一方面来看，欧洲联盟各国有各自具体国情，各国的会计准则、会计实务、审计标准和准则等方面都有一定的差别，会计的协调不可能一蹴而就。由此可以看到，欧洲联盟在会计协调方面还有很长的路要走。

4.2.4　非洲也不甘落后

1979 年 6 月来自 27 个非洲国家的代表在阿尔及尔开会，成立了非洲会计理事会。凡是非洲统一组织的成员国都可以是非洲会计理事会的成员。非洲会计理事会有关会计和财务报告方面的目标包括：①在非洲国家中促进会计的标准化；②鼓励会计业务的教育和培训；③举办和进行会计事务和有关学科的研究；④促进非洲会计教材的编写和会计著作的出版；⑤鼓励交流；⑥与国际组织建立联系；⑦促进使用标准化的管理会计方法。非洲会计理事会全体会议每三年召开一次。其主席、两位副主席、执行委员会和秘书长负责经常性工作。非洲会计理事会的作用还不十分清楚，但它的工作无疑有助于非洲国家的会计协调和经济发展。

4.3　非政府间组织的协调活动

4.3.1　工会组织的要求对会计协调形成压力

国际性的工会组织主要有：世界劳工联合会、国际自由工会联合会、欧洲工会联合会等。1977 年这些国际性工会组织公布了它们自己的一套文件，提出了会计和信息揭示方面的要求，这个文件主要是针对跨国公司的，阐述了国际协调的必要性，对更加统一的会计程序以及全面而详细的财务与非财务信息的揭示问题提出了建议。工会组织的目的主要不是为了增进公司间财务信息的可比性，而是为了在制定有关对跨国公司的政策时能有比较可靠的依据，因为工会组织在制定政策时常常感到不仅各公司揭示信息的方式不统一，而且缺乏能反映公司全貌的必要的信息。

工会和职工要求得到公司经营业绩的信息和公司未来发展前景的信息，尤其关心有关工作条件、状况、规模、安全甚至地点方面的信息，关心跨国公司内部有关转移价格制定方面的信息。跨国公司各国子公司之间的相互关系直接影响着跨国公司某一国家子公司所报告的财务状况和经营业绩的真实性和可靠性。其他的信息使用者（如税务当局）可以不完全依赖公司提交的报告。它们可以进入公司进行调查或要求公司提供有关的信息。而像工会这样的组织则主要（甚至完全）依靠公司提供的报告进行决策。因此，公司内部交易方面的信息对工会组织来说是十分重要的。工会组织的要求对会计的协调产生了一定的影响。

4.3.2　投资者及其相关组织既需要信息更要求可比性

投资者要依赖财务信息进行投资决策。投资者的差异很大，有的是财务专家，有的则对会计一窍不通。一般投资者都希望财务报表易懂、可靠和可比，使他们能据以作出明智的决策。财务分析专家在为投资者服务方面发挥着重要作用。国际性财务分析专家组织在获取更多的公司财务信息方面代表着投资者的利益。证券委员会国际组织（the International Organization of Securities Ccommissions，IOSCO）涉及规范证券市场的活动，其中包括努力为投资者提供投资决策中所需要的各种信息。

国际投资者和财务分析专家需要跨国公司未来发展前景的信息，这种信息包括有关盈利能力和资产价值方面的情况，但他们常常感到所得到的信息缺乏可比性，影响了他们的投资决策。因此，对于投资者来说，增加公司财务报告的国际可比性是国际社会应尽快努力解决的一个问题。投资者侧重于不同公司之间各种信息的可比性，因为他们对各种备选方案的选择就是对不同公司的选择，对不同公司的选择是在对各公司有关信息的比较的基础上作出的选择。为了便于分析和比较不同公司的财务报告，也为了增进对其他国家财务信息的理解，投资者和财务分析家一般都积极支持会计的国际协调活动。如财务分析家协会国际合作委员会就是国际会计协调的积极支持者，国际会计准则委员会理事会中有该组织的代表，表明该组织参与了国际会计准则的制定工作。

4.3.3　债权人及其相关组织对会计协调的影响

与投资者一样，银行、贷款人和其他债权人也表现为对公司有关财务状况、经营业绩和未来发展前景的信息十分关心。但是，债权人的不同之处是更加关心贷出去的款项的安全性。有些国家，如法国、德国和日本，银行等债权人是公司的主要资金供应者，可以直接从公司取得所需要的信息，对公司信息的揭示问题表现得不十分积极。但涉及国际性融资业务时，各国的银行家和其他债权人都对会计的国际协调表现出支持的态度，因为他们需要有关的财务信息作为决策的基础。

一般来说，国际银行组织是支持国际会计协调活动的，支持为增进财务信息的可比性而作出的各自努力。比较积极、比较重要的是各种国际开发银行，如亚洲开发银行、欧洲投资银行、欧洲复兴开发银行、国际复兴开发银行等。国际银行经常要求专门的报告，世界银行所属的国际金融公司甚至发行详细的关于会计和报告准则的指导书，对许多发展中国家产生了一定的影响。在国际金融市场上，获取资金方面的竞争对跨国公司形成了压力，一些跨国公司自愿增加揭示信息的数量，这对会计的国际协调也是一个有利因素。

4.4　民间会计职业团体的协调活动

4.4.1　国际会计准则委员会的努力

1. 国际会计准则委员会的基本情况

国际会计准则委员会是一个以制定国际会计准则为其基本活动内容的国际性民间会计职业组织，主要通过制定和公布国际会计准则来使财务报告得到改进和协调，并促使这些准则被接受和遵守，它在民间会计职业团体的国际会计协调活动中是一个最为重要的组织。

国际会计准则委员会是于 1973 年由来自澳大利亚、加拿大、法国、联邦德国、爱尔兰、日本、墨西哥、荷兰、英国和美国的会计职业团体发起组建的。截至 1994 年 1 月，其会员团体已达 109 个，并分别来自 80 个国家，代表着大约 100 万名会计师。

国际会计准则委员会的目标是：

（1）根据公众的利益制定和公布编报财务报表时所应遵循的准则，并促使这些准则在世界范围内被接受和遵守；

（2）一般地为改进和协调与编报财务报表有关的规定、会计准则和程序而工作。国际会计准则委员会的日常工作由一个理事会负责，该理事会的成员来自 18 个国家的会计团体和最多 4 个其他组织。有一个咨询团定期与理事会一起举行会议，讨论有关国际会计准则制定过程中的各种问题。咨询团成员包括：证券交易所国际联合会、财务经理协会国际联合会、国际商会、国际自由工会联合会和世界劳工联合会、证券委员会国际组织、国际银行联合会、国际律师联合会、国际金融公司、世界银行、美国财务会计准则委员会、欧洲委员会、国际资产评估准则委员会、经济合作与发展组织（观察员）、联合国跨国公司与管理司（观察员）。

2. 国际会计准则的制定过程和程序

理事会成员、会员团体、咨询团成员、其他的组织和个人以及国际会计准则委员会的工作人员都可以为国际会计准则提出新的题目，国际会计准则委员会的工作人员将新的建议及其理由作成项目文件，提交给理事会进行讨论。

一旦理事会讨论通过确定了一个题目，就要建立一个执行委员会来负责该题目的工作。执行委员会首先要编制一份原则说明书，然后是起草征求意见稿，一直到最后形成一个国际会计准则。

国际会计准则的制定过程包括：

（1）确定与选题有关的所有会计问题；

（2）分析国际会计准则委员会"关于编报财务报表的框架结构"在这些问题中的应用；

（3）研究国家的和地区的会计要求和实务以及与选题有关的其他材料；

（4）由执行委员会详细复查有关的问题，国家的和地区的会计要求和实务及有关材料；

（5）由理事会详细复查执行委员会的建议；

（6）与咨询团、会员团体、其他准则制定机构、世界范围内的其他利益相关集团和个人进行协商；

（7）公布国际会计准则征求意见稿；

（8）由执行委员会和理事会对收到的关于征求意见稿的各种评论意见进行评价。

国际会计准则的制定程序是：

（1）执行委员会分析有关的问题并编制一份要点大纲；

（2）执行委员会根据理事会对要点大纲提出的意见编写一份原则说明书草案；

（3）原则说明书草案发送会员团体、咨询团成员和其他利益相关组织进行评论；

（4）执行委员会对原则说明书草案的各种评论意见进行分析后确定定稿的原则说明书，提交理事会批准；

（5）执行委员会根据理事会批准的原则说明书编制一份征求意见稿草案，征求意见稿提交理事会批准，经修改并经理事会 2/3 的多数同意后公布征求意见稿，征求意见的期间通常为 6 个月，要听取来自所有有利害关系的各方的意见；

（6）执行委员会复查各种意见并编制一份国际会计准则草案；

（7）理事会复查国际会计准则草案。经修改并经理事会 3/4 的多数同意后，公布该国际会计准则。

有时理事会可以决定建立一个执行委员会研究是否对一个现存的国际会计准则进行修订，以便将该准则发表以来新的发展变化情况概括进去。

3. 国际会计准则和框架结构的内容

国际会计准则委员会已公布的（生效日期）国际会计准则如下：

第 1 号：1998.7.1 财务报表的列报（替代会计政策的揭示）

第 2 号：1976.1.1 存货

第 3 号：合并财务报表（已被第 27 号和第 28 号国际会计准则所取代）

第 4 号：1977.1.1 折旧会计

第 5 号：财务报表中应揭示的信息（不再有效被 1 号代替）

第 6 号：会计对物价变动的反映（已被第 15 号国际会计准则所取代）

第 7 号：1979.1.1 现金流量表

第 8 号：1979.1.1 当期净利或净损、基本错误和会计政策的变更

第 9 号：1979.1.1 研究和开发成本

第 10 号：1980.1.1 或有事项和资产负债表日以后发生的事项

第 11 号：19801.1 建筑合同

第 12 号：1998.1.1 所得税

第 13 号：流动资产和流动负债的列报（不再有效，被 1 号代替）

第 14 号：1998.7.1 分部报告

第 15 号：1983.1.1 反映物价变动影响的信息

第 16 号：1983.1.1 固定资产

第 17 号：1999.1.1 租赁会计

第 18 号：1984.1.1 收入

第 19 号：1985.1.1 雇员利益

第 20 号：1984.1.1 政府补贴的会计和政府援助的揭示

第 21 号：1985.1.1 外汇汇率变动的影响

第 22 号：1985.1.1 企业联合

第 23 号：1986.1.1 借款费用

第 24 号：1986.1.1 有关联者的揭示

第 25 号：1987.1.1 投资会计

第 26 号：1988.1.1 退休金计划的会计和报告

第 27 号：1990.1.1 合并财务报表和对子公司中投资的会计揭示

第 28 号：1990.1.1 在联营企业中投资的会计

第 29 号：1990.1.1 恶性通货膨胀经济中的财务报告

第 30 号：1991.1.1 银行及类似金融机构财务报表中的揭示

第 31 号：1992.1.1 合营权益的财务报告

第 32 号：1996.1.1 金融工具的揭示和列报

第 33 号：1998.1.1 每股收益

第 34 号：1999.1.1 中期报告

资料来源：IASC 网址（http：//www.iasc.org.uk）

国际会计准则委员会已发布了一份《关于编报财务报表的框架结构》的文件，该框架结构的目的是：①要有助于理事会发展未来的国际会计准则和复查现存的国际会计准则；②通过减少国际会计准则中所允许的可供选择的会计处理方法来提供一种基础，以有助于理事会推进与财务报表编报有关的规定、会计准则和程序的协调。

该框架结构是一个有着 110 个自然段的大部头文件，其内容包括：引言。包括目的和地位、范围、使用者及其信息需求。

财务报表的目标。包括财务状况、经营业绩和财务状况的变动、注释和附表。

基本假设。包括权责发生制、持续经营。

财务报表的质量特征。包括：①可理解性；②相关性，其中又包括重要性；③可靠性，其中又包括忠实表述、实质重于形式、中立、谨慎、完整；④可比性；⑤对相关信息和可靠信息的限定，其中又包括及时性、效益与成本的平衡、各质量特征之间的平衡；⑥真实与公允反映/公正表达。

财务报表要素。包括财务状况、资产、负债、权益、经营业绩、收益、费用、资本保持调整。

财务报表要素的确认。包括未来经济效益的可能性、计量的可靠性、资产的确认、负债的确认、收益的确认、费用的确认。

财务报表要素的计量。

资本和资本保持的概念。包括资本的概念、资本保持和利润确定的概念。

4. 实施问题

到 1996 年年底，国际会计准则委员会已发布了 41 号国际会计准则。这些国际会计准则虽不具有强制性，但通过 20 多年的努力在国际上已产生了很大的影响，在国际会计协调方面发挥了积极的作用。

国际会计准则的实施有三种情况：

一是通过各国作为国际会计准则委员会成员团体的会计准则制定机构将国际会计准则纳入本国会计准则的方法，使国际会计准则在成员国得以实施；

二是某些国家在本国没有会计准则的情况下直接将国际会计准则作为本国的会计准则实施；

三是某些国家本国会计准则制定机构不是国际会计准则委员会的成员团体，或本国没有权威性的民间会计准则制定机构，在这样的国家中国际会计准则的影响和实施需要经过一定的时间，国际会计准则委员会正努力赢得世界范围的最大支持，它是目前国际会计协调中的一个重要组织。

4.4.2　国际会计师联合会的影响

1977 年 10 月 7 日，由来自 49 个国家的 63 个会计职业团体在德国慕尼黑签署协议成立了国际会计师联合会。它比国际会计准则委员会的建立稍晚一些，现在与国际会计准则委员会保持着密切的关系，它承认并支持国际会计准则委员会在协调各国会计准则方面所做的工作，并且两个组织有着相同的成员团体。

国际会计师联合会的领导机构包括：代表大会和理事会。代表大会由各成员团体指定一名代表组成，在代表大会的职责中包括选举理事会成员，批准各成员，共财务交款，决定大会召开的时间和地点等。理事会由来自 15 个国家的成员团体，共 15 名代表组成国际会计师联合会，并建立了以下常设委员会：教育委员会、职业道德委员会、国际审计实务委员会、财务会计和管理会计委员会、公共机构委员会。

国际会计师联合会的基本目标是"发展和提高相互合作的世界会计职业协会，发展和提高相互协调的各种准则"。

该组织在国际会计协调中的作用主要表现在：积极支持国际会计准则委员会在制定国际会计准则方面的各项努力及其颁布的国际会计准则；通过国际审计实务委员会制定国际审计准则来协调审计实务，进而促进各国缩小会计实务差异、增进财务信息可比性；通过发展会计教育、建立职业道德规范、颁布管理会计指南等活动在广泛的意义上对财务会计和报告的协调创造必要的环境条件。

4.4.3　其他地区性会计职业团体

其他地区性会计职业团体包括：

亚太地区会计师联合会（成立于 1957 年）、欧洲会计师联合会（成立于 1987 年）、泛美会计师联合会（成立于 1949 年）、北欧会计师联合会、西非会计团体联合会以及东盟国家会计师联合会等，这些地区性的会计职业团体通过召开研讨会、进行会计后续教育、颁发会计实务方面的指导性文件等活动，在增进国际间的相互理解、相互交流，从而在缩小各国间会计实务差异、协调财务会计和报告准则方面发挥了一定的作用。

4.5　国际会计协调的现状和发展趋势

4.5.1　国际财务报告准则制定的最新进展

2008 年国际金融危机爆发以来，全球积极推进国际金融监管框架改革，二十国集团（G20）领导人峰会多次倡议建立全球统一的高质量会计准则，要求国际会计准则制定机构改进国际财务报告准则。在此背景下，国际会计准则理事会加快了相关准则项目的进程，国际财务报告准则正经历着重大地变革。

1. 已新发布或修订的国际财务报告准则

2010 年年底，国际会计准则理事会完成了金融工具准则项目第一阶段工作，发布了

《国际财务报告准则第 9 号——金融工具分类与计量》。该准则计划的生效日期是 2013 年 1月 1 日，但考虑到金融工具准则项目的其他部分尚未完成，2011 年 7 月，国际会计准则理事会已初步决定将该项目的生效日期暂时延迟到 2015 年 1 月 1 日。

2011 年 5 月 12 日和 6 月 16 日，国际会计准则理事会发布了 4 项新的国际财务报告准则和 4 项修订后的国际会计准则。新发布的 4 项准则是：《国际财务报告准则第 10 号——合并财务报表》、《国际财务报告准则第 11 号——合营安排》、《国际财务报告准则第 12号——在其他主体中权益的披露》和《国际财务报告准则第 13 号——公允价值计量》，这些准则的生效日期均为 2013 年 1 月 1 日。4 项修订后的国际会计准则是：《国际会计准则第 1 号——财务报表的列报》、《国际会计准则第 19 号——雇员福利》、《国际会计准则第27 号——单独财务报表》和《国际会计准则第 28 号——在联营和合营中的投资》。这些准则的发布和逐步生效，对现行会计实务都会产生较大影响，需要积极关注。

2. 国际会计准则理事会正在进行的项目

国际会计准则理事会原计划 2011 年年底前完成一系列重要准则项目的制定或修订，包括收入确认、租赁、保险合同以及金融工具相关项目等。但由于这些项目大多涉及对现行准则或实务的较大调整，为确保充分考虑各方意见、严格履行准则制定的应循程序，国际会计准则理事会于 2011 年 7 月 26 日推迟了这些项目的完成时间。其中，收入确认、租赁项目将于 2011 年下半年重新征求意见，计划完成时间推迟到 2012 年；金融工具减值、套期会计以及保险合同项目最终准则发布时间尚未确定。

4.5.2 近期主要国家或地区会计准则国际趋同情况

尽管全球已有 120 多个国家或地区要求或允许采用国际财务报告准则，但是一些主要经济体的准则国际趋同进程，出现了一些新情况和特殊问题，值得重视和关注。

1. 美国对采用国际财务报告准则态度不明

2007 年 12 月，美国证监会决定允许境外上市公司采用国际财务报告准则编制其财务报表，无须再编制国际财务报告准则和美国会计准则的差异调节表，并在 2010 年发布声明支持建立全球统一的高质量会计准则，承诺在 2011 年就是否要求美国本土企业采用国际财务报告准则作出决定。

2011 年 5 月 26 日，美国证监会就此问题发布工作人员立场报告，建议采用"趋同认可"的策略将国际财务报告准则并入美国会计准则体系，并征求各方意见。根据"趋同认可"策略，美国将推迟本国会计准则与国际财务报告准则趋同的时间。具体而言，在 5 ~ 7 年的过渡期间运用"趋同"策略，处理现有国际财务报告准则与美国公认会计原则之间的差异，而在过渡期结束后，根据美国会计准则编制的财务报表希望与根据国际财务报告准则编制的财务报表取得一致。这就表明，美国仍将保留本国会计准则制定机构及其制定本国会计准则的权力，美国是否会在近期做出采用国际财务报告准则的决策，其态度尚不明朗。

2. 日本推迟采用国际财务报告准则

日本在会计准则国际趋同方面的态度通常是紧跟美国。根据 2009 年年底日本发布的采用国际财务报告准则的路线图，日本计划于 2012 年前后作出关于自 2015 年或 2016 年起强制采用国际财务报告准则的决定。但是，在美国证监会发布工作人员立场报告之后，日本金融厅于 6 月 21 日宣布推迟采用国际财务报告准则的时间，即 2015 年 3 月之前不会做出强制日本企业采用国际财务报告准则的决定，并且即使决定强制采用国际财务报告准则，至少会为日本企业预留 5～7 年的准备时间。理由是自 2011 年 3 月日本大地震和核泄漏事故发生以来，日本经济形势恶化，日本产业界掀起了一股反对采用国际财务报告准则的浪潮，主要的考虑包括：一是转换成本太高；二是过渡时间过短；三是对无海外经营和融资需求的国内企业而言无必要性；四是其他国家或地区应用国际财务报告准则进展放缓、美国立场不明朗，无必要过早做出采用国际财务报告准则的决定。不难看出，美国的立场和主张仍是影响日本作出相关决定的重要因素。

3. 印度改变采用国际财务报告准则的承诺

2007 年 7 月，印度宣布将从 2011 年 4 月起要求所有的公众利益主体全面采用国际财务报告准则。但是，在 2010 年 2 月，印度突然改变了其之前的承诺，决定分阶段实施与国际财务报告准则趋同的计划，即上市公司和大型非上市公司在 2011 年 4 月，金融机构和其他公司在 2012 年至 2014 年间，采用与国际财务报告准则趋同的印度会计准则。国际会计准则理事会的印度籍理事在解释印度改变其全面采用国际财务报告准则的承诺时指出，"经过全面的考察和研究，印度认为，类似于中国采取的与国际财务报告准则趋同的策略更加适用，并且美国也正在考虑不同于全面采用国际财务报告准则的趋同策略"。

上述美国、日本和印度的情况表明，尽管建立全球统一的高质量会计准则已经成为二十国集团国家的共识，但采取何种方式、什么步骤实现这一目标，主要经济体之间仍存在分歧。

4.5.3　中国政府加强会计对外合作与交流不断深化

近年来，中国财政部不断深化对外会计交流与合作，以提高在国际财务报告准则制定中的话语权，双边会计准则等效工作也取得积极进展。

1. 中国与欧盟——重点实现双方会计准则的最终等效

欧盟高度赞赏 2005 年以来中国会计准则建设与实施所取得的成就，于 2007 年宣布，在 2008 年至 2010 年的过渡期内认可中国会计准则与欧盟采纳的国际财务报告准则等效。2010 年，双方签署联合声明，将共同努力最迟在 2011 年年底实现中欧会计准则的最终等效。

2011 年年初欧盟委员会拜访财政部，实地评估中国会计准则实施情况，双方正式启动了中欧会计准则最终等效评估工作。本着对等原则，中国也在 2011 年 5 月启动了针对欧方的会计准则等效评估，得到欧方的积极配合，并已经收到欧方关于等效问题清单的反馈。7月，财政部派团出访欧盟，对欧方反馈情况进行实地评估，并就趋同策略、国际财务报告准则的解释、新发布国际财务报告准则的生效日期、国际财务报告准则的制定程序以及具体技术项目等与欧方深入、广泛地交换了意见。

下一步，财政部将继续基于已经建立的等效机制，积极推动和加快双方会计准则等效评估工作，适时启动中欧会计准则最终等效法律性文件的起草，力争在2011年年底前实现中欧会计准则最终等效的目标。

2. 中日韩——建立未来十年三国合作规划

2011年年初，日本会计准则理事会主席、韩国会计准则理事会主席和候任主席等一行访问财政部会计司，中日韩三方会计准则制定机构负责人就会计准则国际趋同最新进展情况进行了沟通，并对三方未来十年的合作前景作出了规划。会谈中，日韩方面认为，自亚洲—大洋洲会计准则制定机构组成立以来，中日韩三国会计准则制定机构会议机制职能有所弱化。三方认为，三国作为亚洲—大洋洲会计准则制定机构组的发起国，应当进一步强化中日韩三国会计准则制定机构会议机制，共同引领亚洲—大洋洲会计准则制定机构组工作。2011年第四季度，中国将主办今年的中日韩三国会计准则制定机构会议，及时就会计准则国际趋同中的最新进展相互交换意见。

2011年6月，日本财务会计准则基金会主席和日本国际财务报告准则委员会基金会受托人等一行到访财政部，并就加强中日会计准则交流与合作、会计准则国际趋同策略、国际财务报告准则基金会治理结构改革等问题与财政部副部长王军交换了意见，双方在诸多问题上达成了重要共识。

3. 中国与俄罗斯——启动双方交流机制

2011年7月，俄罗斯财政部国家财务控制及会计审计司司长里奥尼德·施耐德曼访问财政部会计司。双方就会计审计准则制定及国际趋同、审计监管等方面进行了深入沟通。俄罗斯财政部国家财务控制及会计审计司的职能与中国财政部会计司职能基本一致，俄罗斯目前会计改革过程中所面临的问题，如审计监管问题、会计准则国际趋同问题等，中国都有类似经历，可供俄方参考。俄方对近年来中国会计改革取得的成就表示赞赏，同时希望密切双方合作，加强两国在会计审计以及监管等方面的沟通与交流，共同探讨国际会计问题。俄方计划年内率团访问财政部，以更详细了解中国会计改革情况，并探讨建立定期交流机制。

4. 中国与美国——完善定期会议机制

通过中美战略与经济对话、中国与美国财务会计准则委员会定期会议机制等，中国与美国的会计交流与合作日益增强。2011年8月16日，美国财务会计准则委员会新任主席率团来访，参加财政部会计司与美国财务会计准则委员会每年的定期会议。双方就两国会计准则最新进展、会计准则国际趋同最新进展以及具体技术问题等进行了深入交流，取得了显著成效。

5. 中国内地与香港特区——会计准则持续等效成果明显

改革开放以来，内地与香港的会计交流频繁，日益深化，尤其是两地于 2007 年签署会计准则等效联合声明后，双方更是保持了密切的沟通和合作。香港会计界对内地会计行业的新动向、新情况和新规定也越来越重视，多次组团就会计界最新动态和所关心的问题访问财政部。中国一些同时发行 A + H 股的上市公司也表示，由于没有长期资产减值转回因素影响，两地报表目前除了文字表述使用简繁体不同外，已不存在差异，彰显了两地会计准则趋同等效的成就。

2011 年 7 月，受香港会计师公会的邀请，财政部派代表到香港宣讲了内地实施可扩展商业报告语言的有关情况，他们非常感兴趣。今后，两地将继续就会计准则趋同等效、可扩展商业报告语言应用等方面加强沟通，共同分享标准建设和推广等方面的经验。

6. 中国大陆与台湾地区——交流和合作日益加强

近年来，台湾地区加快了与国际财务报告准则趋同的进程，并通过多种渠道表达希望与大陆在会计准则国际趋同方面加强合作与交流的意愿。为推动大陆与台湾的会计合作与交流，2010 年 12 月"对台会计合作与交流基地"在厦门落成，并举办了"会计准则国际趋同下的两岸会计合作与交流"论坛。2011 年 6 月，海峡论坛首次设立"会计分论坛"，两岸会计界齐聚厦门，商讨如何加强合作，共同提高对国际财务报告准则的影响力。与会两岸代表认为，加强两岸会计准则的趋同等效，将有力地促进两岸经贸往来和资本市场的开放及发展。

4.5.4　中国会计准则国际趋同的进展

1. 中国与国际会计准则理事会建立多层次的交流与沟通机制

2005 年中国企业会计准则与国际财务报告准则实现趋同，为与国际会计准则理事会的合作和参与国际财务报告准则的制定奠定了坚实的基础。目前，财政部已经与国际会计准则理事会建立了多层次、多方位的交流与沟通机制。

（1）中国与国际会计准则理事会建立定期磋商机制，每年两次就会计准则国际趋同策略、国际会计最新动态、正在制定或修订中的国际财务报告准则重要项目等进行充分讨论。从 2010 年起，该定期磋商机制升格为高层趋同会谈。2011 年 7 月，国际会计准则理事会新任主席汉斯·胡格沃斯特先生和前主席戴维·泰迪爵士来华参加由中国倡议成立的国际会计准则理事会新兴经济体工作组第一次会议，并应邀就国际财务报告准则的最新进展在北京国家会计学院进行了演讲，与中国会计人员进行了面对面的交流。

（2）中国派员直接参与国际财务报告准则的制定，并积极向国际会计准则理事会反馈意见，促使其在国际财务报告准则制定中充分采纳中国的意见和建议。

（3）中国日常工作中密切跟踪研究国际财务报告准则修订、制定情况及对中国的影响。财政部会计司成立了若干技术项目组和多个技术专家工作组，及时跟踪研究国际财务报告准则每个项目、每次会议，并就其中的重大变化采用多种方式征求国内有关方面意见，了解并研究其在中国的应用问题，多次召开专题会议研究反馈意见，以保证向国际会计准则理事会反馈高质量的意见。2011 年 7 月，财政部会计司专门赴英国与国际会计准则理事会各项目组举行技术会谈，双方就金融资产减值、套期会计、收入确认、租赁、保险合同等重要准则项目进行了深入的沟通和交流。国际会计准则理事会各项目组认为，中方对项目的研究深入，意见有理有据，非常有针对性，将有助于项目组和理事会下一步讨论并修订相关准则项目。

（4）邀请国际会计准则理事会来华进行实地调研。针对国际财务报告准则的重要项目，财政部会计司积极邀请国际会计准则理事会理事、项目组等就正在修订中的国际财务报告准则多次来国内进行实地调研，直接听取报表编制者、监管者、审计师等各个方面的意见，以促使国际财务报告准则的制定充分考虑中国的实际情况。

（5）中国通过亚洲—大洋洲会计准则制定机构组反馈意见。财政部参与倡议成立了亚洲—大洋洲会计准则制定机构组，并参与了所有技术项目组的工作，担任了公允价值计量、排放权、保险合同、合并报表、财务报表列报等项目的牵头国或联合牵头国，积极向国际会计准则理事会反馈意见。目前，亚洲—大洋洲会计准则制定机构组基本每月都召开电话会议，共同探讨区域性的共性问题。2011 年 11 月还将在澳大利亚召开亚洲—大洋洲会计准则制定机构组年度全体会议，目前正在积极做好相关会前准备工作。

（6）中国积极要求直接加入国际财务报告准则相关项目工作组。目前国际会计准则理事会现行各准则项目，如金融工具、保险合同、收入确认、租赁、财务报表列报等项目工作组的牵头成员主要来自欧美国家，这不利于在准则制定过程中吸收中国意见。为此，财政部已向国际会计准则理事会新任主席汉斯先生提出，中国已经涌现了一批既精通国际财务报告准则，又熟知中国等新兴市场经济体实际情况的会计专家，他们非常愿意参与国际财务报告准则的制定，希望国际会计准则理事会支持在各准则项目工作组中增加中国代表，汉斯先生对此表示欢迎。

2. 积极筹备新兴经济体工作组并成功召开第一次会议

为响应二十国集团关于在国际财务报告准则制定中进一步提升新兴经济体影响力的倡议，经过多次磋商和协调，国际会计准则理事会决定成立新兴经济体工作组并将联络办公室设在中国。2011 年 7 月 26 日，新兴经济体工作组第一次会议在北京成功举行。国际会计准则理事会主席汉斯·胡格沃斯特以及来自巴西、中国、印度、印度尼西亚、韩国、马来西亚、俄罗斯、南非等国家的近 40 位代表参加了此次会议。

会议讨论并一致通过了成立国际会计准则理事会新兴经济体工作组，同时达成以下共识：一是工作组的初始成员国包括二十国集团中的新兴经济体国家或地区以及马来西亚，今后随着工作组的发展和扩大，可以考虑在适当的时机吸收更多的新兴经济体国家或地区加入新兴经济体工作组；二是工作组主席由国际会计准则理事会国际活动总监韦恩·奥普顿担任，副主席由中国财政部会计司司长杨敏担任，工作组成员包括永久成员和临时成员，其中永久成员由成员国会计准则制定机构各派一名代表构成，临时成员由各准则制定机构根据某一具体技术议题指定一名相关专家构成；三是工作组建立定期会议机制，每年举行 2 次全体会议；四是工作组的常设机构为联络办公室，联络办公室设在中国，负责工作组的日常运作，并向各成员国及时通报工作进展。

工作组第一次会议还对新兴经济体应用国际公允价值计量准则的相关问题进行了深入探讨，提出了有效地解决方案，为国际会计准则理事会制定公允价值计量准则教育材料提供了有益参考。

新兴经济体工作组的成立，将进一步增强新兴经济体在国际财务报告准则制定中的话语权，有助于推动国际财务报告准则在新兴经济体的广泛应用和实施，提升国际财务报告准则的全球公认性，进而促进建立全球统一的高质量会计准则。

国际会计准则理事会对新兴经济体工作组的成立高度重视，新任主席汉斯先生上任不足一个月，调研的第一站就是中国、韩国等新兴经济体。在不到半个月内，两次与中方进行沟通，并出席新兴经济体工作组第一次会议。汉斯主席认为，当前国际会计准则理事会在国际财务报告准则制定中存在失衡现象，也就是说过去制定、修改准则只关注美国和欧盟的意见，而对包括中国在内的新兴经济体的意见重视不够，这次在北京举办第一次新兴经济体工作组会议是一个很好的开端，今后国际会计准则理事会将注重发挥新兴经济体在国际准则制定中的作用，充分听取包括中国在内的新兴经济体的意见。

与会各方对中国积极推动成立国际会计准则理事会新兴经济体工作组并承担联络办公室工作表示支持和赞赏，高度评价了新兴经济体工作组第一次会议取得的积极成果。巴西参会代表纳尔逊·卡瓦略先生曾任国际财务报告准则咨询委员会主席，在国际会计界享有很高的声望，在会议结束时，他深有感触地说："这次会议非常成功，为全球新兴经济体参与国际财务报告准则的制定创建了一个很好的平台，这对于建立高质量的全球统一会计准则意义重大，中国在其中发挥了关键作用，感谢中方为此所作出的努力"。

3. 积极推进中国企业会计准则与国际财务报告准则持续趋同

2011 年 7 月 27 日，国际会计准则理事会主席汉斯、多位理事和前任主席泰迪爵士访华拜访了财政部副部长李勇，双方开展了卓有成效的会谈。国际会计准则理事会主席汉斯认为，中国在很多领域都成了"领导者"，在会计领域也取得了重大的进步，得到了重要国际机构的赞赏，这些成绩足以让中国引以为傲。

在财政部党组的高度重视和副部长王军关于"趋同是方向、趋同不等于等同、趋同是过程、趋同是互动和趋同是新的起点"的国际会计趋同五原则指引下，中国会计准则建设及其国际趋同已经取得了巨大成就。下一步，财政部将按照 2010 年 4 月发布的《中国企业会计准则与国际财务报告准则持续趋同路线图》的要求，进一步推进企业会计准则改革，为建立全球统一的高质量会计准则而继续努力：

（1）中国支持建立全球统一的高质量会计准则，积极推进中国会计准则持续国际趋同。我们仍然坚持趋同互动的原则，希望国际会计准则理事会在准则制定中充分听取新兴市场和转型经济国家的意见；多到中国进行调研座谈，在相应准则的制定和修订中吸取中国成熟的经验和做法。在现阶段，各主要经济体采用国际财务报告准则的策略都有所不同，趋同策略是采用国际财务报告准则的有效机制，在实现全球统一高质量会计准则目标的过程中，趋同策略应当鼓励，而不应限制。国际财务报告准则如果不考虑新兴经济体情况，就不能称为全球统一的高质量会计准则。

（2）明确中国企业会计准则与国际财务报告准则持续趋同的时间表和主要任务。当前，我们将按照路线图的要求，根据中国法律制订程序结合国际准则的制定修订情况，综合考虑中国企业实施会计准则的具体问题，拟订会计准则工作计划，启动中国企业会计准则的修订工作，以保持中国企业会计准则与国际准则持续全面趋同。

（3）中国继续积极参与国际会计准则理事会的工作，包括继续派员参加国际会计准则理事会工作，积极参与国际会计准则理事会从受托人、咨询委员会委员、解释委员会委员到项目工作组成员等各个层面的工作等，同时广泛组织动员企业、专家学者等各方面力量参与研究制定和修改准则工作。

另外，我们还要向国际会计准则理事会呼吁，在建立全球统一的高质量会计准则的过程中，应允许国家或地区会计准则制定机构在国际财务报告准则确定的原则下，对本国或本地区存在的特殊问题提出解释意见，及时有效地解决编报者和使用者提出的问题，为中国企业做好服务，这也是为完善全球统一的高质量会计准则进行的有益尝试。

会计准则国际趋同已成为全球多数国家或地区的共识。希望会计管理部门和会计理论、实务界的专家学者对各国或地区会计准则国际趋同的新情况、新变化和新进展，进行跟踪研究，深入研究分析其变化之后的深层次问题，为中国会计准则国际趋同提出好的意见和建议，共同推进中国会计准则国际趋同的进程，为制定全球统一的高质量会计准则而努力。

注：本文系财政部会计司司长杨敏 2011 年 8 月在中国会计学会常务理事会扩大会议上的演讲，本刊略有删节。

本章小结

协调化和标准化泛指一定的组织在国际范围内为缩小各国会计和财务报告实务差异、增进财务信息的可比性而采取措施、进行调整和促进统一的过程。如果在世界范围内有统一的会计术语和会计程序，有一套世界上大多数国家公认的会计准则，有各公司间可相互比较的财务信息，将会有利于国际经营活动中各方面参与者的经营决策，有利于提高公司的经营效率和经济效益；可以在编制和分析财务报告中有效地利用人力、财力和时间；国际金融市场也会有透明度更高和更准确的财务信息。

联合国在协调国际会计准则方面已做出了不少努力。虽然联合国的努力对国际会计准则的发展并未显出直接的影响，但它却发挥着一种有效的监督作用和发展国际会计准则的促进作用。1976 年 6 月，经济合作与发展组织发布了《关于国际投资和跨国公司的宣言》，这一宣言的附件《跨国公司指南》（以下简称《指南》）中有"信息揭示"一节，其中也包括财务信息揭示方面的要求。该组织组建了长期性的会计准则工作组，旨在国际会计准则的制定过程中有所作为，但该工作组本身并不想成为准则制定机构，而主要的活动是对其成员国的会计准则情况进行调查研究。欧洲联盟在会计协调方面已经作了许多努力，并已取得了一定的成效。

国际会计准则委员会是一个以制定国际会计准则为其基本活动内容的国际性民间会计

职业组织，主要通过制定和公布国际会计准则来使财务报告得到改进和协调，并促使这些准则被接受和遵守，它在民间会计职业团体的国际会计协调活动中是一个最为重要的组织。国际会计准则委员会已发布了一系类的会计准则，对各国的会计制度的设计都有深远的影响。

与此同时，作为世界经济大国的中国也在促进国际经济形势的发展过程中，积极推进国际会计准则在中国实施趋同。而且还为国际会计准则的制订建言献策，把中国在发展过程中一些好的方法经过认可后纳入国际准则当中，为国际会计准则的完善作出了应有的贡献。

复习思考题

1. 国际会计领域内谈到缩小各国会计和财务报告实务的差异时经常使用的协调与标准化是一个概念吗？如果不是，请谈谈你的看法。

2. 现阶段国际会计的协调中存在的主要障碍是什么？美国在国际协调中所站的位置？

3. 国际会计准则委员会最初由哪些国家发起的？在制定国际会计准则时主要受令于国际哪个组织？主要遵循哪些原则？

4. 谈谈中国政府对国际会计准则协调和统一的看法是什么？

第 5 章 外 币 会 计

【本章提要】

本章首先介绍了外币交易会计和折算会计的概念和汇兑损益；其次讲解了外币交易过程中的两种不同观点及相应会计处理方法。然后对期汇合同会计处理方法进行了讲述，最后讲解了外币报表折算会计的业务处理。

随着现代经济活动的国际化，国际经营业务和投资活动日益增多，大多数企业在经营活动中都会发生外币交易，同时，跨国经营的企业如何把反映国外业务经营的财务报表折算成报告公司的报表都是国际会计必须解决的一个问题。

5.1 外币会计概述

5.1.1 外币交易会计和外币折算会计

1. 外币会计主要包括的内容（两方面）

（1）外币交易会计。这是指一国的企业与外国企业进行以非记账本位币标价的交易而产生的会计问题。

（2）外币报表折算会计。这是指一个企业或一个集团向国外直接投资，设立分支机构，控制国外子公司或与国外经营者联合经营设在国外的企业，因而由许多企业组成的公司集团需要把各企业以不同货币表示的财务报表折算成同一货币表示的财务报表，以便编制公司集团的合并财务报表，反映整个集团的财务状况和经营成果。外币报表折算流程图请见图 5-1。

当企业的经营活动处于国际环境时，企业生产经营活动可能涉及多种货币，企业债权债务属于多个国家，因此，用多种货币进行折算。不同货币不能直接相加，必须将所有业务以同一货币来反映，才能得到一个实体以同一货币反映的总括财务状况和经营成果。一般有两种选择：一种是以本国货币作为记账本位币，另一种是以使用最多的外币作为记账本位币。

跨国公司的合并报表，一般是以母公司所用的货币作为报告货币进行综合反映。

图 5 - 1　外币报表折算流程

2. 外汇市场和汇率

（1）外汇（国际汇兑的简称）。外汇是指以外币表示的用于国际结算的支付手段。国际基金组织对外汇的定义是："外汇是货币行政当局以银行存款，财政部国库券，长短期政府债券等形式保存的在国际收支逆差时可以使用的债权"。

《我国外汇管理暂行条例》中规定外汇包括：外国货币，外币有价证券（钞票、铸币等）；外币支付凭证（票据、银行存款凭证、邮政储蓄凭证）；其他外汇资金。

外汇的分类（从不同角度），按外汇是否可以自由兑换划分：①自由外汇：现汇、可以自由买卖（在国际金融市场）。②记账外汇：指在两国政府间签订协定项目而使用的外汇，未经货币发行国家批准，不能自由兑换成其他国家的货币。

按外汇买卖收支外汇交割期限划分：①即期外汇：现汇。指成交双方在两个营业日内交割完毕的外汇。②远期外汇：合约到期收付外汇。指在外汇市场上买卖双方预先按商定的数量、期限和汇价订立外汇买卖的合约到期收付的外汇。其目的是为了避免由于货币汇价变动造成的风险。

按来源和用途划分：①贸易外汇：对外贸易结算使用的外汇、费用。②非贸易外汇：对外贸易以外的外汇。

（2）外汇市场。外汇市场是指进行外汇买卖的交易场所，是外汇流通交易的市场。中间媒介：在外汇市场上一般是由外汇的买方和卖方通过银行或经纪人进行外汇买卖。

（3）汇率（两国货币之间的比价）。在外汇买卖交易中，一国货币单位用另一国货币单位表示的价格。汇率每天都在波动，主要依据特定货币的全球供应需求状况而定。有两种情况出现：入超（进口大于出口）和出超（出口大于进口）。

3. 汇率标价方法

（1）直接标价法：指以每单位外币可以兑换的本国货币的金额（以本国货币的数额

增减变动来反映汇率的升降）。

例如：1 美元 = 8. 50 元人民币　　　1 万日元 = 990 元人民币

汇率与本国货币的对外价值成反比：

如果外国币值上涨，则外汇汇率上升，本国货币可以兑换的数额增加。如果外国币值下跌，则外汇汇率下降，本国货币可兑换的数额减少。

（2）间接标价法：是指以每单位本国货币可兑换的外国货币的金额，以外国数额的增减变化来反映汇率的升降。

例如：1 英镑（现使用欧元） = 2. 12 美元

　　　1 元人民币 ≈ 0. 1176 美元（1 英镑 = 10. 6 元人民币）

汇率提高本国货币币值上涨，用一定数额的本国货币可以兑换更多外国货币（贴水）。

汇率降低本国货币币值下跌，用一定数额的本国货币可以兑换外国货币减少（升水）。

直接标价法与间接标价法互为倒数。

直接标价法 = 1 ÷ 间接标价法

4. 汇率分类

（1）按各个国家汇率制度划分，可分为固定汇率和浮动汇率。固定汇率是指政府规定波动在一定范围内的汇率。浮动汇率是指市场汇率。

（2）按银行买卖外汇划分可分为买入汇率和卖出汇率。买入汇率是指外汇银行从同业或客户买入外汇的汇率。卖出汇率是指外汇银行从同业或客户卖出外汇的汇率。买入汇率或卖出汇率的平均价叫中间价。外汇收益是指买入与卖出的差额。

（3）按外汇交易时间的不同可划分为，即期汇率和期汇汇率。即期汇率是指买卖现汇时使用的汇率（现汇汇率）。期汇汇率是指期汇交易中采用的汇率（远期汇率）。在一个时点上期汇汇率与现汇汇率的差额叫远期升水和贴水。直接标价法下：期汇汇率低于现汇汇率时，其差额为升水，间接标价法下相反。

期汇交易是指买卖成交后，先由买卖双方订立经济合同，规定外汇买卖数量、交割期限以及汇率等条款，到合同约定日再办理交割的一种外汇交易。

例如 1：在巴黎外汇市场上（直接标价）本币升值（贴水）、本币贬值（升水）

　　　　美元现汇汇率 1 美元 = 5. 6783 法郎

　　　　1 个月期汇汇率 1 美元 = 5. 6733 法郎

　　　　3 个月期汇汇率 1 美元 = 5. 6873 法郎

又如：在伦敦外汇市场上（间接标价）本币贬值（贴水）、本币升值（升水）

　　　　英镑的现汇汇率 1 英镑 = 1. 712 美元

　　　　1 个月期汇汇率 1 英镑 = 1. 7109 美元

　　　　3 个月期汇汇率 1 英镑 = 1. 7159 美元

（4）按制定汇率的不同方法划分，可分为基本汇率和套算汇率。基本汇率是指选择某一国货币为主要对象，把本国货币与这种货币的实际价值对比制定的汇率。

例如：1 美元 = 1. 365 加拿大元

套算汇率：经过套算制定的货币为套算货币。

例如：以美元为基本汇率。

　　　　1 美元 = 1.365 加拿大元

　　　　1 美元 = 8.44 法郎

　　　　1 法郎 = 0.162 加拿大元

（5）根据会计记账采用汇率的时间不同，可分为记账汇率和账面汇率。记账汇率是指现行汇率（入账时的汇率）；账面汇率是指历史汇率（过去的记账汇率）。

5.1.2　汇兑损益

1. 汇兑损益的概念

汇兑损益是指由于汇率变动而发生的损益以本位币表现的差额。包括交易损益和折算损益。

（1）交易损益。交易损益是指经济业务发生日的汇率不同于结算日汇率而产生的损益。例如，（采用间接汇率）美国厂商在 2011 年 12 月 1 日向英国客户出售商品，应收账款 10 000 英镑，当时汇率为 1 英镑 = 1.6465 美元，折算后 10 000 英镑 = 16 465 美元。定于 2012 年 1 月 31 日结算。2011 年 12 月 31 日期末结账日汇率 1 英镑 = 1.6495 美元，2012 年 1 月 31 日结算日汇率为 1 英镑 = 1.6570 美元。

损益的计算例如：

美国厂商在 2011 年 12 月 31 日实现交易收益 30 美元：

16 495 美元 - 16 465 美元 = 30 美元

美国厂商在 2012 年 1 月 31 日实现交易收益 105 美元：

16 570 美元 - 16 465 美元 = 105 美元

（2）折算损益。折算损益是指在财务报表项目由一种货币折算为另一种货币时由于汇率变动而产生的损益。

例如：子公司与母公司的报表合并时，子公司以母公司所在国的货币为本位币时的汇率差额（属于未实现的收益）。

2. 损益的确认

各国的会计实务中，对外币兑换损益的处理有多种不同的做法。

（1）交易损益的确认。交易损益的确认是一种将外币兑换损益直接计入当期损益的方法。具体做法：在损益表中作为非常项目，将已实现的损益列为本期经营费用，未实现的汇兑损益在损益表中予以补充说明。另一种是将外币兑换损益作为递延项目处理。

（2）折算损益的确认。折算损益的确认一般有三种具体做法；在当期损益表中作为非常项目列报。在资产负债表中作为折算调整额列报。在资产负债表中作为递延项目处理。

5.2 外币交易会计

5.2.1 外币交易会计处理的主要问题

一项交易的发生，要经过交易发生日、报表编制日和交易结算日，各个时点上外汇汇率的变动会给外币交易会计带来如何处理的问题。

【例5－1】法国供应商2011年12月1日向美国A公司出口商品价值90 000法郎，美国进口商以美元作为本位币，双方约定2012年1月31日实际付款。

会计处理要分为三个阶段：

2011年12月1日汇率为1美元＝5法郎（交易发生日）

2011年12月31日汇率为1美元＝4.5法郎（报表编制日）

2012年1月31日汇率为1美元＝4法郎（交易结算日）

美国：

    交易发生日：按当时汇率将法郎折算入账。

    报表编制日：按编表日汇率进行调整。

    交易结算日：按结算日汇率折算金额支付外币。

需要考虑的问题：

由于各时点上汇率的变动，使得以记账表示的商品成本，售出商品的成本，以及与此相关的应收、应付款的金额，在交易发生日与交易结算日具有不同的价值。因此，应以哪一个时点的价值作为所购商品的成本或所销商品的收入额，由于汇率变动而产生的外币折算损益如何进行会计处理，就成为外币交易会计需要解决的问题。

对此存在着两种不同的观点：一是一笔业务观点；二是两笔业务观点。

5.2.2 一笔业务观点

这是指将一项交易的结算作为该项交易完成的标志。即：某项交易的发生和随后货款的结算，被视为一项完整的业务。

（1）主要思想：在未结算以前，外汇变动而发生的商品成本和收入变动是暂时性的，只有在购销货款以外币结算以后，才能以记账货币最终确定所购商品的成本或所销商品的收入。

（2）汇率差额调整成本和收入：交易发生日、报表编制日、交易结算日由于汇率变动所发生的折合成记账货币的全部差额，都应列入购货商品成本或销售收入的调整额，而不作为外币折算损益处理。

【例5－2】以〖例5－1〗为例：（间接标价法）

交易日：2011年12月1日购入：

1美元＝5法郎；折合美元入账：90 000法郎÷5＝18 000美元

借：购货成本 $18 000

贷：应付账款	$18 000

报表编制日：2011 年 12 月 31 日

1 美元 = 4.5 法郎 90 000 法郎 ÷ 4.5 = 20 000 美元

调整 = 20 000 美元 – 18 000 美元 = 2 000 美元

借：购货成本	$2 000
贷：应付账款	$2 000

交易结算日：2012 年 1 月 31 日

1 美元 = 4 法郎 90 000 法郎 ÷ 4 = 22 500 美元

调整 = 22 500 美元 – 20 000 美元 = 2 500 美元

借：购货成本	$2 500
贷：应付账款	$2 500

同时支付 90 000 法郎，偿还法国供应商货款。

借：应付账款	$22 500
贷：现金	$22 500

5.2.3 两笔业务观点

  两笔业务观点是指将交易的发生作为交易完成标志。即：交易的发生和随后货款的结算看做是两项业务。

  （1）主要思想：在交易发生时，所购商品的成本或所销商品的收入，已按当时的汇率将外币金额折合成记账货币确定下来，而与以后货款的结算业务无关。在报表日和交易日由于汇率变动而产生的外币折算差额，则作为外币折算损益处理。

  （2）外币折算损益有两种处理方法：一种作为已实现的损益，列入当期收益表。另一种作为未实现的递延资产，列入资产负债表，直到结算日时才作为已实现的损益入账（见表 5 - 1）。

  【例 5 - 3】以〖例 5 - 1〗为例：

  ①交易发生日：1 美元 = 5 法郎（12 月 1 日）

借：购货成本	$18 000
贷：应付账款	$18 000

  ②报表编制日：1 美元 = 4.5 法郎（12 月 31 日）

借：汇兑损益（递延损失）	$2 000
贷：应付账款	$2 000

  ③交易结算日：1 美元 = 4 法郎（1 月 31 日）

借：汇兑损益（递延损失）	$2 500
贷：应付账款	$2 500

  ④同时支付货款：

借：应付账款	$22 500
贷：现金	$22 500

  ⑤结转已实现的汇兑损益：（如果采用递延法）

借：汇兑损益 $4 500

  贷：递延损失 $4 500

表 5 – 1   三种处理方法比较：（结算日）

资产负债表项目	一笔业务观点	两笔业务观点	
		第一种方法	第二种方法
存货	$22 500	$18 000	$18 000
应付账款	$22 500	$22 500	$22 500
递延损失			$2 000 + $2 500
收益表项目			
汇兑损益	$20 000 + $2 500		

注：①不论采用哪种方法应付账款金额都是 $22 500。
②一项业务存货成本与两项业务存货成本不同。
③两项业务递延损失（第二种）、汇兑损益（第一种）。

5.3 期汇合同的会计处理

5.3.1 期汇合同会计处理的主要问题

期汇合同，也称远期外汇合同。企业在进出口商品时，一般以外币结算时为了避免汇率涨落可能发生的外汇风险，而向银行签订的远期固定购买和卖出外汇合同。

1. 期汇合同的贴水和升水

合同日期汇汇率低于或高于合同规定的现汇汇率，就会产生贴水和升水。假设中国为进口商，美国为出口商（如图 5 – 2 所示）。

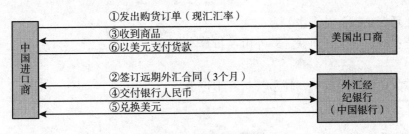

图 5 – 2 外贸交易流程

当用直接标价法时，远期汇率低于现期汇率则为贴水，反之为升水。
若期汇汇率低于现汇汇率（贴水）：
买进远期外汇合同为贴水（折价）买进。
卖出远期外汇合同为贴水（折价）卖出。

期汇汇率高于现汇汇率（升水）：

买进远期外汇合同为升水（溢价）买进。

卖出远期外汇合同为升水（溢价）卖出。

间接标价法相反。

2. 签订期汇合同的种类（基于目的不同）

（1）为了外币约定付款套期保值签订的期汇合同（进口）。

（2）为了已发生的外币债权债务套期保值签订的期汇合同（出口）。

（3）为了远期外汇投机签订的期汇合同（投机商）。

5.3.2　外币约定付款套期保值签订的期汇合同的会计处理

外币约定、付款套期保值是指进口商向银行买进（银行卖出）外币期汇（按期汇汇率），避免交易风险所采取的一种措施。具体步骤：首先签订合同（进出口）→向银行买进相应外币→在合同期内交货→到期支付货款（支付外币）。

1. 签订购销合同（远期购销合同）

签订购销合同后就发生了现汇汇率（签订时汇率）、期汇汇率（结算时汇率）、报表编制日汇率。

2. 向银行签订远期合同，并根据期汇汇率和现汇汇率计算折价（贴水）或溢价（升水）作会计处理

借：应收期汇合同款——外币（按现汇汇率折算为本位币）

　　递延溢价支出（升水或贴水）

　贷：应付期汇合同款——本币（按期汇汇率计算）

3. 报表编制日，根据签订日汇率和报表日汇率计算由于汇率变动而发生的损益

借：递延汇兑损益（升水）

　贷：应收期汇合同款——外币（折算本位币）

或：

借：应收期汇合同款——外币（折算本位币）

　贷：递延汇兑损益

4. 收到商品（按当日汇率折算入账）

借：购货成本

　贷：应付账款

5. 期汇合同到期

（1）按照合同约定远期汇率向银行付本币，偿付应付期汇合同款

借：应付期汇合同款——本币（按约定汇率）
  贷：现金——本币
（2）从银行买进外汇，按当日汇率折合成本币入账，并冲转应收期汇合同款
借：现金——外币
  贷：应收期汇合同款——外币
（3）向出口商以外币支付货款，并折为本币入账（按当日汇率）
借：应付账款——外币
  贷：现金——外币

6. 将购买远期外汇发生的溢价（升水）或折价（贴水）及递延净收益、支出转记购货成本

借：购货成本（或作相反的分录）
  递延汇兑损益
  贷：递延溢价支出

【例 5 -4】美国 A 公司 2011 年 12 月 1 日和德国供应商签订一项购货合同，购入价值 100 万马克的商品，约定于 2012 年 1 月 31 日交货，并以外币马克办理货款结算。为了避免 2 个月后结算期汇汇率变动可能发生的损失，A 公司在 12 月 1 日同银行签订期汇合同，购入为期 60 天的 100 万元马克的远期外汇，以便在 2000 年 1 月 31 日按约定的远期外汇汇率向银行购进 100 万马克，用以清偿货款。

各期汇率情况：
现汇汇率（银行卖出价）
  12 月 1 日   DM1 = US \$0.5920
  12 月 31 日   DM1 = US \$0.5880
  1 月 31 日   DM1 = US \$0.5970
期汇汇率（60 天）
  12 月 1 日   DM1 = US \$0.6030

注：期汇汇率大于现汇汇率产生升水，即用多出的 US \$0.0110（US \$0.6030 – US \$0.5920）购买 DM1。
（1）2011 年 12 月 1 日（与银行签订远期合同日）
借：应收期汇合同款——马克   \$592 000
  （DM1 000 000 ×0.5920 = \$592 000）
  递延溢价支出（升水）   \$11 000
  贷：应付期汇合同款——美元   \$603 000
    （DM1 000 000 ×0.6030 = \$603 000）
表明：在付款日（60 天）以 603 000 美元，购买 100 万马克的货款。虽然该项目尚未实现，但必须在公司账内以应收、应付合同款加以反映。
（2）2011 年 12 月 31 日（报表编制日）
借：递延汇兑损益（贴水）   \$4 000

$$[DM1\ 000\ 000 \times (0.5920 - 0.5880) = \$4\ 000]$$

　　　　贷：应收期汇合同款——马克　　　　　　　　　　　　　　　　$4 000

表明：该时点可以用 $592 000 - $4 000 = $588 000 购进 100 万马克外币的货款。

（3）2012 年 1 月 31 日（合同到期日）

①借：应收期汇合同款——马克　　　　　　　　　　　　　　　　　　$9 000

$$[DM1\ 000\ 000 \times (0.5970 - 0.5880) = \$9\ 000]$$

　　　　贷：递延汇兑损益（升水）　　　　　　　　　　　　　　　　　$9 000

表明：该时点可以用 $588 000 + $9 000 = $597 000 购进 100 万马克外币的货款。

②所购商品于本日到货（按当日汇率）

借：购货成本　　　　　　　　　　　　　　　　　　　　　　$597 000（发票）

　　贷：应付账款——马克　　　　　　　　　　　　　　　　　　　　　$597 000

　　　（DM1 000 000 × 0.5970 = $597 000）

③到期付美元（向银行），购入马克（按期汇汇率）

借：应付期汇合同款——美元　　　　　　　　　　　　　　　　　　　$603 000

　　贷：现金——美元　　　　　　　　　　　　　　　　　　　　　　　$603 000

　　　（DM1 000 000 × 0.6030 = $603 000）

④收到从银行买进 100 万马克，按当日汇率折合成美元入账。并冲转应收期汇合同款。

借：现金——马克　　　　　　　　　　　　　　　　　　　　　　　　$597 000

　　（DM1 000 000 × 0.5970 = $597 000）

　　贷：应收期汇合同款——马克　　　　　　　　　　　　　　　　　　$597 000

表明：用 $603 000 买回 100 万马克的外汇，以当日汇率 DM1 = $0.5970 汇率折合成美元入账。

⑤向德国供应商付货款 100 万元马克，折合美元入账。

借：应付账款——马克　　　　　　　　　　　　　　　　　　　　　　$597 000

　　贷：现金——马克　　　　　　　　　　　　　　　　　　　　　　　$597 000

⑥将购买远期外汇发生的溢价支出 $11 000 及递延净收益 $5 000（$9 000 - $4 000）转账记入购货成本。

借：购货成本　　　　　　　　　　　　　　　　　　　　　　　　　　　$6 000

　　递延汇兑损益　　　　　　　　　　　　　　　　　　　　　　　　　$5 000

　　贷：递延溢价支出　　　　　　　　　　　　　　　　　　　　　　　$11 000

实际损失为：$11 000 - $5 000 = $6 000，进入购货成本。

表明：$6 000 是由于采取了套期保值的做法，多付出了 $6 000 的代价，可以是看做为避免所购外汇风险所付出的代价。

公司所购商品的成本为　　　　　　　　　　　　　　　　　　　　　　　$6 000

商品发票价格　　　　　　　　　　　　　　　　　　　　　　　　　　$597 000

加：溢价支出　　　　　　　　　　　　　　　　　　　　　　　　　　　$11 000

减：递延汇兑净收益 $5 000（$9 000 - $4 000）

购入商品成本 $603 000

假设上题其他条件不变，期汇汇率低于现汇汇率，该公司就会从购买远期外汇中取得收益，从而可以降低成本（贴水收益）。

期汇汇率为 12 月 1 日 DM1 = US $0.5850

注：其实上题是以一笔业务观点处理的。如果用两笔业务观点处理时，又该怎样进行账务处理呢？

5.3.3 已发生的债权债务套期保值的会计处理（出口）

已发生的债权债务套期保值是指出口方根据合同要求，货已经发出（商品交易已经发生），货款尚未结算。如果是以外币结算，为了避免结算日汇率变化可能发生的外汇风险，向银行卖出（银行买进）与货款等额的远期外汇。

1. 债权债务套期保值与约定付款套期保值的区别

约定付款套期保值：是商品交易未形成之前发生套期保值，因此在这期间发生的费用应计入成本。

债权债务套期保值是指商品交易已经发生的套期保值，因此在这期间发生的费用（折算损失）应作为损失入账，而不调整所销商品的收入（两项业务观点）。

2. 出口外币结算程序（见图 5 - 3）

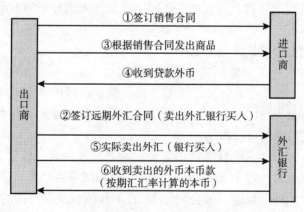

图 5 - 3 出口外币结算程序

（1）签订销售合同，并发货（债权成立）。

借：应收账款——外币（按现汇汇率折合本币入账）

贷：销售收入（税金略）

（2）签订远期合同（与银行），按远期汇率卖出（银行买价）货款的外币。

借：应收期汇合同款——本币（按期汇汇率折合本币）

递延折价支出（贴水或贷溢价升水）

贷：应付期汇合同款——外币（按现汇汇率折合本币）

（3）编表日。

①按编表日汇率计算的损益

借：汇兑损益　　　　　　　　或　　　借：应收账款

　　贷：应收账款　　　　　　　　　　　贷：汇兑损益

②摊销（月）购入时的折价支出或溢价：

借：折价（贴水）　　　或　　借：递延折价支出

　　贷：递延折价支出　　　　　贷：溢价（升水）

同时调整应付期汇合同款：

借：应付期汇合同款（外币）　　或　　借：汇兑损益

　　贷：汇兑损益　　　　　　　　　　　贷：应付期汇合同款

（4）收到外币货款，以当时汇率折合本币入账。

借：现金——外币（当日汇率）

　　汇兑损益（当日汇率和历史汇率折算之差）

　　贷：应收账款——外币（历史汇率）

汇兑损益也可能是贷方。

（5）向银行卖出外币，收回本币。

借：应付期汇合同款——外币（历史汇率）

　　贷：现金——外币（当日汇率）

　　　　汇兑损益（或借）

（6）收到银行支付的货款，外汇期汇合同应收款（卖出外汇的本币）。

借：现金——本币

　　贷：应收期汇合同款（期汇汇率）

（7）尚未摊销的折价（溢价）支出转入本期损益。

借：折价（贴水）　　　　　　或　　　借：递延折价支出

　　贷：递延折价支出　　　　　　　　　贷：溢价（升水）

【例5－5】美国向德国出口商品。

美国B公司2011年12月1日向德国某公司赊销商品一批，价值20万元马克，货物已发出，债权已经成立，约定于2012年1月31日以德国马克结算货款。为了避免2个月后汇率变动可能发生的外汇风险，该公司在12月1日债权成立的同时，向银行卖出为期60天的20万元马克远期外汇。

期汇汇率（60天银行买入价）

　　　　　　　2011年12月1日　　DM1 = US $0.5780

现汇汇率（银行买入价60天）

　　　　　　　2011年12月1日　　DM1 = US $0.5840

　　　　　　　2011年12月31日　　DM1 = US $0.5790

　　　　　　　2012年1月31日　　DM1 = US $0.5775

（1）2011年12月1日交易发生日（根据合同发出商品）。

①将价值20万马克的商品，按现汇汇率折合成美元入账：

借：应收账款——马克 $116 800

    贷：销售收入 $116 800

      （DM200 000 × 0.5840 = $116 800）债权成立

②防止汇率变动带来风险，向银行办理 20 万元马克远期外汇，到期按期汇汇率收回美元。

借：应收期汇合同款——美元 $115 600

    （DM200 000 × 0.5780 = $115 600）

  递延折价支出（贴水） $1 200

    贷：应付期汇合同款——马克 $116 800

      （DM200 000 × 0.5840 = $116 800）

表明：2 个月后按期汇合同汇率收回 $115 600，即卖出 20 万元马克（不变）。如果按 12 月 1 日签订合同时的汇率计算，20 万元马克对应的美元为 $116 800 折价（贴水）$1 200。

（2）2011 年 12 月 31 日（期末编表日）。

①将由本月负担的折价支出 600 美元计入当期损益（$1 200 ÷ 2 = $600）。

借：折价费用（贴水费用） $600

    贷：递延折价支出 $600

②由于马克贬值，（0.5840 - 0.5790）所产生的外币折算差额 [DM200 000（0.5840 - 0.5790）] $1 000，应作为损益列账，并调整外币应收账款。

借：汇兑损益 $1 000

    贷：应收账款——马克 $1 000

表明：DM200 000 已不能转换成按 0.5840 汇率计算的美元了。而只能转换成按 0.5790 汇率计算的美元了。比原来少收入 $1 000。

③同时，由于马克贬值，所售 20 万元马克应付的美元也将相应减少（抵销项）。

借：应付期汇合同款——马克 $1 000

    贷：汇兑损益 $1 000

表明：正是由于采用了套期保值措施，因而马克贬值带来的外币应收货款的损失（$1 000）就被应付期汇合同款的减项（$1 000）所抵销。

（3）2011 年 1 月 31 日（交易结算日）。

①收到的 20 万马克应收款以当日汇率折算入账，同时，将应收外币账款按其账面余额冲销，两者的差额列为汇兑损益。

借：现金——马克 $115 500

    （DM200 000 × 0.5775 = $115 500）

  汇兑损益 $300

    贷：应收账款（账面值）——外币 $115 800

②从外币存款户支付 20 万马克，用以偿付银行的期汇合同款。

借：应付期汇合同款——马克 $115 800

    贷：现金——马克 $115 500

      汇兑损益 $300

③收到银行支付的 20 万马克期汇合同应收款，按合同规定的期汇汇率折合成美元记账。

借：现金——美元 $115 600

 贷：应收期汇合同款——美元 $115 600

   （DM200 000 × 0.5780 = $115 600）

④将未摊销的折价支出 $600 转作本期损益。

借：折价费用 $600

 贷：递延折价支出 $600

总之：由于采用了卖出远期外汇的套期保值措施，因而避免了由于马克贬值造成的 $1 300 的损失。尽管公司在卖出远期外汇时发生了 $1 200 的折价支出，但仍收益 $100（$1 300 - $1 200）。

5.3.4 远期外汇投机的会计处理

1. 远期外汇投机的含义

这是指通过买卖远期外汇，从买卖差额中得到利益的一项外币交易。当预计外汇价格上涨而买进远期外汇，如果到期外汇币值上升，卖出后则可从中获得差额利益。当预计外汇价格下跌而卖出远期外汇，如果到期外币币值下降，买回或补进后可以从中获得差额利益。当然这种投机行为也会给投机者带来风险。

2. 远期外汇投机性质

以外汇作为商品进行交易。这项交易的发生和结算，只有在期汇合同到期日才能完成。因此，在签订期汇合同时，应收、应付期汇合同款，都应按期汇汇率折合成记账货币入账，而不存在折价或溢价的问题，期汇合同执行期内由于汇率变动而产生的外汇折算差额，作为当期损益入账。

【例5-6】美国 C 公司 2011 年 12 月 1 日预计今后 60 天德国马克汇率将上涨，因而与银行签订 60 天期汇合同，按远期汇率买进 10 万马克，以便 2 个月后马克升值时以较高的价格卖出，从中获得利益。

    12 月 1 日 60 天期汇汇率   DM1 = US $0.5910

    12 月 31 日 30 天期汇汇率   DM1 = US $0.5930

    2012 年 1 月 31 日现汇汇率   DM1 = US $0.5950

（1）12 月 1 日，签订期汇合同，将买进的 10 万马克远期外汇所发生的应付、应收期汇合同款按 60 天期汇汇率折算成美元入账。

借：应收期汇合同款——马克 $59 100

 贷：应付期汇合同款——美元 $59 100

   （DM100 000 × 0.5910 = $59 100）

（2）12 月 31 日，期汇合同所余期限 30 天，在编表日应按当日 30 天的期汇汇率调整应收期汇合同款，由于马克升值发生的外币折算差额作为当期收益入账。

借：应收期汇合同款——马克　　　　　　　　　　　　　　　$200
　　贷：期汇合同损益　　　　　　　　　　　　　　　　　　　　$200
　　　[DM100 000 × (0.5930 − 0.5910)]

（3）2012 年 1 月 31 日，期汇合同到期，按期汇汇率付给银行 $59 100，偿还购买 10 万马克的应付期汇合同款。

借：应付期汇合同款——美元　　　　　　　　　　　　　$59 100
　　贷：现金——美元　　　　　　　　　　　　　　　　　　　$59 100

（4）同日，应冲销按 12 月 31 日 30 天期汇汇率调整后的应收期汇合同款。

借：现金——马克　　　　　　　　　　　　　　　　　　$59 300
　　贷：应收期汇合同款——马克　　　　　　　　　　　　　　$59 300

同日，该公司卖出 10 万马克外币（价格上升的 10 万马克），收回美元，计算损益入账。

借：现金——美元　　　　　　　　　　　　　　　　　　$59 500
　　贷：现金——马克　　　　　　　　　　　　　　　　　　　$59 300
　　　期汇合同损益　　　　　　　　　　　　　　　　　　　　$200

表明：该公司买进远期外汇，这笔投机生意，最终以高于期汇汇率（0.5910）的现汇汇率（0.5950）卖出。获得利益 $400 [DM100 000 × (0.5950 − 0.5910)]。

相反：如果 1 月 31 日现汇汇率为下降趋势（0.5880）则：

借：现金——美元　　　　　　　　　　　　　　　　　　$58 800
　　期汇合同损益　　　　　　　　　　　　　　　　　　　$500
　　贷：现金——马克　　　　　　　　　　　　　　　　　　　$59 300

表明：以期汇汇率（0.5910）买进。以现汇汇率（0.5880）卖出 10 万马克。损失 $300 美元。

5.4　外币报表折算会计

5.4.1　为什么要进行外币报表折算

1. 跨国公司要求国外子公司以本国（母公司所在公司）货币表示的财务报表情况

为了全面综合反映跨国公司整体的财务状况和经营成果，公司需将国外子公司的财务报表与母公司的财务报表进行合并，编制整个跨国公司的合并报表。

2. 报表折算存在的两个问题

其一，外币报表的各个项目，应按哪种汇率进行折算，其结果不同。其二，由于折算汇率与原入账汇率不同所发生的外币折算差额应如何处理（一般在资产负债表中作为调整项目，另一种是在留存收益中列示）。

5.4.2　外币报表折算的基本方法

1. 现行汇率法（current rate method）

列入资产负债表中的所有外币资产项目和外币负债项目，都按照编表日的现行汇率（即期末汇率）进行折算（也叫单一汇率法）。其中业主权益项目（实收资本），则按投入资本时的当日汇率折算，而无须按编表日汇率进行调整。

收益中的费用项目，折旧和摊销按取得相关资产时的历史汇率进行折算，其他收入、费用项目按会计期间内平均汇率计算。

2. 流动项目与非流动项目法（current-noncurrent method）

资产负债表上的流动类资产和流动负债项目的外币金额，按编表日的现行汇率折算；对非流动类的资产和负债项目，按原入账的历史汇率计算。

收益表中，折旧和摊销按取得相关资产时的历史汇率进行折算，其他收入、费用项目按会计期内平均汇率计算。

3. 货币性与非货币性项目法（见图 5-4）

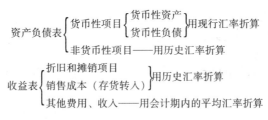

图 5-4　货币性与非货币性项目法

4. 时间度量法

这是针对货币和非货币性项目的缺点提出来的。该法的实质：折算后的报表应当保持资产、负债在子公司原报表中的计量基础。

外币报表折算的过程，实际上是将以外币表述的报表转换成另一种货币单位重新表述的过程。在这一过程中，只应改变其计量单位，而不应改变其计量基础。

折算原则：分别保持计量所属日期的汇率折算（见表 5-2）。

（1）资产负债表。现金资产按照到期收到或偿付的固定金额计量（现行汇率）；应收和应付款是按照到期收到或偿付的固定金额计量（现行汇率）。存货（先进先出）原是现行汇率的按现行汇率折算；原是历史汇率的按历史汇率折算。

（2）收益表。收入和费用——应按确认收入和费用时的汇率折算。例如：销售收入和费用按发生日的汇率折算，也可以按平均汇率折算。折旧和摊销费用按历史汇率折算。

表 5 - 2   四种折算方法

项目	现行汇率法	流动与非流动项目法	货币性与非货币性项目法	时间度量法
现金	C	C	C	C
应收账款	C	C	C	C
存货				
按成本	C	C	H	H
按市价	C	C	H	C
投资				
按成本	C	H	H	H
按市价	C	H	H	C
固定资产	C	H	H	H
无形资产	C	H	H	H
应付账款	C	C	C	C
长期负债	C	H	H	C
普通股	H	H	H	H
留存收益	*	*	*	*

注：C = 现行汇率；H = 历史汇率；* = 平均汇率。

5.4.3 外币报表折算损益的会计处理

1. 外币报表折算损益的区别和原因

（1）外币报表折算损益与外币报表交易折算损益的区别。

①外币报表折算损益，指由于报表的不同项目采用不同汇率折算而产生的差异。是在国外子公司报表的基础上将一种货币表示的报表折算为另一种货币表示的报表所产生的差异。外币交易折算损益是交易过程中或报表编制日将外币交易金额折算为记账货币时而产生的差异。

②外币交易损益包括已实现和未实现的外币折算损益，而外币报表折算损益则都是未实现的外币折算损益。

③外币交易损益应在账簿中加以记录。而外币报表折算损益通常不记录在账簿之内，只反映在合并报表之中。

（2）发生损益的因素。

①暴露在汇率变动风险之下的有关资产和负债项目相比的差额。

②汇率变动方向，即外汇汇率变动是升值还是贬值。

③外币折算损益的大小取决于折算方法。选择不同的折算方法，对不同的项目使用不同的汇率折算，因而暴露在外汇风险下的资产和负债项目也不同，由此产生的折算损益的金额也不一样。

2. 外币报表折算损益处理方法

这种外币报表损益的处理，也是外币会计计中争论最多的一个问题。在国际上存在着各种不同的见解。一般有两种：

（1）作为递延处理。将报表折算损益以单独项目列示于资产负债表的股东权益内，作为累计递延处理或作为调整项目。

这种观点认为报表折算损益只是将外币表示的资产、负债以本国等值货币重新计量所产生的调整额，而不是已实现的损益。因为本期折算的损失或利得，很可能被下期折算的利得或损失所抵销。如果并入"留存收益"项目，就可能使投资者对公司的获利程度产生误解。

（2）列为当期损益。将本期发生的报表损益，以"当期损益"项目列示于收益表之内，并合并反映在资产负债表的"留存收益"项目之内。

这种观点认为汇率变动是客观存在的，采用递延法，将会掩盖汇率变动的实现；只有将折算损益计入当期损益（尽管是未实现的损益），才能给报表使用者以真实的信息。

由于在国际上理论界争论很大，没有一个能为人们完全接受的理想方法。为了解决这个问题，在《第21号国际会计准则》中提出了选用外币报表折算方法，应根据国外经营单位是国际经济实体，还是母公司经营活动的有机组成部分，分别采用现行汇率法和时间量度法。如果国外经营单位是国外实体为松散型：一般采用现行汇率法，损益采用递延法。因为汇率的变动不会直接影响到母公司的现金流量，而只会影响母公司在国外经营中的投资净额。国外经营单位母公司的有机组成部分为紧密型：一般采用时间度量法，损益采用当期损益。汇率变动影响到母公司经营的现金流量，相当于母公司从事该项经营所受的影响。在这种情况下，汇率变动影响涉及的是国外经营单位所持有的货币性项目，而不是母公司在国外经营中的投资净额。

世界各国外币报表折算方法各不相同，具体如表 5-3 所示。

表5-3   **各国外币报表折算方法比较**

折算方法	采用的国家和地区
现行汇率法	美国、英国、法国、联邦德国、日本、荷兰、瑞士、新加坡、澳大利亚、印度、丹麦、哥伦比亚、希腊、香港地区、爱尔兰等23个国家和地区
流动性与非流动性	新西兰、南非、伊朗等7个国家
货币性与非货币性	巴哈马、哥斯达黎加、芬兰、危地马拉、韩国、新西兰等10个国家
时间度量法	美国、巴拿马、阿根廷、加拿大、澳大利亚、奥地利、英国等13个国家

注：根据普赖斯·华特豪斯国际会计公司菲茨杰拉德·斯蒂克勒和瓦茨的《国际调查》及美国学者 D. S. 乔伊及 V. 巴维什 1982 年秋在《国际会计杂志》发表的"财务会计标准：跨国公司的综合与政策结构"文章中，对世界 53 个国家和地区外币折算方法采用情况的调查总结。

3. 外币报表折算损益的具体处理

现举例说明外币报表折算损益的具体处理过程。

【例5-7】资料如表 5-4-1 和表 5-4-2 所示，计算报表折算损益。

表 5 – 4 – 1

ABC 公司资产负债表

2011 年 12 月 31 日

项目	FC	现行汇率法		流动与非流动项目法		货币与非货币性项目法		时间度量法	
		汇率	US $	汇率	US $	汇率	US $	汇率	US $
现金	300	0.50	150	0.50	150	0.50	150	0.50	150
应收账款	600	0.50	300	0.50	300	0.50	300	0.50	300
存货（按市价）	1 200	0.50	600	0.50	600	0.42	504	0.50	600
固定资产	3 600	0.50	1 800	0.43	1 548	0.43	1 548	0.43	1 548
减：累积折旧	– 1 000	0.50	– 500	0.43	– 430	0.43	– 430	0.43	– 430
长期应收票据	1 100	0.50	550	0.44	484	0.50	550	0.50	550
资产合计	5 800		2 900		2 652		2 622		2 718
应付账款	800	0.50	400	0.50	400	0.50	400	0.50	400
短期借款	700	0.50	350	0.50	350	0.50	350	0.50	350
长期负债	1 000	0.50	500	0.48	480	0.50	500	0.50	500
股本	2 000	0.45	900	0.45	900	0.45	900	0.45	900
留存收益	1 300		(1) 540		(4) 522		(9) 472		(14) 568
折算调整额（利得）			(2) 210						
负债及股东权益合计	5 800		2 150		2 130		2 150		2 150

表 5 – 4 – 2

ABC 公司收益及收益留存表

2011 年 1 月 1 日至 12 月 31 日

项目	FC	现行汇率法		流动与非流动项目法		货币与非货币性项目法		时间度量法	
		汇率	US $	汇率	US $	汇率	US $	汇率	US $
销售收入	8 000	0.44	3 520	0.44	3 520	0.44	3 520	0.44	3 520
销售成本	6 500	0.44	2 860		2 744		2 851		2 744
折旧费	200	0.44	88	0.43	86	0.43	86	0.43	86
管理费用	700	0.44	308	0.44	308	0.44	308	0.44	308
折算损益					143		91		100
税前利润	600		264		239		184		282
所得税	200	0.44	88	0.44	88	0.44	88	0.44	88
税后利润	400		176		151		96		194
留存收益（31/12/1998）	1 250		525		532		537		535
股利分配（30/6/1999）	350	0.46	161	0.46	161	0.46	161	0.46	161
留存收益（30/6/1999）	1 300		540		522		472		568

各期汇率：

1. 1999 年 12 月 31 日现行汇率 FC1 = US $0.50；
2. 1999 年平均汇率 FC1 = US $0.44；
3. 1999 年第四季度平均汇率 FC1 = US $0.42；
4. 股票发行日汇率 FC1 = US $0.45；
5. 股票支付日汇率 FC1 = US $0.46；
6. 固定资产购置日汇率 FC1 = US $0.43；
7. 长期应收票据发生日汇率 FC1 = US $0.44；
8. 长期负债发生日汇率 FC1 = US $0.48。

1. 现行汇率法

(1) 根据本年度收益及留存收益表数字填列。

(2) 折算利得 210 美元，根据下式倒挤计算求得（假定以前年度折算调整额为零）：

$2\,900 - $(400 + 350 + 500 + 900 + 540) = $210

(3) 根据上年度报表数字填列。

2. 流动项目与非流动项目法

(1) 根据下式倒挤求得：

$2\,652 - (400 + 350 + 480 + 900) = $522

(2) 根据上年度报表数字填列 $532

(3) 根据本年度资产负债表留存收益项目金额填列 $522

(4) 折算损失 $99 根据下式倒挤计算求得：

税后利润：$(522 + 161 - 532) = $151

税前利润：$(151 + 88) = $239

折算损失：$3\,520 - $(2\,788 + 86 + 308) - 239 = $99

(5) 销货成本 $2\,788 计算：期初存货 + 本期存货 - 期末存货 = 销货成本

期初存货折算金额从上年资料取得：FC1 100 × 0.44 = $484

2011 年内购货 FC6 600 按年平均汇率折算：

FC = 6\,600 × 0.44 = $2\,904

期末存货 FC1 200 按现行汇率折算：

FC1 200 × 0.50 = $600

销货成本折算美元金额为：

$(484 + 2\,904 - 600) = $2\,788

3. 货币性与非货币性项目法

(1) 根据下式倒挤求得：

$2\,622 - $(400 + 350 + 500 + 900) = $472

(2) 根据上年度报表数字填列：

根据本年度资产负债表留存收益项目金额填列。

折算损失额 $91 根据下式倒挤计算求得：

税后利润：$(472 + 161 - 537) = $96

税前利润：$(96 + 88) = $184

折算损失：$3\,520 - $(2\,851 + 86 + 308) - 184 = $91

销货成本折算美元的计算：期初存货 + 本期购货 - 期末存货 = 销货成本

期初存货折算金额从上年资料取得：

FC1 100 × 0.41 = $451

2011 年内购货 FC6 600，按年平均汇率折算：

FC6 600 × 0.44 = \$2 904

期末存货 FC1 200，按四季度平均汇率折算：

FC1 200 × 0.42 = \$504

销货成本折算美元金额为：

\$(451 + 2 904 − 504) = \$2 851

4. 时间度量法

根据下式倒挤求得：

\$2 718 − \$(400 + 350 + 900) = \$563

根据上年度报表数字填列：

根据本年度资产负债表留存收益项目金额填列：

折算损失 \$100 根据下式倒挤计算求得：

税后利润：\$(568 + 161 − 535) = \$194

税前利润：\$(194 − 88) = \$282

折算收益：\$3 520 − \$(2 744 + 86 + 308) − \$282 = \$100

销货成本折算美元的计算：

$$期初存货 + 本期购入 − 期末存货 = 销货成本$$

期初存货折算金额从上年资料取得：

FC1 100 × 0.40 = \$440

设 2011 年内购货 FC6 600，按平均汇率折算：

FC6 600 × 0.44 = \$2 904

期末存货 FC1 200，按现行汇率折算：

FC1 200 × 0.50 = \$600

销货成本折算美元金额为：

\$(440 + 2 904 − 600) = \$2 744

本 章 小 结

外币交易会计，是指一国的企业与外国企业进行以非记账本位币标价的交易而产生的会计问题。外币报表折算会计，是指一个企业或一个集团向国外直接投资，设立分支机构，控制国外子公司或与国外经营者联合经营设在国外的企业，因而在由许多企业组成的公司集团需要把各企业以不同货币表示的财务报表折算成同一货币表示的财务报表，以便编制公司集团的合并财务报表，反映整个集团的财务状况和经营成果时而产生的会计问题。汇兑损益是指由于汇率变动而发生的损益。包括交易损益和折算损益。

一项交易的发生，要经过交易发生日、报表编制日和交易结算日，各个时点上外汇汇率的变动会给外币交易会计带来如何处理的问题。外币交易会计处理时，有两种观点，一种是一笔业务观点；另一种是两笔业务观点。一笔业务观点是指将一项交易的结算作为该项交易完成的标志。即：某项交易的发生和随后货款的结算，被视为一项完整的业务。两笔业务观点是指将交易的发生作为交易完成标志。即：交易的发生和随后货款的结算看做是两项业务。

期汇合同，也称远期外汇合同。企业在进出口商品时，一般以外币结算时为了避免汇率涨落可能发生的外汇风险，而向银行签订的远期固定购买和卖出外汇合同。外币约定、付款套期保值是指进口商向银行买进（银行卖出）外币期汇（按期汇汇率），避免交易风险所采取的一种措施。具体步骤：首先签订合同（进出口）→向银行买进相应外币→在合同期内交货→到期支付货款（支付外币）。

外币报表折算的基本方法有现行汇率法、流动项目与非流动项目法、货币性与非货币性项目法、时间度量法。

复习思考题

一、思考题

1. 既然货币折算仅仅是用适当的汇率乘以或除以外币余额，为什么还会引起如此多的争议？

2. 外汇即期市场、远期市场和互换市场之间的差额是什么？举例说明各个货币交易市场的概况。

3. 在外币折算的背景下，现行汇率、历史汇率和平均汇率的含义是什么？哪一个会导致折算损益的产生？哪一个不会？

二、业务题

1. 假设你的英国联营公司有 750 英镑的应收账款。参考现行汇率表使用英镑的即期汇率的直接报价将这个金额折算为美元。再使用英镑的即期汇率的间接标价折算其金额。

2. 假设你经营一家设在瑞士的母公司，得到现行汇率表所提供的信息。你如果据以确定瑞士法郎和英镑之间的套汇汇率（利用两种货币各自与第三种货币的比价计算出的两种货币汇率）。以你对这个问题的回答为基础，分别按照直接报价和间接报价计算出 750 英镑的等值瑞士法郎。

3. X 公司的总部设在 A 国，货币 A\$ 作为报告货币。Y 公司的总部设在 B 国，以 B 国的货币 BFr 为报告货币。在某年初和年末 X 公司和 Y 公司拥有完全相同的资产，A\$100 和 BFr100。年初的汇率是 A\$1 = BFr1.25，年末的汇率是 A\$1 = BFr2。当年内没有任何交易发生。

要求：

（1）计算 X 公司和 Y 公司在年初和年末报告的总资产。在本年内哪一个公司获得了"收益"？哪一个公司发生了"损失"？

（2）你对上面问题的答案有疑义吗？如果 X 公司和 Y 公司打算抽回各自的国外投资而不是永久持有该项投资，那么你的答案对他们的决策来说是否很重要？

（3）从上述内容中可以吸取什么教训？你是否认为这只是一个骗人的游戏？

4. 龙公司是一家美国制造商在台湾的分支机构，其资产负债表见表 5-5。现行汇率是 $0.35 = NT\$1（29 元新台币兑换 1 美元）。

要求：

（1）按照现行汇率 $0.35 = NT\$1，将龙公司以新台币计量的资产负债表折算成美元。龙公司资产负债表中的全部货币项目都是用新台币表示的（见表 5-5）。

（2）假设台币价值从 $0.35 = NT\$1 上升为 $0.45 = NT\$1，如果龙公司使用流动—非流动法折算资产负债表会产生什么折算影响？如果采用货币—非货币法会产生什么折算影响？

（3）假设台币不是升值而是贬值，从 $0.35 = NT\$1 下降为 $0.27 = NT\$1，使用前述两种折算方法会产生什么折算影响？

表 5-5　　　　　　　　　　　龙公司资产负债表　　　　　　　　　单位：百万元新台币

资产	金融	负债	金融
现金	NT$5 000	应付账款	NT$21 000
应收账款	14 000	长期负债	27 000
存货（成本 = 24 000）	22 000		
固定资产（净值）	39 000	股东权益	32 000
总计	NT$80 000	总计	NT$80 000

注：存货采用市价与成本孰低法计价。

5. 使用练习题 4 资料。

要求：

（1）假设新台币升值 25%，龙公司使用时态法折算资产负债表会产生什么折算影响？如果龙公司使用现行汇率法又会产生什么折算影响？

（2）假设新台币贬值 25%，使用前述两种折算方法会产生什么折算影响？

（3）根据你对（1）、（2）和前面练习题 5 的计算结果，在现行汇率法、流动—非流动法、货币—非货币法、时态法中，哪一种方法为报表使用者提供了最有意义的信息？

案例　雷根特公司

雷根特（Regents）公司是最近被美国制造商收购的一家子公司，该公司位于英国伦敦的郊区。它的产品主要在英国市场销售，销售发票用英镑标价，销售价格取决于当地的竞争情况。大部分公司费用（包括劳动力、材料以及其他生产成本）在当地发生，但是现在还有相当数量的产品部件需要从美国的母公司进口，主要筹集资金来源为母公司提供的美元。

总部的管理当局必须为其伦敦的经营确定一个功能货币，也就是说，功能货币应该是美元还是英镑？现在要求你就此事向管理当局建议适当的功能货币，并说明它对财务报表的影响。准备一份报告以支持你的建议，在报告中包括你在分析中涉及的所有政策问题

（见表 5 −6）。

表 5 − 6 − 1　　　　　　　　　　　　　**雷根特公司资产负债表**

资产负债表	20×1 年 12 月 31 日	20×2 年 12 月 31 日
资产		
现金	£1 060	£1 150
应收账款	2 890	3 100
存货（后进先出）	3 040	3 430
固定资产	4 400	4 900
减：累积折旧	(420)	(720)
无形资产（专利权）		70
总计	£10 970	£11 930
负债和股东权益		
应付账款	£1 610	£1 385
应付母公司款	1 800	1 310
长期负债	4 500	4 000
递延所得税	80	120
普通股	1 500	1 500
留存收益	1 480	3 615
总计	£10 970	£11 930

表 5 − 6 − 2　　　　　　　　　　　　　**雷根特公司收益表**

收益表	结束于 20×2 年 12 月 31 日	
销售		£16 700
费用		
销售成本	£11 300	
一般与管理费用	1 600	
折旧	300	
利息费用	480	13 680
经营收益		£3 020
交易折算		125
税前收益		£3 145
所得税		
当期	£670	
递延	40	710
净收益		£2 435
留存收益（20×1 年 12 月 31 日）		1 480
		£3 915
股利		300
留存利益		£3 615

汇率信息和其他数据：

1. 汇率。

20×1 年 12 月 31 日	$1.50 = £1
20×2 年 12 月 31 日	$1.60 = £1
20×2 年全年平均	$1.56 = £1
20×1 年第四季度平均	$1.48 = £1
20×2 年第四季度平均	$1.58 = £1

2. 普通股获得、长期负债发行、最初的固定资产购入时汇率为 $1.40 = £1。

3. 应付母公司款是按美元计价的。

4. 获得无形资产（专利权）和购买其他固定资产时汇率为 $1.502 = £1。

5. 购买存货和发放股利均在 20×2 年度内均匀发生。

6. 300 英镑是在 20×2 年中购入固定资产的折旧。

7. 递延所得税按照现行汇率折算。

8. 期末存货基本上是最后 3 个月的产品。

管理海外投资：谁的货币？

海外投资基金（OIF）在康涅狄格州的 Fairfield 合并成立，公司成立的唯一目的是使美国的股东向马耳他的证券投资。这个基金已经在纽约证券交易所上市。基金的管理者是 Shady Rest 银行和康涅狄格州信托公司。他们负责基金账户，在开始进行账务处理时产生了确定记账货币问题。Shady Rest 以马耳他里拉作为 OIF 基金会计处理的记账货币，因为该基金是国家基金，他仅仅投资于在马耳他证券交易所上市的股票。然而，基金的审计人员认为，根据他们的意见，基金的功能货币应该是美元（本案例取自真实业务，为了保密改变了公司的名字）。

决策的影响：

如果决定美元作为基金的功能货币，将会导致大量令人头疼的管理问题。首先，重新记录和处理会计业务就是非常繁重的任务，它将会推迟年度报告的公布。在马耳他，功能货币的概念是一个外国概念，而且管理人员也不清楚选择功能货币会产生的影响。所以，他们继续维持原来的处理。直到 11 月的晚些时候，才考虑货币选择对基金的成果产生的影响。功能货币的选择还导致了其他的困难：

1. Shady Rest 还管理着 3 000 亿美元的各种基金，但是尚未建立起一个适当的多国货币会计体系。通常购买证券业务只要做一笔简单的簿记分录，现在要求做三个分录。另外，购买的付款本身也会对当期的收益表产生影响。

2. 更为严重的问题是涉及日常的经营业务。在交易开始时，基金管理者没有意识到它的最终财务影响。例如，在经营的第一年基金管理者确信，它的组合销售业务产生了超过 100 万美元的利润，当这项业务逐渐在账户中得到反映时，业务的收益被抵消了总共 700 万美元。

选择美元作为功能货币的理由

审计人员提出下列理由来解释为什么应该选择美元作为功能货币：

1. 公司在美国成立；
2. 由美国的股权资本提供资金；
3. 以美元进行股利的确定和发放；
4. 遵循美国公认会计原则、以美元作为计量单位编制财务报告；
5. 管理和咨询费用根据美国净资产计算并用美元支付；
6. 多数费用以美元标价并用美元支付；
7. 会计记录以美元为计量单位；
8. 服从美国所得税、证券交易委员会和1940年的交易法案的规定。

由于基金的建立是为了提供在马耳他投资的机会，可以假设美国的股东对汇率变动给基金的现金流量和权益造成的影响非常重视（如吸引股东投资马耳他证券的因素不仅是投资回报，还包括汇率变动的汇兑收益；后者将对现金流量和权益的计量产生直接的影响）。

管理者的观点

管理者不同意审计人员的观点，下面是他们对审计人员观点的反驳意见：

1. 管理公司在美国成立并由美国的股权资本提供资金的问题。52号准则明文规定，功能货币应该是"企业主体从事经营活动的主要经济环境中的货币"，而不必考虑公司成立的技术细节。类似地，公司有美国股东以及用美元发放股利，都没有列在52号准则规定需要考虑的问题之中。事实上，这个准则从头至尾关心的只是它自己的公司和它的管理者，而不是它的股东。

2. 关于遵循美国公认会计原则、以美元作为计量单位编制财务报告的问题。审计人员没有分清报告货币与功能货币的差别。很明显，美元应该是报告货币，但是并不意味着美元应该是功能货币。

3. 关于多数费用以美元标价并用美元支付的问题。用美元支付费用不是选择功能货币的理由。1996年发生的费用中有800美元是用美元支付的，但是与此同时还有超过1亿美元的马耳他里拉收益。

4. 关于服从美国所得税、证券交易委员会和1940年的交易法案规定的问题。这些考虑与功能货币无关，而与报告货币有关。

反对以美元作为功能货币的最有说服力的观点是，将美元设置为功能货币不能提供52号准则公报要求的"通常认为是与汇率变动对企业现金流量和业主权益影响相一致的信息"。特别是从经营业务的观点进行考察，基金的现金流量几乎全部发生在马耳他，现在通过资本发行筹集的基金的最初转移已经完成。基金在马耳他购买和销售投资项目，并且在那个国家获得全部收益。如果功能货币是马耳他里拉，那么，已实现的货币波动损益只有在将资金汇回美国时才能予以确认。现在确认汇兑利得和损失的做法，如果里拉现金被表达为一项用里拉购买的投资，既是欺骗，也是误导。

考虑一个实例

假设基金在马耳他存款 100 万英镑，当时的汇率是 £1 = $3。一星期以后，汇率变化为 £1 = $2.9 时，基金购买并支付了一笔 100 万英镑的投资项目。而后考虑到这项投资不够明智，又在当天将其售出并收回现金。在不考虑交易成本的前提下，这个星期的开始和周末，基金在马耳他都拥有 100 万英镑的现金。如果功能货币是马耳他里拉，就没有实现利得或损失。然而，如果折算成美元，则会产生未实现汇兑损失 10 万美元。这部分损失只有在将这个有争议的金额汇回美国时才会真正实现。这符合常识，类似于购买股票以后股票价格下降的情况。如果美元是功能货币，上述业务会导致 10 万英镑汇兑损失。根据现金流量的普通常识，这种结果是荒谬的。

每周基金的净资产价值要用美元计价并据此向股东报告。这种程序完全符合将美元作为适宜的报告货币的观点。使用美元作为功能货币意味着，对于每一笔交易都存在着两种货币之间进行汇兑往来的实际选择权。很明显，这个假设是不正确的；基金只有在两种情况下才可能将原始资本汇回美国：基金被清算，或者纯粹是在马耳他的投资回汇报低于美国的投资回报时的权宜之计。

52 号准则公报的一般延伸

52 号准则公报的用语显示，它的作者在撰稿时没有考虑到类似海外投资基金的情况（仅仅为了向国外投资而筹集资金的公司）。看起来，52 号准则好像是一种经营观点的集中反映，这种观点是控制一个公司，这个公司拥有分离的、界限清楚的子公司。

52 号准则公报定义功能货币为企业主体从事经营活动的主要经营环境中的货币。如果基金在马耳他组建，作为一个分开的主体从美国母公司借入资金，使用当地货币是必然的。如果实质胜过形式那么不可避免的结论是：马耳他里拉仍然应该是功能货币。

52 号准则公报的第 6 段指出："如果某一国外主体的经营活动相对来说是自主的并在某一外国形成一个整体，它的功能货币通常是当地货币"。这段论述强化了经营方面的因素在选择功能货币中的支配作用。如果有人认为，基金的经营是在马耳他以外的其他地方，那肯定是不合逻辑的。

第 8 段补充了所持的论点，"需要了解管理者的意见，以确定用于计量财务成果和财务关系，并在最大程度上实现相关性和可靠性的功能货币。"

最后，在第 80 段和第 81 段中给出了清楚的分界线，这补充了我们（管理者的）的观点。第 80 段指出，"第一类外国主体是相对自主的，在某一外国或特定的经济环境中形成一个整体。其日常业务不需要依靠母公司功能货币的经济环境；国外主要的收入和支出都是外国货币。其经营中产生的外币净现金流量可以再投资，或者转换为美元分配给公司。对于这一类主体，外国货币是功能货币。"

　　这个定义应该与第 81 段的定义进行对比。第 81 段指出，"第二类……其日常业务依靠母公司的经济环境；国外主体各项资产和负债的变化直接影响母公司的、以母公司功能货币计量的现金流量。对于这一主体，美元是功能货币。"

　　单一国家基金的全部目的是创建第一类主体，而不是第二类。第 80 段的内容正是明确描述了海外投资基金的经营情况。

　　要求：

　　根据上述的争论意见，你认为在这个案例中，什么货币应该是功能货币？

第6章 合并会计报表

【本章提要】

本章主要介绍了合并会计报表的相关内容，主要包括企业合并、合并的会计处理方式、取得股权日合并会计报表的编制、股权取得日后的合并报表的编制。

自19世纪末20世纪初以来，企业合并浪潮兴起，公司集团不断涌现。公司集团的出现使得企业经济组织和经营活动更加复杂化。从会计的角度看，如何客观、全面地反映公司集团的财务状况和财务成果，以满足信息使用者的需求，这又是国际会计需要加以解决的一个难题。

6.1 企业合并与企业合并会计报表

6.1.1 企业合并

1. 企业合并的含义

企业合并是指两个或两个以上彼此独立的企业的联合，成为一个会计实体，这个单一的实体继续开展以前分别独立的各个公司的业务。

2. 企业合并形式

企业合并形式主要通过兼并控制股权的形式进行。

（1）兼并的目的。按照国家法律规定，由一个公司发行股份、债券或支付现金来交换另一个或几个公司全部有选举权的股票来取得被合并公司的各项资产和承担其负债。

（2）兼并的形式。兼并的形式有两种：一是控制股权合并，通过发行股票，或支付现金交换另一个或其他公司的全部或50%以上有选举权的股票。二是通过购买全部或大部分资产，从而达到控制股权，被控制企业仍作为一个法律实体继续存在。

3. 企业合并的原因

企业合并的原因是为了以较少的资本及在较短的时间内控制较大的生产经营权。

（1）扩大企业规模，获取经济利益。取得经济利益一般通过以下两个渠道：内部，通过产品研制与开发扩大市场份额。明显优势，可以使企业得到迅速发展，减少同业竞争，又可以大幅度地节约企业扩展的成本。兼并可以通过外部取得经济利益。

（2）融资成本降低。生产、销售与企业管理效率的提高所需资金是由企业合并带来，而不是借入资金或拆借等其他渠道取得，因而成本低。

（3）容易取得银行贷款。合并后的大公司通常能够以更有利的条件发行债务性证券和权益性证券，也更容易取得银行贷款。

（4）能迅速提高企业短期获利能力。因为收入的来源渠道是现成的，不必重新创造。

（5）能提高企业的长期获利能力。因为企业合并一般会消除或减弱竞争（而不是加剧）降低被破产的可能。

（6）税收上的好处。对被合并企业的所有者来说，以其在原有的权益上交换一家大公司的股份，而不是直接出售企业获取现金，所以可能免除税收上的负担。

6.1.2　合并的会计处理方法

《国际会计准则》第 22 号在"企业合并的会计处理"中建议可采用"购买法"、"联营法"选择使用。

1. 购买法

将企业合并视作一般资产的购买来处理。采用购买法，须确认并计算以下要素：

（1）购买日。被购企业的控制权切实转交给买方的日期。也就是购入企业控制权到手的日期。

（2）公正价值。一般通过评估确认价值。

（3）购买成本。购买所付出的代价 = 买价 + 其他费用买价以被购企业资产的公正价为基础，但并不等于公正价。

（4）商誉。是指购买成本与所购企业净资产公正价值之间的差额。这里有两种情况：其一，购买成本大于净资产公正价值的部分为商誉。这是渴望取得未来收入而发生的支出，在处理上宜作为一项资产，于有效年内规则的摊销。其二，购买成本小于净资产公正价值为负商誉。这表明负商誉不能代表可望取得未来收入的支出，而是作为资产的一种贬值。在处理上冲减非流动资产的公正价值（冲至零为止），其次剩余列为递延贷项，也就是负商誉。

2. 联营法（合股法）

将企业合并视为参与合并企业所有者权益的结合，在企业合并日就视同这些企业在以前就已经结合在一起了，因此，参与合并的企业各自的会计报表均保持原来的账面价值。这个方法的特点是按账面值反映合并。

3. 新实体法

视为新企业——全部调整为现价合并。

【例 6 - 1】A 公司支付 60 000 元现金购买 B 公司的全部净资产（取得全部资产，承担全部负债）购买日 B 公司的资产负债表的账面价值与公允价如表 6 - 1 所示。

表6-1

项目	账面价值	公允价值
流动资产	10 000	10 000
建筑物（净值）	20 000	30 000
机器	6 000	10 000
资产总额	36 000	50 000
负债	4 000	4 000
普通股	18 000	
留存利润	14 000	
负债与所有者权益	36 000	

购买法

①购买成本60 000元与所获净资产的公允价46 000元之间的差额为14 000元确认为商誉（50 000 - 4 000 = 46 000元）。

A公司：

借：流动资产   10 000

    建筑物   30 000

    机器   10 000

    商誉   14 000

  贷：负债   4 000

     现金   60 000

②假设A公司支付现金34 000元，其他相同。

购买成本34 000元比所获得净资产的公允市价46 000元少12 000元。这12 000元差额必须按照B公司建筑物与机器的市价比例进行分配，以冲减他们的公允市价。

A公司：

借：流动资产   10 000

    建筑物   21 000

    机器   7 000

  贷：负债   4 000

     现金   34 000

③假设A公司支付现金5 000元，其他不变。

购买成本5 000元比所取得的净资产的公允价值46 000元少41 000元。这一差额冲减B公司的全部非流动资产之后，还有余额1 000元，应确认为负商誉（10 000 + 30 000 = 40 000元，非流动资产）。

借：流动资产   10 000

  贷：负债   4 000

    现金   5 000

    递延贷项   1 000

【例6-2】M公司以吸收合并的方式，取得N公司的全部资产，并承担N公司的全部负债。M、N 公司合并前情况如表 6 - 2 所示。

表 6 - 2　　　　　　　　　　合并前 M、N 公司情况表

项目	M 公司	N 公司	
		面值	公允价值
流动资产	250 000	180 000	170 000
存货	260 000	116 000	146 000
土地	600 000	120 000	400 000
建筑物（折旧 400 000）	800 000	1 000 000	1 000 000
设备（折旧 40 000）	180 000	120 000	140 000（折旧 80 000）
资产总额	1 700 000	1 096 000	1 776 000
流动负债	200 000	150 000	150 000
应付债券	0	400 000	400 000
普通股本——面值 15 元	750 000		
普通股本——面值 5 元		300 000	
资本公积	400 000	100 000	
留存收益	350 000	146 000	
负债及所有者权益	1 700 000	1 096 000	

　　M 公司以每股 15 元面值的本公司股票从 N 公司的原股东手中换取每股面值 5 元的股票（一股换三股），见表 6 - 3。

　　用购买法：M 公司股票公允市价为每股 48 元。

　　N 公司净资产市价为 1 440 000 元。

　　M 公司应发行股票数为 1 440 000 ÷ 48 = 30 000（股）。

表 6 - 3　　　　　　　　　　合并后的 M 公司资产负债表

项　　目	金　　额
流动资产	420 000
存货	406 000
土地	1 000 000
建筑物	1 800 000（300 000 折旧）
设备	240 000（90 000 折旧）
商誉	214 000
资产总额	3 690 000
流动负债	350 000
应付债券	400 000
普通股本（80 000 股每股 15 元）	1 200 000
资本公积	1 390 000
留存收益	350 000
负债及所有者权益总额	3 690 000

M 公司账务处理：

①商誉：1 440 000 – (1 776 000 – 150 000 – 400 000) = 1 440 000 – 1 226 000 = 214 000（元）

48 × 30 000 = 1 440 000（元）

②资本公积：48 – 15 = 33（M 公司股价与 N 公司股价之差）

30 000 × 33 = 990 000（元）

③股本：30 000 × 15 = 450 000（元股本）

以 30 000 股面值为 15 元，市价为 48 元的股票，要取得 1 440 000 元资产及负债。

④根据分录入账：（公允价值）

借：流动资产	170 000
存货	146 000
土地	400 000
建筑物	1 000 000
设备	60 000
商誉	214 000
贷：流动负债	150 000
应付债券	400 000
普通股本	450 000
资本公积	990 000

【例 6 – 3】承〖例 6 – 2〗，用联营法处理。

①股票面值大于被合并公司的投入资本时：

由于发行的股票必须按面值贷记股本账户，因此总面值超过被合并公司投入资本的差额，需要区分不同情况进行适当处理。

A. 如果发行股票的公司有足够的股票溢价（资本公积）可以冲减。即冲减股票发行公司的股票溢价。

假设 M 公司股票的每股面值为 15 元，发行 30 000 股，其他资料与上相同。

M 公司发行股票的总面值为：

30 000 × 15 = 450 000（元）

大于 N 公司的普通股本与资本公积合计 400 000 元。

差额：450 000 – 400 000 = 50 000（元）

M 公司记录换取 N 公司净资产这项业务处理：

借：流动资产	180 000
存货	116 000
土地	120 000
建筑物	600 000
设备	80 000
资本公积	50 000
贷：流动负债	150 000

应付债券	400 000
普通股本	450 000
留存收益	146 000

B. 如果发行股票的公司没有足够的股票溢价（资本公积）可以冲减被合并公司的留存收益，假设 M 公司资本公积为零。

借：流动资产	180 000
存货	116 000
土地	120 000
建筑物	600 000
设备	80 000
贷：流动负债	150 000
应付债券	400 000
普通股本	450 000
留存收益	(146 000 – 50 000) 96 000

C. 如果被合并企业的留存收益仍不够冲减，则冲减股票发行公司的留存收益。

假设 M 公司股票的每股面值为 20 元，总股本为 30 000 × 20 = 600 000（元），M 公司资本公积为零。N 公司的资本公积为 246 000 元，留存收益为零，其他相同。

则：冲减股票发行公司的留存收益。

600 000 – 300 000 – 246 000 = 54 000（元）

（N 公司股本）

M 公司记录换取 N 公司净资产这项业务处理：

借：流动资产	180 000
存货	116 000
土地	120 000
建筑物	600 000
设备	80 000
留存收益	54 000
贷：流动负债	150 000
应付债券	400 000
普通股本	600 000

②股票总面值小于被合并公司的投入资本：

如果 M 公司发行股票每股面值为 12 元。因而总面值为 360 000 元。

M 公司账面价值记录小于取得的 N 公司资本总额 400 000 元，因而两者的差额贷记资本公积。N 公司原来的留存收益仍贷记 146 000 元。

M 公司记录换取 N 公司净资产这项业务处理：

借：流动资产	180 000
存货	116 000
土地	120 000

建筑物	600 000
设备	80 000
贷：流动负债	150 000
应付债券	400 000
普通股本	360 000
资本公积	40 000
留存收益	146 000

6.2　取得股权日合并会计报表的编制

合并报表是在合并企业内部各个公司分别编制各自财务报表的基础上进行合并编制的。由于合并财务报表是依据企业合并情况而编制的，因此，企业合并会计的处理原则与方法也同样使用于适并报表的编制。取得股权日的合并报表：是企业在取得控股权后，根据合并情况而编制的报表。

合并情况不同编制报表的具体处理方法也不同：其一，企业取得股权时，可以是 10%也可以是多数股权，也可以是全部股权。其二，企业发生的购入成本，可能是正商誉也可能是负商誉。

合并报表通常在合并工作底稿上进行，通常程序为：调整分录、抵销分录、股权分配等，产生新的合并报表。

6.2.1　取得被控股公司的全部股权的报表编制

（1）取得成本与被控股公司净资产账面价值和公允价值相等。

①按购买法取得股份：

【例6-4】2012 年 1 月 1 日，A 公司以现金 30 000 元和每股面值 5 元的股票 15 000 股，按市价 100 000 元，购买 B 公司的全部股权（B 公司净资产账面值为 130 000 元），参见表 6-4。

则 A 公司在股权取得日的会计处理：

借：投资——B 公司	130 000
贷：现金	30 000
股本（普通股）	75 000
超面值缴入股本	25 000

同时：为编制合并资产负债表，在工作底稿上进行调整和抵销分录。

借：普通股——B 公司	90 000
留存收益——B 公司	40 000
贷：投资——B 公司	130 000

调整和抵销分录是用来消除两个公司各自的资产负债表中不应列入资产负债表的有关项目。

表 6－4   A 公司和 B 公司合并资产负债表工作底稿（100%）

项目	A 公司	B 公司	调整和抵销分录（购买法）		合并后金额	调整和抵销分录（联营法）		合并后金额
			借方	贷方		借方	贷方	
资产								
现金	80 000	32 000		(1) 30 000	82 000			112 000
应收账款	15 000	8 000			23 000			23 000
存货	85 000	40 000			125 000			125 000
对 B 公司投资			(1) 130 000	(2) 130 000		(1) 130 000	(2) 130 000	
固定资产（净值）	200 000	70 000			270 000			270 000
合计	380 000	150 000			500 000			530 000
负债及权益								
应付账款	20 000	9 000			29 000			29 000
长期负债	35 000	11 000			46 000			46 000
普通股	150 000	90 000	(2) 90 000	(1) 75 000	225 000	(2) 90 000	(1) 75 000	225 000
超面值缴入股本				(1) 25 000	25 000		(1) 55 000	55 000
留存收益	175 000	40 000	(2) 40 000		175 000	(2) 40 000		175 000
合计	380 000	150 000			500 000			530 000

合并报表说明：

合并报表将 A 公司和 B 公司作为一个整体反映，A 公司拥有 B 公司的股份就代表了所有拥有 B 公司的资产与负债，而合并资产负债表中已包括 B 公司的各项资产与负债，它已代替了"B 公司投资"。没有这一调整和抵销分录，就会形成合并报表中 B 公司净资产的重复计算。同样地，B 公司的股东权益在合并时也应抵销，因为 B 公司的权益总额已为 A 公司所有。

抵销分录的作用：

抵销分录只为编制合并报表时在工作底稿上所做的核算记录。这种记录对合并企业内部分别设立的经济实体没有什么实际影响，它不涉及合并企业中任何公司的会计记录，也不用以登记账簿，因此，不会影响合并企业有关账户的余额。

②按联营法取得股份：

【例 6－5】假设〖例 6－4〗中，A 公司以 15 000 股，每股面值 5 元的股票交换 B 公司的已发行股票，并符合按照联营法进行合并的条件，A 公司在取得股权日所做的会计分录为：

借：投资——B 公司   130 000

     贷：普通股——B 公司   75 000

         超面值缴入股本   55 000

在编制合并资产负债表时，控股公司的投资账户与子公司的普通股账户消除，两者的差额，则借入"超面值缴入股本"账户，会计分录为：

借：普通股——B 公司   90 000

　　　留存收益——B公司　　　　　　　　　　　　　　　40 000
　　　贷：投资——B公司　　　　　　　　　　　　　　　　　　　130 000
见表6-4合并工作底稿。
（2）取得成本不等于被合并公司账面值。
程序：
其一，调整被合并企业的账面值为公正值分录。
其二，作取得股权企业的合并分录。
其三，在工作底稿表中作调整合并报表分录。
①购买成本大于被控股公司净资产的账面值和公平价值。
【例6-6】假设〖例6-4〗A、B两公司合并前的资产负债表相同，补充B公司净资产的公正价值如表6-5所示。

表6-5　　　　　　　　　　　　B公司净资产调整表

项目	公正价值	账面值	A公司所占股份（100%）调整
现金	32 000	32 000	32 000
应收账款	8 000	8 000	8 000
存货	48 000	40 000	48 000
固定资产	77 000	70 000	77 000
应付账款	-9 000	-9 000	-9 000
长期负债	-10 000	-11 000	-10 000
合计	146 000	130 000	146 000

　　假设A公司以现金35 000元和发行15 000股，每股面值10元的股票，按市价165 000元取得B公司全部股份。
15 000×10=150 000（元）（账面值）
购买成本=35 000+165 000=200 000（元）
商誉=购买成本-净资产公正价值=200 000-146 000（公正价值）=54 000（元）
A公司在取得同时所进行的投资：
借：投资——B公司　　　　　　　　　　　　　　　200 000
　　贷：现金　　　　　　　　　　　　　　　　　　　　　　　35 000
　　　　普通股　　　　　　　　　　　　　　　　　　　　　　150 000
　　　　超面值缴入股本　　　　　　　　　　　　　　　　　　　15 000
注：其中投资包含内容：
130 000（元）账面值和
8 000+7 000+1 000+54 000（商誉）=70 000（元）公正值的调整价值。
A公司在合并资产负债表上进行的调整分录（见表6-6）：
借：存货　　　　　　　　　　　　　　　　　　　　8 000
　　固定资产　　　　　　　　　　　　　　　　　　　　7 000

　　长期负债　　　　　　　　　　　　　　　　　　　　1 000
　　商誉　　　　　　　　　　　　　　　　　　　　　54 000
　　　贷：投资　　　　　　　　　　　　　　　　　　　　　　　70 000
增加 A 公司的账面价值（只在合并报表中作调整）
同时在工作底稿中作抵销分录（见表 6 - 6）：
　　借：普通股——B 公司　　　　　　　　　　　　　90 000
　　　留存收益　　　　　　　　　　　　　　　　　　40 000
　　　贷：投资——B 公司　　　　　　　　　　　　　　　　130 000

表 6 - 6　　　　　　　　　A 公司和 B 公司合并资产负债表工作底稿

项目	A 公司	B 公司	调整和抵销分录（购买法）		合并后金额
			借方	贷方	
资产					
现金	80 000	32 000		(1) 35 000	77 000
应收账款	15 000	8 000			23 000
存货	85 000	40 000	(2) 8 000	(2) 70 000	133 000
对 B 公司投资			(1) 200 000	(3) 130 000	
固定资产（净值）	200 000	70 000	(2) 7 000		277 000
商誉			(2) 54 000		54 000
合计	380 000	150 000			564 000
负债及权益					
应付账款	20 000	9 000			29 000
长期负债	35 000	11 000	(2) 1 000		45 000
普通股	150 000	90 000	(3) 90 000	(1) 150 000	300 000
超面值缴入股本				(1) 15 000	15 000
留存收益	175 000	40 000	(3) 40 000		175 000
合计	380 000	150 000			564 000

　　②购入成本低于公正价值：
　　　　　　　　计算负商誉 = 购买成本 - 被合并企业的净资产公正价值
按国际惯例，在其非货币资产摊销（即减值）入账。
注：一般可在固定资产中减值，相当于资产贬值。
【例 6 - 7】假设仍按【例 6 - 4】，以 A、B 两公司合并资产负债表为例（见表 6 - 4）：
假设 A 公司以 8 000 股，每股面值 15 元的股票，按市价 135 000 元取得 B 公司全部股
份。由于 B 公司经确认的净资产公正价值为 146 000 元，大于购入成本 135 000 元。
　　商誉 = 135 000 - 146 000 = -11 000（元）
　　按国际惯例在固定资产中减值（见表 6 - 7）。

表6-7 负商誉的分摊表

项目	公正价值	11 000 元占公平价值的比例（%）	负商誉的分配
建筑物	15 000	19.5	2 145
设备	35 000	45.5	5 005
厂房	27 000	35	3 850
合计	77 000	100	11 000

根据上述计算，控股公司的会计处理及合并报表在工作底稿上调整和抵扣（见表6-8）。

表6-8 A公司和B公司合并资产负债表工作底稿

表2			(100%购买法，有负商誉)		
项目	A公司	B公司	调整和抵销分录（购买法）		合并后金额
			借方	贷方	
资产					
现金	80 000	32 000			112 000
应收账款	15 000	8 000			23 000
存货	85 000	40 000	(2) 8 000		133 000
对B公司投资			(1) 135 000	(2) 5 000	
				(4) 130 000	
固定资产（净值）	200 000	70 000	(2) 7 000	(3) 11 000	266 000
商誉			(3) 11 000	(2) 11 000	
合计	380 000	150 000			534 000
负债及权益					
应付账款	20 000	9 000			29 000
长期负债	35 000	11 000	(2) 1 000		45 000
普通股	150 000	90 000	(4) 90 000	(1) 120 000	270 000
超面值缴入股本				(1) 15 000	15 000
留存收益	175 000	40 000	(4) 40 000		175 000
合计	380 000	150 000			534 000

（1）A企业取得股权日的投资：

借：投资——B公司   135 000

    贷：普通股——B公司   120 000

    （8 000 × 15 = 120 000元）

        超面值缴入股本   15 000

    （135 000 - 120 000 = 15 000元）

（2）按公正价值调整B公司净资产账面价值：

借：存货   8 000

    固定资产   7 000

长期负债	1 000
贷：投资——B 公司	5 000
商誉	11 000

负商誉处理：

借：商誉	11 000
贷：固定资产——建筑物	2 145
——设备	5 005
——厂房	3 850

（3）A 公司和 B 公司股东权益的抵销：

借：普通股——B 公司	90 000
留存收益	40 000
贷：投资——B 公司	130 000

6.2.2　取得被合并公司的部分股权

由于股权控股公司占大部分股权，于是引出一个问题：合并报表中属于其他股东所拥有的产权股份——少数股东权的价值如何确定？

由于对编制合并财务报表的侧重点不同，对公司集团的概念及其依据的理论也不尽相同。

当前，国际会计实务中存在着三种影响合并报表的编制及对少数股权的理论。

1. "母公司"理论

该理论认为合并报表看成是控股公司报表的延伸，其所侧重的是公司集团的控股公司在合并财务状况及经营成果中所占有的份额，认为合并报表主要应满足控股公司的利益要求。重点是控股公司放在其统治地位的股权，把少数股东作为合并报表的次要目标。

在合并报表时，控股公司按其股权比例占有被控公司经查属实的净资产按公正价值反映；少数股权则按其股权比例占有购买前的净资产按账面反映。这是因为少数股权的净资产并没有被购入，因此，应当保持为购买企业前价值，控股公司为取得控制股份而发生的商誉也不影响少数股权的价值。

2. 所有权理论

该理论认为，合并报表，既没有形成单一的母公司或控股公司，也不存在少数股权，即没有在法律上居统治地位的单位，也不形成一个经济单位。只是所有权上的变化，因此，要考虑按所有权进行部分合并。

在合并报表时，母公司所取得的全部资产与负债和少数股权的比例股份都要按照公平价来反映。少数股权不包括购买商誉，因为商誉是母公司所取得的无形资产，其价值是母公司所支付的价款，少数股权没有理由来承担。

3. 实体理论

该理论认为把公司所控制的资产与负债看做是不可分割的。对于所有权的股东以同等重要地位，同样对待，无论他们是属于多数股权还是少数股权。

在合并报表时，被控股公司的资产与负债全部以公平价值列入合并报表，全部商誉按比例从属于所有股东。少数股权价值的确认以控股公司支付股份的价格为基础。

少数股权在三种方法中处理的不同点表现在：母公司理论中，少数股权按账面价值反映（不承担商誉）。所有权理论中，少数股权按照母公司取得股权时的公平价值反映。（不承担商誉）实体理论中，少数股权按控股公司支付股份的价值，按比例反映，同时按比例承担商誉。

【例 6 – 8】 根据〖例 6 – 4〗公司合并前的资产负债表（见表 6 – 9）。

假设 A 公司以市价 12 元（面值也是 12 元）的股票 10 000 股和现金 25 000 元购买 B 公司 80% 的股份，B 公司股东权益账面价值为 130 000 元，从表 6 – 4 可见 B 公司已核实净资产的公正价值为 146 000 元，其中，A 公司的份额为 116 800 元（146 000 × 80% = 116 800）。

购买成本 = 10 000 × 12 + 25 000 = 145 000（元）

A 公司的份额 = 146 000 × 80% = 116 800（元）（公正价值）

商誉 = 购买成本 – 公正价值 = 145 000 – 116 800 = 28 200（元）

B 公司少数股东权 = 130 000 × 20% = 26 000（元）

①母公司理论：

a. A 公司取得 B 公司 80% 的股份：

借：投资——B 公司	145 000	
贷：普通股		120 000
现金		25 000

b. 根据表 6 – 4 所给的公正价值资料，按 A 公司所占 B 公司净资产的比例调整 B 公司资产、负债的账面价值为公正价值。

借：存货	6 400（8 000 × 80%）	
固定资产	5 600（7 000 × 80%）	
长期负债	800（1 000 × 80%）	
贷：投资		12 800

c. 商誉的处理：

借：商誉	28 200	
贷：投资——B 公司		28 200

d. 抵销 A 公司投资账户和 B 公司净资产账户，并确定少数股权价值。

借：普通股	90 000	
留存收益	40 000	
贷：投资——B 公司		104 000
少数股东权益		26 000

（145 000 – 12 800 – 28 200 = 104 000 元）

或 130 000 × 80% = 104 000（元）

少数股权 26 000（130 000 × 20% = 26 000（元））

②所有权理论：

B 公司少数股权 = 146 000 × 20% = 29 200（元）按公正价值

a. A 公司取得 B 公司 80% 的股份投资。

借：投资——B 公司　　　　　　　　　　　　　　　　145 000
　　贷：普通股　　　　　　　　　　　　　　　　　　　120 000
　　　　现金　　　　　　　　　　　　　　　　　　　　 25 000

b. 调整 B 公司资产、负债账面价值为公正价值。

借：存货　　　　　　　　　　　　　　8 000（按全部公正价值）
　　固定资产　　　　　　　　　　　　　7 000
　　长期负债　　　　　　　　　　　　　1 000
　　　贷：投资——B 公司　　　　　　　　　　　　　　 16 000

c. 处理商誉：

借：商誉　　　　　　　　　　　　　　　　　　　　　 28 200
　　贷：投资——B 公司　　　　　　　　　　　　　　　 28 200

d. 抵销 A 公司投资账户和 B 公司净资产账户，并确定少数股权价值：

借：普通股　　　　　　　　　　　　　　　　　　　　 90 000
　　留存收益　　　　　　　　　　　　　　　　　　　　 40 000
　　　贷：投资——B 公司　　　　　　　　　　　　　　100 800
　　　　　少数股权　　　　　　　　　　　　　　　　　 29 200

　　　　（8 000 + 7 000 + 1 000）× 20% = 3 200（元）

　　　　104 000 − 3 200 = 100 800（元）

　　　　26 000 + 3 200 = 29 200（元）

表 6 - 9　　　　　A 公司和 B 公司两种理论合并资产负债表工作底稿（部分股权 80%）

项目　　　　资产	合并前		母公司理论			所有权理论		
	A 公司	B 公司	调整和抵销分录（购买法）		合并后金额	调整和抵销分录（联营法）		合并后金额
			借方	贷方		借方	贷方	
现金	80 000	32 000		(1) 25 000	87 000		(1) 25 000	87 000
应收账款	15 000	8 000			23 000			23 000
存货	85 000	40 000	(2) 6 400		131 400	(2) 8 000		133 000
			(2) 128 000				(3) 28 200	
对 B 公司投资			(1) 145 000	(3) 282 000		(1) 145 000	(4) 100 800	
				(4) 104 000			(2) 16 000	
固定资产（净值）	200 000	70 000	(2) 5 600		275 600	(2) 7 000		277 000

项目＼资产	合并前		母公司理论			所有权理论		
	A 公司	B 公司	调整和抵销分录（购买法）		合并后金额	调整和抵销分录（联营法）		合并后金额
			借方	贷方		借方	贷方	
商誉			(3) 28 200		28 200	(3) 28 200		
合计	380 000	150 000			545 200			
负债及权益								548 200
应付账款	20 000	9 000			29 000			29 000
长期负债	35 000	11 000	(2) 800		45 200	(2) 1 000		45 000
普通股	150 000	90 000	(4) 90 000	(1) 120 000	270 000	(4) 90 000	(1) 120 000	270 000
留存收益	175 000	40 000	(4) 40 000		175 000	(4) 40 000		175 000
少数股权				(4) 26 000	26 000		(4) 29 200	29 200
合计	380 000	150 000			545 200			548 200

6.2.3　母公司理论和所有权理论实务处理方法上的对比

1. 调整 B 公司账面价值为公正价值的数额不同

母公司理论：

借：存货　　　　　　　　　　　　　　　　　　　　　　　6 400（80%）

　　固定资产　　　　　　　　　　　　　　　　　　　　　　5 600（80%）

　　长期负债　　　　　　　　　　　　　　　　　　　　　　800（80%）

　　贷：留存收益　　　　　　　　　　　　　　　　　　　　　　12 800

所有权理论：

借：存货　　　　　　　　　　　　　　　　　　　　　　　8 000

　　固定资产　　　　　　　　　　　　　　　　　　　　　　7 000

　　长期负债　　　　　　　　　　　　　　　　　　　　　　1 000

　　贷：留存收益　　　　　　　　　　　　　　　　　　　　　　16 000

2. A 公司取得 B 公司 80% 的股份数额相同

母公司理论和所有权理论：

借：投资——B 公司　　　　　　　　　　　　　　　　　　145 000

　　贷：普通股　　　　　　　　　　　　　　　　　　　　　　120 000

　　　　现金　　　　　　　　　　　　　　　　　　　　　　　25 000

3. 商誉处理相同

母公司理论和所有权理论：

借：商誉　　　　　　　　　　　　　　　　　　　　　　　28 200

| | 贷：投资——B公司 | 28 200 |

合并报表抵销A公司和B公司净资产账户，并确定少数股权的数额不同：

母公司理论：

借：普通股　　　　　　　　　　　　　　　　　　　　　90 000

　　留存收益　　　　　　　　52 800 （40 000 + 12 800）

　　　贷：投资——B公司　　　116 800 （14 500 − 28 200）

　　　　（146 000 × 80% = 116 800 元）

　　　　少数股权　　　　　　　26 000 （130 000 × 20%）

所有权理论：

借：普通股　　　　　　　　　　　　　　　　　　　　　90 000

　　留存收益　　　　　　　　56 000 （40 000 + 16 000）

　　　贷：投资——B公司　　　116 800 （145 000 − 28 200）

　　　　少数股权　　　　　　　29 200 （146 000 × 20%）

6.3　取得股权日后合并会计报表的编制

控股公司取得股权后，为了完整地反映该企业集团整体在合并后各会计期间的财务状况和经营成果，必须于每一会计期末，在分别提供合并企业内部各企业独立财务报表的基础上，提供合并反映该合并集团情况的合并报表。

根据控股公司账户的记账方法和所占有的股份的不同，合并报表方法也不同。按投资账户记账方法的不同分为：

成本法：投资企业只记分得股利的账务处理，不调整投资账户。

权益法：投资账户要反映被投资公司净资产份额的变化，也就是说，被投资账户要随着被投资企业的收益的增加而按比例增加，反之减少。其中：还包含100%股权和部分股权。

1. 权益法

当被投资企业净资产增加时：

投资企业账务处理：

借：投资——B公司

　　贷：投资收益

发放股利时的会计分录：

借：现金

　　贷：投资——B公司

被控股公司：

借：股利支出

　　贷：现金

（1）持有被控股公司100%的股份：

【例6-9】（见表6-8）A公司2012年1月1日以现金130 000元购买B公司的全部股份（B公司净资产账面值分别是：股本90 000元，留存收益40 000元）。经过一年经营，2012年12月本年度B公司营业净收益20 000元，发放现金股利1 000元（在合并之前A公司投资账户随被投资企业的收益增加而调整账户）。

在A公司投资账户的变化：

借：投资——B公司　　　　　　　　　　　　　　　　　　20 000

　　贷：投资收益——B公司　　　　　　　　　　　　　　　　　20 000

收到现金股利：

借：现金　　　　　　　　　　　　　　　　　　　　　　1 000

　　贷：投资——B公司　　　　　　　　　　　　　　　　　　1 000

B公司作分录：

借：股利支出　　　　　　　　　　　　　　　　　　　　1 000

　　贷：现金　　　　　　　　　　　　　　　　　　　　　　1 000

2012年12月31日A公司在B公司投资账户的余额：

股本	90 000
1999年1月1日留存收益	40 000
加：1999年净收益	20 000
减：1999年发放股利	1 000
A公司投资账户期末余额	149 000

A公司和B公司2012年12月31日编制的合并报表涉及收益表、留存收益表和资产负债表。需要在上述三个合并工作底稿中进行调整和抵销。

资产负债表抵销分录：

借：投资——B公司　　　　　　　　　　　　　　　　　　1 000

　　贷：股利支出　　　　　　　　　　　　　　　　　　　　1 000

借：普通股　　　　　　　　　　　　　　　　　　　　　90 000

　　留存收益　　　　　　　　　　　　　　　　　　　　　60 000

　　贷：投资——B公司　　　　　　　　　　　　　　　　　150 000

收益表和留存收益表中只调整收益和股利支出：

报表	项目	借方	贷方
收益表	B公司净收益	20 000	
留存收益表	留存收益	40 000	
	股利		1 000
资产负债表	普通股——B公司	90 000	
	投资——B公司		149 000
		150 000	150 000

可以不登账，直接在工作底稿中调整、抵销（见表6-10）。

表 6 – 10　　　　　　　　**A 和 B 公司合并工作底稿**

（权益法，拥有100%的股份）　　　　　　　　2012 年 12 月 31 日

收益表	A 公司	B 公司	调整分录和抵销分录 借方	调整分录和抵销分录 贷方	少数股权	合并金额
销售收入	60 000	55 000				115 000
销售成本	20 000	20 000				40 000
毛利	40 000	35 000				75 000
费用	15 000	15 000				30 000
营业净收益	25 000	20 000				45 000
B 公司收益	20 000		20 000			
少数股权						
净收益	45 000	20 000	20 000			45 000
留存收益表						
年初留存收益额						
A 公司	175 000					175 000
B 公司		40 000	40 000			
加：本年净收益	45 000	20 000	20 000			45 000
减：股利支出						
A 公司	60 000					
B 公司		1 000		1 000		
年末留存收益额	160 000	59 000	60 000	1 000		160 000
资产负债表						
资产						
现金	31 000	57 000				88 000
应收账款	15 000	8 000				23 000
存货	85 000	40 000				120 000
B 公司投资	149 000			149 000		0
固定资产（净值）	200 000	70 000				270 000
合计	475 000	175 000		149 000		501 000
负债及权益						
应付账款	30 000	15 000				45 000
长期负债	45 000	11 000				56 000
普通股						
A 公司	240 000					240 000
B 公司		90 000	90 000			
留存收益表	160 000	59 000	60 000	1 000		160 000
少数股权						
合计	475 000	175 000	150 000	150 000		501 000

（2）持有被控股公司部分股份：

当控股公司持有被控股公司部分股份时，意味着存在少数股权，因此，控股公司仅按

其股权比例拥有被控股公司的净资产，并按其股权比例进行合并报表的调整和抵销。

【例 6 - 10】假设 A 公司以现金 91 000 元购买 B 公司 70% 的股份。2012 年 12 月 31 日。A 公司在 B 公司投资账户的余额是 104 300 元，当年 B 公司收益仍是 20 000 元（见表 6 - 11）。

B 公司收益时 A 公司曾作：

借：投资——B 公司　　　　　　　　　　　　　　　　14 000（70%）

　　贷：投资收益——B 公司　　　　　　　　　　　　　　14 000（70%）

发放股利时：

借：现金　　　　　　　　　　　　　　　　　　　　700（70%）

　　贷：投资——B 公司　　　　　　　　　　　　　　　700（70%）

B 公司支出时：

借：股利支出　　　　　　　　　　　　　　　　　　700

　　贷：现金　　　　　　　　　　　　　　　　　　　　700

2012 年 12 月 31 日 A 公司在 B 公司投资账户的余额：

股本　　　　　　　　　63 000（90 000 × 70%）

2012 年 1 月 1 日留存收益　　28 000（40 000 × 70%）

加：2012 年净收益　　　　14 000（20 000 × 70%）

减：2012 年发放股利　　　700（1 000 × 70%）

A 公司投资账户期末余额　　　　　104 300（元）

149 000 - 104 300 = 44 700（元）44 700 为少数股东权益

A 公司和 B 公司 2012 年 12 月 31 日编制的合并报表涉及到收益表、留存收益表和资产负债表。需要在上述三个合并工作底稿中进行调整和抵销。

资产负债表抵销分录：

借：投资——B 公司　　　　　　　　　　　　　　　700

　　贷：股利支出　　　　　　　　　　　　　　　　　　700

借：普通股　　　　　　　　　　　　　　　　　　63 000

　　留存收益　　　　　　　　　　　　　　　　42 000

　　贷：投资——B 公司　　　　　　　　　　　　　　104 300

　　　　留存收益——B 公司　　　　　　　　　　　　　700

收益表和留存收益表中只调整收益和股利支出：

报表	项目	借方	贷方	少数股东权
收益表	B 公司净收益	14 000		6 000
留存收益表	留存收益	28 000		12 000
	股利		700	300
资产负债表	普通股——B 公司	63 000		27 000
	投资——B 公司		104 300	17 700
		105 000	105 000	45 000

可以不登账，直接在工作底稿中调整、抵销（见表 6 - 11）。

表 6－11　　　　　　　　**A 和 B 公司合并工作底稿**

（权益法：拥有 70% 的股份）　　　　　　　2012 年 12 月 31 日

收益表	A 公司	B 公司	调整分录和抵销分录 借方	调整分录和抵销分录 贷方	少数股权	合并金额
销售收入	60 000	55 000				115 000
销售成本	20 000	20 000				40 000
毛利	40 000	35 000				75 000
费用	15 000	15 000				30 000
营业净收益	25 000	20 000				45 000
B 公司收益	14 000		14 000			
少数股权					6 000	6 000
净收益	39 000	20 000	14 000		6 000	39 000
留存收益表						
年初留存收益额						
A 公司	175 000					175 000
B 公司		40 000	28 000		12 000	
加：本年净收益	39 000	20 000	14 000		6 000	39 000
减：股利支出						
A 公司	60 000					
B 公司		1 000		700	－300	
年末留存收益额	154 000	59 000	42 000	700	17 700	154 000
资产负债表						
资产						
现金	64 700	57 000				121 700
应收账款	15 000	8 000				23 000
存货	85 000	40 000				125 000
B 公司投资	104 300			104 300		
固定资产（净值）	200 000	70 000				270 000
合计	469 000	175 000		104 300		539 700
负债及权益						
应付账款	30 000	15 000				45 000
长期负债	45 000	11 000				56 000
普通股						
A 公司	240 000					240 000
B 公司		90 000	63 000		27 000	
留存收益	154 000	59 000	42 000	700	17 700	154 000
少数股权					44 700	44 700
合计	469 000	175 000	105 000	700		539 700

2. 成本法

控股公司采用"成本法"时，投资账户只记购买被控股公司股份时所投入的成本，以及投入成本的增减变动。购买股份以后被控股公司经营中的收益（或亏损），均不记入母公司的投资账户，而收到被控股公司分配的股利，直接记入控股公司的收益中，并不增加其对被控股公司的投资。

【例 6 – 11】 承上题（拥有 100% 股份，见表 6 – 11）按成本法。

① A 公司从 B 公司取得股利时：

借：现金   1 000
　　贷：股利收入——B 公司   1 000

B 公司支付股利时：

借：股利支出——B 公司   1 000
　　贷：现金   1 000

合并时应作抵销分录：

借：股利收入——B 公司   1 000
　　贷：股利支出——B 公司   1 000

② 在工作底稿中抵销，A 公司期初在 B 公司普通股投资额 90 000 元；在留存收益中所占份额 40 000 元（见表 6 – 12）。

借：普通股——B 公司   90 000
　　留存收益——B 公司   40 000
　　贷：投资——B 公司   130 000

表 6 – 12   **A 和 B 公司合并工作底稿**

（成本法：拥有 100% 的股份）   2012 年 12 月 31 日

收益表	A 公司	B 公司	调整分录和抵销分录 借方	调整分录和抵销分录 贷方	少数股权	合并金额
销售收入	60 000	55 000			115 000	
销售成本	20 000	20 000				40 000
毛利	40 000	35 000				75 000
费用	15 000	15 000				30 000
营业净收益	25 000	20 000				45 000
B 公司收益	1 000		1 000			
少数股权						
净收益	26 000	20 000	1 000			45 000
留存收益表						
年初留存收益额						
A 公司	175 000					175 000
B 公司		40 000	40 000			
加：本年净收益	26 000	20 000	1 000			45 000
减：股利支出						
A 公司	60 000					60 000
B 公司		1 000		1 000		
年末留存收益额	141 000	59 000	41 000		1 000	160 000
资产负债表						
资产						
现金	31 000	57 000				88 000

收益表	A 公司	B 公司	调整分录和抵销分录 借方	调整分录和抵销分录 贷方	少数股权	合并金额
应收账款	15 000	8 000				23 000
存贷	85 000	40 000				125 000
B 公司投资	130 000				130 000	
固定资产（净值）	200 000	70 000				270 000
合计	461 000	175 000			130 000	506 000
负债及权益						
应付账款	30 000	15 000				45 000
长期负债	45 000	11 000				56 000
普通股						
A 公司	245 000					245 000
B 公司		90 000	90 000			
留存收益	141 000	59 000	41 000		1 000	160 000
少数股权						
合计	461 000	175 000	131 000		1 000	506 000

【例 6 - 12】 承上题（见表 6 - 12）（拥有 70% 股份）按成本法。

①A 公司从 B 公司取得股利时：

借：现金　　　　　　　　　　　　　　　　　　　　　　700

　　贷：股利收入——B 公司　　　　　　　　　　　　　　　　　700

B 公司支付股利时：

借：股利支出——B 公司　　　　　　　　　　　　　　700

　　贷：现金　　　　　　　　　　　　　　　　　　　　　　700

合并时应作抵销分录：

借：股利收入——B 公司　　　　　　　　　　　　　　700

　　贷：股利支出——B 公司　　　　　　　　　　　　　　　700

②在工作底稿中抵销，A 公司期初在 B 公司普通股投资额 63 000 元（90 000×70%）和留存收益中所占份额 28 000 元（40 000×70%），见表 6 - 13。

借：普通股——B 公司　　　　　　　　　　　　　　63 000

　　留存收益——B 公司　　　　　　　　　　　　　　28 000

　　贷：投资——B 公司　　　　　　　　　　　　　　　　91 000

表 6 - 13　　　　　　　　　A 和 B 公司合并工作底稿

（成本法，拥有 70% 的股份）　　　　　　2012 年 12 月 31 日

收益表	A 公司	B 公司	调整分录和抵销分录 借方	调整分录和抵销分录 贷方	少数股权	合并金额
销售收入	60 000	55 000				115 000
销售成本	20 000	20 000				40 000
毛利	40 000	35 000				75 000

续表

收益表	A 公司	B 公司	调整分录和抵销分录		少数股权	合并金额
			借方	贷方		
费用	15 000	15 000				30 000
营业净收益	25 000	20 000				45 000
B 公司收益	700			700		
少数股权					6 000	6 000
净收益	25 700	20 000		700	6 000	39 000
留存收益表						
年初留存收益额						
A 公司	175 000					175 000
B 公司		40 000	28 000		12 000	
加：本年净收益	25 700	20 000		700	6 000	39 000
减：股利支出						
A 公司	60 000					60 000
B 公司		1 000		700	−300	
年末留存收益额	140 700	59 000	28 700	700	17 700	154 000
资产负债表						
资产						
现金	64 700	57 000				121 700
应收账款	15 000	8 000				23 000
存货	85 000	40 000				125 000
B 公司投资	91 000			91 000		
固定资产（净值）	200 000	70 000				270 000
合计	455 700	175 000		91 000		539 700
负债及权益						
应付账款	30 000	15 000				45 000
长期负债	45 000	11 000				56 000
普通股						
A 公司	240 000					240 000
B 公司		90 000	63 000		27 000	
留存收益表	140 700	59 000	28 700	700	17 700	154 000
少数股权					44 700	44 700
合计	455 700	175 000	91 700	700		539 700

本 章 小 结

　　本章主要讲授了企业合并过程中财务报表的处理方法。重点介绍了购买法和联营法下的母公司理论及所有权理论的处理方法，并以全资子公司和部分股权结构为例详细阐述了会计的处理方法，同时，采用对比的方法总结了其优缺点。最后，更深一步地讲解了股权取得日后的合并报表的权益法和成本法下的合并会计报表。全章内容由浅入深，易于理解，有助于学习掌握。

复习思考题

一、名词解释

1. 成本法和权益法。

2. 母公司理论和所有权理论及实体理论。

3. 购买法和联营法。

4. 合并报表工作底稿与合并报表。

5. 调整分录和抵销分录。

6. 商誉和负商誉。

二、业务题：

1. 假设母公司 A 与子公司 B 在 2012 年 1 月 1 日进行合并，A 公司 1 月 1 日以现金 $260 000 购买了 B 公司全部股票。合并前资产负债表如下：

表 6 – 14 　　　　　　　　　　　A、B 公司资产负债表

2012 年 1 月 1 日

项目	A 公司	B 公司
现金	$296 000	$124 000
其他资产	$304 000	$276 000
资产合计	$600 000	$400 000
负债	$100 000	$140 000
股东权益	$500 000	$260 000
产权合计	$600 000	$400 000

要求：

（1）编制购买分录。

（2）编制合并分录。

（3）填制表 6 – 15。

表 6 – 15 　　　　　　　　　　A、B 公司合并报表工作底稿

2012 年 1 月 1 日

项目	各公司资产负债表		抵销分录		合并资产负债表
	A 公司	B 公司	借	贷	
现金	$36 000	$124 000			
其他资产	$304 000	$276 000			
对 B 公司投资	$260 000				

续表

项目	各公司资产负债表		抵销分录		合并资产负债表
	A 公司	B 公司	借	贷	
资产合计	$600 000	$400 000			
负债	$100 000	$140 000			
股东权益	$500 000	$260 000			
产权合计	$600 000	$400 000			

2. 假设 2012 年 1 月 1 日 A、B 公司合并资产负债表沿用上题。当日 A 公司以每股 $26 的市价购买了 9 000 股 B 公司股票，取得了 90% 的股份，共支付现金 $234 000。

要求：

（1）编制购入时调整分录。

（2）编制合并报表时抵销分录。

（3）填制表 6 – 16。

表 6 – 16　　　　　　　　　A、B 公司合并报表工作底稿

2012 年 1 月 1 日

项目	各公司资产负债表		抵销分录		合并资产负债表
	A 公司	B 公司	借	贷	
现金	$62 000	$124 000			
其他资产	$304 000	$276 000			
对 B 公司投资（90%）	$234 000				
资产合计	$600 000	$400 000			
负债	$100 000	$140 000			
少数股东权益（10%）	$500 000	$260 000			
股东权益	$600 000	$400 000			$766 000
产权合计					

3. 假设 2012 年 1 月 1 日 A、B 公司合并资产负债表沿用第 1 题。B 公司股票的账面价值为 $260 000。假定 A 公司于 1 月 1 日用 $280 000 现金取得了 B 公司的全部股权，经分析，投资成本超过账面价值的原因主要在于：B 公司存货的账面价值比公平市价低估了 $4 000；B 公司固定资产账面价值比市价低估了 $5 000；合并商誉的存在。

要求：

（1）编制购入时调整分录。

（2）编制合并报表时抵销分录。

（3）填制表 6 – 17。

表 6 - 17   **A、B 公司合并报表工作底稿**

2012 年 1 月 1 日

项目	各公司资产负债表		抵销分录		合并资产
	A 公司	B 公司	借	贷	负债表
现金	$16 000	$124 000			
应收账款（净值）	20 000	60 000			
存货	44 000	96 000			
固定资产（净值）	240 000	120 000			
对 B 公司投资	280 000				
商誉	$600 000	$400 000			
资产合计	$100 000	$140 000			
应付账款	300 000	200 000			
普通股	200 000	60 000			
留存收益	$600 000	$400 000			$740 000
产权合计					

注：现金 $16 000 = 296 000 - 280 000。

4. 假设 2012 年 1 月 1 日 A、B 公司合并资产负债表沿用第 1、3 题。假定当日 A 公司发行 4 000 股每股面值 $40 的本公司普通股以换取 B 公司的全部股权。

要求：

（1）编制购入时调整分录。

（2）编制合并报表时抵销分录。

（3）填制表 6 - 18。

表 6 - 18   **A、B 公司合并报表工作底稿**

2012 年 1 月 1 日

项目	各公司资产负债表		抵销分录		合并资产
	A 公司	B 公司	借	贷	负债表
现金	$296 000	$124 000			
应收账款（净值）	20 000	60 000			
存货	44 000	96 000			
固定资产（净值）	240 000	120 000			
对 B 公司投资	280 000				
商誉	$860 000	$400 000			
资产合计	$100 000	$140 000			
应付账款	460 000	200 000			
普通股	260 000	60 000			
留存收益	$860 000	$400 000			$1 000 000
产权合计					

第7章 物价变动会计

【本章提要】

通过本章的学习，使学生了解物价变动会计产生的背景和基本理论，掌握物价变动会计的基本模式，了解各国物价变动会计的情况。

物价变动会计最初是在经济通货膨胀阶段，为了使资本得到保全、保证财务会计信息的有用性为目的而产生的，具体的客观环境是货币贬值、物价上涨。因此，要说物价变动会计倒不如说是通货膨胀下的会计更为人们所接受。

7.1 物价变动会计产生的背景

7.1.1 物价变动会计的萌芽阶段

第一次世界大战德国战败导致德国马克价值暴跌，按照历史成本计算盈亏致使资本严重流失，德国商人为了保全资本自发地使用重置成本计算盈亏。但当时尚没有一套公认的、系统的计算方法和标准，乃至物价变动会计思想在德国没有进一步形成成熟的理论和可行的实务，但萌生的物价变动会计思想为以后形成完整会计理论奠定了基础。

7.1.2 物价变动会计形成阶段

1918 年 2 月，美国的《会计杂志》第一次发表了有关反映物价变动的文章，题目是"在账上应否反映美元价值变动"，文章建议："账户的年末余额应按某种稳定的计量单位加以计量，即按物价变动指数重新表述账户余额。"这也是第一次对通货膨胀会计理论和方法进行探讨。

1936 年，美国斯威奈（H. W. Sweeney）教授出版的《稳定币值会计》物价变动会计专著，第一次系统提出以历史成本为基础将传统财务报表上的美元调整为"等值美元"的方法。在某种程度上系统地论述了通货膨胀会计。

1940 年，美国著名会计学家佩顿（W. A. Paton）和利特尔顿（A. C. Littleton）在他们合著的《公司会计准则绪论》中，提出把入账的记录成本按货币购买力换算为"等值美元"作为财务报表的补充资料，进一步深化了"等值美元"理论。

7.1.3 物价变动会计的发展阶段

第二次世界大战以后，西方各国出现的持续通货膨胀已使历史成本会计难以发挥其应有的作用,特别是 70 年代美国出现了周期性的经济危机,通货膨胀率达两位数,从客观上促使人们对通货膨胀会计的再度重视,并且使通货膨胀会计向更完善的方向进一步发展。

1963 年,美国注册会计师协会发表了题为《报告物价水平变动的财务影响》报告,主张财务报表应按一般物价水平进行调整。1969 年,又针对这一论文发表了第 3 号报告,肯定了按一般物价水平调整财务报表可以提供有用的信息,但反对把经过调整的财务报表作为基本报表。1974 年,美国财务会计准则委员会发表了《按一般购买力单位编制财务报告》的征求意见稿,为正式发表物价变动会计公告做了前期准备。

1979 年,美国财务会计准则委员会又发布了《美国财务会计准则公告第 33 号——财务报告与物价变动》,提出大公司必须补充揭示物价变动对财务报告影响的强制要求,该公告实施几年后,随着美国通货膨胀率的逐年下降,美国财务会计准则委员会又以第 89 号公告取代了第 33 号公告,要求企业自愿揭示物价变动对财务报告的影响情况。

7.2　物价变动会计的基本理论

7.2.1　通货膨胀对基本会计原则产生的影响

传统的会计模式是历史成本会计模式。这一模式的特点无外乎是:一是以货币计价,并假设币值不变;二是以历史成本作为会计记录的依据。然而,通货膨胀的条件下,传统会计模式的理论和实务受到了物价变动所带来的严重冲击。经济形势要求否定比值不变的假定,同时,改变这一假定相关的部分原则。

1. 要求调整历史成本原则

传统会计在币值不变假定下,采用了历史成本计价原则,以"名义货币"作为会计计量单位。其结果,当货币购买力发生剧烈变动时,按名义货币反映的各个时期购买力就不再有可比性。以上海浦东市区为例,1996 年 ¥20 万元左右能买一套 100 平方米的住房,2000 年需要支付 ¥50 万左右才能买到相同的住房,而 2004 年需要支付 ¥70 万左右才能买到。由此可见,不同时期的人民币所代表的购买力是不一样的。历史成本原则缺乏现实基础,显然,以历史成本为计量提供的会计信息不能如实的反映企业当前的财务状况。再以固定资产为例,年初固定资产余额为 50 000 元,年内没有增加和减少,年末仍为 $50 000,但一般物价指数有变动,年初为 100,年末为 150。我们分析其由于物价指数变动所体现的经济意义,年初的 $50 000,按年末的物价指数计算,应该是 $75 000(50 000 × 150 ÷ 100)才好与资产方其他项目的货币购买力相比。继续以货币性项目为例,年初持有应收账款 $60 000,相当于 $60 000 的购买力,在年末,由于一般物价水平由 100 上升到 150,$60 000 的应收账款只相当于年初 $40 000(60 000 × 100 ÷ 150)的购买力,如果只收取 $60 000,无疑损失了 $20 000;如果按年末购买力计算,年初的 $60 000 应等于年末的 $90 000,但只能收取 $60 000,从而丧失了 $50 000 的年末购买力。反之,持有货币性负债,购买力下跌产生货币购买力利得。因此,将名义货币调整为不变购买力的稳定币值，或者用动态的现行成本替代其静态的历史成本，可以达到期望的财务信息。

2. 要求完善配比原则

历史成本计价，导致了传统会计配比原则有内在矛盾性。传统会计收入是按现行价格（或成本）计算的，而与之配比的成本和费用是按历史成本计算的，收入与成本费用不能在同等比值上或同一时间的价格水平上比较。其结果是，虚增利润，减少补偿资金收入。通货膨胀条件下对固定资产的影响如图 7 - 1 所示：

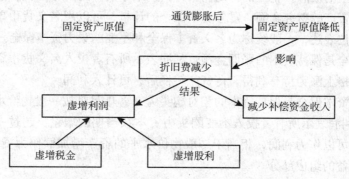

图 7 - 1　通货膨胀条件下对固定资产的影响

因此，将收入与成本费用拉到同等币值上或同一价格水平上进行比较，才能使配比结果更趋于合理。

3. 要求修订稳定性原则

传统会计的稳定性原则，只能预计可能发生的损失，而不能预计可能发生的收益。例如：传统会计中的坏账准备、孰低法、资产减值、预提费用等都是稳健性原则的要求；然而，当物价上涨产生的货币性资产利得不去做相应的调整，将导致成本和实际收入不成比例，不符和配比原则，不能够如实反映财务状况。客观要求将购买力变动视为购买力利得或损失，并列入损益表或作为特有的利得和损失。

通过上述分析可见，国际公司或国内公司都需要考虑通货膨胀时期由于物价变动对历史成本为基础的会计报表的要求，以便对国际或国内的经济活动进行解释和对比，作出相应的决策，并力求减少由于物价变动给企业带来的各种问题。

总之，所谓物价变动会计，就是利用一定的物价资料，按照经济人的要求修订传统的报表提供的会计信息，以消除物价变动对会计信息影响的会计程序与方法。

7.2.2　物价变动会计的理论基础

任何实际运行程序和处理方法都离不开相对应的理论依据，物价变动会计同样有自己的理论根据，也就是以资本保全理论为基础的要求来进行实际处理。资本保全可理解为"保本"（初始资本），即企业怎样才能在经营活动中以保持资本完整无损为前提来确认收益，这一问题直接关系到投资者的切身利益。在物价稳定的情况下，按历史成本能够正确计算损益来确认收益，并使得资本得到保全。然而，在通货膨胀情况下，按历史成本核算的结果将虚计利润，使资本以利润的名义流失。怎样使得资本保全得以实现，首先应理解资本保全标准，而资本保全的标准取决于对资本概念定义的理解。目前，理论界存在两种资本概念的解释，即财务资本概念和实务资本概念。

1. 财务资本概念及其保全

财务资本是指所有者投入企业的货币或货币代表的购买力，是企业净资产的同义语。根据财务资本保全的概念，企业的当期利润为：期末净资产的财务金额扣除当期所有者投资后大于期初净资产的财务金额。财务资本保全的计量，可以用名义货币单位表达保全或用固定购买力单位表达，一般统称为名义资本保全和不变购买力资本保全。

名义货币保全是保持资本的账面金额，利润表示所有者投入名义货币资本在当期的增量，持有资产价格上涨为持有利得，待资产转换后，可计入利润。

不变购买力资本保全是保持资本的相对购买力（各项目都按一般物价水平调整后的金额进行确定），利润表示所有者投入不变购买力资本在当期的增量，超过一般物价水平增长的资产增加额可以作为利润，相当于一般物价水平的资产增加额作为资本保持调整额，视为所有权者权益的组成部分。

2. 实务资本保全概念及其保全

实务资本是指所有者投入企业货币资金表现的实物生产能力或经营能力，资本也可以称为一定的生产能力或经营能力。根据实物资本保全的概念，企业当期利润为：期末的实物生产能力扣除当期所有者投入资本后大于期初实物的生产能力。

在实物资本概念下，利润表示实物资本在本期内的增量。所有影响企业资产和负债的价格变动，在计量企业实物生产能力时，都应当作为资本保全调整，不作为利润，构成所有者权益的组成部分。在实际应用中，实物资本保全要求采用重置成本和现行成本计量，不同计量方式的选用影响着本期利润的确定。

3. 资本保全计量对净收益的影响

在通货膨胀下，使用不同的资本概念和不同的资本保全方式，都会对资产的计价及相关的净收益确认带来明显的影响。

【例 7 - 1】某美国公司 2003 年初购入生产设备 US＄60 000，使用期限 10 年，年折旧 US＄6 000；生产储备 US＄360 000 开始生产经营。假设 2003 年共生产产品 200 件，每件成本价为 US＄1 000，其中出售产品 100 件，每件售价为 US＄1 500。营业费用 US＄20 000。

物价指数分别为：

一般物价指数（年末）：120

购进生产储备时的物价指数为：100

出售产品时的物价指数为：130

生产设备的分类物价指数为：120

产品出售时的重置成本为：US＄1 350

生产设备的重置成本为：US $62 000

采用不同的资本保全概念和不同计量单位，可产生不同的净收益，如表7-1所示。

表7-1　　　　　　　　　　　资本保全收益对比表　　　　　　　　　　单位：美元

项目	名义货币		固定购买力		现行成本		重置成本	
	换算	年末	换算	年末	换算	年末	换算	年末
营业收入	100	150 000	100	150 000	100	150 000	100	150 000
销售成本	100	100 000	120/100	120 000	130/100	130 000		135 000
营业费用	100	20 000	120/100	21 200	130/100	21 200		20 200
其中：折旧	100	6 000	120/100	7 200	120/100	7 200		6 200
期末收益		30 000		10 800		-1 200		-5 200

4. 物价变动会计与通货膨胀会计

物价变动会计是反映物价升降变动对会计信息的影响，通货膨胀会计则是反映物价持续上升变动对会计信息的影响。国际市场上比值上升、物价下跌往往是经济周期中的一个短暂的现象。一般表现为通货膨胀，物价显著上升、一般年通货膨胀率为26%，三年累计通货膨胀率100%，而物价下跌的幅度则很少出现这样的比例。因此我们考虑的基本是通货膨胀会计所带来的对会计信息的影响。

通货膨胀情况下的持续物价上升对企业资产、负债所产生的影响具体表现为：企业持有的货币性资产将产生持有损失；相反企业持有的实物资产和货币性负债将产生持有收益。

7.3　物价变动会计的基本模式

目前，国际会计界针对如何反映或消除物价变动的影响在会计处理上大体上可分为三大类，不变购买力模式、现行成本模式、现行成本/不变购买力模式。

7.3.1　不变购买力模式

不变购买力模式也称"一般物价水平会计"和"历史成本/不变购买力"模式。这是指将会计报表中以历史成本反映的有关数值加以调整，从而消除物价变动对财务报告的影响所采取的会计程序和方法。从本质上看，不变购买力会计没有改变历史成本基础，它只是改变了会计计量单位，即只是将按历史成本编制的会计报表的各项数据按照货币购买力的变化进行换算和调整。因此，这种方式并不通过账户反映只调整企业会计报表，与企业日常的会计处理无关。

这种方法的主要工作内容一般有四项：其一，要考虑划分货币性项目和非货币性项目，因为其受购买力变动影响所产生的结果不同。货币性项目是指在物价变动的情况下，其账面金额不可能变动，而实际购买力未发生变动的资产或负债，在实际运作过程中一般不进行调整。非货币性项目，是在物价变动的情况下，其实际价值随一般物价水平变动而变动的资产或负债，这些项目不会发生购买力损益；其二，按一般物价指数对非货币性项目进行调整；其三，计算持有货币性项目所发生的损益；其四，编制调整后的会计报表。

1. 非货币性项目的调整

在调整前要考虑调整依据（分子），即物价指数，一般物价指数应该是调整的标准，但是在会计年度中，物价指数常有年初物价指数、年末物价指数和全年平均物价指数三种。对于一年中均衡发生的业务，可采用年平均物价指数；而对于反映年末金额的项目，大多数采用年末物价指数。然后，计算调整系数及调整金额，调整系数的一般公式为：

$$调整系数 = \frac{调整年度平均或年末物价指数}{被调整项目取得日或形成时物价指数}$$

$$被调整数项目调整后的金额 = 被调整项目的历史成本 \times 调整系数$$

资产负债表的非货币性项目调整系数应采用年末（分子）和取得日（分母）的物价指数。

【例 7 - 2】对固定资产项目的调整，由于固定资产购置的时间不同，其账面记录的原值、累计折旧等，应按购入时的物价指数进行调整。假设某企业 2003 年 1 月购入固定资产价值为 US$5 000 000，当时的物价指数为 100，使用期限为 10 年；2004 年年末编制财务报表时的物价指数为 140。年末的调整结果见表 7 - 2。

表 7 - 2　　　　　　　　　　　　固定资产账面金额调整表
2004 年 12 月 31 日　　　　　　　　　　　　　　　　　　单位：美元

项目	调整前金额	调整依据	调整后金额
固定资产原值	5 000 000	5 000 000 × 140/100	7 000 000
累计折旧	500 000	500 000 × 140/100	700 000
固定资产净值	4 500 000	4 500 000 × 140/100	6 300 000

对存货项目的调整也应考虑其购入时间，而且还会涉及存货的计价方法，如使用先进先出法计算发出存货成本时，应假定年末存货的进货日期是最近月份；反之，若使用后进先出法计算发出存货的成本，则应假定年末存货的进货日期是最早月份。假设某企业按后进先出法计算发出存货的成本，期末存货成本为 US$4 000 000，最近月份进货的物价指数为 100，年末的物价指数为 140。对该企业存货的调整结果为：

调整后的金额 = 4 000 000 × 140 ÷ 100 = US$5 600 000

损益表项目主要是一段时期内陆续形成的，一般不宜于与某一特定时间的物价指数相对应，因此形成时的物价指数应采用年内平均物价指数。营业成本部分有其特征，要考虑期初存货成本、本期存货成本和期末存货成本。按前述物价变动指数选用的要求，年初存货成本可根据上年末时的物价指数进行调整；本期期末的存货按年末的物价指数调整；而本年购货成本则可考虑为平均进货，采用年内的物价指数调整。

损益表中的折旧费用及无形资产、递延资产摊销等项目的调整系数要与其相应的非货币性资产调整项目系数一致，因为这些费用的现金流出是在其资产形成时发生的，而不是在计入费用的当期发生的。

对留存收益项目没有对应的调整系数，应为调整后的资产合计减调整后的负债及所有者权益合计（不包括留存收益）后的差额，有人把其称为"轧差法"、"余额法"等方法，即"留存收益"为资产与负债及所有者权益的"轧差"。计算公式为：

调整后的留存收益 = 调整后的资产总额 – 调整后的负债总额 – 调整后的普通股

我国现行会计制度中的留存收益是以盈余公积与未分配利润之和分别列示于资产负债表和利润分配表中的，在进行调整计算时，也应遵循上述公式的要求。但应说明，若所得税与应付股利在年末一次性缴纳，则其报表数额无须调整，若所得税于年内各月预缴、年终汇算清缴，也应按全年平均物价指数和年末物价指数予以调整。

2. 货币性项目购买力损益的计算

从实质上看，货币性项目使用不变购买力调整其历史成本，所以不会发生资产持有利得，而只会发生货币性项目的购买力损益，更确切地说，是物价上升时期因持有货币性资产而损失的购买力与持有货币性负债而获得的购买力之差。如果本期期末发生货币性支出，货币性项目净额就是期初货币性资产与货币性负债的差额。如果本期发生货币收支，应在此基础上将本期货币项目收支考虑进去，其货币性项目净额公式应为：

货币性项目净额 = 期初货币性资产 – 期初货币性负债 + 本期货币性收入 – 本期货币性支出

货币性项目净额购买力损益是调整后的货币性项目净额与调整前的货币性项目净额间的差额。当货币性项目净额为负数时，即货币性净负债，其差额为购买力收益；当货币性项目净额为正数时，即为货币性净资产，其差额为购买力损失。

【例 7 – 3】 假设某公司有关资产负债表和本年货币性项目增减项目情况如表 7 – 3 所示：年末物价指数为 250，年初物价指数为 100，本年平均物价指数为 160。

表 7 – 3　　　　　　　　　　**某公司部分资产负债表及有关资料**

2002 年 1 月 1 日 ~ 2002 年 12 月 31 日　　　　　　　　　　　　　单位：美元

项　目	年初数	年末数	本年情况
货币性资产	400 000	785 000	
货币性负债	750 000	800 000	
本年销售			1 000 000
本年购货			400 000
本年货币性费用			200 000
所得税			55 000
现金股利			10 000

根据表中资料计算：

（1）年初的货币性项目净额，应按期末的物价指数进行调整。

期初的货币性资产净额 = 400 000 – 750 000 = US$ – 350 000。

调整后的期初货币性资产净额 = – 350 000 × 250/100 = US$ – 875 000。

（2）本年度货币性项目净变动额，应按期末物价指数进行调整。

本年度货币性项目净变动额 = 1 000 000 - 400 000 - 200 000 - 10 000 = US $335 000

调整后的本年度货币性项目净变动额 = 335 000 × 250/160 = US $523 438

（3）期末持有的货币性资产净额（不用调整）。

期末的货币性资产净额 = 785 000 - 800 000 = US $ - 15 000

（4）计算本期购买力损益。

本期购买力损益 = - 875 000 + 523 438 - （- 15 000）= US $ - 336 562

根据计算结果可知，本期因物价变动，持有货币性负债净额，从而获得购买力收益 US $336 562。可将上述计算过程及结果列于表 7 - 4：

表 7 - 4　　　　　　　　　　　　　　货币购买力损益计算

2002 年 12 月 31 日　　　　　　　　　　　　　　　　　　　单位：美元

项　　目	未调整前数额	调整系数	调整后数额
期初货币性资产净额	（350 000）	250/100	（875 000）
本期货币性项目净变动额	335 000	250/160	523 438
期末货币性项目净额			（15 000）
货币购买力损益 = - 875 000 + 523 438 - （- 15 000）= US $ - 336 562			

3. 编制调整后的会计报表

根据调整后的金额编制重新表述的资产负债表和损益表。这种模式下的损益表要揭示不包括购买力损益的税后净收益、货币性项目净额购买力损益及不变购买力净损益。

4. 不变购买力模式举例

【例 7 - 4】假定某公司于 2002 年 1 月 1 日开业。2003 年按历史成本编制的财务报表如表 7 - 5、表 7 - 6 所示。

表 7 - 5　　　　　　　　　　　　　　某公司比较资产负债表

2002 年 12 月 31 日和 2003 年 12 月 31 日　　　　　　　　　　　单位：美元

项　　目	2002 年	2003 年
现金	250 000	440 000
应收账款	200 000	254 000
存货	450 000	400 000
设备	1 050 000	1 050 000
减：累计折旧	50 000	100 000
资产合计	US $1 900 000	US $2 044 000
流动负债（货币性）	350 000	500 000
长期负债（货币性）	850 000	700 000
普通股	450 000	450 000
留存收益	250 000	394 000
负债及留存收益合计	US $1 900 000	US $2 044 000

表7-6 某公司收益及留存收益表
2003 年 12 月 31 日   单位：美元

销货		US $1 500 000
销货成本		
存货（期初）	US $450 000	
购货	900 000	
存货（期末）	400 000	950 000
销售毛利		US $550 000
折旧费		50 000
其他费用		260 000
税前收益		240 000
所得税		36 000
净收益		204 000
留存收益（期初）		250 000
股利		60 000
留存收益（期末）		US $394 000

其他资料假设如下：

（1）物价指数。

2002 年 1 月 1 日（开业时）	100
2002 年平均	120
2003 年 12 月 31 日	150
2003 年平均	125

（2）存货采用先进先出法计算。期初存货是在 2002 年 1 月购入；2003 年存货是全年平均购入。

（3）设备于开业时购置，平均使用年限 21 年，期末无残值，按直线法提取折旧。

（4）除折旧和销货成本外，其他费用（含所得税）均在年内陆续发生。

（5）股利分配在年末。

根据上述资料，采用 2003 年年末价格为不变价格，进行一般购买力调整如下：

第一步，调整资产负债表项目。

①货币项目。由于货币项目金额不随物价变动而变化，因此其持有日便是取得日。年初货币性项目的调整系数应为：年末物价指数/年初物价指数；年末货币性项目的调整系数为"1"，即年末物价指数/年末物价指数，故年末货币性项目金额不变。年初各项货币性项目的的调整如下：

现金	2002 年：US $250 000 × 150 ÷ 100 = US $375 000
应收账款	2002 年：US $200 000 × 150 ÷ 100 = US $300 000
流动负债	2002 年：US $350 000 × 150 ÷ 100 = US $525 000
长期负债	2002 年：US $850 000 × 150 ÷ 100 = US $1 275 000

②非货币性调整。由于货币项目金额随物价变动而变化，因此其年初、年末的历史成本金额都要调整为年末的货币价值。非货币性项目的调整系数为：年末物价指数/取得时物价指数。

存货　　　　　2002 年：US $450 000 × 150 ÷ 100 = US $675 000

　　　　　　　2003 年：US $400 000 × 150 ÷ 125 = US $480 000

设备　　　　　2002 年：US $1 050 000 × 150 ÷ 100 = US $1 575 000

　　　　　　　2003 年：US $1 050 000 × 150 ÷ 100 = US $1 575 000

累计折旧　　　2002 年：US $50 000 × 150 ÷ 100 = US $75 000

　　　　　　　2003 年：US $100 000 × 150 ÷ 100 = US $150 000

③收益及留存收益项目。收益及留存收益项目系数一般为：年末物价指数/发生时物价指数。如果销货收入、销货成本、营业费用、所得税等项目在年度中陆续均衡发生时，调整系数的分母可以采用本年平均物价指数。

普通股　　　　2002 年：US $450 000 × 150 ÷ 100 = US $675 000

　　　　　　　2003 年：US $450 000 × 150 ÷ 100 = US $675 000

留存收益　　　2002 年：US $2 850 000 − 1 800 000 − 675 000 = US $375 000

　　　　　　　2003 年：US $2 599 000 − 1 200 000 − 675 000 = US $724 000

销货　　　　　US $1 500 000 × 150 ÷ 125 = US $1 800 000

销货成本　　　US $625 000 + 1 080 000 − 480 000 = US $1 275 000

期初存货　　　US $450 000 × 150 ÷ 100 = US $675 000

本期存货　　　US $900 000 × 150 ÷ 125 = US $1 080 000

期末存货　　　US $480 000

折旧　　　　　US $50 000 × 150 ÷ 100 = US $75 000

其他费用　　　US $260 000 × 150 ÷ 125 = US $312 000

所得税　　　　US $36 000 × 150 ÷ 125 = US $43 200

股利　　　　　US $60 000 × 150 ÷ 150 = US $60 000

第二步，计算货币性项目净额上的购买力损益。货币性项目净额上购买力损益的计算是通过编制计算表实现（见表 7 – 7）。

表 7 –7　　　　　　　　　　　某公司购买力损益计算表

2003 年　　　　　　　　　　　　　　　　　　　　　　　　　　单位：美元

项　目	2002 年			2003 年 12 月 31 日 历史成本
	历史成本	换算表	不变价格成本	
现金	250 000	150/100	375 000	440 000
应收账款	200 000	150/100	300 000	254 000
流动负责	(350 000)	150/100	(525 000)	(500 000)
长期负债	(850 000)	150/100	(1 275 000)	(700 000)
货币性项目净额	(750 000)		(1 125 000)	(506 000)
加：销售收入	1 500 000	150/125	1 800 000	

项 目	2002 年			2003 年 12 月 31 日 历史成本
	历史成本	换算表	不变价格成本	
减：购货	900 000	150/125	1 080 000	
其他费用	260 000	150/125	312 000	
所得税	36 000	150/125	43 200	
股利	60 000	1	60 000	
期末货币性项目净额	(506 000)		(820 200)	
货币性项目净额购买利得	(820 200) – (506 000) = (314 200)			

该公司 2003 年年末的货币性项目净额为负债。由于物价变动给企业持有的货币性负债带来持有收益，故 2003 年度购买力利得为 US $314 200。

第三步，重编不变购买力财务报表（见表 7 - 8、表 7 - 9）。

表 7 - 8 　　　　　　　　　　某公司比较资产负债表

（按 2003 年货币价格为基础）

2002 年 12 月 31 日和 2003 年 12 月 31 日　　　　　　　　　　单位：美元

项 目	2002 年 12 月 31 日	2003 年 12 月 31 日
现金	375 000	440 000
应收账款	300 000	254 000
存货	675 000	480 000
设备	1 575 000	1 575 000
减：累计折旧	75 000	150 000
资产合计	2 850 000	2 599 000
流动资产	525 000	500 000
长期负债	1 275 000	700 000
普通股	675 000	675 000
留存收益	375 000	724 000
负债及股东权益合计	2 850 000	2 599 000

表 7 - 9 　　　　　　　　　　某公司损益表及留存收益表

（按 2003 年货币价格为基础）

2003 年度（至 12 月 31 日止）　　　　　　　　　　单位：美元

销货		US $1 800 000
销货成本		
存货（期初）	675 000	
购货	1 080 000	
存货（期末）	480 000	1 275 000
销售毛利		525 000
折旧费		75 000

续表

其他费用	312 000
税前收益	138 000
所得税	43 200
税后收益	94 800
货币性项目购买力收益	314 200
不变价格净收益	409 000
期初留存收益	375 000
股利	60 000
期末留存收益	724 000

5. 对不变购买力模式的评价

不变购买力模式的主要优点：

（1）比较容易理解和便于操作。因为日常账务处理依然遵循历史成本会计原则进行，只有在期末将不同时期购买力历史数据调整为当前币值，才能便于人们理解和操作。

（2）比较客观。因为调整的依据是政府公布的物价变动指数，而不是企业自行确定的调整数据。

（3）增强了财务报表之间的可比性。因为各个企业按照国家统一物价指数对各自当年的或不同时期的财务报表进行了重新表述，使得企业间以及企业不同时期的财务报表具有了可比性。

不变购买力模式的主要缺点：

（1）不具有普遍的适用性。因为不同企业、不同资产受通货膨胀的影响程度是不同的。

（2）购买力利得不能形成分派股利的资金准备。因为购买力利得只是在通货膨胀时期，由于持有货币性净负债所形成的购买力支出的相对减少，并没有增加企业的购买力，也没有增加企业资本。所以，将购买力利得列入企业的当期收益，容易使人们产生错误的认识，误将购买力利得作为拟派股利的准备或股东产权的增加。

（3）有一定的局限性。采用这种模式必须有合适的、权威的物价指数，否则这种模式便不能实行。

7.3.2　现行成本模式

不变价格会计只是改变了计量单位，并不影响日常的会计处理方法和报表内容。严格上说，它并不是个完整的会计体系，企业管理人员若想在会计期间了解有关反映企业现行状况的财务数据是困难的。因此，为弥补不变价格会计的缺陷，国际会计实务中又产生了现行成本会计模式。现行成本模式是现行成本价格模式中最普遍采用的一种形式。所谓现行成本模式，也就是以现行成本代替历史成本作为资产计量和收益的基础。但计量单位仍是代表各个时期购买力的历史成本。

1. 现行成本会计与历史成本会计的区别

现行成本会计是以现行成本为计量属性，以历史成本为计量单位的会计程序与方法，它与历史成本会计的区别，在于他们所依据的"收益概念"和"资本保全"概念不同。历史成本会计所依据的是会计收益概念，维护的是"实物资本"，即在实物资本而不是货币资本得到维护的情况下，才确认企业收益。

在历史成本观点下，一个企业的经营循环过程如下所示：

现金→购入商品→…生产过程→…销售→收回账款→现金

企业的循环过程是以现金购入商品存货开始，当存货销售以后收回了现金，即完成了一次营业循环，期末现金大于期初现金的差额，反映为企业的经营收益。

在现行成本概念下，企业的营业循环过程如下所示：

购进商品存货→…生产过程→…销售→收取账款→现金→在购进商品存货

企业的营业循环过程是从购进商品存货开始，当产品销售以后收回了现金，一次购进商品存货，即完成了一次营业循环，在这种收入费用配合观念下，在商品存货未得到重置之前，不确认企业收益。它所依据的是收益概念。

2. 现行成本模式的要点

采用现行成本会计模式，既可以以现行成本作为计量基础进行日常会计处理，也可以在会计年末一次性重估现行成本，进而确认现行成本变动额，并重编现行成本财务报表。由于现行成本资料的取得往往需要较长的时间和可观的费用，因此，基于成本效益的对比的考虑，在实务中，一般采取会计期末一次调整的做法。其步骤有三：一是在会计期末一次估定现行成本，并据以调整历史成本财务数据；二是确定现行成本变动额（持有利得）；三是重编现行成本财务报表。

（1）确定各项资产的现行成本。用现行成本替代历史成本，只针对非货币性资产项目进行调整；货币性项目和普通股仍保持历史成本金额；销售收入、营业费用（除折旧费用外）、所得税、现金股利项目的历史成本就是其现行成本；由于销售成本牵涉到期初、期末存货，因此，需要按现行成本进行调整。

（2）确定现行成本变动（持有损益）。计算已实现持有资产利得和未实现资产持有利得，并在损益表中分别列示，其公式如下：

$$\text{已实现资产持有利得} = \left(\text{销售成本的现行成本} + \text{折旧费的现行成本}\right) - \left(\text{销售成本的历史成本} + \text{折旧费的历史成本}\right)$$

$$\text{未实现资产持有利得增减} = \text{期末资产持有利得} - \text{期初资产持有利得}$$

$$\text{未实现资产持有利得} = \text{期初、期末资产的现行成本} - \text{期初、期末资产的历史成本}$$

$$\text{资产持有利得} = \text{已实现持有资产利得} + (-)\text{未实现资产持有利得增、减}$$

（3）重编现行成本模式下的报表。资产负债表的重述，首先将资产负债表各项目分为货币性项目与非货币性项目。由于货币性项目的现行成本就是其历史成本，因此不做任何调整；对非货币性项目需用其现行成本替代其历史成本；普通股项目保持其历史成本；留存收益项目采用"轧差法"计算。

损益表的重述，销售收入是按现行成本实现的，因此其历史成本就是现行成本；销售成本因期初、期末存货及本期购货影响，应用其现行成本替代其历史成本；营业费用（除折旧外）、所得税、现金股利等当期按现行成本发生现金流出，故其现成本就是其历史成本；折旧费应按期初与期末的平均重量原值计算。现行成本模式下的损益表需计算现行成本下的经营收益；现行成本经营收益加已实现资产持有利得等于已实现收益；已实现收益加未实现持有利得增减等于现行成本下收益；现行成本下收益加年初未分配利润等于可供分配利润；可供分配利润减现金股利等于本年未分配利润，即年末留存收益。

3. 现行成本模式举例

为了便于比较两种基本模式特点，仍以前例的历史成本为例，将有关资产项目的现行成本补充如下：

（1）存货。2002 年 12 月 31 日的现行重置成本为 US＄470 000；2003 年 12 月 31 日的现行重置成本为 US＄480 000。

（2）设备。2002 年 12 月 31 日的现行重置完全成本为 US＄1 200 000；净值为 US＄1 100 000；2003 年 12 月 31 日的现行完全重置成本为 US＄1 300 000，净值为 US＄1 200 000。

（3）销货成本。全部销货的现行成本为 US＄1 060 000。

第一步，调整资产负债表项目。

①货币性项目。所有货币性项目的现行成本都按账面价值确定，无须调整，年初的历史成本就是当时的现行成本，年末的历史成本也是年末的现行成本。

②非货币性项目的现行成本：

存货　　　　　2002 年 12 月 31 日　　　　　US＄470 000
　　　　　　　2003 年 12 月 31 日　　　　　US＄480 000
设备　　　　　2002 年 12 月 31 日　　　　　US＄1 100 000（净值）
　　　　　　　2003 年 12 月 31 日　　　　　US＄1 200 000（净值）

③普通股的历史成本就是当时的现行成本，转录如下：

　　　　　　　2002 年 12 月 31 日　　　　　US＄450 000
　　　　　　　2003 年 12 月 31 日　　　　　US＄450 000

④留存收益的现行成本：

留存收益＝资产总额－负债总额－普通股

2002 年 12 月 31 日　US＄(2 020 000－1 200 000－450 000)＝US＄370 000
2003 年 12 月 31 日　US＄(2 374 000－1 200 000－450 000)＝US＄724 000

第二步，调整留存收益及留存收益表项目。

①销售收入的历史成本就是其现行成本　　　　　　　US＄1 500 000
②销售成本　　　　　　　　　　　　　　　　　　　US＄1 060 000
③其他费用（扣除折旧费外）　　　　　　　　　　　US＄260 000
④折旧费　[(1 200 000＋1 300 000)/2/21]　　　　　US＄59 524
⑤所得税的历史成本就是现行成本　　　　　　　　　US＄36 000
⑥现金股利的历史成本就是现行成本　　　　　　　　US＄60 000

第三步，计算资产持有利得。

	现行成本	历史成本	持有利得

①存货

已实现的存货持有利得 US $(1 060 000 – 950 000)　　　　US $110 000

2003 年 12 月 31 日　US $480 000　　US $400 000　　US $80 000

2002 年 12 月 31 日　US $470 000　　US $450 000　　US $20 000

未实现的存货持有利得　　　　　　　　　　　　　　　　US $10 000

②设备

已实现的设备持有利得　US $(59 524 – 50 000)　　　　　US $9 524

2003 年 12 月 31 日　US $1 200 000　　US $950 000　　US $250 000

2002 年 12 月 31 日　US $1 100 000　　US $1 000 000　　US $100 000

未实现设备持有利得　　　　　　　　　　　　　　　　　US $850 000

③已实现资产持有利得合计 US $(110 000 + 9 524)　　　　US $119 524

④未实现资产持有利得合计 US $(10 000 + 850 000)　　　　US $860 000

⑤本年度持有资产利得合计（现行成本增加）　　　US $(119 524 + 860 000) = US $979 524

第四步，编制以现行成本为基础的财务报表。其结果如表 7 – 10 及表 7 – 11 所示。

表 7 – 10　　　　　　　　　　　　某公司比较资产负债表

2003 年 12 月 31 日（以现行成本为基础）　　　　　　　　　　单位：美元

项目	2002 年 12 月 31 日	2003 年 12 月 31 日
现金	250 000	440 000
应收账款	200 000	254 000
存货	470 000	480 000
设备	1 200 000	1 300 000
减：累计折旧	100 000	100 000
资产合计	2 020 000	2 374 000
流动负债	350 000	500 000
长期负债	850 000	700 000
普通股	450 000	450 000
留存收益	370 000	724 000
权益合计	2 020 000	2 374 000

表 7 – 11　　　　　　　　　　　　某公司收益及收益留存表

2003 年 12 月 31 日（以现行成本为基础）　　　　　　　　　　单位：美元

销货	US $1 500 000
销货成本	1 060 000
销售毛利	US $440 000
折旧费	59 524

续表

其他费用	260 000
税前收益	US $120 476
所得税	36 000
净收益	US $84 476
已实现资产持有利得	119 524
已实现收益	US $204 000
未实现资产持有利得	860 000
现行成本下的收益	US $1 064 000
留存收益 2002 年 12 月 31 日	370 000
合计	US $1 434 000
现金股利	60 000
留存收益 2003 年 12 月 31 日	724 000

4. 对现行成本模式的评价

（1）现行成本模式的优点。

①能够较为恰当的反映企业的经营业绩。因为，在物价变动的情况下，现行成本会计能够提供企业实际经营收益的近似值。在现行成本会计模式下，销货收入和营业费用（不包括折旧费）是在现行价格基础上形成的，销货成本和折旧费是按现行成本重新计量的，因而两者配比的结果极其接近现实情形。即使在财务资本保持观念下，将资产持有损益列为当期收益的一部分，也并不妨碍将物价变动的影响与经营收益相分离，从而有利于正确评价企业的经营业绩。

②增强了报表的可比性。由于在现行成本会计会计模式下，把不同时点取得的资产及其事后转销的成本统一到了现行成本水平上来，使得企业实体资产本身的计价能够可比；可以消除企业各个分部所用财产和房屋设备的账面价值、年龄、消耗水平和生产能力因采用历史成本计量而导致的现实差异，从而可以实现在统一的价格水平上确定费用，进而正确确定内部利润，便于恰当评估其业绩；同时，也增加了具有相同资产但因其取得时间不同而导致的计价基础不同的企业之间财务数据的可比性。

③在采用实体资本保持观念的情况下，有利于揭示企业资本保持情况，固本培根，正确决策。因此在实体资本保持观念下，物价变动的影响是作为资本保持调整额列为股东权益的一个独立项目，因而，不会导致收益计量、申报纳税、分派股利等方面的误解，从而使企业可以从容地针对所揭示的物价变动的影响，采取相应的对策，不断加强企业实力。

（2）现行成本模式的缺点。

①主观性强。现行成本的确定，需要大量的物价资料进行广泛的对比和复杂的计算，在对有关物价资料的获得及取舍以及计算上的简略与繁复程度上，极易渗入主观意念。

②应用和管理困难。在现行成本会计模式下下，必要的物价资料并不一定能够取得。可能因此而导致所确定的现行成本不确切；对资产现行成本的估价需要大量的时间与花

费，这对于大多数企业来说是困难的；由于物价变动资料的广泛性和抉择非唯一性，使得对现行成本会计资料或财务报表的审计十分困难，审计结论的可靠性值得怀疑，审计成本也将大幅度增加。

③忽略了货币性项目净额上的购买力损益。

7.3.3 现行成本/不变购买力模式

现行成本/不变币值会计的计量基础是现行成本，计量单位是不变币值货币。这种模式试图全面反映物价变动给企业财务信息带来的影响。这种方法是把现行成本会计技术和不变币值会计技术与程序有机的结合在一起，发挥其各自的优点，避其缺点。在实际工作当中一般是以现行成本为计量基础，会计期末需要按一般物价水平进行相应的调整与重述，并确认物价变动的复合影响来完成此种模式报告。

7.4 各国物价变动会计的情况

各国实践了不同的物价变动会计模式，在实务运作过程中也反映出对各种情况的考虑，如各国通货膨胀的激烈程度和对通货膨胀会计数字直接影响的理解，下面以美国、英国、巴西等国家为例，研究如何实行物价变动会计。

7.4.1 美国

1979 年，财务会计准则委员会发布了 33 号准则公告，其标题为《财务报告和物价变动》。这份公告要求符合以下条件的大公司同时披露反映历史成本—不变购买力和现行成本—不变购买力的连续 5 年的资料。公告要求的大公司标准是，拥有存货以及厂场设备（扣除累积折旧前的总额）达 1.2 亿美元以上，或者是拥有资产总额（其中厂场设备是扣除折旧后的净额）达 10 亿美元以上。这些披露，不是以历史成本为编制主要财务报表的基本计量依据。

许多会计报表的使用者和依照 33 号准则公告要求编制会计报表的人士认为：33 号准则公告要求的双重披露使人感到困惑不解；双重披露的成本过于昂贵；与现行成本数据相比，历史成本—不变购买力信息的有用性比较低。后来，财务会计准则委员会发布了用于代替 33 号准则公告的 89 号准则公告，鼓励但不要求美国的报告主体报告历史成本—不变购买力或是现行成本—不变购买力信息。财务会计准则委员会发布了 89 号准则公告的指南，以促进企业主体报告物价变动对其报表产生的影响，同时作为制定未来通货膨胀会计准则的起点。

根据 89 号公告，鼓励报告企业披露近 5 年的下列信息：

- 净销售顺和其他营业收入；
- 按照现行成本调整的持续经营收益；
- 净货币项目上发生的购买力（货币性）利得或损失；
- 存货与厂场设备按现行成本或较低的可收回金额（如通过使用或销售预期可收到

的现金净额）调整并扣除通货膨胀（一般物价水平变动）后的增减金额；
- 以现行成本为基础确定的、合并报表过程中产生的外币折算调整合计额；
- 按现行成本调整的会计年末资产净额；
- 按现行成本调整的普通股每股收益（来自持续经营的）；
- 普通股每股股利；
- 会计年度末普通股每股市价；
- 已持续经营为基础计量收益所使用的消费物价指数（CPI）的水平。

为了增加上述数据的可比性，这些信息可以按照以下几种标准列报：平均的或者年末的购买力等值；计算 CPI 所使用的基期美元。无论什么时候，按照现行成本—不变购买力调整的净收益与按照历史成本模式确定的净收益有重大差别都要求公司提供附加的数据。

89 号准则公告披露指南中也涵盖了包括在美国母公司合并财务报表中的国外经营业务。那些以美元作为计量国外经营业务的功能货币的企业，从母公司观点出发来考虑这些经营。因此，它们的账户余额应该先折算为美元，然后再按照美元的通货膨胀水平进行调整（折算—重新表述方法）。采用当地货币为功能货币的跨国公司为了国外经营的需要而采用当地货币观点。财务会计准则委员会允许公司在下面两种方法中任意选一种："折算—重新表述"方法和先调整外国通货膨胀再折算成为美元的方法，即"重新表述—折算"方法。因此，为了列报现行成本所作的调整，既可以在美国的一般物价指数的基础上进行，也可以在外国一般物价水平指数的基础上进行。图 7 - 2 对这些内容和条款进行了总结。

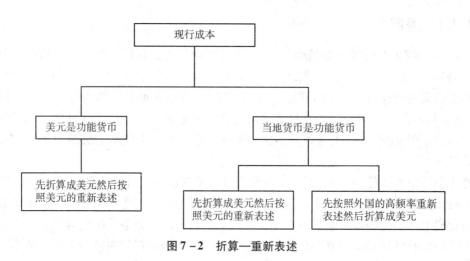

图 7 - 2　折算—重新表述

7.4.2　英国

英国会计准则委员会（（ASC）于 1980 年 3 月在 3 年实验的基础上发表了《16 号准则会计实务公告——现行成本会计》。尽管该公告在 1988 年被正式宣布撤销，它倡导的方法体系还是受到那些自愿提供物价变动调整会计信息的公司的推崇。

英国 16 号实务公告在两方面不同于美国 33 号准则公告：第一，美国的准则同时要求不变美元和现行成本会计，英国的 16 号实务公告仅对对外报告提出了现行成本法的要求。

第二，美国的通货膨胀调整以收益表为中心，英国要求同时报告现行成本收益表和现行成本的资产负债表，另加解释性注释。

英国准则允许的三个报告选择：

（1）将现行成本报表作为基本报表，以历史成本报表为补充；

（2）将历史成本报表作为基本报表，以现行成本报表为补充；

（3）将现行成本报表作为唯一报表，同时附有足够的历史成本信息。

对那些与货币项目有关的利润或损失，美国 33 号准则公告要求用单一数字分开披露。英国的 16 号实务公告则要求报告两个数字，这两个数字都用于反映特定物价变动的影响。第一个称为"货币营运资本调整"（MWCA），用于确认特定物价变动对企业经营中使用的营运资本总额产生的影响。第二个称为"资本搭配调整"（WFAP），反映特定物价变动对公司非货币资产（如折旧、销售成本等）的影响。资本搭配调整额的计算公式如下：

$$[(TL - CA)/(FA + I + MWC)](CC\ Dep.\ Adj.\ + CC\ SalesAdj.\ + MWCA)$$

其中：TL——应付购销款以外的负债总额；

　　　CA——应收购销款以外的流动资产；

　　　FA——包括投资在内的固定资产；

　　　I——存货；

　　　MWC——货币营运资本；

　　　CC Dep. Adj. ——折旧费的现行成本调整；

　　　CC SalesAdj. ——销售额的现行成本调整；

　　　MWCA——货币营运资本调整。

根据资本搭配调整方法的要求，在营运资产的资金来源于负债时，不必在收益表中确认营运资产的追加重置成本。

7.4.3　巴西

在拉丁美洲、东欧和东南亚，通货膨胀被公认为企业环境的一个组成部分。巴西较早经历的恶性通货膨胀，使它成为一个值得关注的示例。

当今在巴西受到推崇的通货膨胀会计处理反映了两种报告选择——《巴西公司法》所要求的和证券交易委员会所要求的。符合公司法的通货膨胀调整使用物价指数重新表述永久性资产和股东权益账户，这个通货膨胀指数是联邦政府为了计量当地货币贬值而认可的。永久性资产包括固定资产、建筑物、投资、递延资产借款及其各自的折旧和摊销或者减值账户（包括任何相关的损失）。股东权益账户包括资本、收入准备、重估价准备、留存收益以及用于记录对资本进行物价水平调整的资本准备账户。后来是将固定资产重估价作为其现行重置成本并减去技术和实物折旧后的结果。

永久性资产和股东权益的通货膨胀调整额，作为对货币性利得或损失的更正，是在当期收益中扣除了单独披露的超出额以后的净值。表 7 - 12、表 7 - 13 描述了前述通货膨胀会计方法体系。

表 7 – 12　　　　　　　　　　　　　　巴西的通货膨胀调整表

历史成本金额 资产负债表	通货膨胀调整金额假设25%的通货膨胀调整率			
	20 × 5 年 1 月 1 日	20 × 5 年 12 月 31 日		20 × 5 年 12 月 31 日
流动资产	R $150	R $450	流动资产	R $450
永久资产	1 600	1 600	永久项目	2 000s
折旧项目	(200)	(300)	折旧项目　　(300)	
			货币性更正　　　(75) b	
			对计入损益的历史成本费用的订正 (25) c	(400)
总计	R $1 550	R $1 750	总计	R $2 050
流动负债	R $50	R $50	流动负债	R $50
长期负债			长期负债	400
权益			权益	
资本	800	800	资本	800
			资本准备	200d
准备	300	300	准备	375e
本期利润		200	本期利润	225
总计	1 550	1 750	总计	R ¥2 050

表 7 – 13　　　　　　　　　　　　　　巴西的通货膨胀率调整表

历史成本收益表		通货膨胀调整金额假设25%的通货膨胀率		
结束于 20 × 5 年 12 月 31 日的会计年度		结束于 20 × 5 年 12 月 31 日的会计年度		
经营利润	R $500	经营利润		R $500
本期折旧（历史成本）	100	本期折旧　　100		
		折旧更正　　　25		125
交易利润	400	交易利润		375
		通货膨胀损失		
外币负债产生的损失	(100)	外币负债产生的损失	(100)	
对当地负债的货币性更正	(100)	对当地负债的货币性更正	(100)	(150)
		资产负债表更正利得　　50f		(150)
净利润	R $200	净利润		R $225

　　a. 原始成本 1 600 里亚尔（R $）加 25%（400 里亚尔）的调整额的表现。

　　b. 原始成本 300 里亚尔的 25%。

　　c. 期间折旧费用的 25%（通常是以固定资产的平均值为基础）。

　　d. 原始成本余额 800 里亚尔的 25%

　　e. 原始成本 300 里亚尔加 25%（75 里亚尔）的调整额。

　　f. 资产负债表更正利得的计算过程如下：

　　永久性资产更正　　　　　R $400

　　折旧折让更正　　　　　　75　　　　　　325

资本更正额	200	275
准备更正额	75	50

对股东权益进行的通货膨胀调整（275 里亚尔）表示，要使股东权益跟上通货膨胀的速度，期初股东投资必须增加金额。当永久性资产的调整额低于股东权益的调整额时，导致的购买力损失，反映公司在期净资产上承受的物价变动风险。

为了具体说明问题，设：

M——货币性资产；

N——非货币性资产；

L——负债；

E——权益；

I——通货膨胀率。

则有：

$$M + N = L + E \tag{1}$$

将等式两侧同时乘以 $(1+i)$，就得到通货膨胀对公司财务状况的数量影响：

$$M(1+i) + N(1+i) = L(1+i) + E(1+i) \tag{2}$$

等式（2）可以表达如下：

$$M + Mi + N + Ni = L + Li + E + Ei \tag{3}$$

将等式（3）移项并调整得到下一个等式：

$$M + \underset{\text{永久性资产调整额}}{N} + Ni = L + \underset{\text{所有者权益调整额}}{E} + Ei + \underset{\text{货币性利得或损失}}{(L - M)i} \tag{4}$$

因为，$M + N = L + E$，所以有：

$$Ni = Ei + (L - M)I \tag{5}$$

或者：

$$\underset{\substack{\text{货币性项目} \\ \text{（永久性资产）} \\ \text{通货膨胀调整额}}}{Ni} - \underset{\substack{\text{所有者权益} \\ \text{通货膨胀调整额}}}{Ei} = \underset{\text{货币性利得或损失}}{(L - M)I} \tag{6}$$

反之，如果永久性资产调整额大于权益调整额，由此产生了一个购买力利得，这说明资产中的一部分来自于借债筹资。例如，某企业在进行货币性更正之前的财务状况如下：

永久性资产	1 000	负债	500
		所有者权益	500

如果当年的通货膨胀率为30%，进行了物价水平调整后的资产负债表应该是这样的：

永久性资产	1 300	负债	500
		资本	500
		资本准备	150
		货币性利得	150

这个分析假定，公司负债的利率是固定的；或者是采用浮动利率在实际通货膨胀率超过预期利率的部分已经并入了借款本金。

　　巴西证券交易委员会为公开上市的公司推荐了另外一种通货膨胀会计方法。上市公司应该将当期全部经营业务用其功能货币重新计量。期末使用当时的一般物价指数将一般购买力单位转换为当地名义货币重新计量。

- 存货应包括在非货币资产中，并且用功能货币重新计量。
- 超过到期日 90 天，不计利息的货币项目折现为现值，并将其导致的通货膨胀利得或损失分配计入适当的会计期间（例如，应收账款的折现作为销售额的减项处理，应付账款的折扣作为购货成本的减项，其他以此类推）。
- 资产负债表的调整采用与收益表相应的项目分类（例如，资产负债表上的应收账款调整被分类为销售的减少）。

　　为了减轻在年度报告中提供两套财务报表的沉重负担，巴西将公司法提倡的会计方法与证券交易委员会提倡的物价变动水平会计结合运用。表 7 - 14 是从 Companhis Antarctica Paulisra 公司年度报告中摘录出来的内容。报表中将符合公司法要求的母公司与合并的净收益都调节为符合证券交易委员会要求的类似数据。这样的协调被称为"物价水平会计基础"。

表 7 - 14　　　　　　　　　Companhis Antarctica Paulisra 公司报表

	母公司							
	净收益				股东权益			
	1996 年 12 月 31 日		1995 年 12 月 31 日		1996 年 12 月 31 日		1995 年 12 月 31 日	
	R $	US $	R $	US $	R $	US $	R $	US $
按公司法	70 768	68 085	101 764	104 642	1 346 812	1 295 759	1 308 989	1 346 004
期初余额货币调整			9 357	9 622			120 367	123 771
折算影响			(6 561)					(94 891)
永久性资产和股东	14 891	14 327			135 180	130 056		
权益的货币调整								
存货的货币调整	(2 144)	(2 062)	(10 611)	(10 911)	2 459	2 366	4 603	4 733
应收和应付项目的现值调整	(375)	(361)	(233)	(240)	(586)	(564)	(210)	(216)
权益法影响	12 712	12 230	(5 266)	(5 415)	(39 016)	(37 537)	2 112	2 172
所得税影响	(3 006)	(2 892)	4 117	4 233	(41 876)	(40 289)	(2 116)	(2 176)
物价水平								
会计基础	92 846	89 327	99 128	95 370	1 402 973	1 349 791	1 433 745	1 379 397
期初余额货币调整			13 591	13 975			157 901	162 366
折算影响			(9 592)					(124 501)
永久资产和股东权益的货币调整	33 226	31 966			200 517	192 916		
存货的货币调整	(5 930)	(5 705)	(25 588)	(26 312)	6 686	6 432	12 617	12 974
应收和应付项目的货币调整	(510)	(491)	(824)	(847)	(1 537)	(1 479)	(1 026)	(1 055)
权益法影响								

续表

	母公司							
	净收益				股东权益			
	1996 年 12 月 31 日		1995 年 12 月 31 日		1996 年 12 月 31 日		1995 年 12 月 31 日	
	R $	US $	R $	US $	R $	US $	R $	US $
所得税影响	(6 142)	(5 909)	9 976	10 258	(114 815)	(110 463)	(5 585)	(5 743)
物价水平								
会计基础	130 448	125 503	144 943	139 449	1 907 712	1 835 379	1 881 129	1 809 822

注：通货膨胀对永久性资产、股东权益以及其他隶属于货币调整的账户影响，在 1995 年 12 月 31 日的资产负债表中根据 UFIR（通货膨胀下税务调整指数）的差异予以确认，并反映在当年的收益表中。

7.4.4　现行成本补充披露

在这里我们介绍一个位于意大利，并且以意大利里拉为功能货币的子公司如何编制现行成本的补充资料。

【例 7 – 5】表 7 – 16 列示了我们假设的 Bocconi 公司的比较财务报表。汇率和一般物价水平的信息列示在表 7 – 17。出于简化的目的，我们假设 Bocconi 公司有设备而没有存货。设备是在 20 × 0 年年初购入。按照直线法提取折旧，有效使用期 10 年，期末无残值。在本年中没有购入或处置设备。

年末设备的现行成本如表 7 – 15 所示。

表 7 – 15　　　　　　　　　　　　　　　　现行成本

项目	20 × 0 年	20 × 1 年
现行成本（百万元）	Lit8 000	Lit11 000
累计折旧	(800)	(2 200)
净现行成本	Lit7 200	Lit8 800

管理人员认为，设备的可收回金额超过了该设备的净现行成本。

表 7 – 16　　　　　　　　　Bocconi 公司历史成本财务报表　　　　　　　　单位：百万元

项目	20 × 0 年	20 × 1 年
资产负债表		
现金	Lit2 500	Lit5 100
设备（净值）	4 000	3 500
总资产	Lit6 500	Lit8 600
流动负债	Lit1 000	Lit1 200
长期负债	3 000	4 000
所有者权益	2 500	3 400
总权益	Lit6 500	Lit8 600
利润表		
收入		Lit10 000

项目	20×0 年	20×1 年
经营费用	Lit7 700	
折旧	500	
其他	900	9 100
净利润		900
所有者权益 19×0 年		2 500
所有者权益 19×1 年		Lit3 400

表 7 – 17　　　　　　　　　　　　假设的物价数据

汇率		
19×0 年 12 月 31 日		Lit200 = \$1
19×1 年平均		Lit250 = \$1
19×1 年 12 月 31 日		Lit300 = \$1
一般物价指数	意大利	美国
19×0 年 12 月 31 日	200	130
19×1 年平均	215	134
19×1 年 12 月 31 日	230	138

折算—重新表述方法。

首先，将用里拉表述的现行成本会计信息折算为美元。然后将折算后的金额根据一般物价水平的变动转换为现行成本—不变美元的等值。

现行成本 20×1 年 12 月 31 日	Lit8 000
现行成本 20×1 年 12 月 31 日	Lit11 000
	Lit19 000
平均现行成本	19 000 ÷ 2 = Lit9 500
现行成本折旧	Lit9 500 × 10 = Lit950

设备的现行成本折旧计算如下（百万元）：

这个现行成本折旧额被折算成美元，然后按照美国的通货膨胀率进行重新表述。如果将现行成本里拉折算成全年平均美元，重新表述就非常简单。首先用全年平均汇率将用里拉表述的折旧换算成美元。这里用全年平均美元（表现为平均，而不是年末购买力等值）表述的现行成本折旧是 760 000 美元（Lit950 000 000 × 1 ÷ 1 250）。

将历史成本折旧费（50 000 000 Lit）加回到报告期收益（900 000 000 Lit）再减去前面计算出来的现行成本折旧费（9 500 000 000 Lit），就得出以现行成本为基础的持续经营收益 450 000 000 Lit。用不变美元表述的现行成本收益是 360 000 美元（Lit450 000 000 × 1 ÷ 1 250）。

下一步，我们计算设备现行成本的增加额（净一般通货膨胀）。

当期的汇率变动影响必须保持不变。为了适应汇率变动的实际情况，我们使用平均汇率将期初和期末显性成本折算成美元。然后再将其折算为平均汇率购买力（不变美元）等值。这个折算过程如表 7－18 所示。

表 7－18 折算过程

	现行成本 （百万里拉）	折算 （平均汇率）	现行成本 （千美元）	重新表述 （美元一般 物价水平）	现行成本/ 不变美元 （千美元）
现行成本净值					
20×0 年 12 月 31 日	Lit7 200 ×	1/1 250	= $5 760 ×	134/130 =	$5 937
折旧	(800) ×	1/1 250	=	(640)	
现行成本净值					
20×1 年 12 月 31 日	8 800 ×	1/1 250	= 7 040 ×	134/138 =	6 836
	Lit2 400		$1 920		$1 539

由于折旧是以不变美元计量的，我们假设，在按照平均汇率进行折算的基础上将其表述为不变美元。这里，名义美元（1 920 美元）和不变美元等值（1 539 美元）之间的差额，也就是 381 美元是设备现行成本增加中包含的通货膨胀部分。

由于 Bocconi 公司在当期内保持了净货币性负债状态，因而获得了购买力利得。这个货币利得计算过程如表 7－19 所示。

表 7－19 货币利得计算过程

	里拉（百万）	平均汇率	美元（千元）	重新表述	不变美元（千元）
净货币负债					
20×0 年 12 月 31 日	Lit (1 500)	×1/1 250	= $1 200	× 134/130 =	$1 237
当年减少额	(1 400)	×1/1 250	= 1 120		(1 120)
净货币负债					
20×0 年 12 月 31 日	Lit100 ×	1/1 250	= $80 ×	134/130 =	$1 237
货币性利得					$39

在汇率变动时将里拉折算成美元产生了一个折算调整额。为了协调现行成本基础上的期初所有者权益与按不变美元表述的以现行成本为基础的期末所有者权益，这个折算调整额是必要的。通过加计净货币项目和按现行成本设备折旧额计算出 20×0 年年初、年末以名义里拉表述的现行成本所有者权益。再将名义里拉表述的余额按照平均汇率进行折算，就得到以名义美元表述的现行成本的所有者权益（见表 7－20）。

表7-20　　　　　**以名义里拉（百万元）和名义美元（千元）表述的现行成本所有者权益**

	20×0年12月31日			20×1年12月31日		
	里拉	汇率	美元	里拉	汇率	美元
现金	2 500	1/1 200	2 083	5 100	1/1 300	3 923
流动负债	(1 000)	1/1 200	(833)	(1 200)	1/1 300	(923)
长期负债	(3 000)	1/1 200	(2 500)	(4 000)	1/1 300	(3 077)
净货币负债	(1 500)		(1 250)	100		77
权益负债	7 200	1/1 200	6 000	8 800	1/1 300	6 769
以现行成本为基础的权益	5 700		4 750	8 700		6 692

折算调整额计算如表7-21所示。

表7-21　　　　　　　　　　　**折算调整额的计算**

所有者权益20×0年12月31日	
（以20×1年平均不变美元表述）	
$4 750×134/130	$4 896
+现行成本为基础的净收益	$360
+购买力损益	39
+设备现行成本增加额　扣除通货膨胀	1 539　　1 938
-折算调整额	6 834
=所有者权益20×1年12月31日（以20×1年平均不变美元表述）	(336)
$6 692×134/138=	$6 498

重新表述—折算方法。

我们使用与折算—重新表述相似的方法。主要的差别是，在折算为美元之前，对里拉中包括的一般通货膨胀因素使用意大利一般物价指数进行调整。

按里拉表述的现行成本折旧和经营收益的计算与上述方法一样。Bocconi公司的这两个金额分别为9.5亿里拉和4.5亿里拉。扣除通货膨胀影响设备现行成本增加额，是通过使用适当的意大利一般物价水平指数重新表述设备在年初和年末现行成本余额而确定的，计算过程如表7-22所示。

表7-22　　　　　　　　　　　**重新表述的计算过程**

	名义里拉（百万）	按照意大利一般物价指数重新表述	不变里拉（百万元）
净货币负债			
20×0年12月31日	Lit7 200	×　215/200　=	Lit7 740
折旧	(800)		(800)
现行成本净值			
20×1年12月31日	8 800	×　215/200　=	8 226
	Lit2 400		Lit1 286

Bocconi 公司以不变里拉表述的货币性利得计算如表 7 – 23 所示。

表 7 – 23　　　　　　　　　　以不变里拉表述的货币性利得计算

	名义里拉（百万）		按照意大利一般物价指数重新表述		不变里拉（百万）
净货币负债					
20×0 年 12 月 31 日	Lit1 500	×	215/200	=	Lit1 612
当年折旧	（1 400）				（1 400）
净货币负债导致的购买力利得					
20×1 年 12 月 31 日	8 800	×	215/200	=	8 226
					Lit119

选择使用重新表述—折旧方法将现行成本/不变里拉余额折算为美元，导致了表 7 – 24 所示的折算调整。

表 7 – 24　　　　　　　　　　　　计算调整

	不变里拉（百万）		折算		不变里拉按美元表述（千）
所有者权益 20×0 年 12 月 31 日（以 20×1 年平均不变里拉表述）					
Lit5 700 ×215/200	Lit6 128	×	1/1 200	=	$5 106
+ 现行成本为基础的收益	450	×	1/250	=	360
+ 货币性利得	119	×	1/250	=	95
+ 现行成本增加扣除通货膨胀净额	1 286	×	1/250	=	1 029
小计					6 590
折算调整					（334）
所有者权益 20×1 年 12 月 31 日（以 20×1 年平均不变里拉表述）					
Lit8 700 ×215/230	Lit8 133	×	1/300	=	$6 256

除了折算调整以外，重新表述—折算方法还要求进行平价调整。为什么？因为采用重新表述—折算方法计算出来的是用美元等值计量表述的现行成本/不变里拉经营业绩。

在将这些数据作为连续 5 年现行成本补充披露资料的组成部分时，要求所有数据都必须用不变美元表述以便进行趋势分析。这样，以不变美元为计量单位表述现行成本/不变里拉余额就形成了重新表述—折算—重新表述的程序。在将期初和期末所有者权益重新表述为平均货币单位的过程中，以及在协调重新表述—折算披露数据和折算—重新表述披露数据（如果由后者代替前者）的过程中，平价调整反映了母公司所在国通货膨胀和子公司东道国通货膨胀之间的差异。

在我们的例子中，所有者权益的增加（依据折算—重新表述方法）是 1 602 美元（$6 498 – $4 896）。在重新表述—折算方法下，以平均不变里拉表述的所有者权益的美元等值增加额是 1 150 美元（$6 256 – $5 106）。这两者之间的差额 452 美元（$1 602 – $1 150）就是平价调整额。

本 章 小 结

　　第二次世界大战以后，西方各国出现的持续通货膨胀已使历史成本会计难以发挥起应有的作用，从客观上促进人们对物价变动会计的再度重视和进一步的发展。

　　通货膨胀的条件下，传统会计模式的理论和实务受到了物价变动所带来的严重冲击。经济形势要求调整历史成本原则、要求完善配比原则、要求修订稳定性原则。物价变动会计的理论基础是资本保全理论，它包括财务资本概念和实务资本概念。

　　目前，国际会计界针对如何反映或消除物价变动的影响在会计处理上大体上可分为三大类，不变购买力模式、现行成本模式、现行成本/不变购买力模式。美国、英国、巴西等国家在通货膨胀压力下，实行物价变动会计的不同情况。

复习思考题

　　1. Zonolia 公司账面记录的设备是在两年前购入的。该设备采用直线法折旧，折旧期10 年，期末无残值。第二年年末该设备的现行成本是 Z80 亿（Z 是假定的该国货币符号）。在第三年中，适用于该设备的特定物价指数从 100 上升到 137.5。

　　要求：以上述信息为基础，计算第三年年末该设备的现行成本净值（现行成本 – 累计折旧）。

　　2. Zonolia 公司所在国家的一般物价指数信息列示如下：

20 ×2 年 12 月 31 日	30 000
平均	32 900
20 ×2 年 12 月 31 日	36 000

　　要求：使用本练习题和练习题 1 的信息，解释 Zonolia 公司设备现行成本增加额的性质是什么？是抵扣通货膨胀后的数据吗？

　　3. 假设现在 Zonolia 公司是一家美国跨国公司的子公司。它的报表要与母公司进行合并。我们给出当年相关的汇率（一般物价指数在练习题 2 中已经给出）：

汇率	
19 ×2 年 12 月 31 日	Z4 400 = $1
19 ×3 年平均	Z4 800 = $1
19 ×3 年 12 月 31 日	Z5 290 = $1

第8章 衍生金融工具会计

【本章提要】

本章首先介绍了金融工具的定义，进而讲述了衍生金融工具的含义、特征、分类。其次讲解了衍生金融工作的会计确定、会计计量与信息披露，以及相关会计处理。最后讲解了衍生金融工具的风险防范。

20世纪70年代初期，全球金融业在布雷顿森林体系崩溃瓦解后，全球的金融体系经历了前所未有的冲击，金融自由化、金融创新一浪高于一浪，国际金融市场上的汇率、利率、有价证券行情持续不断地发生着剧烈的变动，合约签订双方有可能因此而遭受到惨重的损失。当前国际金融市场的金融资产价格（利率、汇率、股价等）发生剧烈波动时，投资者需要更有效的风险管理手段。正是从这个时期开始，衍生金融工具在国际金融市场出现了。衍生金融工具不仅提供了有效的风险管理手段，而且还能为人们提供更多的赚取风险资产差价的机会。这样，衍生市场的需求便被不断地产生出来，衍生金融工具会计随之应运而生。

8.1 衍生金融工具概述

8.1.1 衍生金融工具的含义

金融工具（financial instruments）也称衍生金融工具是指金融市场上资金的需求者向供应者出具的书面凭证。

1. 金融工具定义的差异

关于金融工具的定义迄今为止还缺乏公认的定义，站在不同角度有不同的理解。经济学家、银行家、会计界乃至政府的有关监管部门对金融工具所下的定义则有所侧重：

（1）经济学家认定金融工具。经济学家戈德·史密斯在《金融结构与金融发展》一书中表述为："金融工具是对其他经济单位的债权凭证和所有权凭证"。

（2）银行界认定金融工具。《银行与金融百科全书》中，把"工具"解释为"任何一种单证"，通过它的签发，"一些权利被交换，或者合同被确定，"如支票、汇票、票据、债券、息票、股权证、交割单、信托书、信托收据等。

（3）财务会计准则制定认定金融工具。美国FASB在财务会计准则（FAS）第105号

《有资产负债表外风险的金融工具和有集中信用风险的金融工具的信息披露》（1990 年 3 月）及 107 号《金融工具公允价值的披露》（1991 年 12 月）中的定义是：金融工具是指现金、在某一主体内拥有业主权益的证据，也就是所有权凭证（或者叫"权益凭证"）。包括两种合同：

①使某一主体承担如下的合同义务：

将现金或其他金融工具交付给另一主体。或在潜在不利的条件下与另一主体交换金融工具。

②将如下的合同权利转让给另一主体：

从该主体收取现金或其他金融工具，或在潜在有利的条件下与该主体交换其他金融工具。

（4）国际财务准则认定金融工具。国际会计准则（IAS）32 号《金融工具：披露和列报》中对金融工具所下的定义如下：

金融工具是指：形成一个企业的金融资产并形成另一个企业的金融负债或权益工具的合同。分别定义了金融工具所包含的"金融资产、金融负债和权益工具"。

金融资产：

①现金。

②从另一个企业收取现金或另一金融资产的合同权利。

③在潜在有利的条件下，与另一个企业交换金融工具的合同权利。

④另一个企业的权益工具。

金融负债：

①向另一个企业交付现金或另一个金融资产的合同义务。

②在潜在不利的条件下，与另一个企业交换金融工具的合同义务。

权益工具：

这是指能证明拥有企业在减除所有负债后的资产中的剩余权益的合同。

2. 金融工具的特征

形成收取或支付现金或另一金融资产的合同权利或义务。但其他资产如存货、不动产等有形资产和无形资产，它们只能创造形成现金或其他资产流入的机会，不能形成收取现金或其他金融资产的现实权利。

8.1.2　衍生金融工具的含义

衍生金融工具（financial derivatives instrument）亦称"衍生金融商品"、"衍生金融产品"。衍生工具一词源于"衍生"，顾名思义，它起源于原生性金融工具或原生金融工具的价格，这种原生性金融工具包括货币、外汇、存单、债券、股票等。原生金融工具的价格包括利率、汇率、股票指数等。衍生金融工具具有较高的杠杆率。

1. 衍生金融工具的特征

（1）衍生金融工具交易是在现时对基础工具未来可能产生的结果进行交易，交易的盈亏结果要在未来时刻才能确定。按照权责发生制的会计原则，在交易结果发生之前，交易双方的资产负债表并不反映这类交易的情况。因此，潜在的盈亏无法在财务报表中体现。

（2）衍生金融工具交易的对象并不是基础工具，而是对这些基础工具在未来某种条件下处置的权利和义务，这些权利和义务以契约形式存在。

（3）衍生金融工具是一种现金运作的替代物，如果有足够的现金，任何衍生工具的经济功能都可以通过运用现金交易来实现。

（4）理论上，衍生金融工具可以有无数种具体形式，它可以把不同现金流量特征的工具组成新的工具，但不管组合多么复杂，基本构成元素还是远期、期货、期权和互换四种。

（5）衍生金融工具交易可以用较少成本获取现货市场上需较多资本金才能完成的交易，因此具有高杠杆性。

（6）衍生金融工具独立于现实资本运动之外，却能给持有者带来收益，是一种收益获取权的凭证，本身没有价值，具有虚拟性。

影响衍生金融工具交易价格的基础性资产的价格主要有：①利率或债务工具的价格；②外汇汇率；③股票价格或股票指数。

2. 衍生金融工具的分类

按照衍生金融工具自身交易方法及特点，可划分为如下四大类：

（1）远期合约（forwards）：指合约双方同意在未来日期按照固定价格交换金融资产的合约。远期合约规定了将来交换的资产、交换的日期、交换的价格和数量，合约条款因合约双方的需要不同而不同。远期合约主要有远期利率协议、远期外汇合约、远期股票合约。

（2）金融期货（financial futures）：是合约双方在有组织的交易所内以公开竞价的形式达成的，在将来某一特定时间交收标准数量特定金融工具的协议，主要包括货币期货、利率期货和股票指数期货三种。

（3）金融期权（financial options）：是合约双方按约定价格、在约定日期内就买卖某种金融工具的选择权达成的契约。包括现货期权和期货期权两大类。

（4）互换（swaps）：互换是指两个或两个以上的当事人按共同商定的条件，在约定的时间内，交换一定支付款项的金融交易。交换支付以事先确定的本金为依据，这个本金叫名义本金额，每一方支付给对方的数量等于名义本金额乘以事先约定的定期支付率，双方只交换约定的支付而不是名义本金额。主要有货币互换和利率互换两类。

这四类衍生工具中，远期合约是其他三种衍生工具的始祖，其他衍生工具均可以认为是远期合约的延伸或变形。

8.1.3　衍生金融工具的产生和发展

1. 国际上衍生金融工具的产生和发展

1972 年 5 月 16 日，美国芝加哥国际货币交易所首次推出包括 7 种货币在内的外汇期货。这标志着金融期货的问世。

1973 年，美国费城证券交易所推出第一单外汇（外币）期权交易。

1975 年，美国芝加哥商品交易所首次推出联邦政府全国抵押协会存单（GNMA CARS）利率期货合约和财政部短期债券利率的期货合约（T – bills futures），这是利率衍生工具的始作俑者。

1981 年，场外交易市场上首次出现了外汇互换交易（currency swap），紧接着又出现了利率互换交易（interest rate swap），继而，大量的期权交易也开始在场外市场（OTC）进行。金融创新给全球金融市场发展打下的最深印记，就是衍生金融产品的产生及其飞速发展。

2. 我国衍生金融工具的发展

2004 年 2 月 4 日，中国银监会正式颁布了金融机构衍生产品交易业务的管理暂行办法，对于衍生交易的准入和风险控制进行了规范，在该办法的规范下国内大多数中资商业银行已经逐步开展了远期利率协议、远期外汇买卖、外汇期权、利率期权等业务，同时在外资商业银行竞争的推动下，中资银行大力发展以衍生金融工具为基础的各种理财产品，包括外汇结构性理财、信托理财、QDII 理财以及券商基金合作的理财产品等各类产品。我国商业银行中衍生产品主要有：

（1）外汇交易中心远期交易。银行间远期外汇交易于 2005 年 8 月 15 日正式推出，2006 年成交金额达到 140.6 亿美元；2007 年达到 223.8 亿美元；但其成交量仅占同年我国贸易总额的 1% 左右。我国外汇远期交易总额只占到全球外汇远期交易总额的 0.2%。

（2）外汇掉期。银行间外汇掉期交易于 2006 年 4 月 24 日正式开始交易。2006 年全年成交金额为 509 亿美元。2007 年增长 5.2 倍，全年成交金额为 3 154.7 亿美元。但也只占到全球外汇掉期交易总额的 0.1%。

（3）债券远期交易。2005 年 6 月 15 日，中国工商银行和兴业银行做成首笔债券远期交易，其后经过两年多的发展，远期交易成交量成倍增加。2005 年全年成交 177.99 亿元人民币；2006 年全年成交 664.46 亿元人民币；到 2008 年全年成交 4 827 亿元人民币。

（4）利率交换。利率风险是金融机构和企业的最主要风险，作为对冲利率风险的主要工具，利率互换是国际衍生金融产品市场上最为活跃的产品之一。2006 年 5 月 8 日国家开发银行提供 1 个月到 10 年的人民币利率互换双边报价，随后中国银行于 7 月 3 日加入双边报价，两家银行开始作为人民币利率互换的做市商。9 月初花旗银行和渣打银行加入报价。2007 年 1 月 18 日，兴业银行与花旗银行达成首笔基于上海银行间同业拆放利率的人民币利率互换交易。2007 年人民币利率互换全年成交 2 186.9 亿元人民币，不到世界利率互换成交金额的 0.01%。

衍生金融工具的产生与原生金融工具的产生有着巨大的差别。首先，衍生金融工具是在高度发达的电子通讯技术支持下，在世界经济一体化、发达国家社会财富水平较高以及国际金融动荡加剧等背景下，被金融创新者迅速推出又被金融市场迅速接受的，其发展的速度是原生金融工具望尘莫及的。其次，形式上衍生金融工具最初是对商品期货的借鉴，起初带有明显的模仿、学习的特征，随后在金融工具技术的支持下，原创型、组合型以及整合型衍生金融工具层出不穷，许多衍生金融工具与原生金融工具从表面看已判若泾渭。

最后，衍生金融工具产生的直接动因是为了防范风险提供工具和手段，而金融工具主要作用是在资金融通中发挥媒介作用。尽管如此，我们仍然能看到，衍生金融工具的产生是金融工具本身的特征和金融市场纵深发展的需要，是与金融业务创新及金融技术水平的提高密不可分的。

8.2 衍生金融工具的会计确认

衍生金融工具在企业融资和投资活动中有巨大作用，在运用得当时，可以给企业带来可观的财务利益，在运用失误时，又可能给企业带来灾难性的财务损失。因此，如果仍然像传统会计中那样，把衍生金融工具交易中形成的金融资产和金融负债排除在资产负债表外，从而也把它们可能带来的报酬（利得）和风险（损失）排除在收益表外，把衍生金融工具交易作为"表外业务"处理。这显然不能满足财务报表使用者的信息需求，而且可能使财务报表的"表内"信息给人以严重的误导。

从第 39 号国际会计准则《金融工具：确认与计量》（1998 年 12 月发布，2001 年 1 月 1 日生效），第 32 号国际会计准则《金融工具：列报与披露》（1995 年 3 月发布，1996 年 1 月 1 日生效，1998 年 12 月修订）以及美国第 5 号财务会计概念公告《企业财务报表中的确认和计量》（1984 年 12 月）中得悉，国际会计准则委员会和美国财务会计准则委员会都认为，根据衍生金融工具的含义，所形成的金融资产和负债都符合资产和负债定义的基本特征，签订的合同可以视为形成资产和负债的法定权利和义务的事项，从而突破了长期以来认为不能在资产负债表内确认衍生金融工具的障碍（它们不符合资产和负债定义中"必须由过去的交易和事项所形成的特征"的观点，而且提出，它们之所以不能在资产负债表内确认为资产和负债，是因为不符合某些确认标准）。因此，必须对确认标准问题有一个新认识。

8.2.1 衍生金融工具的确认应突出确认的"过程观"

美国第 5 号财务会计概念公告《企业财务报表中的确认和计量》（1984 年 12 月）就明确指出："就资产或负债而言，确认不仅含有记录该项目的取得或发生，还要记录它后来的变动，包括应从财务报表中消除其后果的变动。"还指出："确认是将一项作为资产、负债、收入、费用等正式记录列入财务报表的过程"。

由此看来，在金融工具会计准则的制定过程中，正是抓住了这种"过程观"，把金融工具，特别是衍生工具突出为非一次就完成确认的许多资产、负债项目之一。这些项目在"记录并列入财务报表的过程中"，一般要经过下列过程：

1. 初始确认（initial recognition）

初始确认是对任何项目的首次确认，一般地说，是在特定交易或事项已经发生，这一项目符合确认标准之时。很多项目的确认一次就完成了，但金融工具代表的是签约双方的权利和义务，特别是衍生工具代表的是签订远期合同双方的权利和义务，从签约到履约有一个过程，所以确认不是一次就完成的，因而有后续确认和终止确认问题。

2. 后续确认（subsequent recognition）

后续确认与后续计量有关，如果一个项目在初始确认之后发生变动，这主要是由于它的价值发生变动，例如金融工具的公允价值的变动。可以说，后续确认决定于后续计量的需要。

3. 终止确认（de-recognition）

终止确认是针对合同权利和义务的终止而言的。就金融工具来说，第 39 号国际会计准则中指出的终止确认的条件是：

（1）金融资产的终止确认。"只有当对构成金融资产或金融资产的一部分的合同权利失去控制时，企业应终止确认该项金融资产或该部分金融资产"。

可见，是否失去控制是判断应否终止确认的条件。

（2）金融负债的终止确认。"只有当金融负债（或金融负债的一部分）废止时（亦即当合同中规定的义务解除、取消或逾期时），企业才能将该项金融负债（或该项金融负债的一部分）从资产负债表中除去。"

上述的"解除"，包括债务人通过偿付解除了债务，或者通过法定程序或与债权人协商，在法律上解除了对该项债务（或其一部分）的主要责任。

8.2.2　初始确认时点的选择

在选择初始确认的时点时，如果确认是一次完成的（如惯常交易中），那当然是在交易发生之时；如果确认不是一次完成的，那就不一定都在交易或事项发生之时，对远期经济合同（无论是商品合同或金融工具合同），有一个可以选择初始确认时点的问题，即选择把时点定在签约日或是履约日。例如，对商品的订购合同，一般选择在履约日确认购货交易，而无须在签约日确认订购合同而在履约日再终止确认订购合同；而对企业源生的未进入市场交易的应收或应付账款、应收或应付票据、应付公司债券等基本金融工具，事实上早就运用了在签约日初始确认（应收、应付账款的初始确认根据商业习惯；应收、应付票据和应付公司债券实质上具有合同的性质，因此签发票据和发行债券就是签约）、在履约日终止确认的程序，并且早已成为通行的会计惯例；因此，对进入货币市场、外汇市场、资本市场交易的衍生金融工具采用初始确认和终止确认的程序，并不是确认概念上的创新。这里，签约日就是金融工具的交易日，履约日就是金融工具的结算日。如果签约的目的是为了标的物交易的话（如为套期保值而签订的外汇远期合同），金融工具的结算日也就是标的物的交易日，但衍生金融工具的标的物往往并没有进行实际交易（如为投机牟利的外汇期货合同）。

8.2.3　初始确认的标准

通常认为，确认的一般标准是：在某一项目符合财务报表要素定义的前提下，需要对①未来经济利益流入或流出企业的可能性和②计量的可靠性作出判断。

　　这是指把初始确认的时点定在金融工具的交易日（签约日）的情况下确认初始标准。

　　国际会计准则委员会《编报财务报表的框架》（1989 年 7 月）中关于确认的一般标准是：如果符合以下两项标准，就应确认一项符合要素定义的项目：

　　（1）与该项目有关的未来经济利益将会流入或流出企业；

　　（2）对该项目的成本或价值能可靠地加以计量。

　　就第一项标准而言，具体到金融工具时，应该根据什么作出判断呢？第 39 号国际会计准则第 27 段中提出：

　　"当企业、也只有当企业成为金融工具合同条款的一方时，它应该在其资产负债表内确认金融资产或金融负债。"

　　接着，还在第 28 段明确指出：

　　"根据第 27 段的规定，企业应将衍生工具中的所有合同权利或义务在其资产负债表中确认为资产或负债。"

　　接着在第 29 段以举例的方式说明根据上述确认标准应予确认和不予确认的合同。应予确认的三个举例是：

　　（1）"不附条件的应收款项和应付款项"，"应在企业成为合同的一方，从而拥有收取现金的法定权利或承担支付现金的法定义务时，确认为资产和负债"（这是传统的也是现行的惯例）。

　　（2）"远期合同——在未来日期以确定价格购买或销售特定金融工具或商品的承诺，应于承诺日确认为资产或负债，而不应等到交换实际发生日才予确认。"接着又明确指出：即使"该远期合同的公允价值净额为零"，也应在合同交易日确认，这是因为，"当企业成为远期合同的一方时，相关权利和义务的公允价值通常相等。"（如外汇远期合同）

　　（3）"金融期权的持权者或立权者成为该期权合同一方时，该金融期权应确认为资产或负债。"

　　不予确认的两个举例是：

　　（1）"由于购买或销售商品或劳务的确定承诺而将要购买的资产和将要承担的负债，只有到合同双方中至少一方履约以致该方有权收取资产或有义务交付资产时，才能按现行会计惯例予以确认。"［这里明确说明了：①权利或义务的确立需在双方中至少一方履约之时；②这种无须对订货合同（订单）在签约日初始确认而后在履约日终止确认的处理程序，是符合现行会计惯例的。］

　　（2）"已计划的未来交易，不管其发生的可能性有多大，均不是企业的资产和负债。因此，直到财务报告日，企业还没有成为由于未来交易而能够在未来收到资产或要求在未来交付资产的合同的一方。"

8.3　衍生金融工具的会计计量与信息披露

　　衍生金融工具的产生和发展带来了一系列会计问题，如在会计信息系统中如何确认、计量衍生工具，如何及时、充分、真实地披露衍生工具的信息等。衍生金融工具对传统会计模式的权责发生制、历史成本计量、报表披露方式等造成了很大的冲击。

虽然国际会计准则委员会和美国财务会计准则委员会都确立了公允价值计量所有金融工具的目标，认为这对获取一致并相关的信息是必需的。但由于这涉及计量可靠性、公允价值计量必然导致的未实现损益，现行会计惯例及与之关联的现行法令规章的变革等一系列的因素，第 39 号国际会计准则作为过渡性的准则，只是"极大地增加了金融工具会计处理中公允价值的使用"，并且采用了对不同类别的金融资产实行不同的计量基础的原则。

8.3.1　衍生金融工具的会计计量

1. 金融资产的分类

第 39 号国际会计准则对金融进行了分类，主要是从持有金融资产的意图，把金融资产区分为四类：

（1）为交易而持有的金融资产或金融负债。指主要为了从价格或交易保证金的短期波动中获利而购置的金融资产或承担的金融负债。对于衍生金融资产和衍生金融负债，除非它们被指定且是有效的套期工具，否则应认为是为交易而持有的金融资产和金融负债。

（2）持有至到期日的投资。指具有固定或可确定金额和固定期限，且企业明确打算并能够持有至到期日的金融资产。企业源生的放款或应收款项不包括在内。

（3）企业源生的放款和应收款项。指企业直接向债务人提供资金、商品或劳务所形成的金融资产。但打算立即或在短期内就转让的放款和应收款项不包括在内，而应归类于为交易而持有的金融资产。

（4）可供出售的金融资产，指不属于以上三类的金融资产。

第 39 号国际会计准则规定，一般地说，对于以"惯常方式"（regular way）购买的金融资产，应该根据上述分类按照交易日（trade date）会计或结算日（settlement date）会计进行处理，而对于金融资产的惯常出售则应在结算日确认。

2. 不要求公允价值计量的三类金融资产

在批准发布第 39 号国际会计准则时，国际会计准则委员会理事会决定现在不要求以公允价值计量的三类金融资产是：

（1）企业源生的放款和应收款项；

（2）企业打算并能够持有至到期日的其他具有固定到期日的投资；

（3）公允价值不能可靠计量的无报价权益工具。

3. 对于企业的长期股权投资，不改变现行准则要求

（1）母公司在其单独的财务报表中对子公司投资的会计处理按照第 27 号国际会计准则《合并财务报表和对子公司投资的会计处理》（1994 年重编）的规定进行。

(2) 投资者在其单独的财务报表中对联营企业的会计处理按照第 28 号国际会计准则《对联营企业的会计处理》(1998 年修订) 的规定进行。

(3) 合营者在其单独的财务报表中对合营投资的会计处理按照第 31 号国际会计准则《合营中权益的财务报告》(1998 年修订) 的规定进行。

这样,第(二)点中不要求以公允价值计量的"无报价权益工具",是指投资于无报价(即未上市交易)的权益证券,但是,如果对权益证券投资的目的在于与被投资企业建立或保持长期经营关系(可称为"战略性投资"),例如被投资企业属于联营企业或合营企业,则其会计处理应按第 28 号或第 31 号国际会计准则的规定进行。

综上所述,对于股权投资,目前可以以公允价值计量的只是短期投资中有市场报价的权益证券。

4. 对不同类别的金融资产采用不同的后续计量基础

参照第 39 条国际会计准则,列表说明不同类别的金融资产采用不同的计量基础,如表 8 - 1 所示。

表 8 - 1　　　　　　　　　不同类别的金融资产采用的计量基础

类别	特征	后续计量基础	公允价值变动
持有至到期日的投资	持有至到期日的明确意图和能力	摊余成本	—
为交易而持有的金融资产	主要为短期出售而购买或持有	重新计量至公允价值	计入当期净损益
可供出售的金融资产	以上两类以外的证券	重新计量至公允价值	计入权益或计入当期净损益

对可供出售的金融资产所形成的利得或损失,可以:

(1) 计入当期的净收益。

(2) 在该金融资产被转让、收回或处置之前,或在发生减值之前,通过权益变动表直接在权益中确认。被转让、收回或处置,或发生减值时,以前在权益中确认的累计利得或损失,应计入当期净损益。

企业应选择(1)或(2)作为其会计政策,并将该政策运用于所有可供出售的金融资产。

5. 金融负债的计量

初始确认后,应以摊余成本计量除为交易而持有的金融负债及属于负债的衍生工具以外的所有金融负债。因此,一般地说,金融负债没有后续计量问题。只有以公允价值计量的为交易而持有的金融负债及属于负债的衍生工具,才需要按变动了的公允价值重新计量,但是,对于与未上市的权益工具相联系并需通过交付这种权益工具进行结算的衍生负债，由于无报价（未上市）权益工具不能可靠地计量，故现在只能仍以摊余成本计量。

8.3.2　衍生金融工具的信息披露

自从 20 世纪 80 年代以来，国际会计准则委员会以及美、英、加、澳等国的会计准则制定机构开始着手研究并制订衍生金融工具会计准则。之后，国际会计准则委员会发布了第 32 号准则"金融工具：披露与列报"（1998）和第 39 号"金融工具：确认与计量"（1998）。美国财务会计准则委员会发布的相关准则有 SFAS 105 "对具有表外风险和信用集中风险的金融工具的披露"（1990），SFAS 107 "金融工具公允价值的披露"（1991），SFAS 115 "某些债权性及权益性证券的会计处理"（1993），SFAS 119 "对衍生金融工具以及金融工具公允价值的披露"，SFAS125 "金融资产的转移与服务，以及债务消亡的会计处理"（1996），SFAS133 "衍生金融工具和套期行为的会计处理"（1998）。英国会计准则委员会发布的会计准则有 FRS13 "衍生金融工具与其他金融工具：披露"（1998），加拿大和澳大利亚等国也发布了类似的准则。

日益增多的金融工具的出现，特别是衍生工具的发展，促使我国的各种管理办法相继出台。曾有《企业商品期货业务会计处理暂行规定》和《企业商品期货会计处理补充规定》。2003 年 3 月，中国银监会发布《公开发行证券的公司信息披露编报规则第 18 号——商业银行信息披露特别规定》，对商业银行的财务信息披露进行了规范。中国银行业监督管理委员会于 2004 年 2 月 4 日发布了《金融机构衍生品交易业务管理暂行办法》对衍生金融品的基本概念及金融机构衍生品交易的业务种类、风险管理、罚则等进行了规定。2004 年 7 月，财政部发布了《金融机构衍生工具交易和套期业务会计处理暂行规定（征求意见稿）》，正式以国家部门法规的名义提出衍生工具的会计核算。

鉴于历史成本信息的缺点以及为了规范金融工具的列报，2006 年 2 月，根据《企业会计准则——基本准则》，财政部发布了《企业会计准则第 37 号——金融工具列报和披露》（以下简称准则第 37 号），对金融工具及衍生金融工具的披露做出了规定。衍生金融工具一般采用公允价值计量，但是在特定情况下也采用其他属性计量。修订后的基本准则增加了会计计量的规范内容，对重置成本、可变现净值、现值、公允价值等计量基础的概念、含义、应用条件等做出了原则性规定。历史成本之外的计量基础被逐步引入到会计准则中，其中公允价值计量为衍生金融工具计量提供标准，将表外披露衍生金融工具纳入表内核算，加强衍生金融工具的会计监管。企业在进行金融工具列报时，应当根据金融工具的特点及相关信息的性质对金融工具进行分类。准则第 37 号还指出衍生金融工具的表外业务表内化有利于及时、充分地反映企业的衍生工具业务所隐含的风险及其对企业财务状况和经营成果的影响。

8.4　衍生金融工具的会计处理

衍生金融工具的使用其目的就是规避金融市场的交易风险。在以上四类衍生金融工中，远期合同常用于套期保值，期货合同大多用于投机牟利。本节主要介绍金融期货、金融期权和金融互换交易的会计处理，套期保值的会计处理在外币会计中已经介绍。

8.4.1 金融期货交易的会计处理

金融期货交易包括利率、外汇和股票指数期货。利率期货可以用于投机牟利，用来说明金融期货交易的会计处理程序比较合适。

金融期货交易通过期货交易所完成，它为交易者建立资金头寸和结算头寸账户，通过保证金存款办理结算，实行"差额结算"和"净额结算"的原则，并且提供了交易者根据市场行情随时转手平仓便利灵活的结算条件。

1. 金融期货合同的初始确认

金融期货合同本身就是交易的标的物。根据 IAS39 号准则的要求，首先要对金融期货合同进行初始确认，会计处理一般可以采用交易日会计和结算日会计处理程序两种方法。采用结算日会计处理程序的比较多，而这种方法更适合于金融期货合同投机牟利的特性，由于投机牟利在绝大多数情况下不会持有至合同到期日进行实际交割和全额结算，而是选择时机转手进行差额结算。

2. 金融期货合同公允价值变动的确认

在签订期货合同时按要求比例交纳保证金，可称为初始保证金，它属于应收款的性质，不属于对期货合同的初始计量。期货合同公允价值变动所导致的盈亏在会计上予以确认。同时，按比例追加和退回保证金，在期货合同期间应做会计处理。

3. 金融期货合同结算确认

金融期货合同持有者根据行情变化转手平仓通过保证金存款进行"差额结算"。只有合同到期实际交割时作出实际交割的会计处理。

【例 8 – 1】2012 年 1 月 5 日。AF 公司与期货经纪人签订承诺购入债券期货 $400 000（当日市价）的 2 个月期期货合同，按期货价格的 10% 缴纳初始保证金 $40 000，并在每月月末按照期货价格的涨（跌）补交（或退回）相应的金额。设 1 月 31 日该项债券期货的市价涨至 $410 000。2 月 28 日，AF 公司预测期货市价将连续疲软，按 $404 000 转手平仓，并支付交易费 $1 200。通过结算，收回保证金余额。

1 月 5 日，在签约日（期货交易日）对债券期货进行初始确认，同时确认一项金融资产和一项金融负债（其净投资为零），并将其分类为"为交易而持有的"证券；同时，作缴纳保证金的记录：

1 月 31 日，补交保证金（$41 000 – $40 000），并确认因债券投资公允价值变动（上涨）而获得的（未实现）投资收益（$410 000 – $400 000）。

借：存出保证金 $1 000

   贷：银行存款 $1 000

借：债券期货投资 $10 000

　　　　贷：债券投资收益　　　　　　　　　　　　　　　　　　$10 000

　　2 月 28 日，确认本月的债券投资损失（$404 000 – $410 000），转手平仓，进行差额结算，终止确认此项债券期货：

　　　　借：债券投资损益　　　　　　　　　　　　　　$6 000
　　　　　　贷：债券期货投资　　　　　　　　　　　　　　　　　$6 000
　　　　借：应付债券期货合同款　　　　　　　　　　$400 000
　　　　　　财务费用（交易费）　　　　　　　　　　$1 200
　　　　　　银行存款　　　　　　　　　　　　　　　$43 800
　　　　　　贷：债券期货投资　　　　　　　　　　　　　　　　$404 000
　　　　　　　　存出保证金　　　　　　　　　　　　　　　　　$41 000

以上是采用交易会计的处理程序。如果采用结算日会计，则：

（1）在 1 月 5 日只需作缴纳保证金分录。

　　　　借：存出保证金　　　　　　　　　　　　　　$40 000
　　　　　　贷：银行存款　　　　　　　　　　　　　　　　　　$40 000

（2）在 1 月 31 日仍需作补交保证金并确认债券投资公允价值变动的分录：

　　　　借：存出保证金　　　　　　　　　　　　　　$1 000
　　　　　　贷：银行存款　　　　　　　　　　　　　　　　　　$1 000
　　　　借：债券期货投资　　　　　　　　　　　　　$10 000
　　　　　　贷：债券投资损益　　　　　　　　　　　　　　　　$10 000

（3）在 2 月 28 日改作转手平仓进行差额结算分录：

　　　　借：债券投资损益　　　　　　　　　　　　　$6 000
　　　　　　贷：债券期货投资　　　　　　　　　　　　　　　　$6 000
　　　　借：财务费用　　　　　　　　　　　　　　　$1 200
　　　　　　银行存款　　　　　　　　　　　　　　　$43 800
　　　　　　贷：债券期货投资　　　　　　　　　　　　　　　　$4 000
　　　　　　　　存出保证金　　　　　　　　　　　　　　　　　$41 000

可以说，以上的分录更恰当地体现了差额结算的实况。

　　AF 公司在此项债券投资的投机活动中，获利 $4 000（1 月份获利 $10 000，2 月份损失 $6 000），并为此发生交易费 $1 200，实际获得的净利为 $2 800。

　　假设：在投机活动中，投机者也可能没有把握住时机，因故拖延，直至期货到期日（不是债券到期日）。也就是未转手平仓其价值认为 $404 000。

　　2 月 28 日，收到退回的保证金（$40 400 – $41 000），并确认因债券投资公允价值变动（下跌）而招致的（未实现）投资损失（$404 000 – $410 000）；

　　　　借：银行存款　　　　　　　　　　　　　　　$600
　　　　　　贷：存出保证金　　　　　　　　　　　　　　　　　$600
　　　　借：债券投资损益　　　　　　　　　　　　　$6 000
　　　　　　贷：债券期货投资　　　　　　　　　　　　　　　　$6 000

　　3 月 5 日，设此项债券的市价下跌至 $360 000，将清仓结算的债券期货投资（空头）

确认入账；同时确认公允价值变动（下跌）而招致的投资损失（$360 000 – $404 000），并作通过保证金结算的分录：

借：债券期货投资	$400 000	
贷：应付债券期货合同		$400 000
借：债券投资损益	$44 000	
贷：债券期货投资		$44 000
借：应付债券期货合同款	$400 000	
债券投资	$360 000	
财务费用	$1 200	
贷：债券期货投资		$360 000
存出保证金		$40 400
银行存款		$360 800

在以上情况下；

AF 公司除存出的保证金 $40 400 外，还要加付 $360 800 才能完成清仓结算。在此项债券投资的投机活动中，最终亏损了 $40 000（1 月份收益 $10 000，2 月份损失 $6 000，3 月份清仓结算前损失 $44 000），并为此承担了 $1 200 的交易费，实际上共损失了 $41 200。此例引自常勋、常亮著：《国际会计》，东北财经大学出版社 2008 年版。

8.4.2　金融期权交易的会计处理

如前所述，金融期权合同是一种选择权合同，其持权人（期权合同的买方）享有在合同期满或期满之前按约定的价格购买或销售一定数额的某种金融资产的权利，这个约定价格成为执行价格。而期权合同的立权人（发行人、期权合同的卖方）则有义务在买方要求执行时出售或购入该种金融资产。持权人必须在期满时作出选择的期权是欧洲国家流行的欧式期权；可以在期满之前的任何时候作出选择的期权，则是美国流行的美式期权。

1. 金融期权合同的基本特征

看涨期权与看跌期权。

（1）看涨期权。如果期权合同的买方有权选择买进某种金融资产，这种期权通常称为"看涨期权"。因为行情看涨才对购买有利，所以看涨期权为"购买选择权"，简称"卖权"。

（2）看跌期权。如果期权合同的买方有权选择卖出某种金融资产，这种期权通常称为"看跌期权"。因为行情看跌才对卖出有利，所以看跌期权为"销售选择权"，简称"卖权"。

2. 金融期权合同的标的物

金融期权合同的交易标的物可能就是要求卖方向买方转让或从买方受让的一项金融

资产。当买权合同得到执行时，也就构成买方的一项金融资产；当卖权合同得到执行时，也就构成买方的一项金融负债；期权合同中约定的执行价格，也就是标的物的执行价格。

对买权的买方而言，如果执行日期标的物的市价高于执行价格，则买方将行使权力，按执行价格向期权合同的卖方买进标的物，再将标的物以较高的市价卖出，获取价差利润；对卖权的买方而言，如果执行日期标的物的市价低于执行价格，则买方将行使权力，以较低的市价买进标的物，再按执行价格卖给卖方，获取价差利润；此利润通常称为执行价值，也就是期权的"内含价值"。

3. 金融期权费

在签订期权合同时，买方要向卖方支付一笔"期权费"，作为取得这种选择权的代价，期权费一般应低于期权的执行价值，期权费实质上就是期权交易的初始投资。

4. 金融期权合同的终止确认

期权合同在被执行或不执行时终止确认。在持权过程中所获取的利得或损失，将计入当期损失。

8.4.3 金融期权交易的会计处理

【例8-2】设H公司于2012年1月5日签订购入执行价格为$400 000的股票9个月期美式看涨期权合同，并向立权的经纪公司交付$44 000的期权费。假设1月31日，此项股票期权的市价上涨至$452 000，期权的内含价值（略而不计其时间价值）。即执行价值为$52 000。2月8日，H公司决定执行此项期权合同。设当日合同市价又上涨至$468 000，相应地，其执行价值即内含价值为$68 000，且执行时支付了$1 200的交易费。H公司做如下会计处理：

（1）1月5日，在签约日按执行价格确认期权合同，并支付期权费。

借：股票期权投资　　　　　　　　　　　　　　　$400 000
　　贷：股票期权投资应付款　　　　　　　　　　　　　$400 000
借：股票期权投资期权费　　　　　　　　　　　　$44 000
　　贷：银行存款　　　　　　　　　　　　　　　　　$44 000

（2）1月31日，确认此项股票期权投资公允价值的变动$52 000（$452 000 - $400 000）。

借：股票期权投资　　　　　　　　　　　　　　　$52 000
　　贷：股票期权投资损益　　　　　　　　　　　　　$52 000

（3）2月8日执行此项股票期权合同。确认其公允价值变动$16 000（$468 000 - $452 000）。

借：股票期权投资　　　　　　　　　　　　　　　$16 000
　　股票期权投资损益　　　　　　　　　　　　　$28 000
　　贷：股票期权投资期权费　　　　　　　　　　　　$44 000
借：股票期权投资应付款　　　　　　　　　　　　$400 000

财务费用　　　　　　　　　　　　　　　　　　　　　　$1 200

银行存款　　　　　　　　　　　　　　　　　　　　　　$66 800

　　贷：股票期权投资　　　　　　　　　　　　　　　　　　　$468 000

H 公司在买入此项股票看涨期权的投机活动中，赚取了 $24 000 的利得（（$52 000 + $16 000）– $44 000），同时发生了 $1 200 的交易费，实际赚取 $22 800。

以上的例题中可以看出，要在期权中获取利润，其执行价值（市价 – 执行价格）必须超过期权费。但对期权是否执行的判断，则取决于执行价值是否是正值，即市价是否超过执行价格。例如，改设 2 月 8 日的市价为 $408 000，则执行价值为 $8 000，扣除期权费 $44 000 后，仍将亏损 $36 000；但如果不执行则将损失期权费 $44 000，期权的买方仍会选择执行。但如果 2 月 8 日的市价为 $399 000，其执行价值为 $ – 1 000。则执行时将损失 $45 000；而选择不执行，只损失期权费 $44 000。由此可见，执行价值是判断期权是否执行的标尺。

8.4.4　金融互换交易的会计处理

金融互换交易就是交易双方关于以特定方式交换未来一系列现金流量的协议，实际上是远期合同的一种组合。金融互换有货币互换和利率互换两种基本形式。

1. 金融货币互换

货币互换是指交易不同币种、相同期限、等值资金债务或资产的货币及利率的一种预约业务。具体地说，就是双方按固定汇率在期初交换两种不同货币的本金，然后按预先规定的日期进行利息和本金的分期交换。

货币互换有三种基本类型：

不同货币固定利率和固定利率的交换；不同货币浮动利率与固定利率的互换；不同货币浮动利率与浮动利率的互换。最典型的货币互换——不同货币固定利率和固定利率的交换。

具体操作分三个步骤：第一，本金的期初互换，其主要目的是确定交易双方各自本金的金额，以便将来计算应支付的利息和再换回本金。第二，利息互换，即交易双方按议定的利率，以未偿还本金额为基础，进行利息支付。第三，本金的再次互换，即在合约到期日，双方换回交易开始时互换的本金。

【例 8 – 3】某美国公司 A 可以很容易地筹集到一笔日元资金进行直接投资，筹集总额为 120 亿日元，期限为 5 年，日元的借款利率为 7.5%。但是投产后的产品将主要销往美国市场，创汇形式为美元。未来该公司需要不断地把美元收入换成日元还本付息，如果日元升值，该公司将承担汇率损失。为此，该公司先筹集日元资金，然后通过某家银行（中介人）与 B 公司达成互换交易协议，即以 A 公司的日元资金交换 B 公司的美元资金。

假定，此时货币互换的汇价为 1 美元 = 120 日元，美元利率为 9.5%，互换开始日为 1999 年 1 月，每年支付一次利息，为期 5 年，具体过程如下：

第一步：期初相互交换本金。A 公司将 120 亿日元的本金通过银行转给 B 公司，而 B 公司将 1 美元本金转给 A 公司（见图 8 – 1）。

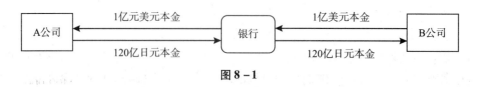

图 8 - 1

借：现金 JPY120 000 000
　　贷：长期借款 JPY120 000 000
借：互换本金——B 公司 JPY120 000 000
　　贷：现金 JPY120 000 000
借：现金 $100 000 000
　　贷：互换本金——A 公司 $1 000 000 000

第二步，期间每年年初各方进行利息互换。（见图 8 - 2）

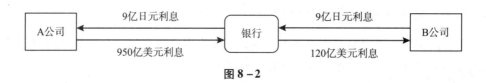

图 8 - 2

借：互换利息 $9 600 000
　　贷：现金——A 公司 $9 600 000
借：现金——B 公司 JPY900 000 000
　　贷：互换利息 JPY900 000 000

第三步：期末各方进行利息和本金互换。（见图 8 - 3）

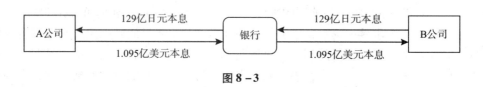

图 8 - 3

这样，A 公司通过货币互换把日元债务调换成了美元债务，避免了一系列的外汇风险。而 B 公司通过货币互换以较低的成本（7.5%）筹集到了资金。

2. 金融利率互换

金融利率互换是指同一货币的债务以不同利率进行调换的金融交易，如固定利率债券与浮动利率债券间的互换合同。

金融利率互换一般经过银行完成产生的利息差额作为财务费用处理。

【例 8 - 4】S 公司于 2012 年 1 月 1 日按面值发行 6 年期、年利率为 5% 的公司债券 $400 000，同时与 B 银行进行利率互换交易，将 5% 固定利率调换为与 6 个月期伦敦银行同业存款利率（Lonon inter - bank offered rate，LIBOR）相关的浮动利率。假定每 6 个月计

提应付债券利息和交易费，2012 年 1 ~ 6 月的 LIBOR 为 5.5%，7 ~ 12 月的 LIBOR 为
4.8%；每年年终支付债券利息和互换交易费。S 公司会计处理如下：

（1）1 月 1 日，发行 $400 000 公司债券。

借：银行存款　　　　　　　　　　　　　　　　　　　　　　　$400 000
　　贷：应付债券　　　　　　　　　　　　　　　　　　　　　$400 000

（2）6 月 30 日，计提 1 ~ 6 月份债券利息 $10 000（$400 000 × 5% × 6 ÷ 12）和互换
交易费 $1 000（$400 000 ×（5.5% − 5%）× 6 ÷ 12）。

借：债券利息费用　　　　　　　　　　　　　　　　　　　　　$10 000
　　贷：应付债券利息　　　　　　　　　　　　　　　　　　　$10 000
借：互换交易费　　　　　　　　　　　　　　　　　　　　　　$1 000
　　贷：应急费用　　　　　　　　　　　　　　　　　　　　　$1 000

（3）12 月 31 日，计提 7 ~ 12 月份债券利息 $10 000 和互换交易费 $400（$400 000 ×
（4.8% − 5%）× 6 ÷ 12）。

借：债券利息费用　　　　　　　　　　　　　　　　　　　　　$10 000
　　贷：应付债券利息　　　　　　　　　　　　　　　　　　　$10 000
借：应计费用　　　　　　　　　　　　　　　　　　　　　　　$400
　　贷：互换交易费　　　　　　　　　　　　　　　　　　　　$400

（4）12 月 31 日，支付 2012 年债券利息和互换交易费。

借：应付债券利息　　　　　　　　　　　　　　　　　　　　　$20 000
　　应计费用　　　　　　　　　　　　　　　　　　　　　　　$600
　　贷：银行存款　　　　　　　　　　　　　　　　　　　　　$20 600

8.5　衍生金融工具的风险防范

当人们面临风险时，可以利用各种衍生金融工具来进行化解，用确定性取代不确定
性，或消除不利的风险，同时保留有利的风险。要达到后一种目标，往往需要利用带有期
权性质的工具，而其他类型的风险可以借助于相对应的工具来防范。

8.5.1　期权合约的应用

期权可以使人们避免坏结果，同时有机会享受好结果。在美国，假设 A 公司拥有 100
万股 B 公司的股票想卖出，但现在已接近年底，若卖出股票就需马上缴纳税款。因此，A
公司打算推迟出售股票，但是，如果年底前股价下跌，那就会受到损失。

A 公司该怎么办呢？A 公司可以购买卖出期权。B 公司当前股价为 28 美元，只要 A
公司执行价格为 28 美元的 100 万股股票的卖出期权，就可完全避免风险。假设当 A 公司
出售股票时，股价跌到 20 美元，那么 A 公司在每股股票上损失 8 美元。但是，卖出期权
时价值正好为每股 8 美元。这样，收益刚好抵销了损失。另外，若股价上升，则 A 公司可
获利。我们看到，A 公司避开了受损的风险，同时又不妨碍自己从股价的上升中获利。我

们可用表 8-2 表示出股价变化时对公司损益情况的影响。

表 8-2　　　　　　　　　　　**利用期权套期保值**　　　　　　　　　　单位：美元

出售股票时的股价	股票的损失		套期保值的损益		净损益
	每股	合计	每股	合计	
20	(8)	(8 000 000)	8	8 000 000	—
25	(3)	(3 000 000)	3	3 000 000	—
30	2	2 000 000	—	—	2 000 000
35	7	7 000 000	—	—	7 000 000

8.5.2　利率风险管理

在实际经济生活中，人们设计出了一系列衍生工具来防范利率风险，并可以根据自己的需要来选择合适的工具，以下揭示相应的三种工具。

1. 利率封顶

这是指给支付浮动利率的借款人的付出额封顶的合约。例如，购买 8% 的封顶的浮动利率，借款人付的利息绝不会超过 8%，在合约期中，若任何一期的参考利率（如 3 个月 LIBOR）超过了 8%，利率封顶的卖出方则要支付实际利息与按 8% 计算的利息之间的差额。利率封顶就像是一系列执行利率为 8% 的 3 个月 LIBOR 的买进期权，它使利率封顶的持有人规避了利率上升的风险。

2. 利率保底

利率保底给利率设置了下限。例如，若一个投资者投资于一个利率为 6 个月 LIBOR + 1% 的浮动利率债券，购买了 4% 的利率保底，那么，他在任何一期收到的利率决不会低于 5%。利率保底就像是一系列执行利率为 4% 的 6 个月 LIBOR 的卖出期权，它规避了利率下跌的风险。

3. 利率封顶保底

利率封顶保底就是利率封顶和利率保底的组合体。例如，一份 5% 或 8% 的利率封顶保底合同包含一份 5% 的利率保底合同和一份 8% 的利率封顶合同。它可以规避利率超出某一范围的风险。

公司在进行风险管理时，必须借助于不同决策层次和组织机构的力量，形成一种风气和制度，以保证公司在市场中风险最小，从而获得更大的收益。

8.5.3　风险管理的最佳实施方案

人们在工作实践中，提倡推广风险管理，并提出一些最佳实施方案。表 8-3 从这些最佳方案中提炼出最优风险管理的主要特征，并援引某汽车公司的实践操作与其类比。

表 8 - 3 　　　　　　　　**Best practice 和 Big Auto Co. 风险管理**

最佳实施方案	某汽车公司实施方案
1. 高级管理层的参与 ● 董事会批准成立委员会专司监管风险 ● 制定与风险管理目标相一致的政策并确立与衍生品有关的具体措施 ● 审查程序并进行批准 ● 定期召开例会，对一段时期以来的活动予以总结评估，确保与政策方针相符	● 由董事会成员组成的风险管理委员会监管风险、制定政策并每季度召开例会 ● 控制委员会每月召开例会，对全月的绩效予以回顾总结，保证与政策方针相符 ● 制定与特定产品—经营有关的政策和程序，包括限额、竞争价格（如竞价程序）
2. 控制 ● 职责分工明确，相互独立 ● 经常进行盯市，并实施其他风险评估（如市场风险/信用风险）	● 将前台活动与后台活动相分离，执行独立的风险管理职能 ● 每天进行独立的 MTM 评估和风险评估，包括信用风险评估
3. 经营组织和信息设施 ● 建立运作流程和运作系统，基于不同的规模和复杂性，对交易活动给予支持 ● 建立运作流程和运作系统对所有重要风险进行及时管控	● 财务上投入建立一体化的交易和风险管理系统 ● 有单一的专门系统，对运作活动（如交易定价、交易进入、确认会计）、与风险有关的活动、所有交易中的实用风险管理予以支持

　　这家汽车公司尽管作为终端使用衍生金融产品的公司，仍然形成发展了一整套与最佳实施方案相一致的操作程序，而且这些运作相当先进，甚至能与中介商驾驭这些金融工具的娴熟技巧并驾齐驱。

本 章 小 结

　　金融工具（financial instruments）也称原生金融工具，是指金融市场上资金的需求者向供应者出具的书面凭证。衍生金融工具（financial derivatives instrument）亦称"衍生金融商品"、"衍生金融产品"。衍生工具一词源于"衍生"，顾名思义，它起源于原生性金融工具或原生金融工具的价格，这种原生性金融工具包括货币、外汇、存单、债券、股票等。按照衍生金融工具自身交易方法及特点，可划分为如下四大类：远期合约、金融期货、金融期权、货币和利率互换。

　　国际会计准则委员会和美国财务会计准则委员会都认为，根据衍生金融工具的含义，所形成的金融资产和负债都符合资产和负债定义的基本特征，签订的合同可以视为形成资产和负债的法定权利和义务的事项。在金融工具会计准则的制定过程中，需要以下几个阶段：初始确认、后续确认、终止确认。

　　国际会计准则委员会和美国财务会计准则委员会都确立了公允价值计量所有金融工具的目标，认为这对获取一致并相关的信息是必要的规定。第 39 号国际会计准则对金融进行了分类，主要是从持有金融资产的意图，把金融资产区分为四类：为交易而持有的金融资产或负债、持有至到期日的投资、企业原生的放款、可供出售的金融资产。我国 2006年 2 月，根据《企业会计准则——基本准则》，财政部发布了《企业会计准则第 37 号——金融工具列报和披露》（以下简称准则第 37 号），对金融工具及衍生金融工具的披露做出了规定。

衍生金融工具的会计处理，主要介绍金融期货、金融期权和金融互换交易的会计处理方法。

衍生金融工具的风险防范，主要可以借助于相对应的工具来防范。例如期权合约、规避利率风险等。

复习思考题

1. 什么是衍生金融工具？按交易方法及特点，衍生金融工具有哪几类？
2. 衍生金融工具与原生金融工具的产生有什么差别？
3. 为什么说衍生金融工具的确认应突出确认的"过程观"？
4. 怎样理解对不同类别的金融资产应采用不同的后续计量基础？
5. 哪些国家的会计机构已着手研究衍生金融工具的信息披露问题？
6. 如何防范衍生金融工具的风险？

第9章　国际转移价格

【本章提要】

本章在阐明国际转移价格概念、影响因素、定价目标的基础上，首先论述国际转移价格制定的原则和基本方法，而后介绍发达国家具有代表性的国际转移价格定价方法，进而给出了国际转移价格与总税负的模型，进行了税负最小化分析，最后论述了各国对国际转移价格的反应。

国际转移价格对跨国公司、接受跨国经营的各国政府，以及对国际资本的流动都有广泛而深远的影响。因此，国际转移价格的制定，是跨国公司经营战略的重要组成部分。

9.1　国际转移价格概述

9.1.1　国际转移价格及意义

国际转移价格（international transfer price）是指跨国公司管理当局从其总体经营战略目标出发，为谋求公司利润的最大化，在跨国联属企业（如母公司与子公司、子公司与子公司）之间购销产品或提供劳务时所确定的内部价格。这种价格通常不受市场供求关系变动的影响。

跨国公司经营活动的多国性质，大大提高了转移价格的重要性，也增加了转移价格制定的复杂性。首先，在跨国经营企业的总产量中，需要在公司内部以转移价格的部分大幅增加。据统计，国际贸易总额中约有40%是由跨国公司内部的产品流转构成的。其次，在当前复杂的国际经济环境中，转移价格已从最初作为控制各责任中心或子公司的手段，发展到现在作为跨国经营企业实现其全球战略的重要策略。

由于当今复杂多变的国际环境，国际转移价格的制定历来被认为是一种颇为神秘且具风险的行为。国际转移价格制定得当与否，直接影响到跨国公司以及各国政府的利益。就跨国公司而言，适当地利用转移价格，可以减轻税款支出，包括减轻所得税、扣缴税或者关税等，从而改善公司的资金流动状况。此外，也可以增强母公司和子公司的竞争能力。但过分地利用转移价格，也有可能导致东道国政府的报复，或者会损害公司管理人员的责任心和进取心，削弱企业的竞争能力。另外，就各国政府而言，对跨国公司的转移价格管理过于松懈，可能严重影响本国财政收入；但如果控制过严，又会损害这些国家的投资环境，影响国外投资者的投资积极性。

9.1.2 影响国际转移价格制定的各种因素

影响国际转移价格制定的因素很多，如所得税制的差别、关税壁垒、竞争、通货膨胀、外汇管制和政治风险等。跨国公司在制定转移价格时必须予以认真考虑上述因素。

1. 税负

各国所得税率的不同使跨国公司通过人为地抬高或压低转移价格的手段来减少整个企业集团的税负成为可能。具体地说，跨国公司可通过以较高的转移价格输入产品，而以较低的转移价格输出产品的方式，把设在税率较高国家的子公司的利润转移出来，再用相反的方法把利润转移到税率较低国家的子公司去，从而减少应交所得税，增加整个跨国公司集团的税后利润。跨国公司利用转移价格转移收益，减轻税负对各国政府的影响是：由于跨国公司是将收入由税率较高的国家向税率较低的国家转移，而将费用由税率较低的国家向税率较高的国家转移，从而导致相关国家在税收利益方面的关系发生变化。一般地说，税率较高国家的所得税收入将相应减少，而税率较低国家的所得税将相应增加，其相关影响如图 9 – 1 所示。

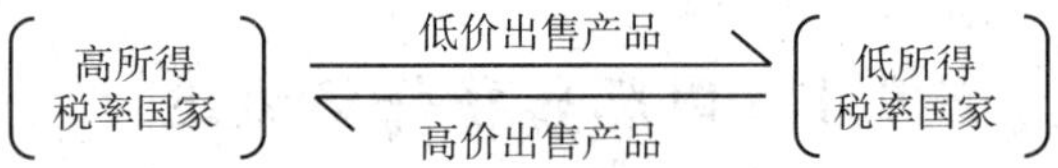

图 9 – 1

假设一汽车公司拥有 A、B 两个子公司。A 子公司向 B 子公司提供零部件，由 B 子公司组装出售，售价为每辆 $300。A 子公司的生产成本为每辆 $200，销给 B 子公司的转让价格为 $250。若 A 子公司本月向 B 子公司销售的零部件为 1 000 辆套，并经 B 子公司装配后全部出售，A、B 两子公司所在国的所得税率分别为 35% 和 50%。则该汽车公司的收益如表 9 – 1 所示。

表 9 – 1　　　　　　　　　　　收益表 1

项目	A 公司	B 公司	母公司
销售收入	$250 000	$300 000	$300 000
销售成本	$200 000	$250 000	$200 000
销售毛利	$50 000	$50 000	$100 000
销售费用	$3 500	$4 000	$7 500
税前净利润	$46 500	$46 000	$92 500
所得税	$16 275	$23 000	$39 275
净收益	$30 225	$23 000	$53 225

由于 B 子公司东道国的税率高于 A 子公司，因而，只要提高 A 子公司向 B 子公司的转让价格，便可使跨国公司的净收益增加。假定，转让价格改为 $285。则该汽车公司的

收益状况就会发生变化，如表9-2所示。

表9-2 收益表2

项目	A公司	B公司	母公司
销售收入	$285 000	$300 000	$300 000
销售成本	$200 000	$285 000	$200 000
销售毛利	$85 000	$15 000	$100 000
销售费用	$3 500	$4 000	$7 500
税前净利润	$81 500	$11 000	$92 500
所得税	$28 525	$5 500	$34 025
净收益	$52 975	$5 500	$58 475

仅转让价格变化一项，就使跨国公司增加净收益 $(58 475 - 53 225) = \$5 250$。反之，A国税率高于B国税率，可以降低转移价格。

当两个国家的所得税税率相近时：

跨国公司还可以通过在避税港设立"发票中心"式的非生产性子公司作为贸易中介，通过低价买入，高价卖出的方式将大部分利润从两个税率相近的国家转移到避税港。这种贸易中介被国际税收专家成为"国外基地公司"（foreign base compny）。在避税动机的刺激下，基地公司发展极为迅速。1970年瑞士有基地公司20 000家，1975年巴哈马有基地公司14 000家，开曼群岛为6 000家，摩洛哥有2 000家信箱公司，希腊有轮船基地公司近1 000家。

【例9-1】一美国跨国公司向设在德国的子公司出售一批零件，它可以低价卖给设在巴哈马的基地公司，再由基地公司用高价卖给德国的子公司，实际上货物可能由美国直接运往德国，但经过这一转让价格，美国的跨国公司因低价出售而无盈利，德国的子公司因高价收购也无盈利。这样，两者的盈利都集中在基地公司，再由基地公司将利润汇回母公司，整个公司就可以减少税负，逃避税收。

以上例，假设A、B国都为高税率50%。C国为A国的避税港，其税率为20%。A国以$230卖给C国基地公司，其费用为$200，基地公司以$280元卖给B国子公司，B子公司仍以$300出售（见表9-3）。

表9-3 A公司直接向B公司出售

项目	A公司	B公司	母公司
销售收入	$230 000	$300 000	$300 000
销售成本	$200 000	$230 000	$200 000
销售毛利	$30 000	$70 000	$100 000
销售费用	$3 500	$4 000	$7 500
税前净利润	$26 500	$66 000	$92 500
所得税	$13 250	$33 000	$46 250
净收益	$13 250	$33 000	$46 250

定价策略，对产生的利益冲突进行协调，使分权经营的各公司既能像真正的独立经营单位那样提高效益和利润水平，又能使整个公司在转移价格政策的支持下获得长期的分权经营效益，最终保证公司总体目标和各利润中心目标的一致性。

3. 确保转移价格具有激励作用

分权经营体制下的跨国公司需要有一个激励机制，通过这个机制来激励各利润中心的经理在不影响企业整体利益的基础上，努力实现自己公司利润的最大化，并使公司充满活力。国际转移价格策略被认为是激励机制中的一个重要手段。在实际工作中，可以通过授予利润中心一定的价格决策权来实现这一目标。因为将转移价格决策权在一定程度上下放给各利润中心，意味着将竞争机制引入了利润中心之间的内部交易，这样便激发了下属公司经理的能动性和创造性，从而起到激励作用。

4. 减少外汇交易风险

通过合理地运用国际转移价格定价策略，尽可能将软货币国家中的资金转移到其他国家，从而减少由于汇率变动可能给跨国公司带来的损失。在实际工作中，跨国公司还将内部转移价格的制定与创新金融工具的运用结合起来，以求更好地实现减少外汇交易风险这一目标。

5. 避免与各国政府发生冲突

现在大部分国家都已采取了种种措施来限制跨国公司的国际转移价格定价中的任意操纵行为，所以，跨国公司在制定国际转移价格时，都将争取避免与东道国的有关规定发生矛盾作为一个目标，不使东道国政府机构介入公司决策过程，不影响公司的经营。

6. 提高资金使用的自由度

各国对跨国公司设立于其国内的子公司都有一些管制措施，如对"利润返还"行为加以限制等，这意味着跨国公司对各子公司所创造的利润的自由使用受到限制。在这种情况下，跨国公司除利用股利、使用费和公司管理费用等方法从其所属公司收回一定的资金外，还要利用转移价格来提高其自由使用下属公司所创造的利润的能力。如制定较高转移价格是将利润转出某个国家的一种办法。所以要通过转移价格达到提高资金使用自由度的目的。

除了上述六项基本目标外，国际转移价格定价系统还能帮助跨国公司增强海外子公司在当地市场上的竞争力，实现资源的优化分配，满足现金流动的短期需求和有助于海外子公司实行自治等目标。

9.2　国际转移价格的策略

9.2.1　国际转移价格制定原则

自 20 世纪 60 年代以来，由经济合作与发展组织、联合国等国际性组织先后提出了一些跨国公司制定转移价格的指导原则，用以规范和指导国际转移价格的制定，以维护跨国公司的国际收入和费用的合理分配，解决各国政府间有关跨国公司税收及其他经济利益的争端。

1963 年，经济合作与发展组织《关于所得和资本双重征税的协议草案》中就提出了"独立核算原则"。该原则也称正常交易原则或市场竞争原则，它要求把联属企业当作各自不控制对方或不受对方控制的独立的企业，完全按照无联属企业之间业务往来的方式和条件来从事它们之间的内部交易，制定国际转移价格。目前，盛行的制定国际转移价格的主要原则就是"独立核算原则"。

1977 年在经济合作与发展组织的范本中对"独立核算原则"又作出了新的阐述。范本指出，两个联属企业间的商业和财务关系，由于自身造成的或外部强加的条件而不同于两个独立企业的关系。为此，任何应由一个企业取得，但由于某种条件而没有取得的利润，可以计入该企业的利润，并为纳税依据。联合国税收协定小组也在 20 世纪 70 年代着手致力于独立核算原则的研究，使之成为制定国际转移价格、处理国际收入和费用分配问题的指导原则。目前，美国和大多数西欧国家都接受了以"独立核算原则"来指导国际转移价格制定的基本原则。

1. 销售收入价格制定原则

东道国政府对转移价格的态度直接影响着跨国公司的行为，面对东道国政府的严格控制，跨国公司都急于表明它们在转移价格方面是正当的和合理的。由于大多数国家的政府都认为以市价为基础的转移价格比以成本为基础的转移价格较少地受人为因素的影响，相对来说较为公平和可信，跨国公司为了减少与东道国政府的冲突，自然也就不得不尽量采用正常交易价格作为制定转移价格的基础。

近年来，确实有越来越多的国家倾向于或要求国际转移价格采用市价基础，有的国家甚至规定，政府有权对非市价基础的转移价格做重新计算和调整，或可对收入做重新分派，以保证政府的征税权利不致落空。

2. 劳务费用的计价、分配原则

跨国公司经营过程中存在着两种不同性质的劳务：一类是管理性质或统筹性质的劳务，如母公司向子公司提供的管理服务，这类服务涉及分摊原则问题；一类是具体的劳务，如修理、安装等，这类劳务涉及到如何计价问题，与产品的转移价格相似。

对于第一类劳务，很难用合理的定量方法来加以计量，甚至是否真正发生或提供过该种劳务也难以判断。因此，对于它的确认、计价和分配，各国政府都较为敏感。如果母公司所提供的服务确有其事，这些费用就要在子公司之间分摊。分摊的方法有两种，一种是归集费用，然后按一定的标准直接分配成本；另一种方法是设定收费标准，由子公司对接受的劳务支付报酬。

劳务费用支付标准，总的来说，上限至含利润的市场价格，下限至劳务的成本费用水平，是符合正常交易原则的。具体有以下几种情况：

（1）相关联企业间相互提供的劳务，如果是企业的主要经营业务（如美国规定，某种收入达到总收入 25% 时，即为主要经营业务），就必须按含利润的市场价格计算劳务收入。

（2）如果提供的劳务不是企业的主要经营业务，就可以在成本费用和市场价格之间确定劳务收入标准。

（3）母公司作为整个企业集团的控制机构，以及作为对外国子公司有控制权的股东而从事的与此身份有关的活动所发生的费用，是属于母公司本身的费用，不应对子公司收取劳务收入，也不得分配给子公司。

（4）母公司或总公司的一般国际管理费用，如董事酬劳金、车旅费、职工薪金等，一般只能按成本来分配。

（5）不许对子公司就一般劳务重复收费。

（6）科研开发费用的分配有些国家是这样处理的，先把明确为某子公司支付的科研费用分配给该子公司，然后在科研费用中扣除 30% 的部分，由母公司承担；余下的 70% 部分，按有关产品在母公司和子公司之间的销售比例进行分摊。

为了防止跨国公司利用劳务费用作出有损所在国利益的行为，在许多国家签订的税收协定中，对母公司向子公司如何按正常交易标准收取劳务费用，都做了明确的规定。

3. 利息费用的确定原则

这里所说的利息费用，是指母公司和子公司之间因借贷资本而发生的资金转移。跨国公司在对外汇管制比较严的国家进行投资时，往往把企业的资本额定得很低，子公司所需的营运资金大部分以贷款的形式提供，并据此收取高额利息。这样做的实际结果是母公司分享子公司的利润，并用隐蔽的形式把资金从子公司所在国转移出去。由于大多数国家对非居民纳税人的利息所征的扣缴税要低于正常的公司所得税，利息费用又可作为费用在报税时扣除，跨国公司利用利息形式转移利润可获得双重好处：一方面排除了少数股东对这部分利润的要求权；另一方面又减轻了整个公司集团的税负。

基于上述原因，各国政府对跨国公司内部的信贷交易十分关心。贷款利息费用的确定应遵循以下原则：

（1）以债权人所在国的一般市场利率作为相关联企业之间贷款利息标准。即假设设在甲国的独立企业，从设在乙国的独立企业取得贷款，其贷款利息率一般是由放款人所在乙国的市场条件决定，而不是由借款人所在甲国的市场条件决定，因而，按照独立核算原则，跨国关联企业之间的贷款利息标准，也采用债权人所在国的一般市场利率。

（2）相关联企业之间贷款利率，如果上下不超过债权人所在国一般市场利率的 20%，即被视为符合独立核算原则。这是因为由于贷款人的条件变化，有可能费用增加，也有可能得到政府的某些优惠，由此造成的利息率波动是正常的。

（3）在跨国公司之间，如果贷款金额较大，只要能证明贷款的实际费用较高，就可按较高的利息率。能确定资金是债权人以优惠条件从相关联企业集团以外获得的（如政府贷款），就可采用较低的利息率为标准，这仍符合正常交易的原则。

（4）在特殊情况下的处理。居于发展中国家的子公司，在开业初期出现亏损，或出现资金周转困难时，居于发达国家的母公司可能给予子公司不计利息的贷款，或者赊销预付。

4. 有形资产租赁费用计算原则

美国在《国内税收法典》中对此做出的规定,现已成为许多国家处理相关联企业间有形财产租赁问题的重要参考依据。美国规定,有形财产租赁的租金,应该按无关联企业之间的市场标准确定,即成本加合理利润。同时也准许采用一种最低成本加成费用率计算。

5. 无形资产的转让计价原则

作为无形资产的专有技术和专利权,在母公司和子公司之间转让时,也要按惯例由提供者授以特许使用权,并收取特许使用费。技术转让的特许使用费是国际资金流动的重要内容,它的支付可以用单独计价的形式,也可以隐含在其他商品的价格中。特许使用费由于其内容独特,缺乏可比性,因此一向是避税与反避税斗争的一个焦点。

美国指出,在相关联企业中提供无形资产使用的收费,可以采用各单位适当分摊费用的方法,由有关单位分摊无形资产的科研研究所产生的利益、费用和风险。这种分摊的标准只是无形资产的成本费用,成为处理相关联企业之间无形资产转让收入和费用的一个参考方法。

综上所述,将国际转移价格制定原则按不同的处理标准可分为两大类:一类是可以按成本费用收费的;另一类是要按成本加合理利润收费的。具体来说,对于联属企业之间往来的商品销售业务或与商品生产经营密切有关的无形资产转让业务,应以成本加合理利润来制定价格;而对非商品销售业务,可以按成本加利润制定转让价格,也可以按成本收费。对不同联属企业进行相同销售业务所制定的转移价格独立核算原则要求是不同的,对于所进行的交易是交易一方或双方主要经营业务,应以成本加利润来进行收费;而对于进行的交易是双方辅助性营业活动的,则可按成本加利润计取收入,也可按成本收费。

此外,世界范围内还有总利润原则、合理原则和合理利润划分安全等原则来指导跨国公司联属企业之间的转移价格的制定,不过,以这些原则制定转移价格的国家为数不多。

9.2.2 制定国际转移价格的基本方法

在几十年的实践中,各国会计界已形成着若干制定转移价格的基本方法。但归纳起来可分为两类:①以市价为基础;②以成本为基础。两类方法各有优缺点,在实务中,企业往往是根据自身的特点加以选择和运用的。以下就制定转移价格的两类基本方法作简要的介绍。

1. 以市价为基础

以市价为基础的定价方法,就是要使转让的商品或劳务按转让时外部市场通行的价格,亦即这些商品或劳务的买入公司愿意以对外支付的价格作为公司间转移价格的定价基础。

采用市价为基础的定价方法的优点主要表现在两个方面。首先,采有这种定价方法在公司内部转让产品,实际上是将母公司及所属各子公司视为完全独立经营的企业。这不仅能达到公司分权化经营的目的,还有利于发挥子公司的自主权,促使子公司管理人员充分利用市场，增强其适应市场的能力。同时，利用这种转移价格确定子公司的经营业绩也比较真实。其次，由于市价代表了无关联关系的买卖双方在公开竞争的市场上所愿达成的交易价格，排除了人为调节的因素，因此，这种转移价格易于为东道国政府所接受。正是由于这些优点，目前大部分国家和许多国际组织，如经济合作与发展组织以及联合国等，均倾向于采用此法。

但采用市场价格也有一定的局限性。在实务中，选定一个公允的市场价格往往是很困难的。首先，很难找到一个完全竞争的市场，而只要是在不完全竞争的市场上，跨国公司就有能力操纵市场价格。其次，对跨国公司内部转移的半成品或零部件而言，很少有一个现成而公允的中间市场可借以寻找可靠的市价资料。再次，商品或劳务的市场价格只有在信用环境、等级、质量、运输条件等确实相同时，才具备较强的可比性，而实际上这些条件往往是不相同的。最后，对于一些特殊行业，如仪器、电子、信息技术等行业，产品成本中研究和开发费用占了相当的比重，而其仿制者可避免这类成本以较便宜的价格出售其仿冒产品。因此，开发产品的跨国公司很难接受这种市场价格。

2. 以成本为基础

以成本为基础的转移价格按其所包括的内容可分为三种类型：①全部成本；②全部成本加成；③变动成本加一个固定额。其中，"成本"可以是实际成本，也可以是标准成本或预算成本。

采用成本为基础的定价方法的优点主要表现在三个方面。首先，成本资料容易收集，所以此法简便易行。其次，此法还有助于各公司重视成本管理和成本数据的搜集，避免在定价上的人为判断，有利于跨国公司内部的相互协作。最后，由于成本资料有据可依，也经得起各东道国税务当局的核查。

当然，以成本为基础的定价方法也有其局限性。以全部成本为基础制定的转移价格，使转出产品的子公司或利润中心无任何利润。其结果是，既损害了转出产品子公司的积极性，又致使这些子公司不关心其自身对成本的控制和管理，因为无论转出产品的全部成本高低如何，转入产品的子公司原则上都得接受。再则，对于接受产品的子公司而言，不正常的、过高的成本无形中使其承担了一部分转出产品子公司因经营不善所造成的责任。而采用变动成本加一个固定额作为定价的基础，若这个固定额等于边际利润，则与以全部成本为基础的转移价格相同。

再者，由于"成本"通常为历史成本，若在通货膨胀剧烈的国家里，按成本为基础制定的转移价格将与现行市场价格远远脱节。由此可见，以成本为基础制定转移价格的方法忽视了市场竞争的要求和供求关系的影响。

很显然，以市价为基础和以成本为基础的定价方法各具所长和所短，孰优孰劣，难以判断。任何一种单一的定价方法都难以满足跨国公司的需求。

9.2.3　发达国家跨国公司国际转移价格的定价方法

随着全球经济一体化进程的加速，到 20 世纪 80 年代末，西欧、北美、日本等工业化发达国家跨国公司的国际化经营规模得以拓展，对跨国公司的内部国际转移价格定价系统的实证研究也在不断增加。表 9 - 5 总结了美国、日本、加拿大和英国的跨国公司采用的国际转移价格定价系统进行实证研究所取得的成果。

表 9 - 5　　　　　　　对跨国公司采用的转移价格定价方法所进行的实证研究成果

方法	美国		日本	加拿大	英国
	ECCELS	TANG, WALTER RAYMEND	TANG, WALTER RAYMEND	TANG	TANG
市场价格法	30.0%	20.4%	22.2%	26.9%	23.9%
成本基础法					
变动成本法	4.5%	0.8%	1.6%	2.7%	
全额成本法	24.7%	10.2%	4.8%	6.5%	7.0%
成本加成法	16.2%				
变动成本加成法		1.7%	1.6%	2.8%	2.8%
全额成本加成法		32.2%	33.3%	19.4%	22.6%
协议价格法	21.5%	13.6%	22.2%	25.9%	26.8%
其他	3.2%	21.1%	14.3%	15.8%	16.9%
合计	100.0%	100.0%	100.0%	100.0%	100.0%

资料来源：Abdallah，W. M.（1989）International Transfer Pricing Policies，Quorum Books，P. 59。

从表 9 - 1 的数据中可以看出：①大部分美国和加拿大的跨国公司通常采用市场价格法制订其国际转移价格。对美国的跨国公司来说，当没有合适的市场价格可以采用时，往往将成本加成定价法作为其备用的第一选择。②比较多的英国跨国公司往往选择协议定价法，而比较多的日本跨国公司选择成本加成定价法。③对于用成本定价法的跨国公司来讲，标准成本定价法的运用要比实际成本定价法广泛。

实证调查结果还表明：①跨国公司并不一定为其公司所有的内部交易都选用同一种转移价格定价方法，它可以进行不同方法的组合，但是相比之下，市场价格定价法是最重要的转移价格定价方法，紧随其后的是标准全额生产成本加成法。②在设置跨国公司内部国际转移价格定价系统时，跨国公司的全球策略、国家对其"利润返还"的限制、企业的总税负和业绩评价系统是其中的几个关键性因素。③跨国公司认识到可以通过操纵、控制内部交易的国际转移价格来实现他们的目标，但是，他们也认识到，这种做法有可能会引起相关国家政府的介入，从而会对跨国公司的全球目标造成长期的损害。

从以上的分析中可以概括出，在各种转移价格定价方法中，采用全额成本法通常定价结果较低；而协议价格法、市场价格法和标准成本法通常定价结果较高，因为前者不带利润。

另外，在跨国公司通常采用分权经营，同时信息又存在不对称的外部环境下，由于自治程度较高，无论最终转移价格水平如何，子公司及其管理者有可能通过编造数据等手段为自己谋求好处。这种情况的存在对转移价格的制定也构成影响，公司总部为此要考虑给子公司的好处必须要大于其损失。

跨国公司对外投资的不同形式也会影响转移价格定价政策，发展迅速的合资企业就是其中一种主要的投资形式。对于合资企业不能像对子公司一样，所以在跨国公司制定母公司（或其他子公司）与设立的合资企业之间的转移价格政策时，就会考虑利用较高价格向合资企业出售货物而使跨国公司在投资早期收回大部分资金，这通常正是合资企业政府希望避免和防范的；另外的考虑是应用较低价格向合资企业出售货物能够使合资企业报表显示出较高利润，继续享受某些优惠政策。

合资企业的董事会也有当地合资方的代表，这使得跨国公司利用与合资企业之间的转移价格来实现降低汇率变动风险、取得竞争战略优势、尽早收回投资等目标难以完全按自己的意志实现。如前所述，转移价格定价政策并不能完全满足跨国公司经营管理方面的所有要求。

9.3　国际转移价格与总税负模型

1. 基本公式及税负模型

为讨论跨国公司内部国际转移价格与其总税负之间的关系，先建立一个基本公式。首先我们假设：

T——供应方企业的产品收入或内部交易的国际转移价格；

R——所得税税率；

r——关税税率；

C——供应方企业的生产成本；

P——收购方企业的产品售价或收入；

B——不含关税的营业费用。

以下标 1、2 区别供应方企业和收购方企业的相同因子，如 R_1 为供应方企业的所得税税率，R_2 为收购方企业的所得税税率。

表 9-6 将收入、成本、利润和税负的基本公式列示出来，能够明显看出总税负和总利润、子公司利润之间的关系。

表 9-6　　　　　　　　　　　总税负和总利润、子公司利润之间的关系

项目	栏次	收购方公司	供应方公司
收入	1	P	T
成本	2	$C_2 = T$	C_1
毛利润	$3 = 1 - 2$	$P - T$	$T - C_1$
营业费用	4	B_2	B_1
关税支出	5	$r_2 \times T$（进口关税）	$r_1 \times T$（出口关税）
税前利润	$6 = 3 - 4 - 5$	$P - B_2 - (1 + r_2) \times T$	$(1 - r_1) \times T - C_1 - B_1$
所得税	7	$R_2 \times [P - B_2 - (1 + r_2) \times T]$	$R_1 \times [(1 - r_1) \times T - C_1 - B_1]$
税后利润	$8 = 6 - 7$	$(1 - R \times [P - B_2 - (1 + r_2) T]$	$(1 - R_1) \times [(1 - r_1) \times T - C_1 - B_1]$
税务负担	$9 = 5 + 7$	$(1 - R_2) \times r_2 T + R_2 \times [P - B_2 - T]$	$(1 - R_1) \times r_1 T + R_1 \times [T - C_1 - B_1]$

整个跨国公司内部交易业务所形成的总税负为收购方企业与供应方企业的税负之和，即：

跨国公司总税负 = 收购方公司税负 + 供应方公司税负

$$= (1 - R_2) \times r_2 T + R_2 \times [P - B_2 - T] + (1 - R_1) \times r_1 T + R_1 \times [T - C_1 - B_1]$$

$$= [R_2 \times (P - B_2) - R_1 \times (C_1 + B_1)] + T \times [(1 - R_2) \times r_2 - R_2 + (1 - R_1) \times r_1 + R_1]$$

$$= [R_2 \times (P - B_2) - R_1 \times (C_1 + B_1)] + T \times [(1 - R_2) \times (r_2 + 1) - (1 - R_1) \times (r_1 + 1)]$$

【例 9-2】某跨国公司在一国设有甲公司，该国所得税税率（R_1）为 45%，出口关税税率（r_1）为 10%；在另一国设有乙公司，该国所得税税率（R_2）为 15%，进口关税税率（r_2）为 30%。甲公司生产零部件，由乙公司加工装配成产成品，然后以每件 35 美元的价格销售。甲公司生产一套零部件的成本为 13 美元，以每套 24 美元的内部国际转移价格向乙公司结算。假定本期生产销售产品 20 000 件，甲、乙公司不含关税的营业费用分别为 30 000 美元、40 000 美元，为了表达简明起见，设乙公司的装配成本已计入其营业费用之中。企业的税负计算如下：

甲公司（供应方企业）税负 = 所得税税负 + 关税税负

$$= (R_1 - R_1 r_1 + r_1) \times T - (C + B_1) \times R_1$$

$$= (45\% - 45\% \times 10\% + 10\%) \times 20\,000 \times 24 - (20\,000 \times 13 + 30\,000) \times 45\%$$

$$= 50.5\% \times 20\,000 \times 24 - 290\,000 \times 45\%$$

$$= 111\,900 \text{（美元）}$$

乙公司（收购方企业）税负 = 所得税税负 + 关税税负

$$= (r_2 - R_2 r_2 - R_2) \times T + (P - B_2) \times R_2$$

$$= (30\% - 15\% \times 30\% - 15\%) \times 20\,000 \times 24 + (20\,000 \times 35 - 40\,000) \times 15\%$$

$$= 10.5\% \times 20\,000 \times 24 + 660\,000 \times 15\%$$

$$= 149\,400 \text{（美元）}$$

跨国公司总税负 = 甲公司税负 + 乙公司税负 = 111 900 + 149 400 = 261 300（美元）

从表 9-7 中可以看出，该跨国公司的总税负 = 所得税税负 + 关税税负 = 192 000 + 69 300 = 261 300（美元），与按公式求得的结果一致。

甲、乙两公司的本期合并利润，如表 9-7 表示。

表 9-7　　　　　　　　　　甲、乙两公司合并利润表

项目	甲公司	乙公司	合并利润
销售收入	$480 000	$700 000	$700 000
销售成本	$260 000	$480 000	$260 000
销售毛利	$220 000	$220 000	$440 000
营业费用	$30 000	$40 000	$70 000
关税	$48 000	$144 000	$192 000
税前利润	$142 000	$36 000	$178 000
所得税	$63 900	$5 400	$69 300
税后利润	$78 100	$30 600	$108 700

2. 税负最小化分析

在前述的公式中，对于 $(C + B_1) R_1$ 与 $(P - B_2) R_2$ 两个因子来说，一旦税率已定，无论国际转移价格的高低变化如何，这两个因子均不会改变，即对供应方企业、收购方企业及整个跨国公司来讲上述两个因子均不会改变其税负水平。为了讨论的方便起见，将上述三式简化如下：

(1) 供应方企业税负 $= (R_1 - R_1 r_1 + r_1) \times T$

(2) 收购方企业税负 $= (r_2 - R_2 r_2 - R_2) \times T$

(3) 跨国公司总税负 $= T \times [(1 - R_2) \times (r_2 + 1) - (1 - R_1) \times (r_1 + 1)]$

$$= (R_1 - R_2) - (R_1 r_1 + R_2 r_2) + (r_1 + r_2)] \times T$$

公式中的 T 就是子公司之间的转移价格。由此可见，转移价格影响跨国公司总税负构成，各国所得税税率是一定的，同时大部分国家为了鼓励出口，一般不征收出口关税 r_1，或实行退税等政策。所以，实际上跨国公司在制定转移价格时主要考虑的税负最小化是包括企业利润所得税和进口关税的公司整体总税负最小。

首先看转移价格变动对转出企业的影响。

单就转出企业而言，由于所得税在 0 与 1 之间，则 $R_1 - R_1 r_1 + r_1$ 总大于零，因而转让价格与企业税负成正比例关系；转让价格降低，负税可减轻，反之则加重。若原例转让价格为每套 21 美元，则：

甲公司负税 $= 50.5\% \times 20\,000 \times 21 - 290\,000 \times 45\% = 212\,100 - 130\,500 = 81\,600$（美元）

较上例的 111 900 美元，降低了 30 300 美元，以相对数表示，转让价格降低 12.5%，税负降低 27.1%，显然税负对转让价格的变动反应较为敏感。另外，由于降低了转让价格，结转出企业的税后利润也将随之减少。上例可计算如下：

税后利润 $= (420\,000 - 260\,000 - 30\,000 - 42\,000) \times (1 - 45\%) = 48\,400$（美元）

较上例的 78 100 美元，降低了 29 700 美元，以相对数表示，降幅为 38.0%，其敏感性较强。

其次看转移价格变动对转入企业的影响。

单就转入企业而言，存在以下两种情况：

(1) 当 $r_2 > R_2 + R_2 r_2$，此时转让价格与企业税负成正比例关系：转让价格降低，其税负可以减轻，反之则加重。仍将原例的转让价格改为每套 21 美元，则：

乙公司税负 $= 10.5\% \times 20\,000 \times 21 + 660\,000 \times 15\% = 143\,100$（美元）

较前例的 149 400 美元，降低了 6 300 美元，降低幅度为 4.2%，显然，税负对转移价格变动的反应并不敏感，其变动后的税后利润为：

税后利润 $= (700\,000 - 4\,200\,000 - 40\,000 - 126\,000) \times (1 - 15\%) = 96\,900$（美元），较前例的 30 600 美元，增加了 66 300 美元，增幅为 216.7%，显然其敏感性十分强。

(2) 当 $r_2 < R_2 + R_2 r_2$，，此时转让价格与企业税负成反比例关系：转让价格提高，其税负可以减轻，反之则加重。

若将原例的两国税率互换，重新计算乙公司在原转让价格（24 美元）下的税负及税后利润如下：

乙公司税负 = $(10\% - 45\% \times 10\% \times 10\% - 45\%) \times 20\ 000 \times 24 + (20\ 000 \times 35 - 40\ 000) \times$ $45\% = (-39.5\%) \times 20\ 000 \times 24 + 660\ 000 \times 45\% - 189\ 600 + 297\ 000 = 107\ 400$（美元）

税后利润 = $(700\ 000 - 480\ 000 - 40\ 000 - 48\ 000) \times (1 - 45\%) = 72\ 600$（美元）

现将转让价格改为每套 27 美元，则：

乙公司税负 = $(-39.5\%) \times 20\ 000 \times 27 + 660\ 000 \times 45\% - 189\ 600 + 297\ 000 = 107\ 400$（美元）= $-213\ 300 + 297\ 000 = 83\ 700$（美元）

转让价格变动前的 107 400 美元，降低了 23 700 美元。以相对数表示，转让价格上升 12.5%，税负的降幅为 22.1%，税负对转让价格的变动较为敏感。至于企业的税后利润则由于转让价格的提高，将随之下降，可计算如下：

税后利润 = $(700\ 000 - 540\ 000 - 40\ 000 - 54\ 000) \times (1 - 45\%) = 36\ 300$（美元）

较变动前的 72 600 美元，降低了 36 300 美元，降幅为 50%，其敏感性较强。

转让价格变动对所得税的影响：

如果忽略价格变动对所得税的影响，单就所得税进行讨论，则前述第（3）式可再简化为：

总税负 = $(R_1 - R_2)T$

（1）当 $R_1 > R_2$ 此时转让价格与跨国公司的总税负成正比例关系：转让价格降低，可以减轻总税负，反之则加重。

现将原例的关税因素略去，可重新计算跨国公司以 24 美元作为转让价格时的合并利润见表 9-8。

表 9-8

项目	甲子公司	乙子公司	合并利润
销售收入	$480 000	$700 000	$700 000
销售成本	$260 000	$480 000	$260 000
销售毛利	$220 000	$220 000	$440 000
营业费用	$30 000	$40 000	$70 000
税前利润	$190 000	$180 000	$370 000
所得税	$85 500	$27 000	$112 500
税后利润	$104 500	$153 000	$257 500

如将转让价格降为每套 21 美元，则该跨国公司的合并利润见表 9-9。

表 9-9

项目	甲子公司	乙子公司	合并利润
销售收入	$420 000	$700 000	$700 000
销售成本	$260 000	$420 000	$260 000
销售毛利	$160 000	$280 000	$440 000
营业费用	$30 000	$40 000	$70 000

续表

项目	甲子公司	乙子公司	合并利润
税前利润	$130 000	$240 000	$370 000
所得税	$58 500	$36 000	$94 500
税后利润	$71 500	$204 000	$275 500

转让价格变动前的 25 700 美元，税后利润增加了 18 000 美元，以相对数表示，增加为 7%，其敏感性并不高，原因在于降低了转让价格，转出企业的利润有所下降，部分抵销了转入企业所增加的利润。

（2）当 $R_1 < R_2$，此时转让价格与跨国公司的总税负成反比例关系：转让价格提高，可以减轻总税负，反之则加重。

若将原例两国的所得税率互换一下，仍略去关税因素，则可重新计算合并利润如表 9 - 10 所示。

表 9 - 10

项目	甲子公司	乙子公司	合并利润
税前利润	$190 000	$180 000	$370 000
所得税	$28 500	$81 000	$109 500
税后利润	$161 500	$99 000	$260 500

现将转让价格提高为每套 27 美元，则可重新计算该跨国公司的合并报表（见表 9 - 11）。

表 9 - 11

项目	甲子公司	乙子公司	合并利润
销售收入	$540 000	$700 000	$700 000
销售成本	$260 000	$540 000	$260 000
销售毛利	$280 000	$160 000	$440 000
营业费用	$30 000	$40 000	$70 000
税前利润	$250 000	$120 000	$370 000
所得税	$37 500	$54 000	$91 500
税后利润	$212 500	$66 000	$278 500

转让前的价格为 260 500 美元，税后利润计增加了 18 000 美元，增幅为 6.9%，其敏感性也不强。原因在于提高了转让价格，转出企业的利润虽有较大幅度的增加，但却有部分被转入企业的利润下降抵销了。

转让价格变动对关税的影响：

如果忽略所得税的影响，单就关税的影响进行讨论，则前述第（3）式可简化为：

总税负 = $[(r_1 + r_2)]T$

　　显然，不论两国关税的水平高低如何，转让价格与跨国公司的总税负总成正比例关系：转让价格降低，可以减轻其总税负，反之则加重。

　　下面让我们将上面的公式具体化；分析一下实务中跨国公司内部国际转移价格定价的变化对跨国公司税负的影响。

　　（1）货物从高所得税税率国向低所得税税率国转移

　　当 $R_1 > R_2$ 时，且将货物从高所得税税率国向低所得税税率国转移，这时我们可以看（3）式中，由于所得税税率小于 1，关税税率大于零，从而（$R_1 r_1 + R_2 r_2$）是小于（$r_1 + r_2$）的。因此，上式中方括号的结果总为正数，也即在转移价格不使供应方企业出现亏损的前提下，转移价格与跨国公司的总税负成正比例关系，转移价格下降，总税负可以减轻；反之，则加重。这种现象在理论上的解释是：降低转移价格无论在什么情况下都会降低企业的从价关税税负，而在将货物从高所得税税率国向低所得税税率国转移时，降低转移价格则会将收入集中到买入方公司，即所得税税率低的公司，从而降低整个公司的所得税。

　　但是转移价格的降低是有限度的。一般来说，各国税法都规定企业无利润或出现亏损可以免交所得税。供应方企业亏损增加和无利润的情况一样不交所得税，亏损增加不会使供应方企业少交所得税，所以供应方企业无利润后再降低转移价格，不会减轻供应方企业所得税税负，只会减少关税税负。降低转移价格将使收购方企业的一部分抵税成本转为应税收益，因而要增加交纳所得税，若 $R_2(1 + r_2) > r_1 + r_2$，则供应方企业无利润后再降低转移价格对整个跨国公司不利，整个公司多交的所得税大于节约的关税。所以，当转移价格降低到使供应方企业的利润为零时，要慎重考虑是否还要降低转移价格。

　　（2）货物从低所得税税率国向高所得税税率国转移

　　当 $R_1 < R_2$ 时，且将货物从低所得税税率国向高所得税税率国转移。前述（3）式为：总税负 $= [(R_1 - R_2) - (R_1 r_1 + R_2 r_2) + (r_1 + r_2)] T$。这时我们无法保证方括号里的结果在任何情况下都能保持正数或负数，即无法保证降低转移价格或提高转移价格总能减轻跨国公司的总税负，增加跨国公司的全球净利润，因此要分情况讨论。

　　a. 当 $R_1 < R_2$ 并且 $R_2 - R_1 + R_1 r_1 + R_2 r_2 < r_1 + r_2$，这时方括号里的结果为正数，即转移价格对跨国公司总税负仍成正比例关系：转移价格降低，总税负则减轻，反之，则加重。

　　若将原例两国的税率互换一下，此时 R_1 为 15%，R_2 为 45%，$R_1 < R_2$，并且

$R_2 - R_1 + R_1 r_1 + R_2 r_2$

$= 45\% - 15\% + 15\% \times 30\% + 45\% \times 10\%$

$= 39\% < r_1 + r_2$

$= 30\% + 10\%$

$= 40\%$

　　符合本结论的假设条件。转让价格变动前的合理利润可重新计算（见表 9 - 12）。

表 9 - 12

项目	甲子公司	乙子公司	合并利润
销售收入	$480 000	$700 000	$700 000
销售成本	$260 000	$480 000	$260 000

续表

项目	甲子公司	乙子公司	合并利润
销售毛利	$220 000	$220 000	$440 000
营业费用	$30 000	$40 000	$70 000
关税	$144 000	$48 000	$192 000
税前利润	$46 000	$132 000	$178 000
所得税	$6 900	$59 400	$66 300
税后利润	$39 100	$72 600	$111 700

总税负 = 192 000 + 66 300 = 258 300（美元）

如果将转让价格为每套 21 美元，则见表 9 - 13。

表 9 - 13

项目	甲子公司	乙子公司	合并利润
销售收入	$420 000	$700 000	$700 000
销售成本	$260 000	$420 000	$260 000
销售毛利	$160 000	$280 000	$440 000
营业费用	$30 000	$40 000	$70 000
关税	$126 000	$42 000	$168 000
税前利润	$4 000	$198 000	$102 000
所得税	$600	$89 100	$89 700
税后利润	$3 400	$108 900	$112 300

总税负 = 168 000 + 89 700 = 257 700（美元）

总税负较变动前的 258 300 美元，降低了 600 美元，降幅为 0.2%，敏感性很弱；税后利润较变动前的 111 700 美元，增加了 600 美元，升幅为 0.5%，敏感性也不高，但稍大于对税负的影响。

这种现象在理论上的解释是：降低转移价格无论在什么情况下都会降低公司的从价关税，但在货物从低所得税税率国向高所得税税率国转移时，降低转移价格则会将收入集中到买入方公司，即在所得税税率高的国家中，会增加跨国公司的整体所得税税负。但在 $R_2 - R_1 + R_1 r_1 + R_2 r_2 < r_1 + r_2$ 的前提下，减少的关税税负大于增加的所得税税负，从而公司的整体税负得以减轻。

但是，在这种情况下，低转移价格下跨国公司的全球净利润并不能保证一定比高转移价格下的全球净利润大。但转移价格的降低超过一定限度时，低转移价格所带来的总税负降低的积极影响有可能被卖方公司所呈现的净损失所带来的消极影响所抵销。这种情况下的分析与 $R_1 > R_2$ 时对转移价格降低限度的分析基本相同。

在 $R_1 < R_2$，且 $R_2 - R_1 + R_1 r_1 + R_2 r_2 < r_1 + r_2$ 的前提下，若 $r_1 + r_2 > R_2 (1 + r_2)$，则低转移价格时的全球净利润要比高转移价格时的全球净利润高，在条件允许的情况下，跨国公司要尽量地降低转移价格，以求获得更大的全球净利润。

若 $r_1 + r_2 < R_2(1 + r_2)$，转移价格的降低则是有一定限度的。超过一定限度，跨国公司的全球净利润就会出现负方向增长。这种情况下在制订转移价格时，当转移价格降低到使卖方公司出现净亏损时就要慎重，避免跨国公司的全球净利润出现负方向增长。

b. 当 $R_1 < R_2$，并且 $R_2 - R_1 + R_1 r_1 + R_2 r_2 > r_1 + r_2$ 时，方括号里的结果为负数，即转移价格对跨国公司总税负成反比例关系；转移价格提高，总税负则减轻；反之，则加重。

若将上例的 r_1 改为 20%，此时，

$R_2 - R_1 + R_1 r_1 + R_2 r_2$

$= 45\% - 15\% + 15\% \times 20\% + 45\% \times 10\%$

$= 37.5\% > r_1 + r_2$

$= 20\% + 10\%$

$= 30\%$

符合本结论的假设条件。转让价格变动前的合并利润可重新计算，见表 9 - 14。

表 9 - 14

项目	甲子公司	乙子公司	合并利润
销售收入	$480 000	$700 000	$700 000
销售成本	$260 000	$480 000	$260 000
销售毛利	$220 000	$220 000	$440 000
营业费用	$30 000	$40 000	$70 000
关税	$96 000	$48 000	$144 000
税前利润	$94 000	$132 000	$226 000
所得税	$14 100	$59 400	$73 500
税后利润	$79 900	$72 600	$152 500

总税负 = 144 000 + 73 500 = 217 500（美元）

现将转让价格提高为每套 27 美元，见表 9 - 15。

总税负较变动前的 217 500 美元，降低了 4 500 美元，降幅为 2.1%，其敏感性不强；税后利润较变动前的 152 500 美元，增加了 4 500 美元，升幅为 3.0%，敏感性也不高，但大于对总税负的影响。

表 9 - 15

项目	甲子公司	乙子公司	合并利润
销售收入	$540 000	$700 000	$700 000
销售成本	$260 000	$540 000	$260 000
销售毛利	$280 000	$160 000	$440 000
营业费用	$30 000	$40 000	$70 000
关税	$108 000	$54 000	$162 000

续表

项目	甲子公司	乙子公司	合并利润
税前利润	$142 000	$66 000	$208 000
所得税	$21 300	$29 700	$51 000
税后利润	$120 700	$36 300	$157 000

总税负 = 162 000 + 51 000 = 213 000（美元）

这种现象在理论上的解释是：提高转移价格无论在什么情况下都会提高公司关税税负，但在货物从低所得税税率国向高所得税税率国转移时，提高转移价格则会将收入集中到卖出方公司，即所得税税率低的公司，从而减少公司的所得税。但在 $R_2 - R_1 + R_1 r_1 + R_2 r_2 > r_1 + r_2$ 的前提下，增加的关税税负小于减少的所得税税负，从而公司的总税负得以减轻。

但是，在这种情况下，高转移价格时跨国公司的全球净利润也并不能保证一定比低转移价格时的大。但转移价格的提高超过一定限度时，高转移价格带来的总税负降低的积极影响就有可能被买方公司呈现的净损失带来的消极影响所抵销。

在 $R_1 < R_2$，且 $R_2 - R_1 + R_1 r_1 + R_2 r_2 > r_1 + r_2$ 的前提下，一般情况（指出口关税税率小于1）下的转移价格的提高是有一定限度的。这时跨国公司在制订转移价格时，当转移价格提高到使得买方公司出现净亏损时，就要慎重了，以避免跨国公司的全球净利润出现负增长。

9.4　各国对国际转移价格的反应

跨国公司的转移价格是一个相当敏感的问题。跨国公司利用国际转移价格使集团利益最大化，但给有关国家的政府带来了损失，日益引起各国政府的关注。许多国家的政府早已对这个问题给予了高度重视，发达国家和发展中国家的政府都在采取一定的措施对跨国公司转移价格的制定进行监督和管制。其措施概括如下：

9.4.1　采用局外价格检查来监督转移价格

发达国家的政府经常对跨国公司转移价格及其制定政策进行检查，往往通过立法的形式达到防止跨国公司利用转移价格转移利润、逃避所得税的目的。例如，美国国内收入署通过检查发现，超过 1/3 的跨国公司在其递交的年度报告中，几乎 75% 的跨国公司不能及时就其采用的转移价格定价手段和数据提供有效而合理的信息。当国内收入署随后要求跨国公司提供相关信息时，至少 50% 的公司采取拖延的手段，平均拖延时间大约为 12.2 个月。

根据美国《国内税收法规》的规定，国内收入署有权检查有关联的公司之间进行交易所使用的价格是否公平合理，每个企业是否都能得到合理的利润。如果公司无法证明其所使用的价格是公平的，则须采用按成本加合理利润的价格确定内部交易价格。国内收入署根据这种局外价格计算各公司应得的利润，如果发现定价不合理而转移了利润，则要对其收入进行调整。调整的方法是通过调整总收入对公司集团中的收入进行再分配，从而调整税基，并且按调整后的所得额纳税。如通过局外价格检查，发现母公司利用转移价格将利润转移到低税国子公司时，就按局外价格计算增加母公司的应纳税所得额，以此提高其应纳所得税。美国政府的直接干涉使得公司间任意定价的情况大为减少。这种做法为其他国家的政府树立了榜样，有不少国家的政府采取了类似的措施，对跨国公司转移价格的制定实行有效的管理。

9.4.2　用"比较定价"的原则监督转移价格

有的政府通过"比较定价"来对转移价格进行监督。把某一行业相同产品的一系列交易价格和利润进行比较，如果某一跨国公司进口货物或出口货物价格偏高或偏低，距离该行业的平均利润率较大时，税务当局可以要求按正常价格进行计算，使该公司取得平均利润，然后补交税金。

9.4.3　扩大跨国公司制定转移价格方面的信息披露

相对来说，发展中国家的政府在管制跨国公司转移价格方面缺乏强有力的措施。一方面是由于发展中国家需要跨国公司向其投资、提供技术和增加就业机会，管制不能过严；另一方面也缺乏有关跨国公司制定转移价格方面的资料，不能进行有效的监督。为此，广大发展中国家强烈要求跨国公司公布有关制定转移价格方面的信息。在对跨国公司转移价格的监督和管制方面，需要发展中国家团结起来才能取得一定的效果。

本 章 小 结

国际转移价格（International transfer price）是指跨国公司管理当局从其总体经营战略目标出发，为谋求公司利润的最大化，在跨国联属企业（如母公司与子公司、子公司与子公司）之间购销产品或提供劳务时所确定的内部价格。这种价格通常不受市场供求关系变动的影响。影响国际转移价格制定的因素很多，如所得税制的差别、关税壁垒、竞争、通货膨胀、外汇管制和政治风险等。跨国公司国际转移价格定价的目标有：谋求跨国公司全球总税负最低化、保证各级目标的一致性、确保转移价格具有激励作用、减少外汇交易风险、避免与各国政府发生冲突、提高资金使用的自由度。

目前，盛行的制定国际转移价格的主要原则就是"独立核算原则"。主要包括：销售收入价格制定原则；劳务费用的计价、分配原则；利息费用的确定原则；有形资产租赁费用计算原则；无形资产的转让价原则。制定转移价格的基本方法，归纳起来可分为两类：①以市价为基础；②以成本为基础。两类方法各有优缺点，在实务中，企业往往是根据自身的特点加以选择和运用的。

跨国公司利用国际转移价格使集团利益最大化，但给有关国家的政府带来了损失，日益引起各国政府的关注。许多国家的政府早已对这个问题给予了高度重视，发达国家和发展中国家的政府都在采取一定的措施对跨国公司转移价格的制定进行监督和管制。其措施有：采用局外价格检查来监督转移价格；用比较定价的原则监督转移价格；扩大跨国公司制定价格方面的信息披露。

复习思考题

1. 什么是国际转移价格？它对跨国公司有何意义？
2. 制定国际转移价格时，主要考虑哪些因素？
3. 国际转移价格基本定价目标有哪些？
4. 国际转移价格制定原则有哪些？怎样表述？
5. 试比较分析制定国际转移价格两类基本方法的特点。
6. 各国政府对跨国公司转移价格的制定采取哪些监督和管制措施？

第 10 章　国际外汇风险管理

【本章提要】

通过本章学习，使学生了解国际外汇市场的基本概念，影响汇率的主要因素及其变动预测，外汇风险的概念、种类及外汇风险管理的基本方法。

跨国公司通常在国际范围内收付大量外汇，或保有外币的债权债务，或以外币标示其资产负债的价值。由于外汇汇率经常波动，在它们的经营活动中，其现金流量会受到汇率变动的影响，因此随时都存在着外汇风险。有效的外汇风险管理要求企业对汇率的确定机制具有相当的理解，进而尽可能准确地把握未来汇率的变动趋势，避免汇率波动可能造成的不利后果。为了成功地评估外汇风险的影响，就必须对国际外汇市场、影响汇率变动的因素及外汇风险的种类有所认识，从而才能针对各种不同的外汇风险做出正确的决策。

10.1　国际外汇风险管理概述

10.1.1　外汇风险管理的意义

跨国公司在国际化经营管理过程中，不可避免地会受到汇率变动的影响，从而可能使公司的财务报表换算、业务交易、公司价值以及其他方面遭受损失。这种由汇率变动导致公司营利性、净现金流和市场价值的变化的可能性被称为外汇风险。

外汇风险可以分为换算风险、交易风险和经济风险三种类型。换算风险是指换算外币财务报表而可能产生账面损失的风险。交易风险是指跨国公司在商品和劳务进出口而进行外币业务交易时，签约日和履约日之间汇率变动的不确定性形成的外汇风险。经济风险是指外汇汇率变动造成企业价值下降的风险。由于外汇风险可能会对跨国公司的经营成果和财务状况产生重大影响，因此跨国公司必须充分了解和认识各种外汇风险，在国际化过程中对外汇风险进行有效的管理，以达到回避或降低风险的目的。外汇风险管理就是通过对汇率变动趋势的预测，对承受风险的外币资产或负债项目进行调整或保值，从而使企业可能发生外汇损失的风险降低到最小的过程。外汇风险管理是风险管理的一个特殊领域，尽管它们在具体的管理手段或工具上有所不同，但风险管理的基本理论和许多方法都可以直接应用于外汇风险的管理当中。实施外汇风险管理，应当从公司的自身条件出发，选择适合自身风险管理特定需要的措施，并将它与外汇风险管理的内部金融管理技术与外部金融管理工具有机结合起来，实现既定的外汇风险管理目标。

10.1.2　外汇风险管理的目标

外汇风险管理的基本目标是使企业由于汇率变动而产生损失的风险达到最小。具体目标因外汇风险的不同类型而有所不同。

(1) 对换算风险进行管理的目标在于保证国外资产的母币价值，从而防止投资人因不信任公司经营情况而抽回投资。

(2) 对交易风险进行管理的目标，一是使公司在最终发生兑换行为时，遭受的汇兑损失达到最小，即保证未来的外币现金流量的经济价值；二是能够确定未来与一定的外币现金流量等值的母币流量，以便能够安排公司其他的资金活动。

(3) 对经营风险进行管理的目标则在于保证公司的长远利益和长期发展。

建立在一定预测基础之上的外汇风险管理，其本身存在着一定的风险，而且也要发生一定的成本。为了降低企业的受险程度而改变企业正常的经营策略和经营行为而减少的企业收入，以及由于货币价值的实际变动与实施外汇风险管理时的预测水平发生差异而产生的损失，等等，都构成了外汇管理成本。因此，如果外汇管理成本较低，那么存在的外汇风险就较高；如果使外汇风险达到较低的水平，就必须付出较高的外汇管理成本。

因此，外汇风险管理的最终目标应当是：在尽可能减小汇率变动风险的同时，尽可能地降低管理风险的成本，或者说，在风险程度一定的情况下，使所花费的成本达到最小，或在成本支出为一定水平的前提下，尽量降低可能发生的汇兑损失，降低风险管理成本和减小风险。

跨国公司应当依据公司的具体情况和能够承担的费用水平来决定采用什么样的目标策略。当一个公司的经营行为要求公司不能承担高风险，同时，公司的资金又比较雄厚时，该公司就应花费较高的风险管理成本以谋求较低风险的经营；若公司没有足够的资金承担低风险所要求的高成本的话，那么就只能选择高风险、低成本的方法。

10.1.3　国际外汇市场

外汇市场是从事外汇买卖的场所。它的参与者由买卖货币的所有机构和个人组成，主要包括中央银行、商业银行、外汇经纪人、经营外汇的公司等。

外汇市场交易包括即期交易、远期交易、期货交易、期权交易。伦敦是国际外汇交易的最大中心，占世界外汇交易总额的 1/3。全世界外汇年交易额是世界贸易额的 10 多倍，纽约、苏黎世、法兰克福、东京、香港、新加坡等是世界重要的外汇市场所在地。随着电子通讯技术的发展，外汇买卖越来越多地通过传真和电话等形式来进行，交易主要发生在银行之间，因此，外汇市场实际上主要是银行之间的货币买卖市场。外汇交易的绝大多数是投机活动，利用异地异时微小的汇率差异进行营利性交易。通过电子手段，全世界各大时区的外汇市场已紧密地联系在一起，24 小时不间断地运作。

在伦敦，大多数银行都从事外汇买卖。中国银行伦敦分行也参与外汇交易。英镑的汇率由英国中央银行——英格兰银行通过其管理的英国财政部对外汇平准基金来进行管理。英格兰银行一般通过商业银行进行外汇市场干预，自己不公开出面，如果出面，它通常给经纪人指示一个汇率，经纪人会按这个汇率做一定数量的交易。英格兰银行也代表它的客户——政府部门、中央银行、其他国际机构从事外汇交易。

美国的外汇市场是多样化和复杂化的。美国的黄金和外汇储备由外汇平准基金控制，外汇平准基金由美国财政部拥有，财政部长在法律上负责稳定美元的汇价。联邦储备系统在外汇市场上进行调节性操作，但它不能长期间脱离财政部。美国约有 1.4 万家银行，只有 1% 活跃于外汇市场。银行的外汇活动不受管制，但受联储及州银行部门的监督。外汇市场的官方干预由纽约联邦储备银行处理，联储的干预可以直接以自己的名义，或通过商业银行为中介实施。联邦储备银行还为往来的中央银行买卖外汇。这样的操作往往与外国中央银行在其国内市场的操作同时进行，以帮助它们干预。

德国银行系统约有 6 000 家银行，只有约 100 家在外汇市场上比较活跃，其中以最大的三家为主：德意志银行、德累斯顿银行和商业银行。德国没有类似外汇平准基金的干预机构，由德意志联邦银行掌管国家外汇与黄金储备。一般而言，外汇市场不受外汇管制，银行能自由交易外币。德国的外汇市场有两个组成部分：每日官方"定价"和常规市场每日汇率的确定，是官方任命的担任主席的经纪人于下午 12 时 45 分在法兰克福宣布的。这位责任经纪人收到从法兰克福交易所，以及柏林、杜塞尔多夫、汉堡和慕尼黑等交易所发来的订单，在此基础上确定汇率。如果订单不平衡，便变动汇率，直至平衡，或者由德意志联邦银行干预，吸收或供应其差额。

法国外汇市场主要由 15 家大银行组成，还有一些国内和国际的经济人，汇率每天在巴黎交易所确定，经过拍卖系统定下价格。如有必要，法兰西银行会出面干预定价。法国的黄金和外汇储备由外汇平准基金掌管，由财政部控制，但外汇市场的逐日操作由法兰西银行管理。法国在传统上实行保护法郎，有较严的外汇管制，但法国银行可以作美元/马克或美元/英镑的交易。法郎的货币市场要受外汇管制，向非居民贷出法郎是受到禁止的。这种限制可以切断向欧洲法郎市场供应资金的渠道，防止投机者借入法郎再抛出，但也限制了巴黎成为重要的国际外汇交易中心。

由此可见，外汇市场是进行外汇交易的市场，它可以分为两个层次，即银行同业市场、客户与银行间交易市场。银行间同业市场是外汇市场的主体，它是一个无形的、抽象的市场。外汇市场上的基本交易类型是即期交易和远期交易。

10.2　影响汇率的因素及其预测

汇率是开放经济运行中居于核心地位的变量，各种宏观变量及微观因素都会通过种种途径引起它的变动，而它的变动又会对其他经济变量带来重要的影响。因此，只有在了解汇率与其他经济变量的相互的基础上，才能够完整认识开放经济的运行特色。在全球经济一体化的进程中，汇率已经成为经济生活中越来越重要的宏观变量，它不仅综合体现了货币数量、利率、总需求等方面的基本状况，还对这些变量产生复杂的影响。

10.2.1　影响汇率的主要因素

汇率，作为一国货币对外价格的表示形式，受到国内和国际因素的影响。因此，汇率的变动常常捉摸不定,预测亦十分困难。除经济因素外,货币作为国家主权的一种象征,还常常受到政治和社会因素的影响。在此,选择十个最常用的变量来分析它们对汇率的影响。

1. 国际收支

国际收支,非严格地说,是指一国对外经济活动中所发生的收入和支出。当一国的国际收入大于支出时,即为国际收支顺差。在外汇市场上,国际收支顺差就表现为外汇(币)的供应大于需求,使本国货币汇率上升,外国货币汇率下降。相反,当一国的国际收入小于支出时,即为国际收入逆差,在外汇市场上就表现为外汇(币)的供应小于需求,因而本国货币汇率下降,外国货币汇率上升。

但必须指出,国际收支状况并非一定会影响到汇率,主要要看国际收支顺(逆)差的性质。短期的、临时性的、小规模的国际收支差额,可以轻易地被国际资金的流动、相对利率和通货膨胀率、政府在外汇市场上的干预和其他等因素所抵消。不过,长期的巨额的国际收支逆差,一般必定会导致本国货币汇率的下降。

2. 相对通货膨胀率

货币对外价值的基础是对内价值。如果货币的对内价值降低,其对外价值——汇率——必然随之下降。货币的对内价值可以用通货膨胀率来表示。但是,自从纸币在全世界范围内取代金属铸币流通后,通货膨胀几乎在所有国家都发生过。因此,在考察通货膨胀率对汇率的影响时,不仅要考察本国的通货膨胀率,还要比较他国的通货膨胀率,即要考察相对通货膨胀率。两国间相对通货膨胀率的变动会影响国际贸易活动,即两国相互间产品和劳务的流动,进而影响各自货币的需求与供给,导致汇率的变动。

一般而言,在其他情况不变的条件下,如果一国的通货膨胀率相对于其他国家有所提高,将导致本国产品相对外国产品更加昂贵,本国对外国产品的需求增加,而外国对本国产品的需求降低,使本国对外币的需求增加,外国对本国货币的需求减少。同时,本国货币对外国的供给增加,外币的供给减少,所以本国货币相对于外币将贬值,而外币将升值。从理论上讲,在两个国家之间,汇率的变动与该国相对的物价水平的变动成正比,即所谓"购买力均等定理"(purchasing power parity theorem)。按照购买力均等定理的原理,当一国货币的汇率对另一国货币的购买力在汇率和物价发生变动之前和之后保持不变,即汇率变动总是伴随着物价的变动,一种货币在汇率变动后换得的另一种货币的数量,其购买力水平与汇率变动前换得的该种货币的数量的购买力水平是相同的,购买力保持均等。

购买力均等定理从长期(如十年以上)来看,在一定程度上与现实相符,尤其是可自由兑换货币之间,物价和汇率的变动是相互影响的,物价变动会引起人们用一种货币去换另一种货币,从而引起汇率的变动。同样,汇率的变动也会产生引起物价变动的结果。因此,从长期观察来看,该定理是对实际情况的较好反映。但从短期来看,物价变动不会立即引起汇率变动,或不会立即引起汇率与物价成等比例的变动,因而一国货币的购买力不会在汇率和物价变动之前和之后保持均等,必须经过一定时间以后才能达到新的均衡。

3. 相对利率水平

利率作为使用资金的代价或放弃使用资金的收益，也会影响到汇率水平。当利率较高时，使用本国货币资金的成本上升，使外汇市场上的本国货币的供应相对减少；同时，利率较高也表示放弃使用资金的收益上升，将吸收外资内流，使外汇市场上的外币供应相对增加。这样，从两个方面结合起来考虑，利率的上升将推动本国货币汇率的上升。

然而，我们在考察利率变动的影响时，也要注意比较：一是比较外国利率的情况；二是比较本国通货膨胀率，即考察相对利率。如果本国利率上升，但幅度不如外国利率的上升幅度，或不如国内通货膨胀率的上升，则不能导致本国货币汇率的上升。一般而言，在其他情况不变的条件下，如果本国的利率相对于另一国有所提高，将导致外国对本国货币的需求提高，本国对外国的货币供给减少，本币升值；同时，本国对外国货币的需求下降，外币的供给增加，外币贬值。例如，假定加拿大利率不变而美国利率水平提高，则在美国存款或投资于债券将更富有吸引力，会促使加拿大企业和投资者将其持有的加元兑换成美元投资于美国，导致美元需求增加而加元供给增加。同时，由于投资于加拿大的吸引力减小，美国企业和投资者不愿投资于加拿大，导致加元的需求下降而美元的供给也减少，这样，将造成美元升值，加元贬值。具体的升贬值幅度将由利率变动幅度、两种货币需求与供给的利率弹性等因素决定。

由此可见，两个国家若在同类财务性资产上所赚得（或支付）的利息不同，则经市场调节后，两国利率不同的差异比将等于预期的汇率变动的差异比，被称为"费雪效应"（fisher effect）。按照这一原理，当一国货币的汇率对另一国货币的汇率发生变动时，该国的贷款利率肯定也在发生变动，使得该国的汇率随利率的变动而变动，即一国的贷款利率高于另一国的贷款利率时，该国的借款人就会到另一低利率国去寻求借款，这种寻求借款者增多以后，会引起两国间汇率和利率的变动，直到从低利率国取得借款换成本国货币后的实际利率与在本国取得借款的实际利率相等时为止。"费雪效应"应从长期（比如十年以上）来看在一定程度上与现实相符，尤其是可以自由兑换货币之间，利率和汇率的变动是相互影响的，利率变动会引起人们到其他资本市场去投资或筹资，从而引起汇率的变动；同样，汇率的变动也会产生引起利率变动的结果。因此，从长期观察来看，"费雪效应"观点是对实际情况的较好反映。然而，从短期来看，利率变动不会立即引起汇率变动，一国的利率变动是逐渐地和汇率的变动相互影响的，要经过一定时间以后才能达到新的均衡。必须指出的是，两国货币间的汇率还会受到第三国利率水平变动的影响。

4. 实际利率水平

尽管相对较高的利润水平倾向于吸引外国投资从而促进货币升值，但如果较高的利率水平仅仅反映了相对较高的通货膨胀预期，则由于高通货膨胀对当地货币的向下的压力，较高的利率水平并不一定伴随着汇率的提高。正因如此，在分析汇率变动趋势时考查实际利率水平的高低有时更具现实意义。名义利率与实际利率的关系如下：

$$实际利率 = 名义利率 - 通货膨胀率$$

由于实际利率涵容了名义利率和通货膨胀率这两个影响汇率变动的变量，通过比较各国实际利率水平的高低以确定汇率变动趋势，往往较之单个比较名义利率和通货膨胀率两个变量更容易得出明确的结论。在其他条件不变的情况下，实际利率水平与汇率之间具有高度的正相关关系。

5. 相对收入水平

一般来说，一国相对于其他国家而言收入水平的升降会影响该国对外币的需求，从而导致外币汇率的升降。比如，假定英国收入水平不变，而美国收入水平有较大程度的提高，将导致美国对英国物品的需求增加，进而增加了对英镑的需求，而英镑的供给不变，英镑对美元的均衡汇率将提高。

6. 政府管制

各国政府可以采取多种管制措施影响外国货币对本国货币的汇率，包括：①实施外汇壁垒；②设备贸易壁垒；③通过买卖外币干预外汇市场；④通过影响诸如通货膨胀率、利率、收入水平等宏观经济变量来调控该国货币汇率等。例如，假定美国利率水平相对于英国有较大幅度的提高从而使英镑面临贬值的压力，英国政府可以采取提高对本国企业和居民来源于国外投资所得税征税等措施来降低对美元的需求，阻止英镑的贬值。

7. 市场预期

像其他金融市场一样，外汇市场对任何具有未来影响的消息都会作出反应，因为这些消息会使市场参与者形成汇率变动的预期。例如，有关美国通货膨胀率将大幅提高的新闻会使得市场形成美元贬值的预值，导致交易者抛售美元，形成美元贬值的压力。在国际外汇市场上，很多机构投资者根据其对各国利率变动的预期而决定是否持有各种货币头寸。例如，如果他们预计德国利率会提高，就会暂时地将资金投资到德国，因为利率提高将促使马克升值，待德国利率提高时，他们将从中获利。市场预期未必都与实际相符，基于预期而持有某种货币头寸也同样冒有一定的风险，但不可否认的是，预期确实会促使投资者增减其持有的货币头寸，从而造成汇率的变动。

8. 总需求与总供给

总需求与总供给增长中的结构不一致和数量不一致也会影响汇率。如果总需求中对进口的需求增长快于总供给中出口供给的增长，本国货币汇率将下降。如果总需求的整体增长快于总供给的整体增长，满足不了的那部分总需求将转向国外，引起进口增长，从而导致本国货币汇率下降。当总需求的增长从整体上快于总供给的增加时，还会导致货币的超额发行和赤字的增加，从而间接导致本国货币汇率下降。因此，简单地说，当总需求增长快于总供给时，本国货币汇率一般呈下降趋势。

9. 财政赤字

财政赤字的增加或减少，也会影响汇率的变动方向。财政赤字往往导致货币供应增加和需求增加，因此，赤字的增加将导致本国货币汇率的下降。但和国际收支等其他因素一样，赤字增加对货币汇率的影响也并非是绝对的。如果赤字增加的同时伴有利率上升，则其对货币汇率的影响就很难说了。

10. 国际储备

较多的国际储备表明政府干预外汇市场、稳定货币汇率的能力较强，因此，储备增加能加强外汇市场对本国货币的信心，有助于本国货币汇率的上升；反之，储备下降则会引诱本国货币汇率下降。

总而言之，汇率变动是受诸多因素影响的结果。我们在分析时应注意两点：第一，上述十个因素对汇率的影响不是绝对和孤立的。它们本身可能反方向地交叉起来对汇率发生影响，加之汇率变动还受政治的和社会的因素的影响，使分析汇率变动的任务困难化和复杂化。上述十个因素对汇率的实际影响，只有在假定"其他条件都不变"的情况下才能显示出来龙去脉。第二，从本质上讲，劳动生产率才是决定本国货币对外价值的基础。劳动生产率的相对快速增长，使单位货币包含的价值相对增加，从而使本国货币的对外价值相应上升。不过，劳动生产率对货币汇率的影响是缓慢而长期的，不易被马上察觉出来。

10.2.2　汇率变动的预测

正确地预测汇率变动是跨国公司进行外汇风险计量和管理的前提条件，对未来汇率走势进行预测的方法概括起来可以分为基础性预测、技术性预测和市场性预测三类。

1. 基础性预测

基础性预测是从经济变量与汇率的基本关系出发来对未来汇率进行预测的一类方法。运用这类方法同样需要采用数量化的统计模型，但其着眼点放在某一经济变量对汇率的具体影响程度上。例如，我们可以运用回归分析来就某些经济变量对汇率的影响进行预测。假定现在影响汇率变动的因素只有通货膨胀率和收入增长率。首先，需要根据历史数据确定这两个因素对汇率的影响程度。比如预测英镑与美元之间的汇率，可以按季度搜集英国和美国通货膨胀率和收入增长率的数据，以各季度英镑对美元汇率变动的百分比（BP）作为因变量，以前一季度两国通货膨胀率差异变动的百分比（INF）和收入增长率差异变动的百分比（INC）作为自变量，其回归方程如下：

$$BP = a + bINF + cINC + u$$

这里 a 是常数，b 和 c 分别代表汇率对通货膨胀率差异变动的百分比和收入增长率差异变动的百分比的敏感程度，u 代表误差值。通过将历史的数据代入上述回归方程的系数求解方程，可以求出回归系数 a、b 和 c 的值。假定根据某期历史数据求出的回归系数分别为：a = 0.002，b = 0.8，c = 1.0。再假定本季度两国通货膨胀率差异较上一季度变动了 4%，收入增长率变动了 2%，则利用该回归方程，可预测下一季度英镑汇率变动的百分比如下：

$$BP = a + bINF + cINC = 0.002 + 0.8（4\%）+ 1.0(2\%) = 5.4\%$$

上述举例只含两个自变量。在实际应用中，需要找出所有影响汇率变动的变量，并且为了保证精确性，需要很长时间序列的历史数据库。

基础性预测方法直接从决定汇率的因素出发预测未来汇率，既可用于长期预测，也可以用于短期预测，并且能够给出点估计值。但也存在一定的局限性，主要是因为：①各个变量对汇率的影响在时间上具有不确定性；②模型中可能会忽略某些变量；③各个变量对汇率的影响程度可能会随着时间的推移而有所变化。这些情况可能会导致预测结果出现偏差。

2. 技术性预测

技术性预测是指从历史的汇率数据出发，运用特定的模型以得出未来汇率预测值的一类方法。技术性预测大都采用一定的统计分析模型，例如时间序列模型等。和股票价格的技术分析类似，技术性预测侧重于从汇率变动的内在技术性变量（如支撑位、阻力位、时间窗口等）探寻汇率走势的规律。在基本经济、政治形势保持不变的情况下，技术性预测方法往往能对汇率的近期走势给出准确的预测。但就长期而言，经济、政治因素往往发挥着更关键的作用。此外，这类方法只能给出未来汇率的运行区间，而不能精确地预测未来某一时点的汇率值。

3. 市场性预测

市场性预测指利用市场指标进行预测的一类方法。在实际应用中，通常采用的市场指标是即期汇率和远期汇率。采用即期汇率进行预测，就是以现行汇率作为近期汇率的预测值，它是建立在如下假设基础上：现行汇率反映了市场对汇率升降的预期，如果市场预计某一货币的汇率会升值，则市场各方将会买进该种货币，导致该种货币升值；反之，将会卖出该种货币，导致该种货币贬值。以市场预期理论为依据，即期汇率预测法认为现行汇率已经反映了市场预期和市场行为的结果，因此，应作为近期汇率的预测值。

采用远期汇率指标进行预测，就是以某一货币的远期汇率标价作为该种货币在相应时期期末的预测值，它建立在套汇理论基础之上：即未来某一时点的汇率应反映目前人们对该种货币在将来的价格的预期，如果现时的远期汇率标价与市场的预期存在差异，将会引起投机行为，促使远期汇率与市场预期相一致，因此，远期汇率应与未来相应时期期末的即期汇率一致，远期汇率成为预测未来即期汇率的一项可靠的指标。

以上各类方法在实践中往往需要结合起来使用。例如，可以采用不同的方法得出不同的预测值，然后根据具体情况给各种方法得出的预测值以不同的权重，最后计算出其平均值，作为最终的预测值。

10.3　外汇风险的种类及其识别

跨国公司通常在国际范围内收付大量外汇，或保有外币的债权债务，或以外币标示其资产负债的价值，由于外汇汇率经常波动，在它们的经营活动中，随时都存在着外汇风险。为了成功地评估外汇风险的影响，就必须对外汇风险的概念、种类有所认识，从而才能对各类不同的外汇风险做出正确的决策。

10.3.1　外汇风险的种类

外汇风险是指某一经济实体的经济活动绩效受到汇率波动的不利影响的可能性。这些不利影响可能表现在几个方面：①导致跨国公司合并财务报表中的合并数字发生不利的波动——换算风险；②导致某一经济实体的外币资产或负债在未来兑换成本币或以本币进行清偿时发生损失——交易风险；③导致某一经济实体的未来现金流入量的现值减小或现金流出量的增大——经济风险。

1. 换算风险

它是指公司在把不同的外币换算为统一货币的过程中，由于汇率变动而对公司会计账户和财务报表造成的影响。这是由于跨国公司的外币资产和负债项目在最初发生时是按发生日的汇率折成本国货币入账的，在以后的财务报表编报日，则要对其中的某些项目再按编表日的汇率进行换算。显然，当该项目发生日的汇率与编表日的汇率不一致时，即使公司的外币资产和负债的数额没有发生变动，但经过换算后，它的会计账户中的本国货币金额也会发生变动，给公司带来会计账户上的损益。这种损益是未实现的、账面上的损益，它不影响公司当期的现金流量。假设第一年年底的换算结果为 100 万美元（按美国的有关规定，这笔存款要用年底的现行汇率换算）。而在第二年年底，相同的这笔外汇存款结果为 90 万美元，那么两年不同的换算而引起的会计账户和报表项目换算过程中的损益，就是换算风险。

2. 交易风险

跨国公司进行对外交易而取得外币债权或承担外币债务以后，由于交易发生日的汇率和结算日的汇率不一致，而使公司在结算这些外币债权债务过程中可能蒙受的损益。这是因为，在结算债权债务时往往要涉及外币与本国货币的兑换。例如，结算外币债权时要将收入的外币兑换成本国货币；结算外币债务时，又需要用本国货币去兑换外币，若在结算时汇率发生变化，那么公司用收入的外币兑换回来的本国货币，或为支付外币债务所需付出的购买外币的本国货币，就会多于或少于交易发生时需预期的数量，从而使公司的预期收益或预期成本发生变化，给公司带来一定的损益。这种损益是真正的、已经实现的损益，在会计上需要计入当期的损益，并会影响当期的现金流量。

交易风险的主要表现形式为：一是以即期或延期付款为支付条件的商品或劳务的进出口，在货物或劳务费用尚未收支这一期间，外汇汇率变化所发生的风险；二是以外币计价的国际信贷活动，在债权债务未清偿前所存在的风险；三是待交割的远期外汇合同的一方，在该合同到期时，由于外汇汇率变化，交易的一方可能要拿出更多或较少货币去换取另一种货币的风险。就一个跨国公司而言，其交易风险不是由单独某一笔对外交易而构成的。只有当结算期限相同或相近的外币债权与外币债务不相等时，两者之间的差额才会给公司带来交易风险。因为，如果某一外币的债权与债务相等，且结算期限也相同，那么在结算这些债权债务时，若外币发生贬值，公司收入外币，就会蒙受一定的损失；但支付外币时，却会获得一定的收益，两者相互抵消，公司并不遭受任何损失。反之亦然，所以，仅当有着相同或相近结算期的外币债权与外币债务不相等时，两者之差额才会给公司带来一笔不能抵消的外汇损益。

3. 经济风险

它是指外汇汇率变动造成企业价值下降的风险。企业价值评估理论告诉我们，企业的价值在很大程度上取决于它的现金流量，而汇率的变动影响公司未来的销售量、价格及成本等。所以，汇率变动可能会引起企业未来现金流量的下降，从而引起企业价值的下降，对公司的长期生存能力产生影响。

经营风险的大小取决于企业投入产出市场的竞争结构以及这些市场如何受汇率变动的影响，而这种影响又决定于一系列的经济因素，如产品的价格弹性，来自国外的竞争，汇率变动对市场的直接影响（通过价格）及间接影响（通过收入）。这种风险的情况较为复杂，但大体上可以分别从出口企业和进口企业两方面来加以说明。对于出口企业来说，当本国货币与外币的汇率发生变动以后，其产品在国外的销售价格也会相应发生变动，从而影响其产品的竞争能力和销售额。一般来说，当本国货币贬值时，会促进本国母公司的出口；当本国货币升值时，则不利于本国公司的出口。例如，近年来日元不断升值，就直接抑制了日本公司的出口。而对于进口公司来说，当本国货币升值时，对进口企业有利；当本国货币贬值时，则会增加其进口成本。经济风险不同于交易风险和换算风险，其结果在财务账户和财务报表上无具体数字的反映，它影响的是公司长期的现金流量。

一个公司即使没有任何跨国经营活动也会面临经济风险。这是因为绝大多数国家的商品与金融市场是相互联系、相互影响的。例如，一个购销业务只在本国进行的公司会受到本国货币升值的不利影响，因为这时来自国外竞争对手的竞争加强了，同时，那些从国外用外币进口原材料的国内竞争对手也处于更有利的地位。

10.3.2 外汇风险的识别

外汇风险影响跨国公司涉外和跨国运营的很多方面，但并不是所有方面，而且在考虑特定的外汇风险时，公司也需要考虑管理的可行性和成本效益。因此，在进行外汇风险管理时，跨国公司首先需要了解外汇风险会在什么样的情况下出现、具体的表现形式以及可能造成的后果，即进行外汇风险识别。

外汇风险识别的任务主要包括：

（1）甄别风险事件。风险事件的甄别是指判断特定事件是否存在外汇风险，以及存在哪些外汇风险。

（2）确定受险时间。外汇风险是由于汇率随时间变化产生的，因此在管理外汇风险前，必须首先确定受险时间。

（3）分析风险原因。外汇风险产生的根本原因在于汇率的变动，但是它在具体情况下的表现形式却存在很大的差别。因此，跨国公司在分析风险原因时，不仅应当考虑汇率变动的直接影响，还需要考虑它的间接作用，考虑间接作用的传导机制、作用的要素以及程度等。

（4）估计风险后果。公司可以从定性和定量两个方面估计风险的后果。定性估计主要是判断外汇风险结果的类型，对其未来经营能力是否构成实质性影响等。定性估计是定量估计乃至整个风险管理决策的基础。外汇风险的定量估计是指通过一些数量方法对风险可能造成的结果进行估测和计量。公司可以通过对风险的定量估计了解风险后果的重要程度，在结合成本效益分析的基础上，选择恰当的管理方法。

10.4　外汇风险管理策略

外汇风险管理是指跨国公司对外汇市场可能出现的变化做出相应的决策。它是通过对汇率变动方向、变动幅度和变动时间的预测和控制，对承受风险的外币资产或负债项目进行调整或保值，从而使公司的汇兑损失达到最小的过程。

10.4.1　外汇风险管理的程序

1. 确定具体目标

外汇风险管理的行为和其他公司会计行为一样，具有期间性质，即具体的外汇风险管理只能是针对某一期间内的交易活动或某一时期的财务报表换算进行的。外汇风险管理的第一步就是确定一定时期内，对特定的交易或项目进行外汇风险管理的目标。显然交易和项目的性质和数目大小不同，所发生的时间以及涉及的国家不同，那以外汇风险管理的目标就可能不同。如果交易的数额很大，涉及国家的货币不稳定，而且该交易对公司关系重大，那么公司的外汇风险管理目标就应当是降低风险，而较少考虑付出的成本高低问题。但倘若交易数额较少，公司又正处在资金和人员紧张阶段，另外，交易对公司的影响不大，在这种情况下，公司的外汇风险管理目标应是低成本而较少顾及风险高低了。

2. 预测汇率变动情况

汇率预测的内容包括三个方面，即汇率变动的方向、变动的幅度和变动的时间，对这三方面预测的不同结果会导致外汇风险管理的方向、幅度和时间的不同。这里应当强调的是：汇率变动往往受各种因素综合作用的影响，要精确地预测汇率变动是非常困难的。为此，公司可采取一种稳健的策略，即：除非公司有相当大的把握对某一外币的汇率变动趋势做出预测，否则，公司就可假设其汇率在未来将朝着对公司不利的方向发生变动，并根据这种假设做出有关外汇风险管理的决策。

3. 计算外汇风险的受险额

这一步骤的作用在于从数量上确定公司面临多大的外汇风险。在会计上需要计算交易风险和折算风险的受险额。交易风险的受险额等于结算期间相同的外币债权与外币债务之间的差额。计算交易风险受险额时，需分别按照不同的币种、不同的结算期来进行，这样才能计算出公司所有的交易风险受险额。会计折算风险受险额的计算与交易风险受险额的计算类似，它等于那些在财务报表日需要按编表日的汇率进行换算的外币资产与外币负债之间的差额。在以上计算中，若外币债权或资产大于外币债务或负债，那么其差额称为正受险额，反之则称为负受险额。当公司存在正受险额时，若该种货币的汇率上升，公司将获得收益；若汇率下降，则公司要蒙受损失。当公司存在负受险额时，若汇率上升，则公司要蒙受损失；若汇率下降，公司将获得收益。

4. 确定对外汇风险受险额是否采取行动

在计算出外汇风险受险额后，公司首先要确定是否需要对该受险额采取行动。当公司预计不会遭受损失时，一般不做出任何反应。而这种情况通常要符合以下条件才能产生：一是受险额是正值，而该种外币又可望升值；二是受险额是负值，而该种外币又可能贬值；三是受险额为零。

5. 对公司的外汇风险受险额进行调整

如果上述的可以使公司不作反应的几种情况不存在，或者公司对汇率变动趋势把握不准的话，那么调整外汇风险受险额就是一种最佳选择。由于外汇风险受险额是指有关外币债权与外币债务（或外币资产与外币负债）之间的差额，因此，调整外汇风险受险额就是通过调整这些债权与债务或资产与负债项目的数额，来尽量缩小受险额。调整的主要方法有增加或减少某一外币的现金，提前或延迟结算外币债权债务等。例如，假设某公司存在正的交易风险受险额，那么该公司可以设法提前收回外币应收款、应收票据等，从而减少以该种外币计价的债权，以缩小正受险额。

6. 找出其他的避险方案

为了使公司的外汇风险受险额达到最小，还有几种方案可供选择，诸如展开远期外汇交易、期权外汇交易、外币借款等。

7. 找出预防经济风险的对策

当汇率的变动还可能使公司蒙受经济风险时，公司就应采取一定的预防措施。如果经济风险是由本国货币升值造成的，公司的主要对策是：①把向贬值货币国的出口活动转变为在贬值货币国生产或购买；②在借入资本中增大贬值货币借入的比例。如果经济风险是由本国货币贬值造成的，公司应采取的对策是：把在升值货币国的生产活动或进口活动转变为在本国生产并将产品向升值货币国出口。

8. 选择最优方案

当跨国公司找出了预防外汇风险的方法后，就面临着选择最优方案的问题。在选择最优方案时，应遵循以下顺序原则：①尽量选择对交易风险、会计折算风险和经济风险的管理者有利的方案。若难以做到这一点时，应优先选择有利于交易风险和经济风险管理的方案。②由于每一种方法都有不同的风险程度和成本水平，跨国公司应按成本的高低对初步入选的方案作进一步的选择。无疑，公司应尽可能选择成本较低的方案。

外汇风险管理步骤的具体实施和实施的程度，公司应根据所处的具体情况掌握。

10.4.2　外汇风险管理的基本方法

一般来说，换算风险属于一种会计风险，它是由外币换算可能造成的账面损失，它对公司未来的现金流影响不大，因此通常可以不予重视；后两者属于现金流风险，会影响公司的价值，应当加强管理。其中，交易风险是一种名义风险，一般是由合同条款导致的短期风险，通常由公司的财务人员负责管理，采用一定的技术方法来避免或降低交易损失发生的可能性。经营风险是一种实质性风险，它的影响具有长期性并且很难确定，通常是公司在制订长期战略计划时进行评价和管理的领域，它也是外汇风险管理的重点（Rawls and Smithson，1990）。

1. 换算风险的管理

换算风险管理的目标在于保证国外资产的母币价值。基本的方法包括：

（1）资产负债表套期保值。尽量使得公司在每种货币下都有等额的资产和负债，可以通过远期市场、货币市场或掉期进行套期保值。当公司的外币资产大于外币负债时，即公司处于净资产暴露的状态时，公司可以通过远期销售被暴露的外币资产，或者在货币市场上借入外币，减少外资资产和负债的差额；反之亦然。公司也可以通过掉期如平行贷款、背靠背贷款和互换货币等减少外币资产和负债的差额。

（2）资金调整。包括改变母公司或子公司预期现金流量的数量或币种，以减少企业当地货币换算风险。当预期当地货币贬值时，直接的资金调整方法包括出口用坚挺货币汁价，进口用当地货币计价，用当地货币贷款代替坚挺货币借款。

（3）风险对冲。这是跨国经营的另一种换算汇率风险管理技术，主要用于有一种以上外币资金账目或需用同种货币冲销原先账目的情况，一般要求进行多种货币风险的对冲。通常风险对冲有三种方法：一是用一种货币的空头抵销多种货币的多头；二是对两种有高度正相关性的货币，用一种货币的空头去抵销另一种货币的多头；三是对两种负相关的货币，以它们的空头或多头进行相互抵销。

2. 交易风险的管理

管理交易风险的方法可分为事先防范法和事后防范法两类。前者是指在签订交易合同时就采取防范外汇风险，如选择有利的计价货币、适当调整商品价格，在合同中订立货币保值条款和汇率风险分摊条款等；后者是指已经用软货币签订了出口合同或用硬货币签订了进口合同，无法在合同条款中加以弥补，就只能通过外汇市场进行远期外汇交易、外汇期权交易、外汇期货交易和外汇掉期交易，以及通过货币市场进行借款和投资等方法来防范外汇风险。下面介绍一些主要方法：

（1）选择有利的计价货币。

①在外汇收支中，争取收汇用硬货币（这种货币的汇率呈上升趋势），付汇用软货币（这种货币的汇率呈贬值趋势）。即在进出口贸易中，对进口支付争取用软货币，出口收汇争取用软货币；在非贸易往来时，对收汇争取用硬货币，付汇争取用软货币；在利用外资中，原则上应争取使用软货币，避免使用硬货币，以便减轻债务负担，在还款时可以得到

好处。

②在进出口贸易中，选择使用哪种货币，要与商品购销意图、国际市场价格等结合起来全面考虑。即要防止选用货币不当而受到汇率风险的损失，又要避免因为单纯考虑货币风险而影响商品的出口和急需物资的进口。一般讲，用硬货币报价时，货价要便宜些，用软货币报价时，货价要贵些，但如果出口商品是畅销货，国际市场价格趋涨，用硬货币报价时，即使不便宜一些，对方也容易接受。如果出口商品是滞销货，国际市场价格趋跌，用硬货币报价就不易成交。为了打开销路，出口商也可以接受用软货币计价成交。对急需物资的进口，如卖方坚持用硬货币，而买方又急于成交，也可以接受用硬货币计价结算。此外，为了使交易双方分担汇率风险，还可以采取软硬货币各半的方式，硬货币币值上涨，软货币币值下降，相互抵消，可以减少汇率变动风险。

③在外汇借款时，争取用同一种货币计价结算。使用贷款的企业签订进口合同选用的支付货币应与企业借入外汇贷款的货币相一致。同时企业借入外汇贷款的货币应与产品出口收取的外汇货币相一致，这样就不存在汇价问题，也不需要承担汇率变动的风险。在外汇借款时，选择货币还要考虑利率高低和汇率变动这两个因素。一般讲，借硬货币利率低，借软货币利率高，有时两者相差很大，但借入软货币还款时，可以得到汇率下浮的好处，借入硬货币还款时，要承担汇率上浮的损失。这就需进行预测、计算和比较，然后才能决定借哪种货币较为有利。从一个企业来说，借入多种货币比较适宜。借入多种货币，汇率有升有降，利率有高有低，可以分散风险，借入一种货币，往往很难准确判断其发展趋势。

④进出口商品如果能够采用本国货币计价的话，则不论汇率如何变动，也没有外汇风险。交易双方的实力对于决定合同货币影响很大，此外还有按照国际惯例决定结算货币的情况。

如果某国的货币是可以与其他货币自由兑换的货币，则该国的货币成为结算货币的机会较多。国外的一些外汇专家认为，进出口以本国货币计价比用外币计价是有利的。

（2）在合同中订立货币保值条款。在交易谈判时，经过双方协商；在合同中订立适当的保值条款，以防止汇率多变的风险。在国际收付中，常用的保值条款有：

①黄金保值。在订立合同时，按当时的黄金市场价格将支付货币的金额折合为若干盎司黄金，到实际支付日，如黄金市场价格上涨，则支付货币的金额相应增加，反之则相应减少。

②硬货币保值。在合同中订明以硬货币计价，用软货币支付；载明两种货币当时的汇率。在执行合同过程中，如果由于支付货币汇率下浮，则合同中金额要等比例地进行调整，按照支付日的支付货币的汇率计算，这样，实收的计价货币金额和签订合同时相同，使货币下浮的损失，可以得到补偿。

③"一篮子"货币保值。在合同中规定用多种货币来保值。因为在浮动汇率制度下，货币汇率每天每时都在变化，但变动幅度并不一致。如果在订立合同时确定支付货币与"一篮子"保值货币的汇率，并规定各种保值货币与支付货币之间的汇率变化调整幅度，如到期支付时汇率变动超过规定的幅度，则按当时的汇率调整，以达到保值的目的。

（3）适当调整商品价格。在进出口贸易中，一般应坚持出口收硬币、进口付软币的原则，但有时由于某些原因使出口不得不用软币成交，进口不得不用硬币成交，这就有潜在的外汇风险，为了弥补风险，可采取调整价格法，主要有加价保值和压价保值两种。

加价保值方法主要用于出口交易中，它是出口商接受软币计价成交时，将汇价损失摊入出口商品价格中，以转嫁汇价风险。加价保值可按下列公式计算：

加价后的商品单价 = 原单价 × (1 + 货币贬值率)

压价保值方法主要用于商品进口交易中，它是进口商接受硬币计价时，将汇价损失从进口商品价格中剔除，以转嫁汇价风险。压价保值可按下列公式计算：

压价后的商品单价 = 原单价 × (1 - 货币升值率)

（4）提前或延期结汇。在国际支付中，通过预测支付货币汇率的变动趋势，提前或延期收付有关款项，以避免外汇风险损失或得到汇价上的好处，这种做法叫做提前或延期结汇。

在进出口贸易中，如果预测计价货币将贬值，在进口方面，则推迟向国外购货，或要求延期付款，也可以允许国外出口商推迟交货日期，以达到迟付款的目的。在出口方面，出口商应及早签订出口合同，把交货期提前，以便早收货款；也可给进口商某些优惠条件，使其提前付款，以免受该计价货币贬值的损失。

如果预测计价货币将升值，则在进口方面，应提前购买，或在价格条件相宜的情况下，预付货款，以避免将来计价货币升值后，须用较多的本国货币购买该计价外币。在出口方面，则可推迟交货，或采取允许进口商延期付款的方式，以期获得该计价货币汇率上涨的利益。

跨国公司的母公司与国外的子公司之间以及在国外的各子公司之间通常都有很多的资金调动往来，也可以通过加快或延缓支付的方法来规避外汇风险。在跨国公司内部各单位之间，提前或推迟支付比较容易进行，因为各内部单位都是为着公司的同一目标。

在各独立公司之间，提前或延期结汇的方法也是适用的，但比较困难，需采取一些措施。

（5）以远期外汇交易防范风险；在进行远期外汇交易时，企业与银行签订合同，在合同中规定买入卖出货币的名称、金额、远期汇率、交割日期等。从签订合同到交割这段时间内汇率不变，可及早确定企业收支数额，排除日后汇率变动的风险。

企业能否避免损失和获得收益；关键在于汇率预测是否正确。然而影响汇率变动的因素甚多，准确预测汇率变动很不容易，公司利用期汇合约虽并不能完全消除风险，但可使风险确定在一定的范围内。

（6）以外汇择期交易防范风险。一般的远期外汇交易是规定一个交割日期，而外汇择期交易是在进行远期外汇交易时，允许按合同规定的价格和在合同所规定的期限内的任何一天向银行结算，但必须提前两个工作日通知银行。这种外汇交易与一般的远期外汇买卖相比，在交割日期上有了灵活性，适用于收款日期不能确定的对外贸易防范外汇风险。

（7）以外汇期权交易防范风险。所谓外汇期权，是外汇期权交易双方按照协定的汇率，就将来是否购买某种货币，或者是否出售某种货币的选择权，预先签订的一个合约。交易形式大致可分为买权和卖权两个方面。买权的持有者（买方）获得买进一种货币和卖出一种货币的权利；卖权的持有者（卖方）获得卖出一种货币和买进另一种货币的权利。

买方可以在到期日与卖方进行实际货币交割，也可以根据情况放弃买卖权利，让合同过期而自动作废。在签订合约时，买卖双方要商定期权合约的货币种类、金额、协定汇率、保险费率（现在国际期权市场的保险费率一般为 1% ~ 5%）、合约到期日和交割日。成交后，买方应于成交后的第二天按照合约的规定，向卖方预先支付保险费，从而获得今后是否执行买卖合约的选择权；卖方接受了保险费，就要承担合约期间汇率变动的风险。当期权的买方放弃买卖权时，其损失是预先付出的保险费。

（8）以外汇期货交易防范风险。外汇期货交易是在期货交易所内，交易双方通过公开竞价，买卖在未来某一日期根据协议价格交割标准数量外汇的合约交易。目前，国际上外汇期货交易通常涉及的货币有美元、英镑、日元和欧元等。

外汇期货交易不仅能够增加外汇现货市场的流动性，提供某种外币未来预期价格的较正确的预期指标，而且还能起到套期保值和投机的作用；凡是因国际贸易和对外国有经济往来而拥有债权或债务者，都可利用外汇期货市场进行套期保值，以避免或减少汇率变动造成的较大损失。

（9）以外汇掉期交易防范风险。外汇掉期交易又称时间套汇，是在买进即期的甲种货币、卖出即期的乙种货币的同时，即卖出远期的甲种货币，买回远期的乙种货币。交易可以是在买进（或卖出）即期某种货币的同时，卖出（或买进）远期的同种货币；也可以是在买进期限较短的某种远期货币的同时，卖出期限较长的同一种远期货币；或者相反。掉期交易一般是在两个当事人之间同时成交两笔相反方向的交易，如一方是买近卖远，另一方则是卖近买远。这种方式的作用是为了解决不同的货币的资金需求，在把一种货币换成另一种货币进行投资时，也常用此方法避免汇率风险。

（10）利用国际信贷防范风险。在中长期的国际支付中，利用适当形式的国际信贷；例如外币出口信贷，一方面可获得资金融通，另一方面也可避免外汇的风险。

出口信贷分为卖方信贷和买方信贷。以卖方信贷为例，出口商在向银行借得外币资金后，将该外币款项在外汇市场即期卖出，换成本国货币，以补充和加速本币资金的周转和流通。出口商的外币借款，用进口商所欠外币货款陆续偿还。这样，出口商的外币负债（即向银行的借款）为其外汇资产（即向进口商应收取的货款）所轧平，即使以后汇率有变动，出口商也无经济损失。

3. 经济风险的管理

经济风险涉及销售、生产、原料供应以及工厂位置等各个方面。因此，对经济风险的决策超越了财务经理的职能，往往需要总经理直接参与决策。经济风险的管理目标，是预测意外的汇率变动对未来现金流量的影响，并采取必要的措施。如果企业使它的国际经营活动和财务活动多样化，就有可能避免风险，减少损失。因此，经济风险的管理重要的方法是走多元化路线，不仅是财务方面，而且更重要的是经营方面的多元化。

（1）经营方面的多元化。经营多元化是指在不同业务经营（如生产、流通、服务、金融等业务领域，而且在生产领域生产多种产品，在流通领域买卖多种商品），又是指在不同地区、不同国家经营（如在若干个国家设立工厂、销售机构，从不同国家购买材料、设备等）。企业管理人员由于经营的多元化，必定对不同国家或地区的差别和变化有深刻的注意和了解，所以会有相当迅速的和有竞争性的反应，管理人员就可能从比较中发现不同国家或地区的生产成本或销路等方面的差别，就会对其经营策略加以调整，以求适应。

跨国公司如果经营行业的面和跨越的地区、国家相当广泛，由于资产组合的效应，汇率变化的优劣势在国与国之间可以部分或全部抵消，即汇率改变对企业现金流量的影响，可能会因多元化经营而减少，因为某些国家或地区现金流量的现值减少，但另外的国家或地区现金流量的现值增多，从而产生一个中和的现象，把经济方面的风险中和了。

（2）财务方面的多元化。

①筹资多元化。企业从多个国家的金融市场筹集资金，用多种货币计算，如果有的外币贬值，另外的外币升值，就可以使外汇风险相互抵消。

②投资多元化。企业可以向多个国家投资，创造多种外汇收入，就可以适当避免单一投资带来的风险。

③企业可以将外币应收款与外币应付款作配合，例如，使美元应收款与美元应付款的数额基本上相等，如果美元贬值，使应收款的实值减少，但应付款的实值也相应减少，使风险抵消。这一方法在理论上易懂；但在实践操作时并不容易，如只求某一个限度的成功，那么这一方法是可行的。

财务方面的多元化不只是对避免外汇风险有帮助，同时还可以提高资金获得率和减低资金成本，并且可以减少政治风险。

总而言之，如果经济风险是由本国货币升值造成的，企业的主要对策应当是尽可能地使成本变为贬值货币，把向货币贬值国家的出口活动转变为在货币贬值国家生产或购买；在借入资本中增大贬值货币借入的比例。如果经济风险是由本国货币贬值造成的，企业应取的对策正好相反，即主要是把在货币升值国家的生产活动转变为本国的对外出口活动。

本 章 小 结

跨国公司在国际化经营过程中需要承受不同的风险，这些风险既包括母公司所在国的风险，也包括子公司所在国的风险。跨国公司面临的风险可以分为经济风险和政治风险。经济风险中的货币风险主要是指货币币值变动的风险。就整个世界范围的货币风险来说，如某个国家的货币币值发生了变动，一般都会在国际金融市场上的汇率变动中体现出来。所以，跨国公司的货币风险主要是外汇风险，它是指汇率变动导致公司营利性、净现金流和市场价值的变化的可能性。特别是经常进行外汇交易的公司，汇率变动将会在日常业务中频繁地影响企业的损益。因此，跨国公司应当充分了解和认识各种外汇交易风险，并且在国际化过程中对外汇业务的风险进行有效的管理，以达到回避或降低风险的目的。外汇风险管理就是通过对汇率变动趋势的预测，对承受风险的外币资产或负债项目进行调整或保值，从而使企业可能发生外汇损失的风险降低到最小的过程。由于外汇风险对跨国公司的经营成果和财务状况有重大影响，所以跨国公司特别注意外汇风险管理问题。

本章在讨论外汇风险问题时，首先介绍了外汇风险管理的一般内容，包括外汇风险管理的意义、外汇风险管理的目标以及国际外汇市场简介。其次阐述了影响汇率的主要因素及其变动预测。最后在管理方案时，本章将外汇风险分为换算风险、交易风险和经济风险，并重点讨论了这三种风险的概念和管理。

复习思考题

1. 外汇风险管理的目标有哪些？
2. 什么是国际外汇市场？外汇市场交易包括哪些内容？
3. 影响汇率变动的主要因素有哪些？
4. 预测汇率变动的主要方法有几种？
5. 进行外汇风险管理应遵循哪些步骤？
6. 外汇风险管理有哪几种基本方法？
7. 如何正确表述交易风险、换算风险和经济风险？

第 11 章　国际财务报告及其分析

【本章提要】

通过本章学习，学生要了解国际财务报告基本内容，理解、掌握国际财务报告的要求、内容和国际财务报告分析；了解国际分部财务报告。

在国际经营活动中，财务报告一词的使用频率越来越高。财务报告是会计信息的主要来源，通过财务报告，人们可以了解一个公司在某一特定时候的财务状况和某一特定时期的经营成果。从而对公司过去、现在和将来的经营情况和财务能力做出自己的判断。这些分析对人们做出一些重要的决定是很关键和必不可少的工作，如投资和决策等。正是基于财务报告的重要性，各国对财务报告的编制通过会计原则加以规范。

11.1　国际财务报告概述

11.1.1　财务报告的概念

威尼斯人创立的复式记账法为人们编制财务报告奠定了基础。在现代经济生活中，会计师对企业经营活动中所发生的事项进行观察、整理，然后对会计的要素进行确认和计量，在此基础上汇总出财务报告，所以财务报告是一系列会计活动的终端产品。

财务报告一般包括损益表、资产负债表、现金流量表及会计报表附注等。财务报告的制定是由各国通过会计原则或公司法加以规范的。

现在随着因特网的出现，人们可以很容易地从各网站获得各大公司的财务报告。例如，美国证券交易委员会的网站（www. sec. gov）提供了在美国上市的公司的季度报告和年度报告。而 CAROL（www. carol. uk）提供了欧洲公司的年度报告。各大公司也将他们自己的财务报告张贴在自己的网站上。因此财务报告所受到的关注也越来越多。

公司通过财务报告向投资者、政府及其他对财务报告有兴趣的人提供了非常有用的信息，因而财务报告成了公司和这些使用者的纽带。财务报告的使用者从财务报告中获得了他们想知道的信息，然后通过一定的方式将他们的意见反馈给公司，这其实也是对公司管理者业绩的重要评价，因而财务报告的提供者和使用者之间的关系是相互的。华尔街的分析师们在每年公司季度报告和年度报告公布的季节是最繁忙的。他们忙着将公司实际结果和他们的预期结果相比较，如果一个公司的实际盈利结果低于预期的话，往往导致这个公司股价下降。华尔街在比较盈利结果的同时，也在比较一个公司收入增加或减少的百分比，以及公司各季度的利润率，因为他们相信从中可以反映公司将来的获利能力，而这些分析的结果也能从公司的股价上获得反映。如果一个公司的股价长期下跌，而公司的管理层又无能为力，那么在公司的股东大会上他们将面临困难的境地。摩托罗拉公司就是个很好的例子。

在 2003 年 9 月，摩托罗拉的总裁 Galvin 宣布辞职。Galvin 是摩托罗拉创立人之一 Paul 的孙子，Galvin 于 1997 年开始担任摩托罗拉总裁的职务，但是公司在他的领导下业绩连年下降，导致摩托罗拉的股价在 2002 年下跌了 20%，因而在董事局的压力下，Galvin 不得不辞职。梅里尔林奇公司（Merrill Lynch）的分析师 Tal Liani 在分析了摩托罗拉的财务报告后指出，摩托罗拉公司的问题在于主营收入下降，公司的利润率偏低，成本过高。[1]

11.1.2　财务报告的分析

每个人由于和一个公司的关系不同，因而他们对财务报告感兴趣的地方也各不相同。一个公司的供应商更关心这个公司的短期还债能力，而一个公司的债券持有者更关心的是公司的长期还债能力，所以每个人对财务报告进行分析时，首先要确定你想从财务报告中获得什么答案，其次才是决定用什么样的对策。

财务报告分析的主要方法是研究财务报告各个项目之间的关系，以及这些关系的发展趋势，常用的工具包括比率分析、结构分析以及比较分析。

1. 比率分析是最常见的方式，我们常用的比率可分为四大类

（1）流比性（liquidity rations）。这类比率常用来测量公司的短期还债能力。它主要包括流动比率、速动比率以及流动现金负债比率。

（2）效率性（efficiency ratios）。这类比率常用来衡量公司有效应用现有资产的能力，主要包括应收账款周转率、存货周转率以及资产周转率。

（3）获利能力（profitability ratios）。它是用来衡量公司获利能力的比率，常用的比率有销售毛利率、资产回报率、普通股权回报率及每股赢利。

（4）偿债能力（coverage ratios）。这类比率主要是测量一个公司长期的还债能力，主要有总资产负债比率、利息保障倍数以及现金负债比率。各个比率的计算请参阅附注中的附表 11 – 4。

2. 结构分析可分为纵向比较和横向比较

纵向比较就是指将财务报表中各个项目换算成相对某一项目的比例进行比较。在资产负债表中常以总资产的数值为基数，而在收益表中，通常一销售收入为 100%。而当我们比较会计报表中一个项目在一段时期内的变化用百分比表示时，就是一种横向的比较。用百分比的数值比较，往往更能说明问题，因为百分比的数字增加了可比性。

Best Buy 公司的例子就清楚地说明，什么是结构分析法。

---

[1]　New Motorola CEO faces turnaround challenge bye Jeffry Bartash CBS. MarketWatch Sep. 2003。

（1）纵向比较见表 11-1。

表 11-1　　　　　　　　Best Buy Co.，Inc* 2012 年第 3 季度收益（简化）

	（以百万美元为单位）	%（以收入为100%）
收入	6 034	100
产品的销售成本	4 536	75
毛利润	1 498	25
其他费用	1 300	22
税费	76	1
纯利润	122	2

* 资料来源：www. sec. gov。

从上面的分析可以得知，虽然 BESTBUY 的毛利润率是 25%，但是由于其他费用和税款占了收入的 23%，所以 BESTBUY 的纯利润率是 2%。

（2）横向比较见表 11-2。

表 11-2　　　　　　　　　　　BEST BUY Co.，Inc*
（以百万美元为单位）

	2012 年第 3 季度	2011 年第 3 季度	差别（绝对数）	差别（%）
收入	6 034	5 131	903	18
产品的销售成本	4 536	3 881	655	17
毛利润	1 498	1 250	248	20
其他费用	1 300	1 110	190	17
税费	76	54	22	41
纯利润	122	86	36	42

* 资料来源：www. sec. gov。

从横向比较而言，BESTBUY 公司在 2012 年的业绩要好于 2011 年。

比较分析方法就是将几期财务报告放在一起，比较财务报告中各个项目的绝对数值，分析百分比变化或会计比率的变化。

3. 对财务报告进行分析时，我们要注意以下一些问题

（1）财务报表中所提供的数据都是根据已经发生过的事情。当我们用这些分析的结果来预测一个公司未来发展的趋势时，我们只是基于一定的假设，如一个公司的过去可以反映它的未来，因而只是对数据进行分析就会有一定的局限性。我们在对财务报表进行分析的同时，也要关注其他一些非财务信息，如公司的管理层变化、公司产品的变更等，这些都会影响到一个公司的发展。

（2）在分析会计比率时，我们不能孤立地看待每一个比率。我们应该和同一产业其他

公司的比率相比较，也要和同一公司的不同时期相比较。

表 11 – 3　　　　　　　　　　　美国制造业流动比率比较*

平均	化学	橡胶及塑料	纸业	印刷	皮革
1.1	0.9	1.6	1	1.3	2.4

* 资料来源：www.bizstates.com。

我们从表 11 – 3 看到，美国制造业的平均流动比率（current ratio）是 1.1，但是由于行业的不同，流动比率也各不相同。一个化工厂的流动比率 1 是正常的话，那么这样一个流动比率相对于一个皮革制造厂而言就是偏低的。

（3）分析会计比率时，要注意会计准则的不同对一个公司收益和资产负债数值的影响。这在分析国际会计报表中尤为重要。

11.1.3　国际财务报告的概念

国际财务报告研究的对象通常是跨国财务报告。当一个公司的财务报告的使用者不局限于本国的使用者时，这个财务报告就被称为跨国财务报告。跨国财务报告的出现主要是有两大原因造成的。一是由于市场竞争的激烈，使公司需要不断寻求新市场和廉价劳动力，从而导致国际经营活动的发展；二是由于国际上金融活动的日益增多导致国际金融市场的不同程度的一体化。跨国财务报告的主要类型有两种：

（1）跨国公司编制的合并财务报告。跨国公司通常采用一个国家的会计原则来编制合并的财务报告，然而由于并不是所有的使用者都掌握了该国的会计原则，因而其中所披露会计信息不一定能被大家所理解。

为了扩大资本来源，很多公司在国外上市或是发行债券。在这种情况下，就需要按照国外管理机构的规定为那些潜在的投资者提供一份被认为是可以反映公司财务情况的报告。美国的证券管理委员会对在美国上市的公司的财务报告有特殊的要求。这些报告必须是按照美国的公认会计原则或是按照国际会计报告（IFRS）准则编制，但是如果按照 IFRS 编制的话，必须提供差异说明。

（2）也有些财务报告是为了满足某些国际代理机构的特殊需要的。与世界银行有关的金融机构所要求的财务报告就有它自己特定的要求。

11.2　国际财务报告的要求

11.2.1　国际财务报告的质量特征

根据《编报财务报表的框架结构》中对财务报表的质量特征作了说明，财务报表的质量特征主要包括可理解性、相关性、可靠性、可比性等。

1. 可理解性

财务信息的一项基本质量特征，即便于使用者理解。假定使用者对商业和经济活动以及会计具有一定的知识，并且愿意相当努力地去研究信息。凡是为使用者的经济决策所需要的财务信息，都力求在财务报表内及附注中予以披露。

2. 相关性

相关性指有用的财务信息必须与使用者的决策需要相关联。提供的信息可以帮助使用者评估过去、现在或者未来的事项，或者通过确证或纠正使用者过去的评价，从而影响使用者的经济决策时，信息就具有相关性。国际会计准则委员会认为相关性不仅包含预测价值、确证价值，还包含重要性。这是国际会计准则委员与美国 FASB 所论述的不同之处。国际会计准则委员会认为，相关的信息具有重要性特征，在某些情况下，单凭信息的性质就足以确定其相关性。如果信息的遗漏或错报会影响使用者根据财务报表所作的经济决策，信息就具有重要性。

3. 可靠性

可靠性指有用的信息必须是可靠的或可信的。当信息没有重要错误或偏见并且能够忠实反映其所拟反映或理当反映的情况以供使用者作依据时，信息就具备了可靠性。可靠的信息要具备这样一些特征：真实反映、实质重于形式、中立性、审慎性和完整性。

4. 可比性

财务表报信息的使用者为了更好地理解和分析企业的财务状况和经营业绩的变化趋势，可比性的要求有：不同时期、不同企业的财务报表可比；同类交易和其他事项的处理方法要保持一致；将编制财务报表所采用的会计政策、这些政策的变更以及变更的影响告诉使用者；允许引进经过改进的会计准则；财务报表反映以前各期的相应信息是重要的。为此，要求财务报表提供的信息必须具有可比性，要求同类交易或其他事项的计量和列报必须按一致的方法进行。

财务报表的要素包括财务状况、资产、负债、权益、经营业绩、收益和费用等。国际会计准则委员会（IASC）经过信息质量特征的研究提出了信息质量特征的一些局限性，主要指及时性、效益和成本之间的一种平衡关系。它们之间的平衡是很重要的，在实务中更是如此。

11. 2. 2　国际财务报告的使用者

对国际财务报告的要求和它有哪些使用者是密不可分的。由于各国的政治、经济环境的不同，也造成各国的会计原则之间的差异，从而导致了各国所制定的财务报告之间的差异，而国际财务报告的使用者来自世界各地，这在一定程度上要求国际财务报告增加可比性和可理解性。

国际财务报告的使用者包括：

1. 各国投资者

国际财务报告所披露的信息是投资者做投资决定的重要依据。少数投资者本身对会计原则相当熟悉，因而他们自己对财务报告可以进行分析从而获得第一手的资料。而大多数投资者对会计原则不是很熟悉，他们对会计信息的获得有赖于分析家所提供的研究结果。国际资本的市场正以飞快的速度发展，截至 2003 年 1 月，在美国纳斯达克上市的外国公司就占了总数的 11%，而在纽约上市的外国公司占了总数的 20%。美国的 SEC 在 2002 年所做的统计数据是：在美国上市的 16 000 家公司，有 1 400 家公司来自海外，所属的国家有 51 个之多。而截至 2002 年 7 月，在伦敦股票市场上市的公司中 17% 是外国公司。

因此，公司所面对的投资者不再局限于国内，而是大量的海外投资者，他们需要的是用他们熟悉的会计准则所编制的财务报告，因而对财务报告的可比性压力也在不断的增强。

2. 各国政府

随着世界经济一体化的发展和发达国家对发展中国家的直接投资的日益增多，发展中国家的政府为了更好地规范市场，加强对跨国公司在本国的经济活动的监管和对税务进行有效的管理，对跨国公司通过财务报告所披露的信息越来越重视。因而如何使国际财务报告更好地为各国政府服务也成为跨国公司所面临的一大问题。

3. 各公司的管理人员

跨国公司的管理人员对公司的管理很大程度上依赖于公司的财务报告。在跨国公司各地区所采用的会计原则的不同造成了管理层在决策上的困扰。

4. 公司的员工和一些社会组织

公司的员工所关心的是他们本身工作的安全性和福利，而工会组织作为他们的代表也希望通过财务报告获得有用的信息，使他们的会员享受到较好的福利。对在跨国公司工作的员工而言，他们希望能接触到的是一份用自己熟悉的语言和会计准则所编制的财务报告。因此，他们对于国际财务报告的要求也同样是易懂和增加可比性。

11.2.3 国际财务报告所面临的问题

除了以上提及的会计原则的差异，在使用国际财务报告的过程中遇到的另外一个问题是语言。国际财务报告不一定采用使用者所了解的语言，使用者可能因为语言障碍而不能获得他们想了解的信息。如果一个法国的跨国公司使用法语来发布它的财务报告，那么对一位不懂法语的中国读者而言就好比是读天书。国际财务报告可能遇到的另一个是货币。国际财务报告所采用的货币计量不一定是使用者本国的货币。使用者在对货币进行折算时，不一定能掌握正确的方法，因而造成了对公司财务状况的误解。

由于以上种种问题的存在，导致人们对国际财务报告的国际上协调问题呼声日益高涨。各国纷纷对国际会计准则表现出了相当的关注。澳大利亚宣布 2005 年起，所有的公司都要使用国际财务报告准则（IFRS）来编制财务报告，而新西兰要求所有的上市公司从 2007 年开始使用 IFRS，欧洲议会要求欧洲所有的上市公司从 2005 年开始使用 IAS 来编制合并会计报表，美国的 FASB 和 IASB 在 2002 年 9 月发表了联合声明，FASB 表明了对国际会计准则的支持立场。

但是，国际财务报告的国际协调存在着一定的阻力，这阻力来源于成本的增加。为了增加国际财务报告的可比性，跨国公司势必要按照国际会计准则或是按照其他一些国际通用的会计准则（如美国的 GAAP）加以改进。对一些国家由于本国的会计原则和国际会计原则之间存在着较大的差异，同时他们国家使用的语言也不是世界上较为通用的语言，这些国家的跨国公司必须花费大量的人力和物力来编制为人们所广泛接受的跨国公司财务报告，对他们而言这是不容易的事。同时为了增加国际财务报告的可比性和可靠性，跨国公司的财务报告需要披露足够的信息。信息的披露一方面可以增加使用者对财务报告的信赖度，从而更容易获得投资者的青睐。但是另一方面，信息披露越多有时对公司也是越不利，因为竞争对手可以从中获得有利于他们的信息。虽然这种成本很难用数字计量，但是我们很难否认这种成本的存在。

11.2.4　跨国公司常采用的解决方法

为了解决以上这些国际财务报告所面临的问题，跨国公司采用以下的六种方法解决处理。

1. 不作为

跨国公司对财务报告不进行修改，而是采用本国的会计准则、语言和货币。有两个原因导致跨国公司选择这样的方式。

（1）跨国公司的大部分投资者来源于本国，因而跨国公司不愿意花费大量精力而重新编制会计报表。

（2）英美国家的跨国公司所使用的语言、会计准则和币种在国际上较为通用。

2. 对国际财务报告进行适当的翻译

跨国公司只对财务报告翻译成使用者所通常使用的语言，如英语、法语、德语和西班牙语，但对会计准则和货币不加以改动。这类做法花费较少，往往适用于通过私募渠道募集资金的公司。

3. 对国际财务报告进行适当的翻译和折算

跨国公司在对财务报告进行翻译的基础上对会计报告所使用的货币折算成使用者所熟悉的货币。虽然对原会计报告所使用的会计准则加以保留，但仍然要求编制会计报告的人不仅要了解外币折算，还要熟悉跨国公司编制会计报告时所使用的会计准则。

4. 提供特殊的信息

跨国公司虽然对会计报告进行了翻译和折算，但是由于会计准则的不同，国外的会计报告使用者对信息的理解仍有一些难度，因而有些跨国公司就在提供财务报告的同时，提供一份说明书，解释使用者所在国的会计准则和跨国公司用于编制财务处理报告的会计准则的异同点。这虽然能增进国外的使用者对财务报告的理解，但是对那些没有专业知识的使用者而言，还是相当困难。

5. 在有限的基础上重新编制会计报告

它不是对整个财务报告进行重新编制，而只是在财务报告的附注中提供一些信息的对比。它要求跨国公司按照使用者所在国的会计原则重新编制某些有选择的会计报告项目。

在这种方法下，币种仍使用跨国公司原财务报告所使用的货币，而不加以折算。

6. 提供两套财务报告

跨国公司在为本国的使用者提供财务报告的同时，也为外国使用者提供一套财务报告。一般有两种方案：

（1）按外国使用者所使用的语言，货币和会计原则编制一套财务报告。这一般适用一些跨国公司在别国的证券市场上市。

（2）按国际通用的会计准则和语言编制一套财务报告。

一般国际通用的会计准则有：美国的会计准则（GAAP）和国际通用会计准则（IAS）。

无论使用何种方法，跨国公司的工作量和成本都将加大。

11.3　国际财务报告分析

11.3.1　使用的会计原则对国际财务报告分析的重要性

我们在第一节中已经详细介绍了如何对财务报告进行分析。正如我们在前面描述的那样，用何种会计原则来编制财务报告对我们进行财务报告分析的影响很大。在进行国际财务报告分析时，这种影响尤为明显。对国际财务报告分析前，我们首先要了解各国的会计环境，这其中包括各国的经济政治制度对会计制度的影响，然后我们要了解我们所分析的对象是采用何种会计准则，采用何种语言来表达及使用何种货币来计量。

各国不同的会计环境和不同的会计准则对比率分析的结果影响是很大的。譬如，日本和德国公司的总资产负债比率往往高于美国公司，部分原因是由于德国和日本较美国而言采用更为保守的会计实务，更重要的原因是由于日本和德国公司向银行融资的比例大于美国公司。而在会计合并报表编制时，大多数发达国家允许使用购买法或股权集中法来编制合并的财务报告。

然而，在法国、墨西哥和西班牙，只允许使用购买法，国际会计准则也鼓励他们的这种实践。在这两种不同的方法下，不仅合并以后公司的资产和负债的价值不同，而且影响了资产回报率的计算结果。因为使用股权集中法时，参加联合的各企业，他们的资产和负债都保持原有的账面价值。而使用购买法时，参加联合的企业，他们的资产和负债都要按市场价格进行重新估价。这样做的结果，导致用股权集中法编制的合并财务报告的净资产往往低于用购买法编制的合并财务报告。在相同的利润的情况下，用股权集中法编制的合并财务报告的跨国公司的资产回报率高于用购买法编制合并报告的跨国公司。虽然，美国的公认会计原则对使用股权集中法有一定的规定，但是符合条件的公司一般都会选择使用股权集中法，从而使他们的经营结果更吸引投资者。正是基于这点考虑，美国的 FASB 在1997 年时曾考虑将股权集中法从会计原则里除去。而 APB 也在其第 16 号意见书中规定了12 项限定，以避免公司对股权集中法的滥用，因而也有学者指出，购买法和股权集中法不是可以相互替代的方法①。

从以上的两个例子可以看出，我们在进行国际会计报表分析时不仅要熟练运用一些分析工具，还更要注意编制会计报表时所采用的会计方法，因为使用不同的会计方法会影响到公司收益和净资产的计算，从而影响到我们对财务报告的分析。同时，我们还要注意比较信息披露的广度和深度，因为我们在分析各种会计比率时也要辅助其他信息，正如，我们上一节所提到的那样，我们不能孤立地看待会计比率或其他的分析方法，只有和其他信息综合起来才能达到全面分析的效果。

11. 3. 2 会计计量法

1. 固定有形资产（fixed assets）

各国会计原则对于固定有形资产的价值计量的规定各不相同。美国公认会计原则认为，固定有形资产的账面价值应该采用历史成本，但是如果市场价低于账面价值，会计师可对固定有形资产的价值进行重估，并且采用市场价值作为账面价值。但是英国的会计准则允许公司定期对固定有形资产的价值进行重估，当市场价高于账面价值时，会计师可以将账面价值调高至市场价值，这样的计量方法虽然不被美国公认会计原则所接受，但是国际会计准则通融了这种做法。

对固定资产的折旧方法，各国也各不相同。美国、英国和中国通常采用直线法，而德国、法国、意大利和日本允许加速折旧法。折旧法的不同也导致收益计算的不同。直线法使每年的折旧费用较为平均，而加速折旧法使公司的折旧费用在开始几年较多，而以后逐年减少。

2. 存货处理（inventory）

存货计量的争论焦点在于是否可以采用后进先出（LIFO）的方法。美国、日本、墨西哥和意大利等国允许采用后进先出的方法，但是英国、澳大利亚、挪威和丹麦等国只允许使用先进先出（FIFO）的方法。

1992 年国际会计原则委员会（IASC）建议不要使用 LIFO，它们认为 LIFO 从原则上破坏了资产负债表的价值计量，因为 LIFO 的使用使资产负债表上的存货价值不能代表现

---

① Advanced Accounting Seventh Edition By Beams Brozovsky Shoulders Page 4.

有的价值。①

　　然而在 1993 年，国际会计原则委员会改变了它的立场，称后进先出方法是"可接受的，但不是最好的"。看来，后进先出的存货计量方法在短期内是不会消失的。但是，美国等国家要求使用 LIFO 的公司，在会计报表附注中对 LIFO 的使用进行一定的披露，尤其是要提供 LIFO 储备（LIFO reserve）的信息，所谓的 LIFO 储备指的是按 LIFO 和 FIFO 方法计量存货价值的差异。

3. 研究和开发费用的处理（research and development）

　　国际会计原则对研发费用的处理的原则是除了部分符合条件的开发费用外，所有的研发费用都应作为本会计年度的费用，而开发费用也只有符合下列的四个条件才可以资本化：②

　　（1）可以清楚地定义是在开发何种产品，与其相关的成本也能被罗列出来。
　　（2）被开发产品技术上的可行性已经被论证了。
　　（3）公司管理层已经明确表明了要将产品商品化，或使用该产品。
　　（4）已经有清晰的迹象表明该产品是有市场的，如果是内部使用的话，该产品对公司是有用的。

　　世界上大部分国家都遵从国际会计原则对研发费用的处理方法。巴西和韩国为了鼓励本国公司对研发的重视，积极支持公司将研发费用资本化。然而美国、德国和墨西哥对将研发费用资本化是极力反对的。

4. 租赁（leasing）

　　国际会计准则和美国的通用会计准则都认为我们应注重租赁合同的本质，而不是合同的形式。国际会计准则第 16 条是这样描述的：③ 如果承租人承受了作为一个固定资产的拥有者所应承担的风险，并且享受了作为固定资产拥有者所能获得的好处，那么在承租人的账目上应将租赁而来的设备资本化，而不是将其简单地视为营运租赁。这就是所谓的"融资租赁资本化"。而在意大利、日本、瑞士和瑞典，会计准则没有硬性规定"融资租赁资本化"，因而这些国家的公司往往将租赁按营运租赁加以处理。这样处理的结果是导致公司账面上的负债比公司的实际负债值要少，同时也影响到我们对会计比率如资产对负债及其资产回报率的计算。

　　以上几个方面都因涉及对公司财务报表中收益和净资产（负债）的计算不同，而必然引起公司财务报告分析上的问题，我们应加以注意。

11.3.3　财务报表信息披露的深度和广度

　　财务报告信息的披露随着资本化市场的发展而日益显示出其重要性。同时正如我们前

---

　　①　IASC's E38 proposal.
　　②　IASC Standard 9 (amended in 1992).
　　③　IASC Standard 17：the natural of the lease is determined by reference to the substance of the lease agreement，rather than by reference to the form of the lease contract.

面所叙述的那样，财务报告的其他使用者，如政府、公司雇员、工会等对财务报告的信息披露也有很大的需求。正是基于这些原因，对财务报告信息的披露这个议题受到越来越多的重视。

但是，信息的披露也有一定的阻力，这些阻力包括成本的影响。披露更多的信息势必造成公司花费一定的精力和物力对信息进行收集和汇总。而另一个重要原因是公司不愿意披露对自己不利的信息。而且各国的财务报告信息的披露也受到各自政治环境的影响。信息披露的越多，越有利于我们进行分析，而在信息不足的情况下，我们要设法从别处获得有用的信息。

下面，我们对国际财务报告披露的异同点进行分析。

1. 信息的披露

财务报告信息披露的内容不仅仅局限于财务信息，还包括非财务信息。财务信息主要包括公司的收益、资产状况、公司的现金情况以及公司遵循何种会计原则。这些信息都反映在损益表、资产负债表、现金流量表及会计报表的附注中。

（1）会计政策。公司所使用的会计政策一般都应在会计报表附注中加以揭示，其中包括制定会计报表所遵循的原则，公司对固定资产的会计处理方法，无形资产的会计处理方法，对研发费用的会计处理方法，养老金的会计处理等。

美国的通用会计准则对会计政策的披露的要求是"全面披露"。欧盟对财务报告的披露是由欧盟第四号指令加以规范，虽然欧盟的指令对欧洲各国没有法律强制作用，但是对促进各国信息的披露起了积极的作用。

（2）每股收益。美国通用会计原则规定股份公司必须披露每股收益的数值。每股收益值主要使普通股东了解他们的投资价值。美国的会计原则委员会在 1969 年提出了 15 号意见：公司的会计报表要披露基础的每股收益值和稀释的每股收益值[①]。但是这个会计准则的规定较为复杂，操作起来有一定的难度，而且它和国际会计准则之间也存在着一定的差距，因而 1997 年美国的会计准则委员会颁布了 128 号会计标准[②]（SFAS128）来替代 APB 15。同年，国际会计原则委员会也颁布了第 33 号标准（IASC33）来规范每股收益的计算和披露。[③]

SFAS128 和 IASC33 的颁布是美国和国际会计准则委员会多年协商的结果，它们使美国公认会计原则和国际会计原则对每股收益的计算和披露的要求差距缩小。

按照 SFAS128 的规定，公司的财务报告对 EPS 的信息披露取决于公司的资本结构。如果公司的资本只含有普通股，而没有潜在的可转化成普通股的证券，如可转化债券、股票期权等，我们称为简单资本结构。简单资本结构的公司只需披露基础 EPS，它包括两个数据，一个是每股的营运收益及每股的总收益。而如果公司的资本含有可转化成普通股的证券的话，我们称为复杂资本结构。有复杂资本结构的公司需要披露两组 EPS 数据，即基础 EPS 和稀释的 EPS。稀释的 EPS 同样包括稀释的每股营运收益及稀释的每股总

---

①　APB Opinion No. 15 "Earnings Per Share"（New York，1969）.
②　FASB, Statement of Financial Accounting Standards No. 128. "Earnings per Share".
③　IASC, Statement of Financial Accounting Standards 33 "Earnings Per Share".

收益。

例：A 公司有 200 000 股普通股，同时有 20 000 股股票期权可转化 20 000 股普通股。

A 公司（$'000 000）

	2012 年	2011 年
营运收益	40	30
其他收益	10	5
总收益	50	35
每股收益（$）		
（1）基础：		
营运收益	200	150
总收益	250	175
（2）稀释		
营运收益	182	136
总收益	227	159

按照国际会计原则对每股收益的计算和 SFAS128 的基本相符，国际会计委员会和美国的 FASB 都认为减少 EPS 计算的差异应着重于如何计算 EPS 的分母，即加权平均普通股股数；而由于各国对收益的计算各有规定，因而分子，即收益的变化千差万别。IAS 和 FASB 对 EPS 的主要分歧在于计算稀释的每股收益值时，由于国际会计准则不认定职工股票期权是职工薪金的一部分，因而有多少潜在的普通股应被计算在分母内两个会计准则间是不同的。

虽然，国际会计准则对每股收益的披露有一定的规定，但是法国、德国和日本等国家对每股收益的披露却没有硬性规定。

（3）现金流量表。现代企业管理强调现金对一个企业的重要性，如果一个盈利的企业没有足够的现金在握，也会因为不能及时还贷而陷入破产的边缘。一个公司拥有现金的多少，对它的供应商而言就意味着公司能否及时付清货款，而对员工而言，是公司能否及时发放薪金。由于现金对一个企业的重要性越来越明显，英国和美国都要求在财务报告中包括现金流量表。国际会计原则对此也提出了相同的要求。但是，法国、德国和日本的会计准则对现金流量表没有特殊的要求。

（4）非财务信息。主要包括公司雇员信息和环保信息的披露。非财务信息的提供使使用者可以更好地了解一个公司。一个重视公众利益的公司比其他只知道赚钱的公司有更好的声誉，也更有潜力在未来提高公司的收入。

人们环保意识的增强促进了公司报告中对环保信息的披露，这在欧洲国家较为普及。一个注重环保的公司必然是个信誉良好的公司，使公司在经营业务上获得客户额外的青睐。

雇员信息的披露在欧洲国家的报告中出现的频率也较高，它主要包括雇员人数的披露和雇员所享有的福利。一个对自己雇员体贴有加的公司必然会导致公司员工的流动率下降，而使公司的劳动效率上升。

2. 信息披露的时间——中期财务报告

按照财务报告公布的时间来分，财务报告分为年度财务报告和中期财务报告。

中期财务报告泛指报告的间隔期小于我们平时所指的会计年度。中期财务报告的出现是为了让财务信息的使用者能获得更及时的信息，从而克服年度财务报告的信息滞后性的缺点。但是由于在确认收入、费用和损益方面的困难，中期财务报告往往加入了公司管理层的主观判断成分，而且中期财务报告一般未经过审计，应而中期财务报告的可靠性被打了折扣。

美国的证券管理委员会要求每个上市公司提供季度报告。欧盟要求上市公司提供半年财务报告。国际会计委员会在 1998 年颁布了第 34 号准则《中期财务报告》，表明了国际会计委员会对编制中期财务报告的支持。

中国证监会在 1994 年发布了《公开发行股票信息披露的内容与格式准则》对中期财务报告的内容和格式进行了规定。证监会在 1996 年和 1998 年对此准则分别进行了两次修订，进一步完善了中国证券市场对中期财务报告的要求。

11.4 国际分部财务报告

11.4.1 分部财务报告的重要性

随着世界一体化的发展，大公司的经营更朝着产品多样化和多地区营运化方向发展。市场竞争的激烈，也导致发达国家将生产线向劳动力相对较便宜的发展中国家转移。而发展中国家，尤其是中国，近年来经济的强劲发展，使跨国公司更意识到在发展中国家发展自己产品市场份额的重要性。所有这一切，都表明跨国公司的财务报告所包含的内容会越来越多。

然而，跨国公司的合并财务报告只能提供一个公司的概况，而具体的情况并不能体现在合并财务报告里。例如，有些关联客户（related party）之间的交易，以及跨国公司从哪个区域能获得较多的营业额，跨国公司的产品有哪些，这些信息在合并的会计报告中都没有具体的反映，我们需要分部报告为我们提供更多具体的资料。这些情况的提供，有利于提高信息的可比性，从而更方便使用者对整个公司的财务状况，营运风险做出自己的判断，对公司的将来发展前景的预测也是个很好的帮助。

11.4.2 各国分部财务报告

由于各国的经济、文化和法律环境不同，各国的会计原则各不相同，对分部财务报告的规定也不同。分部报告的不同点主要是在于如何确定分部。

1. 美国

1967 年，美国会计原则委员会颁布了公告要求公司自愿披露分部信息。1970 年，美国证券管理委员会要求申请上市的公司提供分部情况，以后这个要求扩展到要求每个上市公司在他们的年度报告中必须附有分部报告的信息。

1973 年，美国会计准则委员会开始对分部报告的情况开始进行研究和讨论，并在 1976 年颁布了 SFAS14，对分部报告的内容提出了以下三点要求：①

（1）不同行业的营运情况。

（2）国外分部的营运情况和出口量。

（3）公司的主要客户。

1997 年 6 月，美国会计准则委员会颁布了 SFAS131②，对分部报告的规定进行进一步规范。美国会计准则委员会认为，SFAS14 倡导的是对行业分部情况（Industry Approach）的揭示，而在当今社会情况下已不能满足人们对其他信息的要求，如人们对地区经营风险的评估等。因而它在 SFAS131 中提倡使用"管理的方法"（management approach）。这种方法是根据管理层如何来划分和管理分部的思路来披露分部信息。SFAS131 还要求公司不仅要在年度报告中需要披露分部信息，而且还要在季报中也要披露分部信息。

SFAS131 对所谓的分部做了如下的定义：

（1）参与了公司经营活动，并且有一定的营业收入，也有相对应的费用。

（2）公司的高级管理层定期检查它的经营状况，从而决定公司的资源分配。

（3）可以获得分部的金融财务信息。

SFAS131 也规定了一个"百分之十"的指标，一个地区或一个行业必须符合下列情况之一，才能被划分为分部：

（1）其营业收入必须是公司合并报告中所披露的总收入的 10% 以上。

（2）其经营收益或损失必须是公司合并会计报告中所披露的损益的 1/10 以上。

（3）其可辨资产是公司合并会计报告中所披露的总资产的 1/10 以上。

SFAS131 还规定公司合并会计报告中所披露的总收入值的 75% 以上要来源于公司的各分部。如果现有分部的营业收入不能满足这个要求，那未被划分为分部的其他部分就要合并成一个分部。

SFAS131 认为分部披露要分为主要分部披露和辅助分部披露。主要分部披露和辅助分部披露的划分是根据公司对经营风险的衡量来决定的。如果行业对公司经营的影响较大，那么行业的分部披露为主，地区披露为辅。SFAS131 要求主要分部披露的信息要多于辅助分部的披露。

2. 英国

英国在 1965 年，就由当时的股票交易所对上市公司提出分部报告的要求，当时要

---

① FASB, Statement of Financial Accounting Standard No. 14 "Financial Reporting for Segments of a Business Enterprise".

② FASB, Statement of Financial Accounting Standard No. 131 "Disclosures about Segments of an Enterprise and Related Information".

求上市公司披露各行业的营业额及各地区的营业额和利润额。1967 年，英国首次在公司法中要求公司披露分部信息。1981 年的公司法采纳了欧洲共同体第 4 号指令，对分部信息的披露有了进一步的规定。根据 1981 年公司法的规定分部报告要包括在会计报表附注中。

1990 年，英国会计准则委员会颁布了 SSAP25《分部报告》，它综合了公司法和股票交易所对分部信息披露的要求，对分部信息披露的新要求如下：[①]

（1）按行业和地区划分的分部，要求披露分部净资产信息。

（2）对于地区分部，要求披露该产品产地和销售地区的销售信息。

（3）对地区分部的披露，明确要求披露利润信息。

3. 国际会计准则

国际会计准则委员会在 1981 年颁布了 IAS14，对分部报告的要求只限于按行业和地区的划分进行披露。1992 年，国际会计准则委员会对 IAS14 进行了修订，修订后的 IAS14 将分部披露形式分为主要形式和辅助形式。

国际会计准则要求分部报告披露的会计信息要按照编制合并会计报表时所使用的会计准则。其他很多国家对分部报告信息的披露都有相应的要求，如欧洲共同体是通过第 4 号指令来规范分部信息的披露。而加拿大和澳大利亚和美国的规定相类似。

中国为了规范信息披露，在 1998 年颁布了《股份有限公司会计制度会计科目和会计报表》，其中规定了作为利润表的附表，股份有限公司要编制"分部营业利润和资产表"。

11.4.3　分部财务报告披露实例[②]

Wendy International Inc. 成立于 1969 年，它的总部设在美国。它以经营餐馆为主，它的主要品牌有：Wendy，Tim Hortons 和 Baja Fresh。Wendy 主要经营快餐，以销售汉堡包为主，Tim Hortons 以经营咖啡和面包为主，Baja Fresh 以经营墨西哥餐饮为主。截至 2002 年年底，公司在美国及美国之外的 21 个国家拥有 6 253 家 Wendy 快餐店，其中 1 433 家餐馆是以特许经营权的方式经营的。另外公司还拥有 2 348 家 Tim Hortons 餐馆，大部分在加拿大经营，只有 160 家餐馆在美国运营。同时公司在美国的 19 个州及哥伦比亚地区拥有 210 家 Baja Fresh 餐馆。

Wendy 公司在 2002 年的会计报表中对分部信息进行了如下的披露：

公司是经营食品服务业，公司决定按照内部管理的模式对分部进行划分。划分的结果是，公司有三个分部：Wendy，Tim Hortons 和 Baja Fresh。这三个分部间今年没有重要的关联交易。

下面的表格反映了分部的信息：

①　王松年：《国际会计前沿》，上海财经大学出版社 2001 年版，第 312 页。
②　Wendy International 2002 SEC Filing.

(US$ '000)	Wendy's	Tim Hortons	Baja Fresh	总数
2002 年				
收入	$ 2 010 441	$ 651 059	$ 68 761	$ 2 730 261
占总收入的比例	73.6%	23.9%	2.5%	100.0%
税前收益	262 541	158 129	2 318	422 988
占总数的比例	62.1%	37.4%	0.5%	100.0%
资本化费用	240 029	76 461	14 321	330 811
商誉，净值	42 897	538	228 890	272 325
总资产	1 634 796	665 853	318 798	2 619 447
2001 年				
收入	$ 1 818 746	$ 572 451		$ 2 391 197
占总收入的比例	76.1%	23.9%		100.0%
税前收益	233 760	131 623		365 383
占总数的比例	64.0%	36.0%		100.0%
资本化费用	217 309	83 745		301 054
商誉，净值	41 214	41 214		
总资产	1 508 540	550 104		2 058 644
2000 年				
收入	$ 1 711 986	$ 524 960		$ 2 236 946
占总收入的比例	76.5%	23.5%		100.0%
税前收益	208 861	114 074		322 935
占总数的比例	64.7%	35.3%		100.0%
资产化的费用	206 718	68 957		275 675
商誉，净值	43 719			43 719
总资产	1 383 414	496 935		1 880 349

按地域划分分部的情况如下：

(IUS $ 000)	美国	加拿大	其他地区	总和
2002 年				
收入	$ 1 980 857	$ 733 799	$ 15 605	$ 2 730 261
长期拥有的资产	1 678 013	445 578		2 123 591
2001 年				
收入	$ 1 723 480	$ 649 932	$ 17 785	$ 2 391 197
长期拥有的资产	1 270 645	418 554		1 689 199
2000 年				
收入	$ 1 616 315	$ 590 439	$ 30 192	$ 2 236 946
长期拥有的资产	1 167 047	373 762		1 540 809

Wendy 公司对分部信息的披露以管理方式为主，因而对 Wendy、Tim Hortons 和 Baja Fresh 三个分部的信息披露得较为详细，如收入、税前收益等。而按地域划分的分部是辅助信息，因而披露的信息较为简单。

本章小结

财务报告一般包括损益表、资产负债表、现金流量表及会计报表附注等。财务报告的制定是由各国通过会计原则或公司法加以规范的。财务报告分析的主要方法是研究财务报告各个项目之间的关系，以及这些关系的发展趋势，常用的工具包括比率分析、结构分析以及比较分析。

国际财务报告研究的对象通常是跨国财务报告。当一个公司的财务报告的使用者不局限于本国的使用者时，这个财务报告就被称为跨国财务报告。跨国财务报告的主要类型有两种：一是跨国公司编制的合并财务报告；二是为某些特定需求者提供的财务报告。

国际财务报告的质量特征主要包括：可理解性、相关性、可靠性、可比性等。国际财务报告的使用者包括：①各国投资者；②各国政府；③各公司的管理人员；④公司的员工和一些社会组织。

国际财务报告分析是全面了解国际企业经营业绩的重要部分，所以，我们在进行国际会计报表分析时不仅要熟练运用一些分析工具，还更要注意编制会计报表时所采用的会计方法，因为使用不同的会计方法会影响到公司收益和净资产的计算，从而影响到我们对财务报告的分析。

会计计量法中固定有形资产、存货处理等。

国际分部财务报告，由于各国的经济、文化和法律环境不同，各国的会计原则各不相同，对分部财务报告的规定也不同。分部报告的不同点主要是在于如何确定分部。

复习思考题

1. 公司提供财务报告的目的是什么？对财务报告进行分析时主要采用什么方法？

2. 国际财务报告质量特征主要有什么？

3. 国际财务报告的主要使用者是谁？他们对国际财务报告有什么样的要求？跨国公司是如何满足他们的要求的？

4. 对国际财务报告进行分析时，我们要注意些什么？

5. 分部报告的目的是什么？不同的会计准则对分部报告的要求有什么不同？

附注

表 11 - 4　　　　　　　　　　　　　　　**常用比率**

比率	公式
流动性:	
1. 流动比率	流动资产/流动负债
2. 速动比率	(现金 + 短期投资 + 净应收账款) /流动负债
3 流动现金负债比率	经营活动提供的净现金/平均流动负债
效率性	
1. 应收账款周转率	销售净额/平均净商业应收账款
2. 存货周转率	销售成本/平均存货
3. 资产周转率	资产净额/平均总资产
获利比率:	
1. 销售毛利率	毛利润/净销售总额
2. 资产回报率	净收入/平均总资产
3. 普通股权回报率	(净收入额 - 优先股股利) /平均普通股权权益
4. 每股盈利	(净收入额 - 优先股股利) /平均外发普通股
偿债能力	
1. 总资产负债比	总负债/总资产
2. 利息保障倍数	息税前收入/利息费用
3. 现金负债比	经营活动所提供的净现金/平均总负债

第 12 章　国际管理会计

【本章提要】

本章主要讲述了国际管理会计相关的知识。具体包括国际战略管理会计的产生、发展以及相关的内容与具体方法；国际投资会计中投资环境的评估与决策；国际责任会计的特点、原则与作用等相关内容。

随着国际经济一体化进程的不断加快，企业的国际性扩展使跨国公司的数量越来越多，国际市场竞争激烈，在国际间战略管理、投资决策等方面，管理会计的重要性日益凸显。

12.1　国际战略管理会计概述

12.1.1　战略管理会计产生的背景

战略管理会计（strategic management accounting，SMA）概念的界定，国内外学者的认识尚不统一，然而都反映出战略管理会计的一些基本特征，即重视外部环境和市场、注重整体等。战略管理会计是指为企业战略管理服务的会计信息系统，即服务于战略比较、选择和战略决策的一种新型会计，它是管理会计向战略管理领域的延伸和渗透。具体说，它是指会计人员运用专门的方法为企业提供自身和外部市场以及竞争者的信息，通过分析、比较和选择，帮助企业管理层制定、实施战略计划以取得竞争优势的手段。战略管理会计的形成和发展不是对传统管理会计的否定和取代，而是为了适应社会经济环境的变化而对传统会计理论的丰富和发展。战略管理会计的宗旨立足于企业的长远目标，以企业的全局为对象，将视角更多地投向影响企业经营的外部环境。

最早提出战略管理会计的是管理学家西蒙，他在 1981 年提出了"战略管理会计"的概念，"对企业及其竞争对手的管理会计数据进行搜集和分析，由此来发展和控制企业战略的会计"。他认为战略会计应该侧重于本企业与竞争对手的对比，收集竞争对手关于市场份额、定价、成本、产量等方面的信息。

战略管理会计的形成是以企业生存环境的不确定性加剧为背景的，是经济快速发展的新形势下对传统管理会计的弥补和开拓。随着人类跨入 21 世纪，这种不确定性还在进一步加大，SMA 也必将会有长足的发展。导致当代企业所处的竞争环境不确定性加剧的主要因素体现在两个方面：一是在经济全球化方面；二是在技术方面。

1. 经济全球化方面

"经济全球化"这个词，至今没有一个公认的定义。从生产力运动和发展的角度分析，经济全球化是一个历史过程：一方面，是指在世界范围内各国、各地区的经济相互交织、相互影响、相互融合成统一整体，即形成"全球统一市场"；另一方面，是指在世界范围内建立了规范经济行为的全球规则和经济运行的全球机制。在这个过程中，市场经济几乎一统天下，生产要素在全球范围内自由流动和优化配置。因此，经济全球化是一个生产要素跨越国界，在全球范围内自由流动，各国、各地区相互融合成整体的历史过程。

20世纪90年代以来，以信息技术革命为中心的高新技术迅猛发展，不仅冲破了国界，而且缩小了各国和各地的距离，使世界经济越来越融合为一个整体。

资源配置的全球化使企业的SMA系统在分析自身及竞争对手的资源情况时，不能再是静态地分析所处时刻、所处狭小地域的资源状况，而要动态地分析资源的未来流动趋势。这种考虑可能是区域性的，也可能是全球性的。

市场机遇的全球化还要求企业的SMA系统关注全球的市场动态，以便更早地进入市场，获取利润。一方面，网络交易的推广将使企业更直接地面对客户，获取有关需求信息；另一方面，人类需求层次的提高，造成需求个性化发展趋势的加强，这促使"利基（niche）市场"（即：空缺市场。在市场经济条件下，一些企业专注于市场的某一细分环节，或以满足消费者个性化的需求为目标，通过专业化经营、见缝插针地占据有利的市场位置。这部分市场就可称为利基市场）的开发将成为企业未来争夺的焦点。SMA系统就要一方面加强收集此类信息，一方面注意分析企业产品或服务被消费的全球性变化情况，以尽快调整其全球的战略部署和寻找新的客户需求方向。

2. 技术方面

首先，技术创新和传播的速度大大加快。信息产业著名的"摩尔定律"认为：信息技术产品平均每6~9个月完成一代更新，而目前有迹象表明，"摩尔定律"的有效时间跨度还在缩短。技术创新速度的提高是与其传播速度的加快密切相关的。传播速度的提高起到了推波助澜的作用，促进了技术的不断更新。这种快速变化使产品的寿命周期缩短，市场竞争也更为激烈。

其次，随着知识经济时代的到来，人们更加强调知识对企业保持其持续竞争力的重要意义，并日益重视信息的价值，这在实务中表现为对软件（人、技术）和硬件（信息工具、网络）的管理和运用的不断加强。从其对SMA的影响分析：

一方面，信息工具的大量使用，使信息收集、处理及传递的速度和效率大大提高，传统的"维持财务会计和管理会计两个信息系统过于昂贵"的观点将会改变，建立并维持一个能同时提供财务会计和管理会计两个信息的系统，将普遍为各种规模的企业所接受。这种变化为SMA的发展提供了物质条件。企业管理人员将更有机会和能力从战略角度分析企业的经济状况。结合下面所述的经济全球化趋势，SMA系统将为企业的全球化运作管理提供有价值的必要的信息。

另一方面，人和知识要素对企业发展的重要性日益凸显，这就要求SMA提供充分的信息，以使决策者确定是否对人力及技术进行投资，并评价所做出的人力及技术投资决策的投入—产出效率和效益。这些信息包括研究与处在同一技术革新方向的合作者或竞争对手的有关信息，并要结合分析决策前后客户需求的变化等战略信息，以判断投入是否有利于企业获取或增强核心竞争力。

11.1.2　战略管理会计产生的条件

现代管理会计的前身是成本会计，历史上，管理会计之所以取代成本会计是因为成本会计的理论对经营决策缺乏相关性，不能满足企业经营管理的需要。近年来，企业生存环境的改变和竞争压力的增强，使战略管理登上历史舞台。现代管理会计难以提供与战略管理相关的信息，战略管理会计则从更高的起点重新界定了管理会计的内涵，为企业的战略决策寻找方向、把握契机。因此战略管理会计的产生源于管理会计自身的缺陷及企业适应激烈市场竞争的需要。

1. 传统业绩评价体系的缺陷

传统业绩评价体系在进入知识经济之后，暴露出种种缺陷。例如重视对财务指标的评价、忽视对非财务指标的评价；重视对过去的评价、忽视对未来的评价；忽视对企业创新能力的评价；忽视对企业外部竞争力的评价等。现代管理会计只顾内部而忽略环境变化的影响，用静态的目光看待问题，只重视短期利益，忽略长远利益。这些缺陷往往导致企业经营决策短期化、呆板化，缺乏高瞻远瞩的能力，导致企业发展长期处于被动局面。

2. 企业适应激烈市场竞争的需要

现代企业的竞争实质是人才的竞争，尤其是高层经营管理人才的竞争；一个具备丰富管理经验、掌握现代管理知识的高级管理者对一个企业的生存和发展起着至关重要的作用。现代市场经济中的企业无不是在竞争中求生存、在竞争中求发展。这就要求高层管理人员既要有战略意识、具备战略思想、了解掌握战略管理理论，也要熟悉现代管理会计知识，而能把这两种知识融为一体，上升到一个更高的境界，无疑将给企业竞争能力的提高提供了一种犀利的武器。

战略管理会计应运而生正是基于上述两点，它从全球范围和长期发展来看待企业的行为和目标，时刻关注与企业息息相关的市场环境变化及其对企业的影响。它不仅收集、加工、整理、报告企业和竞争对手的信息，更注重研究与竞争对手相比企业的优势。通过研究本企业产品和劳务在其生命周期中所能实现的、客户所需求的价值以及价值在企业内部的形成过程，从长远的观点来看待企业的总收益。

11.1.3　战略管理会计的特征

1. 战略管理会计应着眼于长远目标、注重整体性和全局利益

现代管理会计以单个企业为服务对象，着眼于有限的会计期间，在"利润最大化"的目标驱使下，追求企业当前的利益最大。它所提供的信息是对促进企业进行近期经营决

策、改善经营管理起到作用，注重的是单个企业价值最大和短期利益最优。

战略管理会计则着眼于企业长期发展和整体利益的最大化。当企业间的竞争已上升到高层次的全局性战略竞争时，抢占市场份额、扩大企业生存空间、追求长远的利益目标已成为企业家最为关注的问题。战略管理会计适应形势的要求，超越了单一会计期间的界限，着重从多种竞争地位的变化中把握企业未来的发展方向，并且以最终利益目标作为企业战略成败的标准，而不在于某一个期间的利润达到最大。战略管理是制定、实施和评估跨部门决策的循环过程，要从整体上把握其过程，既要合理制定战略目标，又要求企业管理的各个环节密切合作，以保证目标实现。企业管理是由不同部门完成的，必须以企业管理的整体目标为最高目标，协调各部门运作，减少内部职能失调。相应地，战略管理会计应从整体上分析和评价企业的战略管理活动。

2. 战略管理会计是外向型的信息系统

现代管理会计服务于企业的内部管理，是一种内向型的信息系统，在市场竞争不十分激烈时，企业只要努力降低成本，提高劳动生产率，就能在市场立足。因而现代管理会计致力于企业内部信息的收集、分析和各种指标的纵向比较。它不太关注外部环境和竞争对手的情况，它所提供的只是单个企业自身的数据，而不是企业在市场中的相对优势。

战略管理会计站在战略高度，关注企业外部环境的变化，不局限于本企业这一个环节，而是研究在整个产业价值链中企业上家和下家的信息，努力改善企业的经济环境，强调企业发展与环境变化的协调一致，以求得产业的最优效益。战略管理会计围绕本企业、顾客和竞争对手形成的"战略三角"，收集、整理、比较、分析竞争对手有战略相关性的信息，向管理者提供关于本企业与对手间竞争实力的信息，以保持和加强企业市场上的相对竞争优势。战略管理会计强调比较优势，从相对成本到相对市场份额，它所关注的是相对指标的计算和分析，向管理者提供的是比较竞争成本和比较竞争优势的信息。战略管理会计通过对企业内外信息的比较分析，了解企业在市场中竞争地位的变动。战略管理会计拓展了会计对象的范围，是一种外向型的信息系统。

3. 战略管理会计是对各种相关信息的综合收集和全面分析

现代管理会计研究的是货币信息，很多涉及其他类的信息，对于企业的决策只能提供从财务分析中获取的信息，忽略了其他信息对企业的影响，因而它是不够完整、不够充分的。

战略管理会计为适应企业战略管理需要，将信息的范围扩展到各种与企业战略决策相关的信息，其中包括货币性质的、非货币性质的：数量的、质量的；物质层面的，非物质层面的，以至有关天时、地利、人和等方面的信息。信息来源除了企业内部的财务部门以外。多样的信息来源和信息种类需要多种信息分析方法，因此，不仅是财务指标的计算，而是结合了环境分析法、对手分析法、价值链分析法、生命周期分析法、矩阵地位分析法、预警分析法、动因分析法、综合记分法等，这无疑是对现代管理会计的丰富。战略管理会计突破了现代管理会计财务信息的局限，在提供信息的内容和处理信息的方法上都进行了拓展，帮助企业管理层掌握更广泛、更深层次的信息，全面研究分析企业的相对竞争优势，做出正确的决策。

4. 战略管理会计体现了动态性、应变性以及方法的灵活性

任何战略决策都不是一成不变的，而要根据企业内外部环境的变化及时进行相应调整，以保持企业战略决策与环境相适应，为了适应这种需要，战略管理会计采用了较为灵活的方法体系，不仅要联系竞争对手进行"相对成本动态分析"、"顾客盈利性动态分析"和"产品盈利性动态分析"，而且采取了一些新方法，如产品生命周期法、经验曲线和价值链分析等。

12.2　国际战略管理会计的内容

12.2.1　战略管理理论概述

20 世纪 60 年代初美国著名管理学家钱德勒《战略与结构：工业企业史的考证》一书的出版，首开企业战略问题研究之先河。钱德勒在这本著作中，分析了环境、战略和组织之间的相互关系，提出了"结构追随战略"的论点。他认为，企业经营战略应当适应环境、满足市场需求，而组织结构又必须适应企业战略，随着战略的变化而变化。因此，他被公认为，环境—战略—组织理论的第一位企业战略专家。安索夫在 1965 出版的《公司战略》一书中首次提出了"企业战略"这一概念，并将战略定义为"一个组织打算如何去实现其目标和使命，包括各种方案的拟订和评价，以及最终将要实施的方案"。"战略"一词随后成为管理学中的一个重要术语，在理论和实践中得到了广泛的运用。此后，围绕企业战略管理的确定，所谓的市场战略、制造战略、收购战略以及全球化战略等都被纷纷提了出来。特别是迈克尔·波特在《竞争战略》（1980）与后来的《竞争优势》（1985）以及《国家竞争战略》把战略管理的理论推向了高峰。概括起来，波特的竞争战略理论的基本逻辑是：①产业结构是决定企业盈利能力的关键因素；②企业可以通过选择和执行一种基本战略影响产业中的五种作用力量（即产业结构），以改善和加强企业的相对竞争地位，获取市场竞争优势（低成本或差异化）；③价值链活动是竞争优势的来源，企业可以通过价值链活动和价值链关系（包括一条价值链内的活动之间及两条或多条价值链之间的关系）的调整来实施其基本战略。波特的 5 种竞争力、3 种基本战略和价值链的分析等在全球范围内产生了深远的影响。在经济迅速发展、竞争日益激烈的今天，战略管理对企业经营管理仍具有极其重要的意义。

近些年来，信息技术迅猛发展，导致竞争环境日趋复杂，企业不得不把眼光从外部市场环境转向内部环境，注重对自身独特的资源和知识（技术）的积累，以形成企业独特的竞争力（核心竞争力）。1990 年，普拉哈拉德和哈默又在《哈佛商业评论》发表了《企业核心能力》。从此，关于核心能力的研究热潮开始兴起，并且形成了战略理论中的"核心能力学派"。进入 20 世纪 90 年代中期，随着产业环境的日益动态化，技术创新的加快，竞争的全球化和顾客需求的日益多样化，企业逐渐认识到，如果想要发展，无论是增强自

己的能力，还是拓展新的市场，都得与其他公司共同创造消费者感兴趣的新价值。企业必须培养以发展为导向的协作性经济群体。在此背景下，通过创新和创造来超越竞争开始成为企业战略管理研究的一个新焦点。美国学者 James F. Moorel 是这一阶段战略管理理论的主要代表。

12.2.2　战略管理理论的发展趋势

（1）制定企业战略的竞争空间在扩展。行业的界限、企业间的界限日趋模糊，竞争战略的谋划将不再只限于既定的行业内市场份额的竞争、产品或服务的竞争，而更多的是在无边界的范围内对商业机会的竞争。这一竞争必然导致竞争参与者之间，在塑造未来产业结构方面展开争夺。竞争的概念基本上是界定于不同的联盟之间、不同的商业生态系统之间。竞争的物理空间也由区域性范围扩大到全球。由于竞争已不在某一特定的地理区域或行业界限内进行，企业必须从全球的角度、从跨行业的角度来考虑配置自身的资源，在资金、人力资源、产品研发、生产制造、市场营销等方面进行有机的组合，以获得最佳的管理整合效果。

（2）企业的战略具有高度的弹性。企业面临的经营环境快速变化，无法预知和确定。在不确定的风险之下，在要求企业的竞争战略与外部变化节奏保持同步的条件下，企业要具备快速的反应能力，必须依赖于战略的弹性而伸缩自如。战略弹性是基于企业自身的知识系统对不断变化的不确定情况的应变能力。它应该包括：组织结构的弹性、生产能力和生产技术的弹性、市场营销的弹性、管理的弹性和人员构成的弹性。由于它是来自于企业内部的知识和能力，因此，员工的知识构成及其组合的方式和机制是战略弹性的核心部分。战略弹性一旦建立起来，企业内部的协调系统也就确定下来，从而导致对整个系统的模仿或复制的可能性极其微小，由此就形成了企业的战略优势。

（3）不过多考虑战略目标是否与企业所拥有的资源相匹配，而是较多地追求建立扩展性的目标。因为在未来的市场竞争中，制胜的手段正逐渐发生变化，由单纯地寻找稀缺资源过渡到与寻找稀缺智力和由此而产生的稀缺知识的结合，寻找的范围不仅局限于企业边界内部，而是着眼于对离散的创造价值的活动的识别与整合，通过这种方式来为价值增值或扩大稀缺价值的产出。这种战略要求企业不能平均分配资源，而是要创造性地通过各种途径来整合资源，通过与知识的组合来克服资源的限制，从而为顾客创造价值。

（4）由企业或企业联盟组成的商业生态系统成为参与竞争的主要形式。竞争力的研究对象不再仅局限于单独的企业个体，而是以企业作为基本研究单元发展到企业与其所处的商业生态系统并举的阶段。在未来变幻莫测的环境中，任何一个企业都不可能，也没有实力单独参与竞争，因为整个商业活动的主体是以一个或多个企业为核心的生态族群，即未来的竞争是不同商业群落之间的竞争。对于一个单独的企业个体来讲，竞争更体现在加入或营造有影响力的、能为自己带来实际价值的企业生态系统，并且在一个系统中寻求一个更为有利的地位，当然也包括争取作为整个群体的领导。在竞争与合作的和谐环境中，使优势和潜能充分发挥，降低经营成本和经营风险。

（5）制定战略的主体趋于多元化。制定战略可能不光只是企业高层决策人员的特权，普通员工也不再仅仅是战略的接受者与执行者。战略制定这一工作将变得更为普遍化，由于信息技术的日益发展和应用，使得组织结构向扁平化方向演化，信息的传播手段和渠道也变得大众化和多样化，这就导致了在整个企业内部拥有信息的权力趋于平等。信息传播方式的网络化决定了每一个个体在整个网络系统中都是信息传播的一个节点，高层主管不再居于信息传播的中心，普通员工可以有更多的机会参加企业的战略制定，他们具有既是决策参与者又是决策执行者双重身份的特征。

12.2.3　战略管理会计的内容

所谓战略，是指为了实现预定的目标，对组织全局的、长远的重大问题进行的规划。企业战略是指企业为自己确定的长远性的主要目的与任务，以及为实现此目的和完成此任务而选择的主要行动路线与方法。它所涉及的是企业的远期发展方向和范围。基于社会经济发展的新形势，企业战略管理及为其提供与智力支持的"战略管理会计"的兴起就成为历史的必然。战略管理会计不仅是收集企业竞争对手的信息，更应该是研究与竞争对手相比企业自身的竞争优势和创造价值的过程，研究企业产品或劳务在其生命周期中所能实现的、客户所需求的价值，以及从企业长期决策周期看，对这些产品及劳务的营销能给企业带来的总收益。

战略管理会计的内容应当从服务于企业战略管理的角度出发来构建，其体系内容应围绕着战略展开，具体来讲，应当包括战略分析、战略决策分析、编制平衡计分卡、编制全面预算、战略成本管理等内容。具体如下：

1. 进行战略分析

战略管理会计首先要协助高层管理者制定战略目标。企业的战略目标可以分为三个层次，即公司战略目标、竞争战略目标、职能战略目标。公司战略目标主要是确定经营方向和业务范围方面的目标；竞争战略目标主要研究的是产品和服务在市场竞争上的目标问题；职能战略目标所要确定的是在实施竞争战略目标过程中，公司各个职能部门应发挥什么作用，达到什么目标。战略管理会计要从企业外部和内部收集各种相关信息，运用战略管理会计进行系统分析，并以此为基础提出各种可行的战略目标，供企业管理当局决策时参考。

2. 实施战略决策分析

标准的战略决策制定模式指出，管理者仔细考察公司的外部环境和内部条件，利用分析得来的一系列的目标标准，最终确定战略的过程。这种建立在理想标准基础上，通过突出管理者对战略决策效果的战略变革模式被称为战略选择。对于企业而言，外部环境是企业生存的条件，企业要利用有利的机会。避免不利的威胁，就必须十分熟悉其外部环境，并了解和掌握其发展变化的基本趋向。关于企业外部环境的分析重在"知彼"，而关于企业内部条件的分析则属于"知己"。企业经营环境分析的基本方法是SWOT分析，盈利能力的大小的分析要依据迈克尔·波特所提出的 6 种竞争力量的分析，为了保证目标和行动的一致性，企业可能必须选择成本领先战略、差异化战略、目标集中战略 3 种战略之一。

3. 编制平衡计分卡

平衡计分卡起源于美国诺朗诺顿研究所在 1990 年的一项研究，其内容在于探讨未来组织的业绩评价方法，主要目标在于寻求更适当的业绩评价模式，以取代传统业绩评价中对于单一财务指标的依赖。平衡计分卡从四个重要方面来考察企业，这四个方面是：顾客角度、内部业务角度、学习与成长角度、财务角度。虽然平衡计分卡也包含财务指标，但必须明确财务指标是一种综合性指标，它的改进与提高根植于许多非财务性因素。平衡计分卡是从企业全局和战略的高度出发，为实现战略目标，把握一系列相关的行动过程，最终实现长期经营目标。

4. 编制全面预算

现代企业的全面预算是市场导向型的预算，它以销售预算为起点，进而包括生产、成本和现金收支在内的经营活动的各个环节，最终集中反映于预计利润表和预计资产负债表。全面预算为企业整体及其各个方面确立了明确的目标和任务，同时也是评价企业生产经营各个方面工作的基本尺度。在生产过程中，把实际成果同预算目标进行对比，考核和分析实际成果同预算之间的差异，有助于促进各有关方面及时采取有效措施，消除薄弱环节，保证预定目标更好地完成。

5. 战略成本管理

成本管理是传统管理会计和战略管理会计共同关注的焦点，它是一个对投资立项、研究开发与设计、生产与销售进行全方位监控的过程。传统管理会计主要考虑企业内部生产过程中各种耗费的控制，而战略成本管理主要是从战略的角度来研究影响成本的各个环节，从而进一步找出降低成本的途径。

12.2.4　战略管理会计方法

战略管理会计诞生于 20 世纪 80 年代，在其后的十几年中，许多学者对战略管理会计进行了定义及描述。直到 2000 年，Guildingk 等人首次对战略管理会计方法进行了研究，并将价值链、产品属性成本计算等 12 种方法作为战略管理会计的方法。2002 年，Guilding 和 McManustz 又对战略管理会计方法进行了补充，将客户盈利分析、顾客细分盈利能力分析、客户生命周期盈利能力分析以及客户价值评估添加到战略管理会计方法中。从 1996 年开始，战略管理会计在我国受到越来越多的关注，我国学者也对战略管理会计进行了大量的研究，并提出了自己的观点。我国早期对战略管理会计的研究主要集中于对战略管理会计的内涵、目标、地位、特征等进行介绍性研究。最近几年，一些学者进行了有关战略管理会计方法的研究，其中，比较具有代表性的研究有：预警分析、目标成本管理法、作业成本法以及产品生命周期成本法等作为战略管理会计的方法。

1. 作业成本法

20 世纪 80 年代以来，为了适应制造环境的变化，作业成本法应运而生。它是一个以作业为基础的信息加工系统，着眼于成本发生的原因即成本动因，依据资源耗费的因果关系进行成本分析。即先按作业对资源的耗费情况将成本分配到作业，再按成本对象所消耗的作业情况将作业分配到成本对象。这就克服了传统成本计算系统下间接费用责任不清的缺陷，使以前的许多不可控间接费用，在作业成本系统中变成可控。同时，作业成本法大大拓展了成本核算的范围，改进了成本分摊方法，及时提供了相对准确的成本信息，优化了业绩评价标准。

2. 竞争对手分析

对原有管理会计理论的思考得出一个重要观点：即通过管理会计体系反映处于现实竞争状态和竞争关系中的对方企业的竞争力，从而制定出战略决策和策略。因此，战略管理会计提出利润不仅来自企业内部的效率，而且也来自竞争对手。分析竞争对手首先应明确谁是企业的竞争对手。企业实际的和潜在的竞争对手包括：向目标市场提供相似产品或服务的企业；经营具有相互替代性的同类产品或服务的企业；在市场上试图改变或影响消费者的消费习惯和消费倾向的企业。在第一类竞争对手之间，由于产品的性能相同，它们之间的竞争主要表现在价格和服务质量上，竞争的核心是营销手段和成本。第二类和第三类竞争涉及消费者的消费习惯和消费能力，价格的差异会使消费者在不同的消费市场之间转移。在明确所要分析的竞争对手之后，还要识别竞争对手的价值链，判断竞争对手是怎样进行价值活动的。

3. 价值链分析

价值链分析是美国学者波特首先提出的。价值链其实就是作业链的价值表现，作业的推移，同时表现为价值在企业内部的逐步积累与转移，形成一个企业内部的价值传递系统，最后通过产品转移给企业外部顾客形成顾客价值。只有顾客价值才能形成企业的经济效益。价值链分析的目的就是在生产过程中尽可能地消除"不增加价值的作业"，对可"不增加价值的作业"要尽可能地提高工作效率。通过最大限度地优化价值链来促进顾客价值的提高，通过顾客价值的提高来提高企业的整体竞争力。

4. 战略性绩效评价

战略性绩效评价是将绩效评价指标与企业所实施的战略相结合。例如企业要采取低成本战略，则评价指标侧重于内部制造效率、品质改进、市场占有率及交货的效率；采取产品差别战略，则应侧重新产品成本、新产品收入占全部收入的比率等指标。战略性绩效评价不仅改变了原有管理会计的只重"结果"不重"过程"，而且将业绩评价由财务指标系统扩展到了非财务指标系统。非财务性绩效评价内容一般包括：质量评价、交货效率评价、企业应变与创新能力评价、雇员评价、产品市场占有份额评价、机器运转情况的评价等。由此可见，战略性绩效评价渗透到了企业的方方面面，能更好地为生产经营和战略管理提供有效决策信息。

在采用战略管理会计中，除上述方法外，还有战略成本分析、预警分析法、目标成本法、平衡财务与非财务业绩表法等。

12.3　国际投资决策会计

12.3.1　国际投资概述

国际投资是指一个国家的政府、企业或个人将资本（包括货币资产、有形资产、无形资产等）投放到另一个国家，以期获得收益的经济行为。

国际间的投资活动从 19 世纪末就开始了，到 20 世纪前半个世纪虽有所发展，但没有得到很大的进步，是因为其间两次世界大战对国际投资环境造成了严重破坏。第二次世界大战后，产生了一个相对稳定的国际环境，为国际投资提供一个前所未有的良好条件。20 世纪 50 年代以后，国际间的投资额迅速增长，其中对外投资较多的国家，不仅有英、美、德、日、法、意、加拿大等老牌对外投资国，而且中东的产油国，如沙特阿拉伯、科威特、利比亚、阿拉伯联合酋长国等掌握了巨额石油美元的国家也参加了对外投资的行列。20 世纪 70 年代后期以来，许多国家的对外长期资本输出开始以证券投资为主。例如，日本 1961 年对外投资总额仅有 100 万美元，相当于长期资本输出总额的 0.3% 和直接投资总额的 1.1%，至 1977 年对外证券投资开始超过对外直接投资，其后，对外证券投资额一直高速发展，1984 年已达 352.85 亿美元，证券投资已成为日本对外资本输出最主要的形式。

随着全球经济一体化进程的加速，世界经济技术的发展，我国对外投资力度不断增强。据 2004 年 4 月联合国贸易与发展委员会发表的，以世界各国投资促进机构为对象实施调查的结果，其中在最重要的对外投资供给国一项上，中国成为首个进入前 5 名的发展中国家。在投资国一项上，被认为是最重要的国家中，美国位居首位，其后依次为德国、英国、法国、中国，日本紧随其后名列第 6。国际投资方式是多种多样的，但是，各国通行的对外投资方式归纳起来主要分为直接投资和间接投资两种基本形式。

间接投资是指投资者在国际金融市场上购买外国的股票、债券等，其目的是获取证券投资的股息或债息，其意义在于可获得一定的收益，为剩余资本找出路。直接投资是指投资者在国外经营企业，通过直接控制或参与其生产经营管理以取得利润的投资活动。目前，直接投资在国际投资中占有越来越大的比重。

12.3.2　国际投资环境的评估与决策

国际投资环境是指在国际投资过程中影响国际资本运行的东道国的综合条件。它一般由硬环境和软环境两个基本因素构成。其中，硬环境是城市和工业基础设施、自然地理条件等。软环境是指东道国的政治、经济、自然地理条件等。软环境是指东道国的政治、经济、法律、文化和教育等因素，这些因素制约和影响着国际投资项目的选择、效益的评价。因此，研究和分析国际投资环境的基本因素，并运用各种系统评价方法对国际投资环境做出评估，最终做出最优的决策，成为国际投资会计的重要工作内容。

国际投资环境分析方法主要有"投资障碍分析法"、"冷热分析法"、"多因素评分分析法"、"三因素评估分析法"和"体制评估法"等。

1. 投资障碍分析法

这种分析法是将有关国家阻碍投资的不利因素（如政局动荡、经济停滞、外汇短缺、劳动力成本高、基础设施不良、资金融通困难等）列出并加以比较，如果某一国的阻碍比另一国家少，则该国的投资环境可被认为较好。

（1）政治环境。这包括一国政府对外国投资的态度和控制力。如政治制度、政局稳定性以及政策和措施等。政治制度是国家政权的组织形式及其有关制度。不同社会制度国家的政治制度相差甚远。有的国家暴动、骚乱、政变、战争不断、政治极不稳定，给国际投资活动带来很大的政治风险。有的国家国泰民安、政局长期稳定，有利于国际企业投资活动。在政策措施方面，如国有化政策，外汇管理、进口限制和税收政策、价格政策等都会使国际投资面临政治风险。

（2）经济环境。经济环境因素是影响国际投资活动的众多因素中的一种最直接最基本的因素。一国或一地区居民的收入水平，该国或该地区所处的经济发展阶段、经济制度与市场结构、基础设施或经济基础结构、自然与人力资源、地理条件以及各项经济政策和金融环境因素，常常是国际投资决策中首先要考虑的因素。

（3）社会文化和教育环境。世界各国由于文化背景不同而形成各种不同的风俗习惯、教育水平、宗教信仰、价值观念等。国际投资对各国社会文化因素的敏感性比国内投资更大些，这是因为一国的生活方式、消费倾向、购买态度、经常所用的物品种类、所爱好的形式与色彩、流通路径、易接受的宣传方法等都是一国（或一地）特异文化、社会的产物，所有这些都在不同程度上制约或影响着国外投资者的行为。了解并尊重当地文化习俗、宗教信仰并适当加以利用是许多国际投资成功的重要因素之一。一国国民教育水准的高低，也会影响投入资本的收益。教育水准低下的人，必然导致劳动力素质差、技术落后、生产力低。反之，教育水准高的人，谋求改善生活的欲望及能力较高，对最新技术极易掌握，生产力高。

（4）法律环境。分析国际投资法律环境是至关重要的。法律是解决纷争的一系列法则。国际投资必须在所在国既定的法律构架下才能从事，才能通过法律途径解决各种经济纠纷。就法律体系而言，有的国家采用普通法系，重视社会习惯；有的国家采用大陆法系，遵循法律条文；有的国家采用所谓神权法律系统，如伊斯兰国家以可兰经为执法依据。即使在同一法律体系下，各国活动的具体内容和意义也有不同，因此，法律环境对国际投资环境有很大影响。

（5）社会服务环境。它主要包括城市与工业基础设施、公共服务等因素。城市与工业基础设施主要包括能源、交通运输、通信设施、原材料供应、仓储、供水、供电、供热系统等。公共服务则主要包括政府机构的行政工作效率、社会保障、社会治安、卫生及其他服务等。

（6）自然环境。它主要包括自然条件和自然资源两个方面。自然条件主要包括地理位置、面积、地形、都市的分布、气候、人口分布等因素。自然资源则主要包括生物资源、水资源、土地资源、矿产资源、旅游资源等因素。自然条件和自然资源对于跨国公司的国际投资方向有着重大影响。

2. 冷热分析法

这种方法是美国学者伊西·利特法克和彼得·拜廷于1968年首次提出的，它是将影响国际投资环境七个因素，按照由"热"至"冷"依次排列，"热"国的投资环境优良，"冷"国的投资环境恶劣。对于"热"国，可以选择独资建立子公司、设立制造装配的分厂或设立营销及维修的分支机构等三种投资形式。对于"冷"国，仅能以合资、授权或委托市场的方式进行投资。现将七大因素分析如下：

（1）政治稳定性。一国的政治稳定性高，该政府能够鼓励且促进企业发展，创造出良好的适宜企业长期经营环境，这一因素被称为"热"的因素，反之则为"冷"因素。

（2）市场机会。一国有广大的顾客，对外国投资生产的产品或提供的劳务有尚未满足的需求，并且具有切实的购买力，当市场机会大时，它就被称为"热"因素，反之则为"冷"因素。

（3）经济发展与成就。一国经济发展程度、效率及稳定形式是企业投资环境的另一个因素。一般应根据投资项目的有关情况，具体分析其冷、热程度。

（4）文化一元化。一国国内各阶层的人民，他们之间的相互关系、处世哲学、人生的观念和目标等，都要受到其传统文化的影响。文化一元化的程度高，就是一个"热"因素。

（5）法令阻碍。一国的法令繁复，并有意或无意地限制和束缚现有企业的经营，影响今后企业的投资环境。若法令阻碍大，这就是一个"冷"因素。

（6）实质阻碍。一国的自然条件，如地形、地理位置、气候、降雨量、风力等，往往会对企业的有效经营产生阻碍。如果实质阻碍大，就是一个"冷"因素。

（7）地理及文化差距。两国距离遥远，文化差异，社会观念，风俗习惯及语言上的差别会妨碍思想交流。如地理文化差距大，就是一个"冷"因素。

在上述多种因素的制约下，一国投资环境越好，即"热国"，外国投资者在该国的投资参与成分就越大；相反，若一国投资环境越差，即"冷国"，则该国的外国投资成分就越小。

3. 多因素评分分析法

它是美国学者罗伯特·斯托鲍夫于1969年首次提出的，即从东道国政府对外国投资者的限制和鼓励政策着眼，具体分析影响投资环境的八大因素及其若干子因素，并根据各子因素对投资环境的有利程度给予评分。评分是按八大因素各自在投资环境中的作用大小确定不同的评分，从而避免了对不同因素平等对待的缺陷。根据此法，总分越高，投资环境越好。一般情况下，外国投资者就可以容易地对不同的投资环境合理评估，择优选择。这八大因素包括：资本抽回、外商股权、对外商的管制程序、货币稳定性、政治稳定性、给予关税保护的意愿、当地资金可供程度、近5年的通货膨胀率等。

4. 三因素评估分析法

三因素评估分析法指依照不同的国际投资动机，跨国公司对东道国投资环境因素的侧重点会不同，将重要的环境因素排列出来，即可构成重要因素系统。世界各国或地区投资环境的客观条件是存在差异的，各有其优势和劣势，把这些优势找出来，即可构成优势因素系统。此外，由于东道国对本国各个环境因素改善的情况不同，跨国公司对它们的评价也不同，以致各因素继续改善对外资的吸引力大小不同，那些改善后对外资吸引力大的，称为敏感因素，将这些因素归纳在一起，即形成敏感因素子系统。要明确投资环境的诸因素中，哪些是重要因素，哪些是优势因素，哪些是一般性因素，哪些是敏感性因素，可用以下三项指标评价。

（1）重要性。这些指标对投资因素的评价带有普遍意义，是指跨国公司对东道国投资环境不同因素的重视程度。

（2）吸引力。该指标是针对某一具体国家或地区而提出的，是指由于某一国家或地区在某项因素方面占有优势或具备很好的条件，从而对外商所产生的吸引程度。

（3）满意程度。这项指标是主观评价指标，是指在投资后，投资者对投资环境中某因素的满意程度。

这三项指标的评估均采用评分的方法，通常采用五分制评分，然后用平均法或加权平均法对结果加以整理，可以得到各因素各指标的评分值。三因素评估分析法既考虑了宏观因素，又考虑了微观因素，是一种较为全面的、完善的投资环境评估方法，尤其对发展中国家投资环境的评估具有重要意义。

5. 体制评估法

20 世纪 80 年代以后，中国的改革开放迅速发展，成为外国公司的投资热点。如何对社会主义国家投资环境做出评估，香港中文大学闵建蜀教授提出了"体制评估法"。此法不局限于各种投资优惠措施的比较，而是着重分析政治体制、经济体制和法律体制对投资环境的影响。

体制评估法认为：一国的政治、经济、法律体制对外国投资是否具有吸引力，可采用五项评估标准，它们是：

（1）稳定性。包括政府的稳定性、改革和法令的稳定性、经济发展的稳定性、社会发展的稳定性、生产因素及资源供应的稳定性。

（2）灵活性。包括企业在针对市场需要做转变调整时，并未受政治、经济与法律体制上的障碍；生产因素的价格能反映出有关市场的供需情况；产品价格也能反映出有关市场的供需情况；原材料及元件市场的发展已完善。

（3）经济性。包括当地的劳动生产力与工资在国际间具有竞争力；当地的原材料及元件的供应价格具有国际竞争力；土地费用具有国际竞争力；其他租税率较低；外资公司的经营成本低等。

（4）公平性。包括政府对待外资与本国企业是否一视同仁，无歧视态度，不会多征收税费；向外国公司所收取的有关费用应与向本国企业收取的相同；各地方政府对待外资企业的改革及法令应保持一致性等内容。

（5）安全性。包括在当地投资国无国有化的风险；对合资经营的外国投资者而言，在与当地合资经营者发生争执及利益冲突时，有法律保障，法院判决按客观情况处理，不偏袒本国合资经营者；一旦与本地供应商、劳动者、银行、中间商等发生争执时，当地法律的断案有客观性；资金与利润的外调有保障；产品设计与新技术的发展受到专利权的保护。

根据这五条标准，可请相关专家分析某些国家环境，给出风险比重指数，并评分，即可得出对这些国家的投资环境的评价结果。

以上介绍了国际投资环境的评估方法，对于跨国公司国际投资的决策者应该善于在以上各种方法中选择最适于本公司投资项目特点的方法来识别对本公司国际投资有利的投资环境，并结合对具体投资项目的评估，进行综合分析和总评分后，再做出最终的国际投资决策。

12.3.3　国际投资项目的决策分析

投资决策是长期性的战略决策，对企业生产经营的盛衰、成败关系极大。跨国投资对比一般国内投资，涉及的可变性因素更多，情况更加复杂。因而通过国际投资环境分析，确定向哪个国家投资后，要进一步对投资项目进行可行性研究，即对各种投资方案的实施可能性、技术先进性和经济合理性进行研究分析、计算和评价，以期获得最佳投资效益。

1. 国际投资项目可行性研究的步骤

国际投资项目的可行性研究有其阶段性，可依其深度分为四个步骤。

（1）机会研究。它的任务是在鉴别投资环境，以便确定投资方向。机会研究又分为一般机会研究和项目机会研究。一般机会研究则主要根据前面所述的国际投资动机与目标策略、国际投资环境的评估与决策等所介绍的方法来进行；而项目机会研究则主要根据国际投资方式策略，对可能收购国外企业、创建独资企业、兴办合资经营企业等国际投资机会或项目所进行的评价和分析。

（2）初步可行性研究。它是介于投资机会研究和详细可行性研究的中间阶段，是投资项目确定和投资方案选择的阶段。其任务有三：一是判断投资机会是否有希望。在此阶段，就要收集有关资料进行详细阐述，以便确定是否应该进行最终可行性研究。二是弄清投资项目可行性的关键所在和哪些问题要作专题研究，是否需要通过市场调查、实验室试验等。三是预测可行性研究的结果，如方案一经否定，则不必再继续进行。这种初步的可行性研究有利于避免在详细可行性研究上造成的损失。

（3）详细的可行性研究，亦称最终可行性研究。这一阶段为项目的投资提供技术、经济和财务上的依据，进行完整的详细分析，进行多方案的比较，寻求在一定生产条件下，完成同样国际经营战略目标的投资最少、成本最低、收益最大的最优方案。

（4）评价报告。可行性报告最终的目的是在详细分析可行性研究所提供的情况和数据的基础上，进行多方面的评价，从而得出是否应该投资的结论。

在国际投资项目可行性研究中，最为重要的工作是对投资项目的经济效益做出评价，这是国际投资项目决策的核心内容。

2. 国际投资项目经济效益评价的角度

一个总公司向国外投资，设立子公司，投资项目是否可行？除研究技术上的可行性外，还要进行科学的经济评价，着重研究经济上是否可行。在这里，首先碰到一个问题，是经济评价的主题问题。也就是，以总公司为主体进行评价，还是以子公司为主体进行经济评价。

（1）从母公司角度评价投资项目。持这种观点的人认为，对母公司来说，它从国外投资项目所能得到的现金流才是至关重要的，这也是大多数母公司进行国外投资的根本目的。但是，这部分现金中既包括投资项目的经营现金流量，也包括财务性现金流量（如母公司对子公司的贷款利息），这会违背资本预算的一个基本原则——财务性现金流不应与经营性现金流混为一谈。另外，在项目评价时，还需要将外币按一定汇率折算为本国货币，于是将面临汇率的确定问题。由于这些缺点，有人认为不应该从母公司角度评价对外投资项目。

（2）从子公司的角度评价投资项目。持这种观点的人认为，这不仅能避免从母公司角度评价的缺点，而且有利于将目标项目的收益与东道国国内的其他竞争性项目的收益相比。当目标收益率低于东道国的政府公债收益率时，应放弃该项目，转向其他方面的投资。

一般情况下，无论是从母公司还是从项目本身进行评价，区别并不重要。但在有些时候，对于国际投资的评价，应从全局性、战略性的角度来分析、考虑利害得失，这样就要求项目的评价要以母公司的角度进行评价。那么，以总公司为主体进行跨国投资项目的经济评价，需要调整、确定有关问题。例如现金流量的换算、原始投资额的确定、子公司现金流量中"可汇额"的确定，子公司在所投资国给予的优惠问题，总公司因设立子公司导致的出口额丧失的调整问题、税负问题、因风险因素而追加折现率问题、跨国投资项目终值的预计问题。

3. 国际投资项目经济效益评价的主要指标

（1）投资利润率。亦称投资报酬率，即单位投资获得的利润。其计算公式为：

$$投资利润率 = \frac{年均利润或年均现金净流量}{总投资额}$$

该指标计算简单，但未考虑货币时间价值。

（2）投资回收期。即项目通过各年净现金流量收回总投资所需的时间，其计算公式为：

若每年的现金净流量相等，则

$$投资回收期 = \frac{总投资额}{年均现金净流量}$$

若每年的现金净流量不相等，则回收期的计算要考虑各年年末的累计现金净流量。例如，振兴公司计划期有个投资方案可供选择，原始投资额为期初一次投入 US\$3 000 000，项目的寿命期为 5 年，期满无残值。在寿命周期内的现金流量如表 12 - 1 所示。

表 12－1	振兴公司投资项目现金流量计算表				单位：万美元
	年度				
	0	1	2	3	4	5
原始投资额	（300）					
各年的现金净流量		130	160	180	150	80

由于该投资方案各年现金净流量不等，需先编制回收期计算表，如表 12－2 所示。

表 12－2	振兴公司投资项目回收期计算表		单位：万美元
年份	各年现金净流量	年末累计现金净流量	年末尚未回收的投资余额
1	130	130	170
2	160	290	10
3	180	470	
4	150	620	
5	80	700	

预计回收期 $= 2 + 10 \div 180 = 2.06$ （年）

（3）追加投资回收期。所谓追加投资是指两个互斥方案所需投资的差额，投资大的方案往往会形成新的规模效益，而追加投资回收期则指的是投资大的方案以每年所节约的生产成本额来补偿和回收追加投资的期限。

若每年节约额相等，则有以下公式：

$$追加投资回收期 = \frac{两方案投资额的差额}{两方案的年生产成本差额}$$

（4）净现值。是指投资项目未来报酬的总现值与原投资的现值之差。根据净现值的正负和大小决定投资项目的优劣。其计算公式为：

若每年现金净流量相等：

$$净现值 = \left(\begin{array}{c} 每年现金 \\ 净流量 \end{array} \times \begin{array}{c} 年金现值 \\ 系数 \end{array} + \begin{array}{c} 固定资产 \\ 期末残值、 \end{array} \begin{array}{c} 可收回流动资产的 \\ 普通复利现值之和 \end{array} \right) - 原投资的现值$$

若每年现金净流量不等：

$$净现值 = \left(\begin{array}{c} 各年现金净流量的普通 \\ 复利现值之和 \end{array} + \begin{array}{c} 固定资产 \\ 期末残值、 \end{array} \begin{array}{c} 可收回流动资产的 \\ 普通复利现值之和 \end{array} \right) - 原投资的现值$$

由于该指标是用绝对数来评价，因此对投资额不等的方案的评价缺乏可比性。

运用净现值评价国际投资项目会产生两个问题：一是现金流量的计算应站在投资项目角度，还是站在母公司的角度？二是东道国的政治和经济风险是否应该通过调整资金成本或在现金流量中反映出来。对于如何处理这两个问题，目前国际上有两种观点：一种观点认为如果子公司是一个单独国家的公司，应先从子公司角度计算投资项目的现金流量，然后再预测转移到母公司的金额、时间安排和转移方式，搜集在转让过程中可能发生的税收和其他费用，最后说明投资项目所引起的间接效益和成本，如影响其他子公司出口销售量等。另一种观点认为，为了保证跨国公司投资者和东道国政府在目标上的和谐一致，要计算比重财务报酬，即分别从母公司所在国和东道国两个角度计算。

（5）内含报酬率。是指一项国际投资项目方案在其寿命周期内按现值计算的实际投资报酬率，是使该项目的净现值等于零的报酬率。其计算方法如下：

若每年现金流量相等：

第一步，计算年金现值系数。

$$\text{年金现值系数} = \frac{\text{原投资的现值}}{\text{平均每年的现金净流量}}$$

其中：平均每年的现金净流量 = 每年相等的现金净流量 + 期末残值 ÷ 投资期。

第二步，根据年金现值表，在相同期数内，查出与上述年金现值系数相近的较大和较小的两个贴现率。

第三步，根据上述两个贴现率和年金现值系数，采用插值法计算出该方案的内含报酬率。

若每年的现金净流量不相等：

第一步，先估计一个贴现率，并按此贴现率计算净现值。如净现值为正数，则表示估计的贴现率小于内含报酬率，应提高估计贴现率，再行测试。如果净现值为负数，则表示估计的贴现率大于内含报酬率，应降低估计的贴现率。经过逐次测试，最终找出由正到负的两个相邻的贴现率。

第二步，根据上述两个相邻近的贴现率再运行插值法计算出该方案的内含报酬率。

（6）风险率和风险价值。

计算投资项目的期望值。期望值是指一个概率分布中所有可能出现的数值，以各自相应的概率为权数计算的加权平均数，其计算公式如下：

$$\bar{X} = \sum_{i-1}^{n} X_i \times P_i$$

其中：X_i——可能出现的数值；

　　　P_i——可能出现的数值的概率。

计算标准离差。标准离差是反映各种可能出现的数值与期望值之差的平方根。其计算公式如下：

$$d = \sqrt{\sum_{i}^{n} (X_i - X)^2 \times P_i}$$

其中：d——标准离差；

　　　$\bar{X}$——期望值。

计算标准离差率。是指标准离差与期望值的比值。其计算公式如下：

$$CV = d / \bar{X}$$

计算风险率，其计算公式如下：

$$\text{风险率} = \text{期望值} \times \left(1 - \frac{1}{\text{风险率}}\right)$$

（7）外汇效果。这是跨国公司投资者极为重视的一项综合指标，包括下列内容：

$$\text{净外汇流量现值} = \sum \left(\begin{array}{c}\text{每年外汇}\\\text{注入量}\end{array} - \begin{array}{c}\text{每年外汇}\\\text{流出量}\end{array}\right) \times \begin{array}{c}\text{普通复利}\\\text{现值系数}\end{array}$$

其中：每年贴现率可根据国际外汇市场贴现率、各种货币的汇率变动率、各国货币的通货膨胀率综合确定。

$$换汇成本 = \frac{出口产品国内资源成本}{出口产品净外汇}$$

$$投资创汇率 = \frac{出口产品净外汇}{外汇投资额}$$

$$外汇返回比 = \frac{返回外汇（美元）}{税后利润} \times 100\%$$

值得说明的是，跨国公司由于国际投资的动机、目标、投资项目和投资方式的不同，在运用上述指标时，其重要性是不同的。分析时可以根据各指标相对重要性的大小，给出不同的权数，而各指标权数的总和为 1。每项指标根据其计算公式计算结果，参考该指标可接受的上限与下限区间，由专家评分，把评分乘以权数，得到总评分结果。一般而言，一个国际投资项目，总评分越高，跨国公司投资者对该项目的满意程度越高，但国际投资项目的决策最终能否成功，还需综合考虑国际投资环境等因素的影响。

12.4　国际责任会计

经济责任制是为了加强公司的经营管理，提高经济效益而建立的责、权、利相结合的一种经济管理制度。经济责任制是建立责任会计的基本前提。国际责任会计是以跨国公司内部的各种责任实体为基础，以保证跨国公司国际战略和规划的顺利实施和实现其在国际范围内利润的最大化为目的，通过建立各级责任中心、目标责任控制、业绩评价、编制责任报告和报表等方法，对跨国公司内部各责任实体的国际生产经营过程所开展的一种管理活动。

12.4.1　国际责任会计的特点、原则与作用

1. 国际责任会计的特点

（1）国际责任会计与跨国公司的国际经营责任制不可分离。国际责任会计担负着跨国公司国际经营责任中责任落实、责任控制与责任考核的重任，因此，它是跨国公司经济责任制的基础。同时跨国公司国际经营责任决定着国际责任会计有效作用的发挥，制约其采用的方法。

（2）国际责任会计以激励为重点。国际责任会计采取不同办法激励各国雇员的创造力、积极性及工作热情，促进跨国公司内部责任实体相互关系的协调和完善，合理组织各种有效资源在国际范围的优化配置，实现全球利润的最大化。划分责任实体，使其明确责任，增强责任感；实施责任控制，制定责任指标，为责任实体设立目标，使其有明确的奋斗目标；业绩评价，根据成绩进行奖惩，更能使热情和创造性持久。

（3）国际责任会计是跨国公司根据其自身具体特点和情况制定的特有制度，作为行为规范和准则。不同的跨国公司都具有自身的特点，不要求有统一的制度和标准。为了能有

效地控制各类责任实体，国际责任会计以价值指标为主，采用非价值指标和定性指标，并将会计核算与控制、统计核算与控制、业务核算与控制有机地结成一体。

（4）国际责任会计以会计方法为测定业绩的主要方法。国际责任会计采用会计方法为主，兼用统计方法，如会计核算、预算控制、定额比较、成本分析、差异对比等。这些方法的有机结合使用，使跨国公司内部各责任实体承担经济责任的大小及完成工作的好坏得以数量化，将经济责任与会计方法紧密地结合起来。量化责任者的经济责任，将测定的实绩与经济责任的承担者有机地联系起来，这是贯彻实施经济责任制的关键所在，也是国际责任会计的本质特征。

2. 国际责任会计的原则

建立国际责任会计制度，因跨国公司特点及实际情况的不同而各异。但是，无论采用什么方法，均需遵循以下几项原则。

（1）整体原则。跨国公司内部实体的确定要充分考虑跨国公司自身规模和经营特点，符合公司目标管理要求。范围划分要保证公司各项工作有人负责，职责归属分明，防止责任不落实现象。指标分解从跨国公司国际经营总目标出发，层层分解落实，形成一种纵横交叉的国际目标责任体系，评价各责任实体的业绩要考虑各责任实体对公司整体利益的实际影响，有利于提高全公司的活力和合力。

（2）目标一致性原则。国际责任会计是企业内部的一种控制制度，而有效地控制是建立在责任单位上下级之间的目标一致基础上的。因此，目标一致性原则是衡量跨国公司责任会计制度是否有效的重要标准。目标一致性原则主要体现在选择恰当的考核与评价的指标上。在编制和执行责任预算时，要求各责任单位的目标与公司的整体目标相一致，从而在责、权、利相结合的条件下促使各责任单位为了公司总目标的实现而协调地工作。值得注意的是：单一的考评指标往往会导致上下级目标相背离，因此，选定的考评指标要具有综合性和完整性。

（3）可控制原则。国际责任会计的特点是将各种数值目标同国际经营责任有机结合，这一内部控制制度的正确贯彻，要求最大限度消除公司内部各责任实体之间的相互影响，突出它们各自的相对独立性，避免是非不清、责任不明。因此，在建立国际责任制度时，必须明确区分有关责任实体、责任者的职责范围，使其在自己能真正地行使控制的条件下承担一定的国际经营责任，完成相应的工作任务。

（4）协助性原则。国际责任会计在各内部责任实体的职责划分、责任控制的指标分解、业绩评价时，必须认真分析和考核各责任实体原有的各种有效资源的情况，包括所处东道国的外部环境、东道国的政策、各国市场条件、价格水平、生产条件、技术力量、机器设备以及管理水平等因素，使它们处于同一起跑线上，评价指标能够充分反映各责任实体的主观努力和工作成果，防止苦乐不均和不具有可比性。

（5）反馈性原则。国际责任会计为了有效地控制各责任单位的经济活动，需要建立反馈系统。只有坚持反馈性原则，责任会计制度才能促使各责任单位保持良好的、完善的记录及报告制度，从而便于掌握预算的执行情况及形成差异的原因，为及时控制和调节经济活动提供依据，以确保预定目标和任务得以实现。

3. 国际责任会计的作用

国际责任会计的主要作用表现以下两个方面。

（1）有利于贯彻跨国公司内部经济责任制。实行责任会计以后，可使公司各级管理人员目标明确，责任分明，且责任者有责有权，把各自该管的和能控制的各种财务成本指标严格地管理起来，并能做到管好、控制住；同时以责任单位为主体记录和归集会计信息，并以此考评各责任单位的业绩。为此，可以实现奖惩分明、科学合理，从而有利于贯彻内部经济责任制。

（2）有利于保证经营目标的一致性。实行责任会计以后，每个责任单位的经营目标就是整个跨国公司经营总目标的具体体现。因而，在日常的经济活动过程中，必须注意各责任单位的经营目标是否与公司的总目标相符。若有矛盾，就应及时协调，使各责任单位的具体目标与整个企业的总目标统一起来，促使各个责任单位为保证总目标的实现而协调地工作，从而保证经营目标的一致性。

当然，国际责任会计除上述两方面主要作用外，在公司的经营管理活动中，还可以起到为决策者提供较为准确可靠的经济信息，便于决策者科学决策以及协调公司内部各方面、各环节经济关系的作用。

12.4.2　国际责任会计的责任控制和责任预算

国际责任会计的实施中，跨国公司应根据公司的国际经营战略、策略和目标规划的要求及自身国际生产经营的特点和管理体制的实际情况，设置和划分内部责任实体，明确各责任实体应承担的经济责任和应拥有的经济权力及经济利益。跨国公司内部责任实体是指内部各自独立经营、独立核算、独立承担经济责任的各种类型的组织机构和形式。母公司通过对内部责任实体的合理设置以及对各自经营责任和业务绩效的正确评估，以有利于理顺跨国公司内部各方面、各环节、各责任实体之间的经济关系，充分调动积极性和创造力，以有利于将有效资源在全球范围内的合理配置及优化使用，以有利于跨国公司全球经营战略的实现和全球利润的最大化。

1. 跨国公司的内部责任控制

跨国公司内部责任控制是对跨国公司国际经营全过程的控制与全方位控制的有机统一，它纵贯跨国公司各种内部责任实体的生产、经营、投资活动的全部循环过程，渗透在跨国公司管理的各个方面。

（1）跨国公司内部责任的全过程控制。

①跨国公司国际经营战略确定以后，董事会反复酝酿今后一个时期（3~5年）全公司的财务目标，主要是利润目标和投资目标。

②根据跨国公司中期财务目标、内部各责任实体制订中期生产、经营、投资滚动计划。

③根据各内部责任实体中期生产、经营、投资滚动计划，制定内部责任实体中期财务预测与下年度预算。

④母公司汇总各内部责任实体的中期财务预测与下年度预算，与全公司财务目标对比，修正平衡后制定全公司财务预测与下年度预算。

⑤在预算执行过程中进行严格控制，使之尽可能达到预算指标。

⑥将预算执行结果与中期财务目标要求相比较，如客观条件确实发生变化，实属必要的话，修正中期财务目标为，预测下期中期财务目标提供可靠数据。

⑦研究中期财务目标修正对贯彻跨国公司国际经营战略的影响方面及其程序。

（2）跨国公司内部责任的全方位控制。

①建立与应用国际会计信息系统，包括法人地位基础上的国际财务会计信息系统与内部管理基础上的国际管理会计信息系统。由于跨国公司法人结构的复杂性，给贯彻实施公司集团战略和集中控制带来很大的困难，母公司决策当局往往抛开法人结构的躯壳，完全按照跨国公司内部管理与控制的要求，建立起内部管理所用的国际管理会计信息系统。

②预算的制定、预算执行情况的反馈、分析、监督与考核。

③统一筹集和调度资金、实行全面控制。

资金控制是跨国公司实行全球战略的一个重要方面。为了减少资金在国外流动的风险，利用各所属单位所在国利率的差异，最大限度地节省利息支出，加速跨国公司集团内的资金周转速度，统一平衡债务偿还，必然要在全球范围内进行统一筹集和调度资金，进行全面控制。

④开展外汇风险统一控制和管理，努力降低外汇风险。由于母公司管理总部比任何内部责任单位更了解各种汇率变化情况、发展趋势和世界各大外汇市场情况，并且也只有总部才能掌握各内部责任实体的外汇使用情况，因此，必须要由总部通观全局，对外汇资金实行统一控制与管理。

⑤在现金和银行借款方面，跨国公司实行高度集中控制，同时给予各内部责任实体必须的自主权。总部一般规定所属责任实体的银行业务必须集中在总部指定的跨国银行；所有在本土国的所属内部责任实体的银行账户余额于当天汇交总部账户，由总部统一掌握调度和经营；海外各内部责任实体有权按照预算规定的金额进行经营性的收付；海外所属内部责任实体的暂闲资金，可由总部拨借给其他所属单位，从而降低全公司的资金成本；所有在本土国的所属内部责任实体的借款一般由总部统一负责；海外各内部责任实体的经常性投资借款，由各单位按批准的预算金额自己进行，其他贷款一般由总部负责。由于总部统一借款金额大、条件优惠，故资金成本较低。

⑥在销售货款与信贷方面，跨国公司总部实行周密指导。总部通过制定销售信贷预算控制跨国集团销售信贷的总水平，各单位不得突破预算指标；总部制定集团销售信贷方针，并制定各项管理的标准与程序，通过详细指导和监督，确保各内部责任实体正确贯彻；总部通过对银行的报告、各内部责任实体所拥有客户的资产负债表、损益表及现金流量表的分析、专门调查等综合分析，对客户信用进行评价，划分等级，作为对各内部责任实体发放销售贷款的依据；总部制定一套完整的严格按时序采取逐步升级措施的程序表，专门对付拖欠还款或坏账。

⑦编制纳税计划并提出运用转让价格进行国际避税而使集团公司的税负降低到最低限度的对策。

⑧参与各种国际投资项目的可行性研究与论证，从财务方面进行审查和把关。

2. 跨国公司的内部责任预算

内部责任预算的制定与过程控制是跨国公司国际经营战略、策略，与其国际生产、国际经营和国际投资等具体活动的接合部与中心点。只有紧紧抓住这个接合部与中心点，才能使战略得到全面、稳步地贯彻。

（1）根据中期生产经营投资滚动计划制定中期财务预测和年度生产经营投资计划，据此制定年度内部责任预算。

（2）由于内部责任预算是建立在中期财务预测基础上的，凡是两者有较大差异的方面都必须做出详尽说明，提供充分根据，这样才使预算的制定有相当强的连续性。年度内部责任预算的内容包括生产经营投资的所有主要方面，包括销售、利润、净资产、投资、利息、还贷计划、现金来源与流向、通货膨胀带来的影响、税收、雇员、工资等十几个方面、几百个指标，使预算能制衡所有的生产、经营、投资活动，从而保证跨国集团战略的全面、稳步实施。

（3）年度内部责任预算的制定，建立在大量、充分调查和研究的基础上，具有较高的科学性。在制定年度预算中，有许多重要因素是很难估测的，从管理总部到各内部责任实体都要进行大量的调查研究工作，特别是市场、价格和汇率的变化。

（4）对内部责任预算执行情况积极进行反馈、分析和监督。

（5）内部责任预算一经确定，则是硬性的，一律不得更改。每年据此对每个内部责任实体及其在职人员从上到下进行层层考核，并根据完成情况的好坏，确定奖励或惩罚。

12.4.3　国际责任会计的内部结算价格与经济仲裁

1. 内部结算价格

内部结算价格，亦称内部转让价格或内部转移价格。它是指当跨国公司内部各责任实体之间相互提供产品或劳务进行结算、转账时选用的价格标准。对于提供产品或劳务的生产部门而言，表示收入；对于使用产品或劳务的购买部门则表示成本。因而内部结算价格会影响到这两个责任实体的获利水平，定价时需十分慎重。

（1）制定内部结算价格的必要性。正确制定内部结算价格，妥善处理公司内部有关责任实体之间的各种业务联系是实行责任会计制度、加强内部管理所必不可少的工作内容。制定内部结算价格的必要性主要表现以下几方面。

①制定内部结算价格，使各责任实体的经济责任可以用货币的形式表现出来，便于划清各责任实体的经济责任。同时，有了内部结算价格，有利于增强各责任者的核算和竞争意识，即有利于充分调动各责任实体的工作积极性。

②制定内部结算价格，可以建立起公司内部各责任实体之间等价交换的经济关系，从而使管理当局对各责任实体的业绩评价与考核能建立在客观、公正和可比的基础上。

③制定内部结算价格，便于及时提供各责任实体的有关会计信息，使管理当局能据此进行正确决策，如是否扩充、缩小或停止某一责任实体的业务经营，是否采取某种特殊政

策等。

（2）制定内部结算价格的原则。尽管内部结算价格的制定因跨国公司特点的不同而异，但在制定过程中均应遵循下述原则。

①公平合理原则。制定内部结算价格，要公平合理地反映各责任实体的工作绩效，不影响他们各自的经济利益。

②激励原则。制定内部结算价格，要使责任实体真正实现权责利的统一，能充分调动员工的工作积极性。这就要求内部结算价格要符合等价交换原则。

③灵活多样原则。制定内部结算价格应根据不同责任实体的不同特点采取各种不同的形式，如成本中心之间相互结算可选用标准成本或预计分配率作为内部结算价格；有一方涉及利润中心或投资中心，则可采用市场价格或协商价格或双重价格作为内部结算。总之，价格标准灵活多样，才便于搞活企业。

④相对稳定原则。内部结算价格一经制定就对有关责任实体有一定的约束力，在该责任实体没有较大变化之间，如无特殊情况，尽可能不随意取消或更换价格的标准。这样，便于跨国公司进行有效的计划管理与控制。

（3）内部结算价格的制定。内部结算价格的计价方法很多，主要有以下几种。

①以成本计价。凡成本中心相互提供产品或劳务以及有关成本中心的责任成本的转账，一般应以"成本"作为内部结算价格。这里的"成本"通常是指"标准成本"或"预计分配率"，它的优点是简便易行、责任分明，不会把供应单位的浪费或无效劳动转嫁给耗用单位去负担，有利于激励双方积极努力地降低成本。

②以市场价计价。凡跨国公司内部产品或劳务的转移，有一方涉及利润中心或投资中心，则采用市场价格作为计价的基础。因为市价比较客观，不偏袒买卖双方的任何一方，而且能促使卖方努力改善经营管理，不断降低成本。同时，选择市价作为计价基础，易在公司内部营造一种竞争气氛，使每一个责任实体实质上都成为独立的机构，各自经营，相互竞争，最终再通过利润指标来评价与考核它们的经营成果。

许多国家在采用市价为结算价格时，公司内部的买卖双方一般应遵守以下规则：a. 若卖方愿意内销，且售价与市场相符时，买方应有购买义务，不得拒绝。b. 若卖方售价高于市场价时，买方有改向外界市场购入的自由。c. 若卖方宁愿对外界销售，则应有不对内销售的权利。

必须指出，凡属跨国公司内部转让的产品或劳务是专门生产的或具有特定的规格，在此情况下，因没有市价可作为准绳，而使按市价计价带有局限性。

③协商价格。协商价格简称议价，即买卖双方以正常的市价为基础，定期共同协商，确定出一个双方均愿接受的价格作为计价的标准。在一般情况下，协商价格可以比市价稍低一些。其主要原因是：a. 内部结算价格中包含的促销费用和管理费用，通常要比由外界供应的市价低。b. 内部转移的数量一般较大，致使单位成本就比较低。c. 售出单位因为拥有多余的生产能力，使得议价只需略高于单位变动成本即可。

由此说来，市价一般只适宜作为制定内部结算价的上限，至于具体价格应由买卖双方参考市价协商议定。若在没有市场的情况下，也可由双方协商，确定出一个双方都能接受的价格。

④双重价格。内部结算价格主要是为了对公司内部各责任实体的业绩进行评价考核之用，故买卖双方所采用的结算价格并不需要完全一致，可分别选用对自己最为有利的价格作为计价基础。所谓双重价格，就是买卖双方分别采用不同的计价基础的内部结算价格。双重价格通常有两种形式：a. 双重市场价格。即当某种产品或劳务在市场上出现不同价格时，买方采用最低的市价、卖方则采用最高的市价。b. 双重内部结算价格。即卖方按市价或议价作为计价基础，而买方则按卖方的单位变动成本作为计价基础。由于双重价格实属区别对待，这可以较好地满足买卖双方在不同方面的需要，同时也可激励双方在生产经营方面充分发挥其主动性和积极性。

⑤成本加成计价。成本加成计价是指在没有正常市价的情况下，可在产品或劳务的制造成本的基础上，加上一定比例的利润而形成的内部结算价格。通常，成本加成计价有两种做法：实际成本加成计价和标准成本加成计价。

2. 内部经济仲裁

实行国际责任会计制度，各责任实体之间难免会产生一些有关责、权、利方面的纠纷，如指标核算、资金调拨、利益分配以及内部结算价格等的争议事项。对跨国公司内部经济合同履行中的纠纷或其他经济责任纠纷，都需要有一个内部居中机构合理的调解、裁决，并监督裁决结果的执行。通常，跨国公司内部要设立"仲裁委员会"，由跨国公司董理会或监事会人员组成，对各责任实体之间的经济纠纷进行仲裁。

仲裁方式有两种：一是调解；二是裁决。仲裁机构在处理经济纠纷时，应在查明事实、分清责任的基础上进行调解，促进纠纷双方互相谅解，达成协议。调解达成的协议，必须双方自愿，不得强迫。如果调解失效，仲裁机构进行裁决。仲裁机构的裁决，必须坚持秉公而断、仲裁有据、裁决合理、维护双方正当权益的原则。

为了便于分清经济责任，尽量减少经济纠纷，应将国际责任会计中有关责、权、利的关系和要求以及责任实体之间的结算原则、结算价格等，通过规章制度的形式加以明确，以作为评价和衡量跨国公司内部各责任实体实际工作的标准。

本 章 小 结

战略管理会计是指为企业战略管理服务的会计信息系统。战略管理会计的形成是以企业生存环境的不确定性加剧为背景的，是经济快速发展的新形势下对传统管理会计的弥补和开拓。主要因素体现在两个方面：一是在经济全球化方面；二是在技术方面。战略管理会计有四个显著的特征：一是战略管理会计应着眼于长远目标、注重整体性和全局利益；二是战略管理会计是外向型的信息系统；三是战略管理会计是对各种相关信息的综合收集和全面分析；四是战略管理会计体现了动态性、应变性以及方法的灵活性。

所谓战略，是指为了实现预定的目标，对组织全局的、长远的重大问题进行的规划。企业战略是指企业为自己确定的长远性的主要目的与任务，以及为实现此目的和完成此任务而选择的主要行动路线与方法。战略管理会计的内容应当从服务于企业战略管理的角度出发来构建，其体系内容应围绕着战略展开，具体来讲，应当包括战略分析、战略决策分析、编制平衡计分卡、编制全面预算、战略成本管理等内容。对于战略管理会计方法比较具有代表性的研究有：预警分析、目标成本管理法、作业成本法以及产品生命周期成本法等。

国际投资是指一个国家的政府、企业或个人将资本（包括货币资产、有形资产、无形资产等）投放到另一个国家，以期获得收益的经济行为。国际投资环境是指在国际投资过程中影响国际资本运行的东道国的综合条件。它一般由硬环境和软环境两个基本因素构成。国际投资环境分析方法主要有"投资障碍分析法"、"冷热分析法"、"多因素评分分析法"、"三因素评估分析法"和"体制评估法"等。国际投资项目的可行性研究有其阶段性，可依其深度分为四个步骤：一是机会研究；二是初步可行性研究；三是最终可行性研究；四是评价报告。国际投资项目经济效益评价的角度有两个：一个是从母公司的角度评价投资项目；另一个是从子公司的角度评价投资项目。国际投资项目经济效益评价的主要指标有投资利润率、投资回收期、追加投资回收期、净现值等。

国际责任会计是以跨国公司内部的各种责任实体为基础，以保证跨国公司国际战略和规划的顺利实施和实现其在国际范围内利润的最大化为目的，通过建立各级责任中心、目标责任控制、业绩评价、编制责任报告和报表等方法，对跨国公司内部各责任实体的国际生产经营过程所开展的一种管理活动。

复习思考题

1. 什么是企业的战略管理？你怎样认识战略管理在现代市场经济体系中的重要性？
2. 战略管理会计产生的条件是什么？
3. 战略管理的特征是什么？
4. 战略管理会计的内容和基本方法是什么？
5. 国际投资环境分析方法有几种，具体内容是什么？
6. 国际责任会计的原则是什么？
7. 什么是内部结算价格？

第13章 国际审计

【本章提要】

掌握国际审计的基本概念，理解国际审计面临的主要挑战，理解世界各国国际审计的主要差异，了解跨国审计公司发展的模式，理解国际审计准则以及我国审计准则的差异，了解各国审计准则的差异。

国际审计是由审计对象、被审计单位的特殊性而组成的一个审计领域。由跨国经营活动而导致一些审计活动从一个国家逐渐扩展到多个国家，从而使这些审计活动不再纯粹是一个国家范围内的事情。审计过程和结果涉及多个国家有关方面的利益，因而具有国际影响。

13.1 国际审计基本概述

国际审计是在经济全球化和审计国际交流与协调的过程中产生和发展起来的。国际审计的产生和发展对于促进各国的经济技术交流与发展，促进国际贸易、金融和投资，促进恰当有效地使用公共资金，促进加强和改善组织内部的经营管理，增加组织的价值，以及促进审计实践和理论的进步和发展，具有十分重要的意义和作用。

引起审计国际化的原因有以下几个方面：①跨国公司国际经营活动的发展。跨国公司开展国际经营活动，促使原来为其服务的审计机构将其业务活动相应地扩展到国外，这样才能完成所承担的审计任务，实现审计目标，由此使审计活动从国内走向国际，并促进了国际性会计公司的发展。②资本市场的国际化。国际资本市场需要有可比的和可靠的财务信息予以支持，审计是满足这种要求的重要途径，资本市场的国际化必然使为其服务的审计活动向国际化方向发展。③会计的国际化。独立执行审计业务的注册会计师面对日益国际化的会计实务展开审计工作，在解决各国会计实务差异的同时所形成的特有的审计观念、方法和技术将审计活动推向国际化。

国际审计迄今还没有一个公认的定义。专家们有以下论述。斯坦泼和穆尼兹两位教授在其合著的《国际审计准则》一书中，在论述国际审计准则时对审计做了如下定义：审计是对一个经济个体的一套会计报表，以及一切必需的、能够提供证明的证据，进行独立的、客观的和专门的审核。进行审计的目的，在于用书面报告形式，对会计报表所反映的各该个体的财务状况与进展是否公正合理，是否按照公认的会计准则来表达出一种有根据的与可信赖的意见。这种独立的、专家的意见，应该用正面措词表达，而不用反面措词，其目的在于对会计报表的真实性提供保证。

由于该定义是在论述国际审计准则时下的，因此乔伊和米勒认为斯坦泼和穆尼兹的定义是站在民间审计的角度，对国际审计所下的最明确的定义。

（1）认为国际审计是审计行为的国际化，或跨越国界的审计活动。

（2）认为国际审计是跨国公司审计。

（3）比照国际会计的定义认为国际审计也可以有以下4种理解。

①理解为世界性审计制度。即国际审计是研究致力于一套在世界范围内普遍适用的审计制度。并且认为，达到这一点将是国际审计的最终目标。

②理解为比较国际审计。即国际审计是研究世界范围内的审计模式、审计环境、审计准则和审计报告等方面的相似性与相异性，为制定国际审计准则或指南提供依据。

③理解为标准化与协调化审计。即国际审计是从事协调各国审计实务，制定并推广国际审计指南、准则、规则工作的。

④理解为跨国公司审计。即以跨国公司为主，研究跨国经营、跨国投资、国际贸易、国际金融等国际性经济活动中的特殊审计问题。

根据上述理解该文作者认为："国际审计是一种新的专门的审计学分支，它涉及进行审计的国际比较，研究、建立与推广国际审计准则以协调各国审计实务，处理跨国公司特殊审计问题；它是国内审计向国际经济领域的逻辑延伸，应与审计学的其他分支并列。"

13.2　国际审计面临的主要挑战

13.2.1　文化、语言、法律方面的差异

各国政治法律制度和经济体制与发展状况的不同，不但会对会计环境产生影响，而且造就了各国不同的审计实务，因而各国审计制度和观念存在着一定的差异。比如在一些国家，审计的任务就是对财务报表进行全面的评审，确保它们与公司的会计记录相一致；在另一些国家，除了要求审计师查实财务报表是否与会计记录核对相符外，还要检查会计记录是否真实与公允地反映了公司的财务状况和经营成果，是否遵守法律法规。

在语言和文化方面，当审计师与懂两种语言的人接触时，母语是非常重要的。在进行审计工作时，需要翻译协助意味着审计人员不能了解事情的全部真相。有很多国家要求公司的财务报表必须用当地的语言以及币种编制，因此了解该国的语言就非常重要。在处理一些紧急事件时，了解当地语言显得非常重要。

母公司所在国法律的作用往往会延伸到在国外运营的各个分公司。这些法律通常和东道国法律相抵触。例如，对某些国家商业的联合抵制或反联合抵制，审计人员必须确保没有国家受到歧视。2002年出台的《萨班斯—奥克斯利法案》对在美国经营的外国公司和在海外经营的美国公司来说影响很大，其中最有影响的是404号条款所提出的对于公司首席执行官和外部审计人员所提供的财务报告的内部控制的年度认证。尽管美国证券监管部门证券交易委员会（SEC）将404号条款对于国外的作用推迟到2006年生效，我们可以

看出美国法律对于国外分公司的内部控制和外部审计同对美国公司一样产生了重要影响。

对大型跨国公司的审计可能是由具有不同文化背景、使用不同语言的不同国家的审计师共同完成的。文化上的差异会使不同国家的审计师对审计中的一些问题有不同的看法。例如对被审单位违反税法的行为，在有些国家中是一个很大的事情。会立即引起各方的关注，审计师会很谨慎地处理这种事情；而在另一些国家中，偷漏税并不被人们认为是很严重的事情，甚至会得到人们的同情。审计师不会将其作为重大事项处理。语言问题在国内审计中是不存在的，但在国际审计中有时有可能成为一种障碍。跨国公司审计中，母公司审计人员和子公司审计人员母语不是同一种语言时，日常的信息交流和传递必须使用一种工作语言，他们之间无论是直接使用这种语言还是通过翻译进行交流，都存在着误解的可能。

13. 2. 2　各国审计实务方面的差异

集团财务报告的审计很大程度上依赖各个子公司的财务报告是否依据相同的基础进行了有效的审计。然而各国在审计上都有很大的不同，这种不同不仅体现在审计的概念和目的上，还体现在对审计师的培训及职责的要求上。在 19 世纪，一般要求公司审计师由公司的一名股东来担任。后来随着经济的发展，对上市公司的审计就由可以胜任这个职位的独立会计师来担任了。然而各国审计实务的发展状况不尽相同。

在英联邦国家，人们认为审计师的责任是对财务报表是否真实与公允地反映了公司的经济状况和财务成果出具意见。而在欧盟国家，主要是那些属于罗马法系的国家，比如在德国，审计师一般只需要证实报表是根据法律中规定的会计准则编制的即可。

审计师可以提供服务的范围和责任各国间也不同。一般为了能使审计师给出一个公正的意见，审计师要完全独立于被审计的企业。在欧洲大陆国家中，法律规定向一个公司提供审计服务的审计师不得再向该公司提供审计以外的其他服务，如在法国审计师除了审计业务外不能向客户提供审计之外的其他业务，在德国也是如此。在英、美等国中，安然事件之前一直没有禁止注册会计师在做审计业务中兼做其他业务，当然这在美国一直都是有争议的。《萨班斯—奥克斯雷法案》明确划定了注册会计师在执行审计业务的同时被禁止的非审计业务有：簿记或其他类业务；设计及运行财务信息系统；评估或估价业务；精算业务；某些领域的管理、咨询、顾问或专家服务业务等。由此结束了争论已久的审计、咨询是否应该分开的问题。

13. 3　国际会计公司

国际会计公司一般提供审计、税务和管理咨询等服务，其中国际审计业务随着跨国公司的发展而发展，大型国际会计公司的审计客户往往也是大型跨国公司。各国会计规则、税务规定和审计要求的不同使跨国公司审计不同于一般国内公司审计，主要表现在选择会计师事务所作为公司审计师方面。一般这些公司会选择一个国际会计公司满足他们在全球范围的审计需要。跨国公司的需求促进了国际会计公司向大型化方向的发展。

　　作为一个全球性的会计师事务所和全球性的服务提供者，会计师事务所为了更好地给客户提供服务并阻止其他会计师事务所侵占其客户资源，很早就开始进行海外市场的开拓。那些由中小型会计师事务所转变成国际会计师事务所的公司一般是因以下原因才进行转变的：①海外业务规模不断扩大的需要。②在一个组织内对所有公司提供审计服务的需要。

　　全球化策略的一个典型案例就是有关 Varity 审计的争夺战。1990 年毕马威接管了 Varity 公司的审计业务，该公司包括三个主要的业务分部：拖拉机制造商；柴油机制造商；轮胎和刹车零件制造商。1989 年 Varity 兼并了 Kelsey - Hayes 公司后，决定将其审计业务通过公开竞标的方式外包出去，而毕马威战胜了德勤、安永和普华永道获得了这项业务。毕马威在准备竞标的过程中，负责这项业务的合伙人参观了 30 个分布在世界不同地区的 Varity 公司，准备了一份基于毕马威全球化优势的标书。这名合伙人觉得根据他的全球化工作经验，考虑到 Varity 公司的主要业务在英国进行，尤其是它们为英国客户提供服务的经历在这项决策中成为一个关键因素。

　　审计公司之间的合并允许它们在以往份额很小的新兴市场中扩大市场份额。有学者研究过事务所之间的合并，他们发现合并之后的这些会计师事务所在地方的市场份额迅速扩大到了和当地公司相近的水平。除此之外，增加的市场能力使它们提高了可信度和国际认知度，这也允许它们可以适当地提高收费标准。

　　中国实行改革开放政策以后，随着国外资本流入中国，国际会计公司也随之进入中国。1980 年 12 月和 1981 年 1 月中国财政部先后批准永道和安永两家公司分别在上海和北京设立常驻代表处，这是中国政府批准设立常驻代表处的最早两家国际会计公司。此后，经财政部批准，又有普华、安达信、度罗司、毕马威、庄柏彬、德勤和雅特扬等九大公司中的其他分公司分别在北京、上海、广州、福州等地设立常驻代表处。

13.4　国际审计准则

13.4.1　各国审计准则

　　审计准则和会计准则一样在各国之间是不相同的，这至少是因为各国的经济环境不同。从美国在 20 世纪 30 年代末开始制定审计准则以后，许多国家都先后制定了本国的审计准则。各国审计准则的差异也造成了各国间审计实务的差异。在伦敦签发的一份审计报告，可能要被纽约证券市场上的投资者和分析家们、法国的贷款者们或者澳大利亚的雇员们查阅，成为他们进行经济决策的依据。这些阅读者如果熟悉审计报告签发者所遵循的审计准则，对他们理解财务报表的可比性和可靠性会有极大的帮助。

　　目前，各国的审计准则一般都是由会计职业团体制定的。美国于 1939 年最早开始制定审计准则，该年美国注册会计师协会成立了一个称为"审计程序委员会"的机构，通过总结审计实务，制定颁布"审计程序说明书"。后美国注册会计师协会的审计准则制定机构是审计准则委员会，该委员会制定并颁布"审计准则说明书"。《萨班斯—奥克斯雷法案》颁布后，公众公司会计监管委员会被授权制定与上市公司审计报告有关的审计准则。

谈到美国的审计准则,最重要的并被认为是出于最高层次的是十条"公认审计准则",它在审计界有着重要的影响,"审计准则说明书"等都被认为是对十条准则的扩充。

　　其他一些国家制定审计准则的机构是:澳大利亚会计研究基金会下属的审计准则委员会,加拿大特许会计师协会的审计准则委员会,日本大藏省所属的企业会计审议会,英国会计团体协商委员会下设的审计准则委员会。法国、德国、荷兰等国的会计职业团体也颁布了类似审计准则的指导性文件或建议书。

13.4.2　国际审计准则

　　国际会计师联合会设有国际审计与鉴证准则委员会,负责制定国际审计准则和国际审计实务说明书。这些国际审计准则及说明书已经被国际证券组织接受作为上市公司编报审计报告应遵循的规范。国际审计与鉴证准则委员会已颁布的国际审计准则及审计实务说明书,如表 13 – 1 所示。

表 13 – 1　　　　　　　　　　国际审计准则及审计实务说明书一览

编号	标题	编号	标题
200	统驭财务报表审计的目标和一般原则	300	计划一项财务报表审计
210	审计业务约定书的条款	315	了解被审计单位及其经营环境,评价重大错报风险
220	历史财务信息审计的质量控制		
230	审计记录	320	审计重要性
240	财务报表审计中审计师对考虑舞弊问题的责任	330	在回应评价出的风险中审计师的程序
250	财务报表审计中对法律法规的考虑	402	关于利用服务组织的被审计单位的审计考虑
260	与公司治理结构中的负责人交流审计事务	500	审计证据
501	审计证据——对特殊项目的进一步考虑	700	对一套完整的一般目的的财务报表的独立审计报告
505	外部证实		
510	初次业务约定书——期初余额	701	对独立审计报告的修正
520	分析性复核程序	710	对比
530	审计抽样和其他测试程序	720	包含被审计财务报表之文件中的其他信息
540	对会计估计的审计	800	关于特殊目的审计约定书的审计报告
545	审计公允价值计量和披露	1000	银行间正式程序
550	关联方	1004	银行人员和外部审计人员的关系
560	期后事项	1005	小企业审计的特殊考虑
570	持续经营	1006	银行财务报表审计
580	管理当局声明书	1010	财务报表审计中对环境问题的考虑
600	利用其他审计师的工作	1012	审计衍生金融工具
610	对内部审计工作的考虑	1013	电子商务——对财务报表审计的影响
620	利用专家的工作	1014	审计师对遵守国际财务报告准则的报告

　　与国际会计准则一样,国际审计准则为提高财务报告在国际资本市场和跨国经营活动中的价值发挥了作用。国际审计准则也为某些规则不完善的国家提供了发展本国审计准则

的参考。

国际会计师联合会致力于在其成员国中推行上述国际审计准则及审计实务说明书，尤其是在本国审计规则与国际审计准则相抵触时，国际会计师联合会宪章要求其成员团体要设法在本国贯彻国际审计准则，或努力使本国准则向国际审计准则靠拢。当然，国际审计准则是建议性的，而不是强制性的，通过国际审计准则协调各国审计实务、缩小各国审计差异是一个渐进的过程，不可能在短期内消除差异。国际审计准则实施中的难点不在于怎样执行它，而在于在何种程度上执行它。

13.4.3　中国审计准则

1995 年 12 月，中国财政部发布了关于印发第一批《中国注册会计师独立审计准则》的通知，要求于 1996 年 1 月 1 日起执行该批准则。中国注册会计师职业第一次有了比较系统的、与国际接轨的职业准则。1996 年 12 月、1999 年 2 月，中国注册会计师协会又发布了第二批、第三批独立审计准则，三批共发布了 24 项独立审计实务公告。2006 年中国审计准则完成了又一次重大调整和修订，财政部于同年 2 月 15 日在京举行会计审计准则体系发布会，发布了 48 项注册会计师审计准则。

中国制定审计准则的目标可以概括为以下四点：①建立执行审计业务的权威性标准，规范注册会计师的职业行为，促进注册会计师恪守独立、客观、公正的基本原则，有效地发挥注册会计师的鉴证和服务作用。②促使各会计师事务所和注册会计师按照统一的职业准则执行审计业务，提高审计工作质量，提高业务素质和职业水平。③明确注册会计师的执业责任，维护社会公共利益，保护投资人和其他利害关系人的合法权益，促进社会主义市场经济的健康发展。④建立与国际审计准则相衔接的中国注册会计师职业准则。

中国注册会计师审计准则体系由以下层次组成：鉴证业务基本准则、审计准则、审阅准则、其他鉴证业务准则和会计师事务所质量控制准则。鉴证业务基本准则由鉴证业务的定义和目标、业务承接、鉴证业务的三方关系、鉴证对象、标准、证据、鉴证报告等内容组成，是鉴证业务的基本要求，是制定审计准则、审阅准则和其他鉴证业务准则的基本依据。

中国注册会计师审计准则体系内容，如表 13-2 所示。

表 13-2　　　　　　　　　　　中国注册会计师审计准则体系内容

序号	题目	序号	题目
审计准则		1212	对被审计单位使用服务机构的考虑
1101	财务报表审计的目标和一般原则	1221	重要性
1111	审计业务约定书	1231	针对评估的重大错报风险实施的程序
1121	历史财务信息审计的质量控制	1301	审计证据
1131	审计工作底稿	1311	存货监盘
1141	财务报表审计中对舞弊的考虑	1312	函证
1142	财务报表审计中对法律法规的考虑	1313	分析程序
1151	与治理层沟通	1314	审计抽样和其他选取测试项目的方法

续表

序号	题目	序号	题目
1152	前后任注册会计师的沟通	1321	会计估计的审计
1201	计划审计工作	1322	公允价值计量和披露的审计
1211	了解被审计单位及其环境评估重大错报风险	1323	关联方
		1324	持续经营
1331	首次接受委托时对期初余额的审计	1621	对小型被审计单位审计的特殊考虑
1332	期后事项	1631	财务报表审计中对环境事项的考虑
1341	管理层声明	1632	衍生金融工具的审计
1401	利用其他注册会计师的工作	1633	电子商务对财务报表审计的影响
1411	考虑内部审计工作		审阅准则
1421	利用专家的工作	2101	财务报表审阅
1501	审计报告		其他鉴证业务准则
1502	非标准审计报告	3101	历史财务信息审计或审阅以外的鉴证业务
1511	比较数据	3111	预测性财务信息的审核
1521	含有已审计财务报表的文件中的其他信息		相关服务准则
1601	对特殊目的审计业务出具审计报告	4101	对财务信息执行商定程序
1602	验资	4111	代编财务信息
1611	商业银行财务报表审计		会计师事务所质量控制准则
1612	银行间函证程序	5101	业务质量控制
1613	与银行监管机构的关系		

国际审计准则的比较

表 13 - 3 列示了几个国家基于审计职能的国际审计准则的对比分析:

表 13 - 3　　　　　　　　　　　　国际审计准则对比

	审计范围	审计人员的选择方式	审计的目标或目的	审计准则的来源
南北美洲阿根廷	阿根廷法律管制当局,例如中央监管委员会、税务部门、中央银行等组织要求进行独立审计	由董事会或在年度股东大会上由股东们任命,以增加会计信息的可信度	按照职业会计标准对于财务报告是否如实反映公司的财务状况和上一年度的经营成果发表技术性意见,以提高会计信息质量	由专业的审计组织来制定审计准则。阿根廷的公认会计准则(GAAS)与美国的类似
墨西哥	在国家证券委员会登记的所有公司;所有采取联结税制的公司以及为了税收目的所有年收入超过 2 412 000 比索或上一个财务年度员工数超过 300 人的公司	一般由总经理、董事会或股东来任命	审计的目标就是对于公司的财务报告发表意见。小公司的审计可能还会包括提供财务、税务和社会保险方面的服务并满足国家证券委员会的相关要求。一般的《公司法》要求每家公司至少有一个法定审计师,由他来负责向股东提供会计和管理方面的年度审计报告	由墨西哥公共会计师协会下属的 Comision de Normas Procediemiento de Auditoria 列出技术简讯,并在墨西哥公共会计师协会出版的刊物《审计准则和程序》上进行总结和归类

续表

	审计范围	审计人员的选择方式	审计的目标或目的	审计准则的来源
美国	在国内的证券交易所上市，拥有超过 500 名股东并且资产超过 500 万美元（根据各州法律，该数额可能会有所不同）的公司以及特定类型的金融服务业（可能要求在证券交易委员会注册或由州政府管理或出资）	由审计委员会或董事会推荐并最终由股东来任命	按照公认会计原则对于财务报告是否如实地反映所有重要方面的信息，包括财务状况、经营成果和现金流量等方面而发表独立意见	由审计准则委员会来制定审计准则，由美国注册会计师协会（AICPA）的高级技术机构对审计事项发布公告
欧洲荷兰	所有满足以下两条以上标准的公共公司（或上市公司）、私人公司、合作社、互助担保协会：资产总额超过 750 万基尔德；净营业额超过 1 500 万基尔德；平均雇员人数超过 49 人。荷兰信用系统监督法案规定的保险公司和荷兰投资公司监管法案规定的投资公司	由股东或监事会在年度大会上任命	保证资产负债和附注能如实反映财务状况并且利润表和附注如实反映上一财务年度的经营成果	荷兰皇家特许会计师协会采用了 IFAC 发布的《国际审计准则》，并按照荷兰本国的情况作了适当调整
英国	超过特定规模的所有有限公司。小企业也要求审计；慈善机构有单独要求；其他机关和利益相关者也要求一系列企业必须进行审计	在年度大会上由股东多数投票决定；特殊情况下的临时空缺也可以由贸易及工业大臣来任命	根据 1985 年的《公司法》为股东们提供有关财务报表是否如实反映了资产负债表日的公司状况和该年度的经营成果的独立意见	1991 年，英联邦和爱尔兰的六大会计职业团体共同成立的会计团体咨询委员会（CCAB）设立了审计实务委员会（APB）
意大利	在意大利有两个机构负责审计工作：监事会和审计部。前者由三到五名成员组成，并且对所有的股份公司和资本超过 2 亿里拉的有限责任公司都是必须的。当然，如果连续 2 个财务年度公司都满足了以下条件，则也要成立监事会：（a）资产 - 470 万里拉；（b）销售收入或服务营业额 - 950 万里拉；平均雇员人数 - 50 人。对于所有的上市公司和特定经营领域的企业都必须成立审计委员会。一项最近的法令对于上市公司监事会和审计委员会人员的选择做了规定。审计委员会负责公司财务报告的独立审计，监事会负责监督董事会的行为和公司的内部控制	由董事会提名并由股东大会来任命	按照民法要求保证财务报表如实全面地反映公司财务状况和经营成果	Dottori Commerccialisti 和 Ragionieri Collegialisti 制定审计准则，并由国家审计联合会获得意大利全国证券交易所监察委员会批准，类似于国际审计准则

续表

	审计范围	审计人员的选择方式	审计的目标或目的	审计准则的来源
法国	以下部门要求被审计：公共的有限公司、一些有限公司和一些非营利组织（例如协会、足球队和政治团体）	由股东大会任命，6 年一个任期	证明所有的报告和财务报表都符合现行法规并且给出了客观公正的意见	1966 年的《公司法》和全国审计师协会制定的准则。这些标准同 IFAC 制定的准则是相符的
德国	公共公司和上市公司、保险公司、银行以及国有企业，都需要按照披露法进行特殊审计，小公司可以不审计	由股东在年度大会上选举产生	按照法律规定决定财务报告是否符合公司的财务状况并且给出客观公正的意见	商业法律和管辖权是基础，但是由 the institue of Wirtschaftsprufers 制定专业标准与准则
瑞典	出于有限责任状态的所有公司，包括有限责任公司、外国公司的分支机构，合作社和银行	《公司法》要求股东至少任命一名审计师	满足《公司法》的要求并决定公司的账目是否反映实际情况	《公司法》规定必须按照公认的审计准则选择审计人员。SBPA 的建议和《公司法》的部分内容是审计准则的来源。这些准则没有美国的详细，当需要运用具体准则的时候需要依赖审计人员的职业判断
亚太地区澳大利亚	所有的上市公司和大企业。一家公司满足了以下三项中的两条就被认为是大企业：合并总收入达到 1 000 万澳元；合并资产达到 500 万澳元；拥有 50 个或者更多的雇员	董事会提名并得到股东们的批准；客户经理；或是审计长；并且由审计单位来选择	《公司法》要求会计遵从会计准则和公司规定；会计信息要如实反映实际情况并符合信托文件	国际商事仲裁委员会和澳大利亚注册会计师协会批准的审计标准和准则
日本	股权资本超过 5 亿日元或者有限责任公司资本超过 200 亿日元；发行的股份和债券超过 5 亿日元；股票在交易所或柜台交易；计划股票上市；获得政府补贴的工会组织和教育机构；希望从小企业投资发展公司进行融资	依据《商法》事物的要求，审计人员和审计官员需要由年度股东大会来任命。根据《证券交易法》、审计人员要由董事会来任命	《商法》实务没有规定审计目标；《证券交易法》规定为间接保护公众和投资者利益，证实财务报告客观公正地反映公司的财务状况和经营成果；与会计准则相一致	不存在《商法》实务；审计准则要求：①经验、能力和独立性；②公正的态度；③谨慎；④拒绝使用或透露机密资料；⑤得出结论的足够证据；⑥计划、执行；⑦审计程序、内部控制、重要性和审计风险及时性和范围测试
中国香港特别行政区	公司条例要求的所有公司，部分私人企业除外	在年度大会上由股东们任命	根据公司条例对资产负债表和利润表发表真实和客观的意见，部分私人企业要发表真实和正确的观点	中国香港特别行政区会计师公会规定的审计准则
新加坡	所有公司，无论是私人的还是公共的	在年度大会上由股东们任命	按照《公司法》的要求来决定会计资料是否如实反映公司情况	新加坡注册会计师协会规定的审计准则和管理，接近于国际标准

　　总之，经过以上各国审计职能的比较我们可以发现，从审计范围来看，是要求上市公司必须进行审计的，但有一些国家对小企业、慈善机构提出了必须进行审计的要求，比如英、法等国。从审计人员的选择方式来看，大多数国家是由董事会、股东或总经理来任命，但有一些特殊情况下是由政府来任命，比如说英国是由贸易及工业大臣来任命的。从审计目标来看，各国是相对比较统一的，都是保证财务报表如实全面地反映公司的财务状况和经营成果。从审计准则的来源看，有些国家是由本国的会计职业团体制定的审计准则，比如说阿根廷、墨西哥、美国、荷兰、英国、法国等；有些国家的审计准则来源于本国的法律（《公司法》），比如瑞典、德国等。

13.5　跨国公司审计实务

13.5.1　跨国公司审计的基本点

　　一般来讲，跨国公司审计在计划、执行及控制等各方面都要比单一公司的审计复杂很多。一些关键的审计步骤，比如战略计划、风险估计、确定报告的步骤等都是跨国公司审计中绝对必要的组成部分。

　　审计师是一种以客户为中心的服务行业，审计判断贯穿在整个审计业务中，审计师在评价客户财务报告中的一些决定、估计是否合理时要使用职业判断，同时在评价一些说明性的证据而非结论性的证据时也要使用职业判断。

　　尽管不同的审计业务的各个步骤顺序都有很大的不同，但是每个审计项目必然有三个关键的程序，国际审计也不例外，即计划、执行和完成。这三个步骤将审计程序分为一个悠闲地有始有终的过程。在实践中审计其实是一个循环的过程：完成了一年的审计工作一般就进入了下一年的审计计划阶段。

　　外部审计师需要对跨国公司和它的子公司的合并报表发表审计意见。这里涉及当地会计准则问题，也涉及当地审计准则问题。合并财务报表最终将用来为跨国公司筹集资金或向股东进行报告服务。当客户陷入财务困境的时候，这种报表及其审计报告是最容易引起诉讼的。

　　作为集团的审计者，审计师有责任对整个集团的合并报表发表审计意见，并且负责制定整个集团的审计计划，确定集团在全球的审计范围。整个事务所要有合伙人（一般在总部）来建立整体的审计计划并且监督审计业务的圆满完成。

　　跨国公司一般都有自己的审计委员会（在美国上市，即在美国证券交易委员会等级的公司都要有这样的委员会）。它一般包括一些没有参与公司运作的董事，也有的公司可能会邀请一些参与财务或内部控制运作的负责人来参加，其目的是想让有关审计和控制的问题可以在有高级管理在参与的情况下更容易讨论和得出结论。外部审计时在公司审计委员会成立之后就经常与其成员一同工作，而不是经常与董事会打交道。

　　为了能够使集团的审计计划建立在一个合理的基础之上，同时又可以对各个分支机构的审计提出明确的要求，主要的审计合伙人必须理解以下问题：①集团的管理结构和企业文化；②集团管理当局的期望；③集团在各地的主要经营行为；④地理、政治等一些对其也会产生重大影响的环境因素；⑤可能产生重大风险的因素；⑥法律、少数股权及租赁协议等可能要求较大规模审计的情况。

事务所的总部要考虑到客户子公司在提供一些需要公布的文件时会考虑到的问题，也要考虑到分支机构在对这些文件进行报告时会遇到的问题，审计师需要根据判断要求母公司及时通知子公司相关的情况。如果母公司做不到，那么事务所的总部就要采取一些其他的步骤来保证分支机构不会因为这些问题而出具错误的报告。集团的审计师要对各地的审计师的工作承担责任，因此他们必须要给各地的审计师发出详细、明确的指令要求，并且控制、复核各地的报告和其他资料。

13.5.2 审计策略

为使审计工作能圆满完成，集团审计师的合伙人要从上到下使整个事务所承担集团审计的工作人员对被审计集团的经营哲学、组织文化以及公司的目标都有一个详细的理解，对客户整个管理组织的结构和管理计划、合同签订、控制操作的方式有详细的了解。

参与计划制定过程的合伙人和经理要保证使用恰当的判断和经验来进行计划的制订。审计的策略是建立在与管理当局进行会谈的基础之上的，它应该考虑到集团的控制结构和运营环境变化。

集团的审计师们主要关心的并非是个别业务或者余额的情况，而是将整个财务报告作为一个整体考虑。整个审计的计划和执行过程都是为了财务报表没有重大的错报提供一个合理而非绝对的保证。审计的策略师根据对客户财务报表的完整性、真实性、公允性和连续性进行判定这样的审计目的而确定的。

集团审计策略主要包括以下要素：①考虑固有风险，在确定客户控制系统的有效性之前，对财务报表存在重大错误及不合规情况应有正当的职业怀疑态度；②考虑控制环境以及其对控制风险的影响，控制系统有可能不能防止和检测出存在的重大错误及不合规的情况；③考虑检查风险，审计程序不能发现存在重大错误及不合规情况的风险；④将集团分为若干经营单位，对每一个单位确定其审计范围、固有风险及重要性标准；⑤分析财务报表的要素，考虑每一种要素的固有风险。

在计划阶段集团审计师要确定此项审计业务中的重要审计风险的存在。通过他们的职业判断，选择可以将审计风险降到可以接受水平的审计程序。集团的审计师要考虑由客户经营的性质、各种财务计划和其他固有因素所造成的风险，分析和判断这些风险概率及其后果，最终目的是将审计风险降低到可以接受的程度。

13.5.3 审计范围

对于跨地区的审计一般会涉及对不同的经营单位进行审计，即涉及审计范围的确定问题。即使是同一个被审计单位，其内部机构也会复杂庞大，也存在着确定审计范围的问题。另一方面，对被审计公司的不同机构或不同部分要实施不同程度的审计测试和检查。对于跨国公司来说，子公司当地的审计师对审计范围的确定会因为在审计过程中出现的实际情况和重要数据的变化而发生变化。

在客户集团中对各个单位审计范围进行确定时要考虑以下因素：①公司管理人员的素质和诚实度；②管理和财务控制系统；③审计师对集团经营条件和运营变化的了解；④相关的规章制定部门的最新要求；⑤以前的审计中有关的审计发现；⑥为了高效务实而进行的审计重点循环。

审计范围的确定是为了保证集团审计师能够对合并财务报表总体发表审计意见。为此，对那些从集团整体来看财务地位不是十分重要的部分以及对当地审计来讲不需要详细审计的部分就可以相应的减少审计工作量、缩小审计范围。因此母公司审计师要根据集团审计的需要来确定不同的审计范围及审计工作量。

事务所的总部对各个经营单位的审计范围进行确定时有以下几种情况：①向各个分支机提供总体计划的备忘录和详细的审计项目情况，包括对全部或某一个审计领域审计范围的决定；②要求分支机构根据总部确定的重要性标准来进行对特定账户或整个财务报表的审计；③要求分支机构对某一个项目或账户根据自己的判断来进行审计。

母公司审计师需确认作为合并报表的每一个要素都应该已经在各地作过不同程度的审计。当存在审计程序的简化或者是审计重点的循环这样的审计方法时，母公司审计师要让集团的管理者理解因此而存在的审计局限性。

母公司审计师对分支机构提出上报的文件，一般包括以下内容：①测试的目的；②对将要促使的经营单位的描述；③工作时间表；④工作的范围；⑤设计的会计审计问题；⑥工作报告；⑦非审计服务；⑧收费情况；⑨相关工作人员名单；⑩一些相关的年度报告或内部审计控制等报告的复印件。

13.5.4　与其他注册会计师的合作

跨国公司有时会在各个子公司聘用互不相关的会计师事务所来进行审计。这样集团审计师就会遇到是如何利用或依赖对子公司进行审计的其他不相关的事务所的工作。这是集团审计或跨国公司审计中经常遇到的利用其他注册会计师的工作的问题。这使得集团审计师不但有审计工作能否顺利按照集团审计的目的进行的问题，而且还可能牵扯到一些是否合法的问题。集团审计师需要认可其他注册会计师的职业声誉、独立性和资格，对此进行评价时要做好以下工作：①调查其他审计师的职业声誉和立场；②调查其他审计师是否熟悉有关会计审计法规；③调查其他审计师的独立性；④通知其他审计师为了能够正确编报合并报表需要与他们进行合作；⑤通知其他审计师有可能依赖或在可能的情况下引用他们的报告。

集团审计师最终对整个跨国公司审计负完全的责任，因此对其他审计师审计的结果还要采取以下措施：①走访有关的审计师并与其探讨审计程序及其结果；②复审其他审计师的工作，进行必要的追加审计；③查阅其他审计师的工作底稿；④在可能的情况下要求对方完成审计问卷；⑤与由其他审计师审计的子公司的管理当局进行讨论。

在采取上述的各种步骤之前集团审计师要将其计划通知集团母公司及子公司。当集团审计师对其他审计师的职业水平不满意时，需在集团审计报告中提到并进行说明，同时要说明他们做出的补救措施和进行的追加程序，如果最终还是无法对其工作表示满意，需在审计报告中进行说明。

13.5.5　对合并报表进行审计

集团审计师对合并报表进行审计，包括以下内容：①验证对子公司的报表被恰当的进行了合并；②审计相关的抵消分录；③评价由分支机构提出的调整项目；④对整个合并报表进行分析性复核。

集团审计师最后要检查分支机构的审计报告和关于测试的备忘录，在需要的时候可能还会需要一些其他的信息，将这些报告和资料的内容与分析性复核的结论进行对比，以便做出全面的分析。

跨国公司在合并报表的编制过程中会涉及抵销与合并的操作，还会有一些比较复杂的业务，如财务年度不同的调整、外币折算、年内进行的并购、少数股东权益的计算、税务影响的计算等。对资产负债表的损益表进行合并审计之外，集团审计师还要对报表的附注进行审计测试。

集团审计师将各个分支机构的情况进行汇总，然后与集团的管理当局进行讨论，确定对不当之处进行适当的更正或调整。集团审计师将对结果进行评价，确定是否有未解决的调整问题会影响到整个合并报表发表审计意见。

为了能够使审计报告覆盖从得到分支机构审计报告到出具集团审计报告这一期间的所有情况，集团审计师还要进行期后事项审计。这些程序保证在分支机构出具报告之后没有需要披露说明的新情况和新事件发生。集团审计师还要对整个的披露情况及有关的法律政策等情况做出说明，保证集团报表符合有关的要求。

近几年，董事会对年度报表的责任得到了越来越多国家的重视，各国要求在年度报告中表明董事会等高层管理人员对内部控制系统和年度财务报告所承担的责任。因此在整个审计过程的最后，集团审计师会向审计委员会作一报告，对内部控制情况和一些其他需要注意的情况提出建议。

13.6　跨国公司内部审计与审计委员会

公司内部审计已经有了几十年的发展历史，世界各国的内部审计师也已经形成了一支庞大的队伍。1941 年在美国成立了内部审计师协会（institute of internal auditors，IIA），该协会已发展成为一个国际性组织，总部仍设在美国。协会的目标是通过思想和信息的交流提高内部审计师的各种素质、促进内部审计职业的发展。内部审计师协会的活动包括各分会组织的讨论会、协会组织的大型研讨会、一个研究基金会开展研究活动、出版专业杂志（《内部审计》）、对现代内部审计政策和实务提出报告以及执行各种教育方案。内部审计师协会还制定了内部审计准则、指南，提供有关内部审计的信息。

内部审计师协会颁发注册内部审计师（certified internal auditors，CIA）证书，经过近30 年的努力，该协会的证书已成为一种国际认可的职业资格证书。此外该协会还颁发控制自评书（certification in control self-assessment，CCSA）、政府审计职业证书（certified government auditing professional，CGAP）。各种组织中的内部审计师在促进经营管理水平的提

第14章 国际税收

【本章提要】

本章节主要介绍了国际税收的相关内容，主要包括国际税制、如何避免国际上的双重征税问题，税种和税基的国际比较、税收饶让和避税港等。

税务会计和财务会计之间有着密切的联系，例如，如何处理财务会计中递延税收的问题就是考验一个财务会计师对税务的了解程度。公司的管理人员也需要具备一定的税收知识，从而确保公司可以依法纳税，在另一方面又可以帮助公司在合法的情况下减轻税收负担。国际税收是指两个或两个以上国家政府，各自基于其课税主权，在对跨国纳税人进行分别课税而形成的征纳关系中所发生的国家之间的税收分配关系。

14.1 国际税制

各国税率和税种的不同来源于各国税制的不同，国际上各国税制主要有两大类：

14.1.1 传统税制（classic system）

在传统税制下，公司和股东对公司的收益要分别征收税收。虽然公司的收益已经被课税过，但是如果公司的收益以股息的方式分配给股东的话，股东还要交纳一次所得税，因而，产生了"双重征税"的问题。

【例 14 - 1】 假设 A 国实行的是传统税制，企业所得税税率是 30%，而个人所得税的税率是 20%。在 A 国的一家公司 B 在今年的收益是 100 万 A 元（假设货币），而公司所有收益都是以股息的形式分配给股东（假设公司的应税收益和公司的财务收益相等）。

那么公司和股东实际所交纳的税款如下：

	A 元（单位：万元）
公司收益	100.00
所得税（30%）	(30.00)
公司税后收益	70.00

	A 元（单位：万元）
股息	70.00
个人所得税（20%）	(14.00)
股东实际所得	56.00

市，但如果它拥有超过300名美国股东的话，就不能在美国证券监管部门SEC注销登记。所有这些都可能会使得美国证券交易所相对于其竞争对手欧洲证券交易所来说降低了吸引上市公司的能力。当然在考虑到企业成本和损失之外，也要衡量更有效的审计和更可信的会计所能带来的好处。"在要求严格的证券交易所上市还是有意义的"，纽约证券交易所的Christian Brakman说。纽约证券交易所认为欧洲的公司治理监管太松了，降低了它的竞争力。对于上市公司来说，它们似乎无法逃脱文书工作。

1. 404号条款对于希望到美国证券交易所上市的外国跨国公司来说增加了哪些障碍？

2. 培训成员如何进行内部控制审计的费用已经成为会计师事务所的主要成本。国际会计师事务所如何面对哪些所在国不必遵守《萨班斯—奥克斯利法案》的人员进行培训？

3. 除了以上所列出的这些障碍，你认为对于审计师来说遵守404号条款对跨国公司进行审计有没有什么机会？

练习题二

国际审计师审计活动向国际化方向发展的结果。引起审计国际化的原因主要有哪些？

练习题三

国际审计与国内审计相比有哪些主要问题？

公司和股东为公司的 100 万收益所交纳的税款为：

（14 + 30）= 44 万元，总税率为 44%。

传统税制忽略了现代企业管理中关于"股东是公司的所有人"这个概念，而是将股东和公司的关系割裂开来，从而使股份公司这种经营形式不受欢迎。

曾经采用传统税制的国家有比利时，卢森堡和荷兰，而现在很多国家摒弃了传统税制以避免税制的弊病。

美国还在使用传统税制。但是美国税务界对股息的"双重税收"问题一直争论不休，美国国会通过了削减税法的议案，其中很重要的一条就是减低股息税。它的具体内容如下：①

对低收入家庭，他们在 2002 年 12 月 31 日以后，及 2007 年所获得的符合条件的股息只征收 5% 的税，而在 2008 年对这些家庭的符合条件的股息收入不再征收税收。对其他家庭，他们在 2002 年 12 月 31 日以后至 2008 年 12 月 31 日以前所获得的符合条件的股息，只征收 15% 的税，而美国最高个人所得税税率是 39.6%。

符合条件的股息是指由美国本土公司或在美国成立的外国公司所发放的股息。

14.1.2　综合税制（integrated system）

在综合税制下，公司和股东成为一体。综合税制有两种形式：

1. 税率分割制（split-rate system）

税率分割制就是对公司的留存收益和分配给股东的收益实行不同的税率。留存收益的征税税率较高，对分配给股东的收益征税税率较低。这种税制从一定程度上避免了"双重税收"的弊病，但并不能完全避免。

德国在 2001 年前实行的是税率分割制，对公司留存收益征收 40% 的税率，而对作为股息分配的收益只征收 30% 的税率。②

2. 转嫁制（tax credit system）

转嫁制又称为税收抵免制。在转嫁制下，公司仍对公司收益交纳所得税，但是公司所交纳的税收可用于抵免股东对股息收入所交纳的部分或全部的个人所得税。我们可以用以下的例子来说明转嫁制。

【例 14 - 2】2003 年，英国公司如果年收益在 150 万英镑以上，公司所得税率是 30%。假设 C 公司的年应税收益是 2 百万英镑，则 C 公司所交的税额为 60 万英镑。

假设 C 公司将税后全部收益作为股息分配给股东。D 先生作为公司的股东之一获得的现金股息是 8 000 英镑，但 D 先生在申报所得税时申报股息所得应为 8 888.89 英镑，D 先生同时可获得 888.89 英镑的股息抵免税额，从而减轻了 D 先生的税收负担。在这里，我们假设 D 先生的个人所得税税率是 10%。

---

① http://www.jacksonhewitt.com.
② http://www.germany-info.org.

具体计算如下：

£8 000/0.9 = £8 888.89

£8 888.89 × 0.1 = £888.89

世界上许多国家都采用转嫁制，如加拿大、英国、法国和意大利。欧盟也倡导使用这种体制来减少各国之间的税收差异。

从各国税收政策的发展情况来看，传统税制正在失去它的市场，而越来越多的国家正在采用分割税制与转嫁税制相结合的体系。

14.2　避免国际双重征税

14.2.1　国际双重征税及其原因

1. 国际双重征税[①]就是两个或两个以上的国家，在同一时期内，对参与国际活动的同一纳税人或不同纳税人的同一征税对象或税源征收相同或类似的税收。在跨国公司大量发展以后，母公司、子公司以及多层子公司独立经济实体之间的重叠征税，在一定条件下也视为国际双重征税。国际双重征税产生的基本原因在于国家间税收管辖权的冲突。这种冲突通常有三种情况：

（1）不同国家同时行使居民税收管辖权和收入来源地税收管辖权，使得具有跨国收入的纳税人，一方面作为居民纳税人向其居住国就世界范围内的收入承担纳税义务；另一方面作为非居民纳税人向收入来源地就其在该国境内取得的收入承担纳税义务，这就产生了国际双重征税。

（2）居民身份确认标准的不同，使得同一跨国纳税人在不同国家都被认定为居民，都要承担无限的纳税义务，这也产生了国际双重征税。

（3）收入来源地确认标准的不同，使得同一跨国所得同时归属于两个不同的国家，向两个国家承担纳税义务，这又产生了双重征税。

2. 各国所得税制的普遍化是产生国际双重征税的另一原因。

当今世界，除了实行"避税港"税收模式的少数国家外，各国几乎都开征了所得税。由于所得税制在世界各国的普遍推行，使国际重复征税的机会大大增加了；更由于所得税征收范围的扩大，使国际重复征税的严重性大大增强了。

14.2.2　解决国际双重征税的方法

国际双重税收加重了跨国公司的税收负担，阻碍了跨国经济的合作，同时也违反了税收公平性的原则。各国政府为此通过各种途径解决了这个问题。解决国际双重征税的主要原则是：在发生前尽量避免，在发生后尽量免除。由此原则而产生的主要的解决方式有单边法，也就是某一国家在其税法中单方面作出税法的管辖权的限定，从而避免国际双重征

---

① 《国际会计前沿》2001 年 8 月版。

税，另一种方式是双边法，也就是两国政府通过双边协议来解决国际双重征税的问题。最后一种方式是多边法，这种方式是以两个以上的主权国家通过签订协议来解决双重国际税收问题的。

常见的避免国际双重税收的方法有：

1. 免税法（tax exemption）

免税法是属于单边方式的方法。免税法是指行使居民管辖权的国家对本国居民在国外取得的收入免征本国税收，但是这些收入必须符合某些条件，而且已在国外纳税。

免税法又分为全额免税法和累进免税法。

全额免税法就是政府对本国居民的国外所得全部免税，而且在考量该居民的本国税率时，国外所得也不加以考虑。采用这种方法的国家比较少，只有法国、澳大利亚及部分拉美国家，因为这种方法使国家的财政损失较大。

累进免税法就是在实行累进税率的国家，决定本国居民的收入所得适用的税率时要包括本国和国外的收入，但对国外收入所得不征税。

免税法对本国居民的国外所得免征税是有一定条件的。如印度规定，印度公民在国外为印度政府服务而获得印度政府支付的报酬是可以免税的，但是前提是这个纳税人是印度政府的雇员。[①]

2. 税款扣除法（tax deduction）

税款扣除法也是属于单边方式。实行居民管辖权的国家对本国居民的国内外总收入进行课税，但是国外收入已在国外纳的税可作为费用在总收入中扣除。在这种方法下，国际双重税收只能部分获得减免，因而这种方法不能全面解决国际双重税收的问题。

【例14-3】E公司的总部设在F国，E公司只有一个分公司H设在G国，这个分公司不具有法人资格。假设E公司的总应税收入为$500\,000$，其中$100\,000$来自于H。F国的税率为20%，G国的税率为10%。

如果F国对本国居民在国外缴纳的税款实行税款扣除法，则E公司在F国的实际应税收入为：$500\,000 - 100\,000 \times 10\% = \$490\,000$。因而E公司在F国所应缴纳的税款为$98\,000$。

H在G国缴纳的税款$10\,000$作为费用从E公司的总应税收入中扣除。

3. 抵免法（tax credit）

抵免法属于单边方式。它按纳税人国内公司与国外公司之间关系的不同，而将抵免方式分为直接抵免和间接抵免。采用抵免法的国家主要有日本、德国、英国、美国和意大利等。

（1）直接抵免。直接抵免是一个国家允许本国居民以其为国外所得在国外所纳的税款冲抵国内的税款。直接抵免法适用于同一经济实体的跨国纳税人的税收抵免，即国外分公

---

① http://www.thebharat.com.

司不具有法人的地位，与总公司属于同一个法人经济实体。

【例 14 - 4】其他条件同〖例 14 - 3〗，但是如果 F 国对本国居民在国外缴纳的税款实行直接抵免法。则 E 公司需向 F 国缴纳的税款为 $90 000。由于有直接抵免，E 的分公司在 G 国缴纳的 $10 000 可以和 E 公司在 F 国应缴纳的税款 $10 000 冲抵。

有些国家在实行直接抵免法时使用限额抵免法。所谓的限额抵免法就是一国政府在向居民的国内和国外收入的总收入课税时，允许居民按直接抵免法扣除其向国外政府缴纳的税款，但扣除额不能超过该居民国外应税收入按本国税率计算所应缴纳的税款。因而如果本国税率大于国外税率或两者相同时，则在国外所缴纳的税款可以全额抵免。如果本国税率小于国外税率，则只有部分在国外缴纳的税款可以抵免。

【例 14 - 5】我们可以通过下面的表格来解释限额抵免法。表格中其他情况同〖例 14 - 1〗，只是 G 国的税率不同。

表 14 - 1　　　　　　　　　　不同税率情况下抵免税款额的不同　　　　　　　　　　单位: $

G 国税率	10%	20%	30%
E 的总应税所得	500 000.00	500 000.00	500 000.00
E 应纳税款	100 000.00	100 000.00	100 000.00
H 在 G 国所纳税款	10 000.00	20 000.00	30 000.00
可在 F 国抵免的税款	10 000.00	20 000.00	20 000.00
E 在 F 国的纳税净额	90 000.00	80 000.00	80 000.00

（2）间接抵免。间接抵免适用于跨国公司之间的关系是母子关系。由于母公司和子公司不属于一个法人实体，因而子公司的收益不能全部并入母公司应税收入，只有国外子公司将税后利润变成股息汇给母公司时，母公司才能将所收到的股息转化成税前所得并作为应税收入。而子公司在国外所缴纳的税款也只有在将股息汇给母公司时，母公司的居住国政府才允许母公司从其应纳税额中免去国外子公司为这部分股息所缴纳的税款。由于抵免税额是从收到的股息推算出的，因而称为间接抵免。

使用间接抵免法时，也有抵免限额的问题。

抵免限额的计算公式如下：

$$抵免限额 = 子公司所汇股息的税前所得 × 母公司所在国的税率$$

抵免税额的计算方法如下：

A. 将子公司所汇股息还原成税前所得

$$子公司税前所得 = 母公司收到的股息 + 子公司所得税 × （母公司收到的股息/子公司税后所得）$$

有些国家对汇到另一国家的股息要收取预付税（withholding tax），子公司所付的预付税款额可以直接抵免法从母公司的应付税额中扣除。但是在计算母公司收到的股息时，我们应该使用下列公式：

$$母公司收到的股息 = 母公司实际收到的股息 + 子公司的预付税款$$

B. 计算子公司汇给母公司的股息所应承担子公司税收：

$$母公司所收到的股息承担的子公司税收 = 子公司所得税 X （母公司股息 ÷ 子公司税后所得）$$

C. 比较 B 和抵免税额，取数值较小的值为母公司在其居住国所能获得的抵免税额

【例 14 – 6】 E公司的总部设在 F 国，E 公司只有一个子公司 H 设在 G 国，这个子公司具有法人资格。假设 E 公司今年应税收入为 \$500 000，F 国的税率为 30%，G 国的税率为 20%。E 公司今年除了 \$500 000 的收入外还收到 H 汇给它的股息现金 \$30 000，H 公司在 G 国总的应税收入为 \$100 000。F 国实行税收抵免制度（假设 G 国无预付税制度）。

E 公司应缴纳的税额计算如下：

还原股息成税前收入

子公司的所得税额 = \$100 000 × 20% = \$20 000

子公司税后所得 = \$100 000 – \$20 000 = \$80 000

母公司所收股息的税前收入 = 30 000 + 20 000 × (30 000 ÷ 80 000) = \$37 500

母公司所收到的股息应承担的子公司税收额 = 20 000 × (30 000 ÷ 80 000) = \$7 500

抵免税限额：\$37 500 × 30% = \$11 250

母公司 E 在 F 国所能获得的抵免税额：\$7 500

E 在 F 国应缴纳的税款：(500 000 + 375 000) × 30% = \$161 250

扣除抵免额的净纳税额：\$161 250 – \$7 500 = \$123 750

4. 税收协议 (tax treaties)

税收协议是指两个或多个国家通过谈判，签订双边或多边的税收规定，以避免国际双重税收。

税收协议又分为两种：凡协议内容适用于缔约国之间各种一般国际税收问题的，称为一般国际税收协定。凡协议内容仅适用于某特定税收问题的，则称为特定国际税收协议。

各国之间缔结的税收协议主要参照了世界经济与合作发展组织在 1997 年所发布的《经济合作与发展组织关于避免对所得和财产双重征税的协定范本》及联合国经济与社会理事会于 1979 年通过的《关于发达国家与发展中国家间双重征税的协定范本》。联合国经济与发展与社会理事的范本有较多条文有利于发展中国家，而经合发展组织的条文比较有利于发达国家。

通过税收协议，协议各方可以达到以下的目的：

(1) 协调各方对各种收入的定义和收入来源地的定义。

(2) 协调各方对收入进行分类。

(3) 协调各方对收入的征税，如按照经合组织的协议，对经营所得且属于缔约国一方企业的利润，参照居住国独占税收的原则。对投资所得，采用税收分享原则。它还规定避免双重征税的方法是免税法和抵免法。

(4) 避免偷税漏税，主要是通过相互间情报交流及对转让价格的制定。

有些国家为了自己国家的利益，而使税收协议不能有效地发挥其作用，但是税收协议仍是避免国际双重税收的问题的一条有效途径。

我国从 1978 年起开始对外缔结双边税收协定的工作，目前已与 80 多个国家签订了税收协定，这些国家包括日本、美国、法国、英国、比利时、德国、马来西亚、挪威、丹麦、新加坡、芬兰、加拿大、瑞典、新西兰、泰国、意大利、荷兰、澳大利亚等。

14.3　国际税种和税基对比

14.3.1　国际税种

世界各国政府规定的税收制度千差万别，每个国家都运用其政治权力在管辖的国境范围内对企业或个人取得的各种收益进行课税，所不同的是使用什么税种、对哪些收益征税、税负高低如何。

尽管各国税法规定了不同的税种，但所有税种按课税对象划分，一般分为两大类：一类是直接税，即按收益额和财产额课征的税种，主要包括所得税、资产利得税、财产税；另一类是间接税，即按流转额课征的税种，主要包括预扣税、增值税、营业税、消费税等。在发达国家的税收来源主要以直接税为主，而我国主要以间接税为主。

1. 所得税（income tax）

所得税分为个人所得税和企业所得税。各国的税率各不相同。

根据安永会计师事务所 2002 年 1 月出版的《世界各国公司所得税指南》，截至 2002 年 1 月，一些国家和地区的公司所得税税率如表 14 - 2 所示。

表 14 - 2　　　　　　　　　　　　各国税率

国家和地区	公司所得税税率（%）
阿根廷	35
澳大利亚	30
法国	33 1/3
德国	25
希腊	35
中国香港	16
日本	22、30 *
新加坡	24.5
美国	35 **
英国	10、20、30 ***
中国	33

注：* 在日本，如果公司的资本小于 1 亿日元，且公司的应税收入少于 8 百万日元则公司的所得税税率为 22%。
** 此税率为美国联邦政府对公司征收的所得税税率，不包括地方所得税。
*** 英国的公司税率根据公司的应税所得的不同而有三个不同的税率。

2. 增值税（value added tax）

增值税是一种销售税，属累退税，是基于商品或服务的增值而征税的一种间接税，在澳大利亚、加拿大、新西兰、新加坡称为商品及服务税（Goods and Services Tax，GST），在日本称作消费税。

增值税征收通常包括生产、流通或消费过程中的各个环节，是基于增值额或价差为计税依据的中性税种，理论上包括农业各个产业领域（种植业、林业和畜牧业）、采矿业、制造业、建筑业、交通和商业服务业等，或者按原材料采购、生产制造、批发、零售与消费各个环节。

增值税是法国经济学家 Maurice Lauré 于 1954 年所发明的，目前，法国政府有 45% 的收入来自增值税。

各国对需要申报增值税公司的要求不同，税率也不同。

如英国规定如果一个公司在连续 12 个月的时间内销售收入达到或超过 51 000 英镑，那么这个公司就要注册成为增值税申报公司。英国的增值税率为 17.5%。而泰国规定，如果一个自然人或法人在泰国境内销售货物或在泰国为他人提供服务，他的年营业额超过 120 万泰铢，那他就成为增值税的纳税人，泰国的增值税率为 7%。

中华人民共和国自 1979 年开始引入增值税，随后进行了两个阶段的改革：

第一个阶段即 1983 年增值税改革：这次改革属于增值税的过渡性阶段。此时的增值税是在产品税的基础上进行的，征税范围较窄，税率档次较多，计算方式复杂，残留产品税的痕迹，属变性增值税。

第二个阶段即税改革，属增值税的规范阶段。参照国际上通常的做法，结合了大陆的实际情况，扩大了征税范围，减并了税率，又规范了计算方法，开始进入国际通行的规范化行列。是中国大陆最大的税种，占税收收入的 60% 左右，但存在一些缺陷。

根据 1993 年 12 月颁布的《中华人民共和国增值税暂行条例》的规定，增值税的开征范围：境内销售货物或者提供加工、修理修配劳务以及进口货物的单位和个人，为增值税的纳税义务人；税率分 13%、17% 和免征三部分。具体实施过程中，课税对象分为一般纳税人和小规模纳税人，根据课税对象的不同分别采取不同的计税和管理办法。

适应的法律法规：中国大陆境内增值税的管理、征收相关的法律、法规除了税收相关一般性法律法规外，现行的增值税制度是以 1993 年 12 月颁布的《中华人民共和国增值税暂行条例》为基础的。2008 年 11 月 5 日经过国务院第 34 次常务会议修订通过，自 2009年 1 月 1 日起施行。

3. 预付税（withholding tax）

预扣税是一国政府向非居民征收来源于该国收入的税收。一般该国付款人在向非居民支付应税款项时，有责任先按规定税率扣除预扣税。

预付税的出现是为了防止税款的流失。

预付税常用于支付外国投资者的股息，利息和特权使用费。预扣税的征收减少了投资者的投资回报，从而在一定程度上决定了国际间的资本流动方向，因此一个国家在决定预扣税率时要加强国际间的协调。

4. 转让税（transfer tax）

转让税是对纳税人之间财富转让所征收的税收，常发生于房屋，土地买卖和公司的收购。

5. 周转税（turnover tax）

周转税是按生产经营过程中某一环节或某几个环节上的销售总额计算征收的。各国对周转税征收的环节各不相同：可能是在生产完成阶段，生产批发阶段或是在生产零售阶段。

14.3.2 国际税基

财务会计计算的公司利润是按照一定的会计准则，其目的是反映公司的财务状况和经营结果。而税务会计的目的是计算一个公司的应税所得（税基）。一些国家，譬如，德国由于财务会计和审计是为税务服务的，因而德国公司的会计所得和应税所得的区别不大。但是另外一些国家，如英国和美国，由于国家的税法对计算一个公司的应税收入有特殊的规定，从而造成了财务会计意义上的公司所得和税务会计意义上的公司所得的不同。

各国在计算公司税基础时采用的原则各不相同，但主要的不同点有三个：

1. 折旧（depreciation vs capital allowance）

在英国和美国，财务会计的折旧和税务上的折旧有一定的差异，而日本和德国财务会计的折旧方法和税务的折旧方法是一致的。

英国的税法对公司所使用的设备规定按每年以递减余额的25%折旧，但是中小企业可以选择在购买设备的第一年以40%的比例折旧。按照英国财务会计"真实和公允"的观点而言，这样的折旧方法是不正确的，但这种方法使中小型企业在购买设备的第一年减少了税收，从一定程度上鼓励了中小型的资本性投资。

美国的税务上将折旧方法称为MACRS（Modified Accelerated Cost Recovery System）。根据MACRS，将固定资产划分成8个系统，每个系统下，固定资产的使用年限各不相同，但是共同点是都没有剩余价值。

2. 公司年度净亏损（net operating loss）

美国规定如果一个公司在一个财政年度发生税务意义上的净亏损，则这个亏损额可用前两年的利润弥补，仍不足的部分可以在以后的二十年内弥补。

法国税法允许公司某年度的净亏损可以用公司前三年的利润弥补，不足部分可以在以后五年内弥补。

德国和英国的税法规定公司某年度的净亏损可以用公司前一年的利润弥补，不足部分可以在以后无限期地补足。

但是丹麦、芬兰、希腊、中国香港等国家和地区只允许公司的净亏损由公司以后年度的利润弥补。

3. 其他

（1）存货（inventory）。除了美国外，世界上大部分国家不允许使用先进后出的方法来计算存货价值。大部分国家所采用的方法是后进先出或加权平均法。

（2）资本利得（capital gain）。资本利得是资本所得的一种，对公司而言是指通过出售除存货之外资本性资产项目所获取的毛收入，减去其账面价值而获得的利益。

美国、英国、德国、日本资本利得要加到应税所得。

法国的将资本利得分为长期资本利得和短期资本利得（资产持有期限为两年以下）。从1997年1月1日起，长期资本利得只需缴纳19%的税率，而短期资本利得的税率和公司其他应税所得的税率相同。

14.4 税收饶让和避税港

14.4.1 税收饶让

税收饶让是税收抵免制度的延伸。税收饶让的含义是居住国政府对本国居民在国外所获得的税收优惠那一部分所得视为已缴纳税款，同样给予税收抵免。

税收饶让发生的原因是由于发展中国家为了吸引发达国家的投资，对外国投资者实施了一系列税收优惠政策，如减税、投资退税，或对投资开始几年的应税所得免征所得税，从而导致投资人在国外的所得税税率低于其居住国的税率。如果投资人的居住国对本国居民的国外收入施行的是抵免制度的话，投资人在本国所获得的抵免税款只限于其在国外实际缴纳的部分，而投资人还需为其国外收入向其居住国缴纳税款，所以发展中国家的税收优惠实际上的得益者是投资者居住国政府。

【例14-7】A国为了吸引国外投资，许诺国外投资者只需按5%的低税率缴纳所得税。B是C国居民，C国对其居民在国外所纳的税额实行抵免制度。被A国的税收政策吸引，B在A国投资建厂，第一年就赢利 $100 000。假设B在C国的所得税税率是20%，且其全部收入来自于A国的投资。

B在C国应纳的税款：$100 000 × 0.20% = $20 000

抵免B在A国缴纳的税款：$100 000 × 5% = $5 000

B在C国应纳税额：$20 000 - $5 000 = $15 000

B在A国和C国的纳税总额为：$20 000。

由上面的例子可以看出，B并未真正获得A国低税率的好处，他仍需向其居住国缴纳A国和居住国税款的差额 $15 000。

由此看来，抵免税制度虽然能在一定程度上解决双重税收的问题，但不能起到鼓励跨国投资的作用。因此，一个国家为了吸引投资，必须和投资者的居住国在税收饶让上进行协商，让投资者得到真正意义上的税收优惠。但是税收饶让的前提条件是居住国实行的是税收抵免制度。

　　许多发达国家和地区，为了支持发展中国家的经济发展，也为了本国资本能够找到合适的海外市场，同意通过双边协商来解决税收饶让问题。采用税收饶让措施的国家有：英国、加拿大、日本、法国、德国、瑞典、丹麦等国。

　　但是，美国基于税收公平原则的考虑及税收饶让对美国财政收入的影响，对税收饶让持反对态度。

　　税收饶让的方法主要有两种：差额饶让抵免和定率饶让抵免。

1. 差额饶让抵免

　　差额饶让抵免法，即一个国家对其本国居民在国外所得计算按税收优惠政策应缴纳的税款和按国外税法规定的税率应缴纳的税款差别，并将此差别视为其居民已在国外缴纳的税款，从而给予抵免。

2. 定率饶让抵免

　　一个国家按照和另一国家的税收协定，无论其本国居民在国外得到多少税收优惠，他们在本国的税收抵免只按协定规定的固定抵免税率计算。

14.4.2　避税港

1. 避税港及其特征

　　避税港是指对跨国纳税人提供低税、免税或给予大量税收优惠的国家和地区，又称"国际避税港"。关于避税港产生的历史认识不尽一致。英国的 C. 多加特在《避税港及其运用》一书中引证历史记载指出，12 世纪的伦敦城已是一个避税港，当时对居住在该地的汉萨同盟贸易商们豁免了税收。他还认为，梵蒂冈城也是古代的一个避税港。另一种意见认为，避税港是资本主义发展到垄断时期的产物。资本主义国家资本过剩，需要输出资本；而一些经济落后的发展中国家需要资金，便制定特殊税收优惠措施，吸引外国资本流入本国，从而为避税港的出现创造了条件。

　　某些国家和地区建立避税港，旨在吸引外资，引进先进技术，扩大就业和发展经济。

　　有四种类型的避税港：

　　（1）无所得税和财产税的国家和地区：巴哈马、百慕大、瑙鲁、英国的开曼群岛等。

　　（2）以远低于国际一般水平的税率开征某些所得税及财产税的国家和地区：黎巴嫩、英属维尔京群岛、塞浦路斯等。

　　（3）对境内收入实行低税，对境外收入实行免税的国家和地区：中国香港、阿根廷、哥斯达黎加等。

　　（4）这些国家和地区在执行正常税制的同时，对某些投资经营实行税收优惠：如中国澳门地区对博彩业征收的税收优惠。

　　这些避税港有着其共同的特征：很多都曾是殖民地；面积较小；大都靠近美国、西欧、东南亚和澳大利亚；税率低；以直接税为主体。

2. 避税（tax avoidance）与逃税（tax evasion）

避税是指在不违反法律的前提下减少纳税。

逃税是指纳税人违犯了法律规定，不缴税或少缴税。不论纳税人是否是有意识地偷税，还是无意识地偷税，逃税都是一种违法行为。

国际上对避税的行为争议较多，因为人们认为虽然避税的行为没有违法，但是它的后果和偷税是一样的：导致了政府的财政收入的减少。

避税港的存在加强了国际上避税与反避税的矛盾。各国在反对避税方面正在加强合作，努力遏制跨国公司利用避税港来避税的趋势。

本章小结

国际税制分为两种，一种是传统税制、代表性国家为美国；另一种是综合税制。综合税制又分为税率分割制和转嫁制。国际双重征税就是两个或两个以上的国家，在同一时期内，对参与国际活动的同一纳税人或不同纳税人的同一征税对象或税源征收相同或类似的税收。国际双重征税产生的基本原因在于国家间税收管辖权的冲突，解决国际双重征税的方法有免税法、税款扣除法、抵免法、税收协议法。

世界各国政府规定的税收制度千差万别，但所有税种按课税对象划分，一般分为两大类：一类是直接税、即按收益额和财产额课征的税种，主要包括所得税、资产利得税、财产税；另一类是间接税，即按流转额课征的税种，主要包括预扣税、增值税、营业税、消费税等。在发达国家的税收来源主要以直接税为主，而我国主要以间接税为主。各国在计算公司税基础时采用的原则各不相同，但主要的不同点有四个，即折旧、公司年度净亏损、存货、资本利得等。

税收饶让是税收抵免制度的延伸。税收饶让的含义是居住国政府对本国居民在国外所获得的税收优惠那一部分所得视为已缴纳税款，同样给予税收抵免。税收饶让的方法主要有两种：差额饶让抵免和定率饶让抵免。避税港是指对跨国纳税人提供低税、免税或给予大量税收优惠的国家和地区，又称"国际避税港"。

复习思考题

1. 什么是国际税收？
2. 国际税制有哪几种？
3. 国际双重税收产生的原因是什么？我们可以采取什么方法来避免它？
4. 各国的税基计算有何异同点？
5. 避税和逃税有何不同？

第 15 章　西方非营利组织会计

【本章提要】

本章主要讲授西方非营利组织的业务活动特点和高校、医院、自愿健康和福利组织及其他非营利组织的会计基本原理和财务报告编制。通过本章的学习，应掌握西方高等院校基金的设置和基金会计的原理、西方基金设置和基金会计原理、高等院校和医院主要业务的会计处理；了解西方非营利组织的概念及类型、西方非营利组织的主要业务活动、自愿健康和福利组织与其他非营利组织的特征。

美国非营利组织为数众多、发展迅速。在西方各国家中，非营利组织会计规范的制定也一直走在前列，故本章着重讲述的西方非营利组织会计和财务报告均以美国为例展开介绍。

15.1　西方非营利组织的范围与主要业务活动

15.1.1　非营利组织的范围

1. 非营利组织的概念

非营利组织是指不具有物质产品生产和国家事务管理职能，主要以精神产品或各种服务形式向社会公众提供服务，不以营利为目的的各类组织机构。

美国财务会计准则委员会（FASB）从非营利组织的特征出发，指出非营利组织应为同时具有以下三个特征的组织：捐赠人对提供的各种资源既不期望组织返还，也不期望取得经济利益上的回报；该组织对外提供服务或商品时不以盈利或获取某种盈利等价物为目的；该组织不存在可以出售、转让、赎回或一旦清算可以分享剩余财产的所有者利益。

2. 非营利组织的主要活动领域

在以市场经济为主的西方国家，非营利组织一般分为公立的和私立的两大类型。其中，私立的非营利组织占绝大多数。公立的非营利组织主要靠政府拨款运营，视同政府单位，其核算纳入政府会计体系；私立非营利组织主要由私人提供资助，其财务收支具有特殊性。非营利组织采用的会计称为非营利组织会计。

按照非营利组织所从事的业务活动分类，西方非营利组织比较活跃的领域包括：

（1）教育机构。幼儿园、小学、中学、职业技术学院和高等院校。

（2）健康和福利组织。医院、疗养院、儿童保护组织、美国红十字会，以及联合服务组织。

（3）宗教组织。青年男子基督徒协会及其他与宗教相关的组织。

（4）慈善机构。联合道路、社区心连心及类似筹资机构，其他慈善组织。

（5）基金会。为教育、宗教或慈善目的而建立的私人信托或公司。

15.1.2 非营利组织的角色与功能

在价值多元、急速变迁的社会中，非营利组织之所以能存在并日益展现其独特的功能，是因为其扮演了各种积极的社会角色（见表15-1）。

表 15 -1   非营利组织扮演的社会角色

社会角色	说明
先驱者	非营利组织能敏感地体验社会的需求，以组织的多样与弹性的特质，发展具有创新的构想，适时地传递给政府
改革与倡导者	非营利组织深入社会各层面，实际了解政府政策的偏失，运用舆论或游说等具体行动，促成社会变迁，并寻求政府改善或建立合乎需要的价值体系
价值的维护者	以倡导、参与、改革的精神来改善社会，主动关怀少数弱势群体
服务提供者	承担弥补者（gap-filling）的角色，经常选择政府未做、不想做或不愿意直接去做的，但是却符合大众所需要的服务来做
社会教育者	利用刊物，举办活动，通过媒体的宣传等方式，肩负传递特定人群需求信息的责任，从而尝试提供新的观念，改变社会大众或决策者对社会漠不关心的态度，并弥补正规学校教育体系的不足

非营利组织除了提供传统的慈善、文教、医疗、救助等公共服务外，基于其所处的特殊地位，还承担以下角色并发挥相应的功能：担任政府与民众之间沟通的桥梁；行动导向，针对服务对象采取较具创新和实验性质的观念和方案。许多非营利组织，如消费者组织或环保团体等，关心的范围包括了公私部门的产品与服务品质的好坏，以及其对社会和民众的影响。因此，非营利组织也扮演着维护公共利益的角色。总之，通过非营利组织提供的公共服务，一方面实践公共行政的公共目的，另一方面通过政府与民间的资源整合，达到提升整体公共生产力与民众福利的目的。

15.1.3 非营利组织的主要业务活动

与政府组织不同，非营利组织种类繁多、性质各异，不同性质的非营利组织在业务活动方面也各具特色。

（1）西方高等院校的主要业务活动。教育作为一个关系社会发展、人类进步的关键领域，一直受到世界各国的高度重视，尤其是高等院校的发展更担负着社会输送高端人才和研发尖端技术等重任。因而，西方高等院校是各国最普遍和最主要的非营利组织。高等院校以非赢利为组织目标，主要从事教育和研究活动。高等院校通过开展教育活动为广大受教育者传授科学文化知识，使受教育者获得相应的技能和知识。而科学研究活动是大专院校的另一项重要活动，它通过充分利用高等院校人才优势和良好的科研平台，接受政府、企业及其他组织的委托，主要进行基础科学研究和应用科学研究，促进科学技术进步，同时也从另一方面促进教学内容的更新和教学质量的提高。

除教育和科研外，高等院校还提供其他相关的服务，包括为受教育者提供住宿、餐饮、图书资料及其他与教育和学生生活相关的延伸服务。随着世界各国办学水平的逐步提高，高等院校提供的延伸服务种类日渐增多，服务的规模和质量也大幅度提高。

（2）西方医疗保健组织的主要业务活动。在21世纪的今天，随着世界各国经济的快速发展和公众生活水平的普遍提高，医疗保健事业也得到长足的发展，医疗保健服务在人类社会生活中发挥着越来越重要的作用。据统计，各个国家在医疗保健方面的支出占国民生产总值的比例逐年上升，美国已达到10%以上。

西方医疗保健组织从设立情况看，有各级政府提供资金设立的，有民间非营利组织设立的，也有企业或以盈利为目的的个人投资者投资创办的。这些医疗保健组织绝大部分不以营利为目的，重在为社会公众提供健康、医疗方面的服务。

医疗保健组织的形式多种多样，除了最具代表性的医院组织外，还包括诊所、保健院、流动医疗机构、健康维护机构、家庭医疗机构、医疗合作社、护理所等组织形式。

这些医疗保健组织各具特点，各自从不同方面满足人们对医疗保健服务的需要。从他们提供的服务种类方面看，有的仅提供门诊看病、保健护理等单一服务（如各种诊所、保健院、健康维护机构等），有的则提供包括门诊看病、住院治疗、保健护理、心理咨询与治疗、体检化验等综合的医疗保健服务（如医院）。从它们服务的对象看，有的仅为特定的对象服务（如家庭医疗机构、保健所、护理所等），有的则为社会公众提供广泛的服务（如医院、诊所等）。

但是，上述各种医疗保健服务组织中，以医院的组织机构最为完整，提供服务的种类最为齐全，而且绝大部分以非营利为目的，也是最基本的医疗保健组织。医院主要向社会公众提供医疗、保健、康复、体检化验、健康与心理咨询、培训与医疗保健宣传等活动。

（3）自愿健康和福利组织的主要业务活动。自愿健康和福利组织以社会公众的自愿捐赠、资助和政府拨款等为主要财务来源，并运用这些财务资源自愿地（免费或较低收费）为社会大众提供各类保健、福利和其他社会服务。他们提供各种类型的服务，如为职业妇女照看孩子、出任家庭法律顾问、指导老年人的营养配餐、对心理或生理有障碍的人士提供护理、保护儿童免受虐待、为出狱罪犯提供暂住房等。

以美国为例，在很多城市都存在着自愿健康和福利组织。比如，男童子军、女童子军、美国爱心协会、青年男子基督徒协会、青年女子基督徒协会，以及各种心理健康协会等。

（4）其他非营利组织的主要业务活动。根据美国注册会计师协会《见解公告》（SOP）78—10，其他非营利组织不包括医院、高等院校、自愿健康和福利组织，这些组织以股利、低成本等形式为其成员或股东谋取直接经济利益，本质上是盈利性质的非营利组织。

其他非营利组织活跃在公众社会生活的方方面面，其业务活动种类繁多、涉及领域广泛，与人们的生活密切相关。这些非营利组织主要包括：公墓组织、公民组织、联谊组织、图书馆、博物馆、其他文化机构、艺术表演组织、政党、私人或社区基金会、私立小学或初中、职业协会、宗教组织、科研组织、动植物保护协会等。

15.2　西方高等院校基金会计

15.2.1　高等院校会计与财务报告原则

各国高等院校会计与财务报告所遵循的会计原则因其规范体系不同而有所差别，而且都处在不断发展变化之中。

1984 年，美国财务会计基金会成立了政府会计准则委员会（GASB），将制定会计准则的职责在财务会计准则委员会与政府会计准则委员会之间进行了分工。财务会计准则委员会主要负责制定企业及非营利组织的会计准则，政府会计准则委员会则负责制定州和地方政府的会计准则。如前所述，在西方国家，特别是美国，大专院校有公立与私立之分，公立大专院校主要遵循政府会计准则委员会制定的会计准则，而私立的大专院校则主要遵循财务会计准则委员会及其前身会计程序委员会、会计原则委员会等权威机构指定的会计准则。

1991 年，美国政府会计准则委员会在第 15 号准则公告《公立大专院校会计与财务报告编制模式》中，允许公立大专院校自行决定究竟是采用财务会计准则委员会制定的会计准则，还是采用政府会计准则委员会制定的会计准则，即所谓的 AICPA 模式和 GASB 模式。但是，大部分公立大专院校在会计实务中基本上都采用 AICPA 模式。AICPA 模式的主要特点包括：

1. 基金设置方面

在基金设置方面，要求大专院校设置如本节所述的各类基金，即流动基金（分为非限定性流动基金和限定性流动基金）、贷款基金、留本及类似基金（分为永久性留本基金、暂时性留本基金和准留本基金）、年金和终生收益基金，以及房舍及设备基金等。

2. 财务报表方面

在财务报表方面，要求大专院校编制并提供资产负债表，基金余额变动表和流动基金收入、支出及基金余额变动表。其中，资产负债表和基金余额变动表要求列示每个主要类别基金组的基金余额及其变动情况。流动基金收入，支出及基金余额变动表只列示非限定性和限定性流动基金。

值得指出的是，财务会计准则委员会第 117 号准则公告《非营利组织的财务报表》的发布，取消了要求非营利组织运用基金会计呈报财务报表的规定。但是，许多非营利组织，包括大专院校，为了内部记录和对外报告的需要，仍然使用基金会计，并根据特殊业务、捐赠人设置的限定条件设立基金，按基金主题划分收入、支出、资产、负债及净资产

（基金余额）。所以，第 117 号准则公告并不影响基金会计在大专院校内部的普遍使用。

3. 会计确认和计量方面

在会计确认和计量方面，要求大专院校的收入和支出均应采用应计制基础确认，但有些项目（如有利息收益、保险费用等）可以不采用严格的应计制基础，通常应在发生期间予以确认。教育机构使用的财产，原则上不计提折旧。但如学校的财务政策是从经常收益中提供这项财产的重置资源时，就应适当计提使用中财产的折旧。学校的学生公寓、餐厅、书店及其他经营事业单位由于要衡量经营业绩，其所使用的财产应当计提、折旧。留本基金的本金如果要求保持完整，留本基金的财产也应计提折旧。

15.2.2 高等院校的基金设置与基金会计

西方高等院校的财务资源大多是从不同渠道取得的，为了保证大部分财务资源按特定要求用于特定项目或特定期间，学校往往对每一项具有特定用途的财务资源都要设立基金，实行基金管理，采用基金会计模式记录和报告财务资源的收支情况。

1. 流动基金会计

（1）流动基金会计的确认。流动基金也称普通基金，普通流动基金、运营基金等，它包括所有当期可只用的未受限定或受限定的资金，即分为非限定性流动资金和限定性流动资金。其中，非限定性流动资金是指国家法律规定、学校董事会、资源提供者（包括政府、捐赠人等）提供的非限定性拨款或赠款、非限定性投资收益等，它与政府基金中的普通基金相类似。限定性流动资金指当期可支用，但法律规章、学校董事会、资源提供者等要求用于特定的财务资源，这种基金有的限定使用的项目，即只能用于特定项目或目的，有的限定基金使用的时间。限定性流动基金主要来源于捐赠人提供的特定的捐赠款、合同签订者提供的合同款、政府给予的具有特定用途的补助款、留本基金收益及其他由资源提供者设置的特别用途的资源等。

流动资金收入应采用应计制基础确认，并按收入来源分类，主要包括：①学费和杂费；②各级政府拨款；③政府资助及约定付款；④私人捐赠、补助和约定付款；⑤留本基金收益；⑥教育活动的销售及服务收益（包括出售资产的非限定性收益）等。

流动基金支出应在基金负债发生或动用基金资产偿付时确认，并按支出功能进行分类报告，而且教育和一般支出应与附属企业的支出分开报告。其中，教育与一般指出按功能可分为：教育费用、研究费用、行政管理费用、公共服务费用、学术资助、学生服务支出、赞助支出、房舍及设备运行与维护费用、奖学金及助学金支出等。

（2）流动基金会计核算举例。

【例 15 - 1】某高校 2008 年发生如下业务：

①收到中央政府拨款 20 000 000 元，地方政府拨款 1 000 000 元。其会计分录为：

借：现金　　　　　　　　　　　　　　　　　　　　　21 000 000

　　　贷：收入——政府拨款　　　　　　　　　　　　　　　21 000 000

②收到校友、企业界限定性捐赠 800 000 元。其会计分录为：

借：现金　　　　　　　　　　　　　　　　　　　　　　　　800 000
　　贷：收入——政府拨款　　　　　　　　　　　　　　　　　800 000

③购买办公及教学用品共计 1 900 000 元，用银行存款支付 1 500 000 元，余款开出一张无息票据抵付。其会计分录为：

借：用品存货　　　　　　　　　　　　　　　　　　　　　1 900 000
　　贷：现金　　　　　　　　　　　　　　　　　　　　　　1 500 000
　　　　应付票据　　　　　　　　　　　　　　　　　　　　　400 000

④用银行存款支付教师薪金 16 000 000 元，研究人员薪金 8 000 000 元，行政管理人员薪金 600 000 元。其会计分录为：

借：支出——教育费用　　　　　　　　　　　　　　　　16 000 000
　　　　——研究费用　　　　　　　　　　　　　　　　　8 000 000
　　　　——行政管理费用　　　　　　　　　　　　　　　　600 000
　　贷：现金　　　　　　　　　　　　　　　　　　　　　24 600 000

2. 房舍及设备基金会计

房舍及设备基金按照性质和形态分为四个级次的基金：

未支用房舍及设备基金，即供高等院校取得实质性房舍和设备，而在报告日尚未耗用的基金一般从普通流动基金中转入。接受限定用于购置房舍和设备的捐赠，也应转入未支用房舍及设备基金中，并根据房舍及设备基金是否限定进行区分。

3. 更新和重置基金

更新和重置基金，即供高等院校房舍和设备更新及充值的基金，从流动基金中转入。从流动基金转入时，应在流动基金中记录为"转出——更新和重置基金"，同时在房舍及设备基金中记录为"基金余额——更新和重置基金"等。

4. 偿债基金

偿债基金，即划出供高等院校清偿购置房舍及设备的负债而设立的基金。高等院校为房舍和设备购置而发行的债券，应根据债券协定建立偿债基金。偿债基金也应从流动基金中转入。

5. 房舍及设备投资基金

房舍及设备投资基金，即为高等院校房舍和设备投资及这些投资形成的基金。高等院校为购置房舍和设备，将一定数额的流动基金转至未支用的房舍及设备基金或收到限定用于购置房舍及设备的捐赠时，应在未支用房舍及设备基金中记录为基金余额。用未支用房舍及设备基金建造房舍和购置设备时，除在未支用房舍及设备基金中记录基金余额减少外，还应在房舍及设备投资基金中记录应付债券，竣工决算的，将其随在建工程转入房舍及设备投资基金。为建造房舍和购置设备发生支出时，应在未支用房舍及设备基金中记录在建工程。房舍及设备建造完工时，应在未支用房舍及设备基金中记录在建工程转出，同时在房舍及设备投资基金中记录固定资产。

房舍及设备基金会计核算举例：

【例 15 - 2】某高校 2008 年房舍及设备基金发生如下业务：

①收到校友捐赠用于建造实验大楼的资金 6 000 000 元。

在"未支用房舍及设备基金"中记录如下：

借：现金　　　　　　　　　　　　　　　　　　　　　6 000 000

　　贷：基金余额　　　　　　　　　　　　　　　　　　　　　6 000 000

②用更新及重置基金 2 000 000 元购置教学设备。

在"更新及重置基金"中记录如下：

借：基金余额——非限定性　　　　　　　　　　　　　2 000 000

　　贷：现金　　　　　　　　　　　　　　　　　　　　　　　2 000 000

同时，在"房舍及设备投资基金"中记录：

借：设备——教学设备　　　　　　　　　　　　　　　2 000 000

　　贷：房舍及设备净投资　　　　　　　　　　　　　　　　　2 000 000

6. 贷款基金会计

（1）贷款基金的来源与运用。高等院校贷款基金，即可通过社会各界捐赠或馈赠建立，也可以由高等院校董事会决定从非限定性流动基金中转出一部分基金建立。贷款基金的本金和利息都可用于向教职工和学生发放贷款。其中，学生的贷款基金在收回后还可作新贷款继续循环使用。

（2）贷款基金的会计核算举例。

【例 15 - 3】某高校贷款基金发生如下业务：

①接受某企业捐赠 1 500 000 元用于建立贷款基金。会计分录为：

借：现金　　　　　　　　　　　　　　　　　　　　　1 500 000

　　贷：基金余额　　　　　　　　　　　　　　　　　　　　　1 500 000

②本年度向学生发放贷款 800 000 元，预计 1% 的贷款无法收回。其会计分录为：

借：应收贷款　　　　　　　　　　　　　　　　　　　800 000

　　贷：现金　　　　　　　　　　　　　　　　　　　　　　　800 000

同时，记录预计坏账。

借：基金余额　　　　　　　　　　　　　　　　　　　8 000

　　贷：备抵坏账　　　　　　　　　　　　　　　　　　　　　8 000

③用贷款基金 1 200 000 元购买政府债券。其会计分录为：

借：有价证券投资　　　　　　　　　　　　　　　　　1 200 000

　　贷：现金　　　　　　　　　　　　　　　　　　　　　　　1 200 000

7. 留本基金会计

（1）留本基金分类。高等院校的留本基金可根据其限定的性质分为纯留本基金、定期留本基金和准留本基金三类。

①纯留本基金。它是授予人创设的基金，要求在保持基金完整的前提下，允许将基金投资收益用于当期运营活动，即必须将其本金无限期的持有投资，以产生收益，只有来自留本基金所获得的利益，才可供高等院校支用。

②定期留本基金。定期留本基金的本金由捐赠人指定一段时间后或指定的时间发生时，才可予以支用。

③准留本基金。它是由高等院校的董事会而非外界捐赠人设置的，准留本基金的本金可由董事会自行决定支用或撤销。高等院校的留本和类似基金应分别在基金余额中设置纯留本基金、定期留本基金和准留本基金明细科目，记录其增减变动情况。用留本基金投资取得的投资收益，应按比例分配记入各基金余额账户。

（2）留本基金会计核算举例。

【例 15 - 4】某高校 2008 年度留本基金发生如下业务：

①收到捐赠人捐赠款 3 000 000 元用于设立一项基金，并指定该基金的本金不能动用，只能用于投资，投资收益用于补充该校的教育支出。作会计分录为：

借：现金　　　　　　　　　　　　　　　　　　　　3 000 000

　　贷：基金余额——纯留本基金　　　　　　　　　　　　3 000 000

②收到某校友捐赠基金 1 500 000 元，约定 3 年内本金不能动用，该基金的收益用作学生的奖学金，2 年后，该基金可用于学校基础设施建设。作会计分录为：

借：现金　　　　　　　　　　　　　　　　　　　　1 500 000

　　贷：基金余额——定期留本基金　　　　　　　　　　　1 500 000

8. 年金与终生收益基金会计

（1）年金基金。年金基金（Annuity Funds）是捐赠人提供的在一定期间内按期支付一定数额给捐赠人所指定的受益人的基金。该基金超过捐赠人指定的期限或受益人不在人世，可根据协议的约定将基金余额转入规定的其他基金。若无特别规定，应转入非限定性流动基金。

年金基金应以收到基金时的公平市价入账，以每期应支付款项精算的贴现值记录年金负债，以两者之间的差额记录年金的基金余额。年金基金的收益直接转入年金基金余额，每期向受益人支付年金时，支付的金额与原纪录的年金负债之间的差额则记录为年金的基金余额。

下面举例说明年金基金的会计核算。

【例 15 - 5】①王老先生是某高校的知名校友，他为感谢母校培育之恩，向学校提供了一笔 12 000 000 元的基金。其中，现金支票 2 000 000 元，有价证券在收到当日的市价为 10 000 000 元。王老先生与校方约定，在其有生之年，每月由校方支付 16 000 元生活费，待王老先生过世后，该基金将用于建造一座以他名字命名的图书馆。经精算师估计，每月支付 16 000 元的年金现值为 1 850 000 元。其会计分录为：

借：现金　　　　　　　　　　　　　　　　　　　　2 000 000

　　有价证券投资　　　　　　　　　　　　　　　　 10 000 000

　　贷：应付年金　　　　　　　　　　　　　　　　　　 1 850 000

| | | 基金余额——年金基金 | | 10 150 000 |

②若干年后王老先生去世，该年金基金的应付年金现值余额为 85 000 元，基金余额为 36 100 000 元（其中，有价证券投资余额为 28 000 000 元，其余为现金）。其会计分录为：

借：应付年金　　　　　　　　　　　　　　　　　　　85 000
　　基金余额——年金基金　　　　　　　　　　　　36 100 000
　　贷：现金　　　　　　　　　　　　　　　　　　　　　　8 185 000
　　　　有价证券投资　　　　　　　　　　　　　　　　　28 000 000

同时，按约定将该年金基金的余额转入房舍及设备基金。

在房舍及设备基金的"未支用房舍及设备基金"中作会计分录如下：

借：现金　　　　　　　　　　　　　　　　　　　　8 185 000
　　有价证券投资　　　　　　　　　　　　　　　　28 000 000
　　贷：基金余额　　　　　　　　　　　　　　　　　　　36 185 000

（2）终生收益基金。终生收益基金（Life Income Funds）是授予人规定只以基金的收益支付给指定受益人，供其有生之年享用，受益人去世后，按约定将该基金转入其他基金或交由校方处置。在终生收益基金下，唯有基金的收益才能给予受益人，因此，每期支付给终生收益基金受益人的数额是不固定的，也不必计算现值。

高等院校在接受捐赠设立终生收益基金时，应借记"现金"等，贷记"基金余额——终生收益基金"。用终生收益基金投资时，应借记"投资"，贷记"现金"。取得投资收益时，应借记"现金"，贷记"应付终生收益"。把基金收益支付给受益人时，应借记"应付终生收益"，贷记"现金"。年金与终生收益基金增减变动及余额情况应分别在大专院校资产负债表和基金余额变动表中披露。

9. 高等院校的财务报表

在美国，高等院校根据公认会计原则编制的财务报表包括：流动基金收入、支出及基金余额变动表和合并资产负债表等。表 15 - 2 给出了一所高等院校的资产负债表，我们以此为例介绍高等院校主要财务报表的构成。

表 15 - 2　　　　　　　　　　　某高等院校资产负债表

2008 年 9 月 30 日　　　　　　　　　　　　　　　　　　单位：美元

资产	金额
流动资产：	
现金和现金等价物	4 571 218
短期投资	15 278 981
应收账款净额	6 412 520
存货	585 874
债券信托存款	4 254 341
应收票据和抵押款净额	359 175
其他资产	432 263

续表

流动资产合计	31 894 372
非流动资产:	
限定用途现金和现金等价物	24 200
留本基金投资	21 584 723
应收票据和抵押款净额	2 035 323
房地产投资	6 426 555
资本资产净值	158 941 329
非流动资产合计	189 012 130
资产合计	220 906 502
负债	
流动负债:	
应付账款和应计债务	4 897 470
递延收入	3 070 213
一年内到期的长期负债	4 082 486
流动负债合计	12 050 169
非流动负债:	
存款	1 124 128
递延收入	1 500 000
长期负债	31 611 427
非流动负债合计	34 235 555
负债合计	46 285 724
净资产	
投资于资本资产, 扣除相关债务	126 861 400
限定用途净资产:	
不可支用部分:	
奖学金和助学金	10 839 473
研究	3 767 564
可支用部分:	
奖学金和助学金	2 803 756
研究	5 202 732
教导部门使用	938 571
贷款	2 417 101
资本资产项目	4 952 101
偿还债务	4 254 341

续表

其他	403 632
未限定用途净资产	12 180 107
净资产合计	174 620 778

15.3　西方医院会计

15.3.1　医院会计与财务报告原则

西方国家的医院根据其设立的目的不同，可分为非营利性医院和营利性医院。我们重点关注的非营利性医院又可根据其创办主体不同，分为政府创立的公立医院和社会各界出资创办的私立医院。非营利医院中，政府出资创办的公立医院通常作为政府的一个公营事业机构，其会计处理遵循政府会计准则委员会（GASB）制定的准则和其他公告。由社会各界出资创办的私立医院则执行财务会计准则委员会（FASB）发布的准则和其他公告。但由于财务会计准则委员会主要制定企业会计准则，对于非营利组织，包括医院、大专院校及其他类型的非营利组织，至今尚未建立和形成一套完整的、可供这些非营利组织遵循的公认会计原则体系。目前美国医院会计遵循的公认会计原则主要来源于美国医院协会（american hospital association）、美国保健财务管理协会（healthcare financial management association）和美国注册会计师协会所发布的有关公告。美国医院协会和保健财务管理协会都鼓励其成员遵守美国注册会计师协会承认的作为公认会计原则的各种会计原则的各种会计准则及其他文告提供对外财务报告，并接受审计师的年度审计。

医院的基金会计

（1）普通基金会计。根据美国注册会计师协会85-1号公告提供的定义，普通基金是指捐赠者或者其他资源提供者未限定将资源用于特定目的而设立的基金，包括医院管理当局可用于任何目的的资源和资源提供者以外的外部团体和医疗服务单位签订协议而限定用途的资源。

相对于限定性基金而言，普通基金会计具有以下几个方面的特点。

普通基金主要反映可用于医院所有业务活动的非受限性资源及相关债务，其核算内容包括非限定性流动资产、固定资产、资源提供者以外的人士或团体限定用途的资产和代理他人持有的资产等。其中，资源提供者以外的人士或团体限定用途的资产是指医院董事会指定用途的资源，或作为债券契约、信用协议、第三方补偿协议或其他类似安排而限定用于特定用途的资源，但不包括被捐赠人或拨款人限定用途的资源。代理他人持有的资产是以医院为受托人，接受其他机构或个人委托而持有的资产。所以，医院的普通基金与政府或高等院校的普通基金不同，它包括了所有非限定性的资产和负债，即包括长期资产和长期负债。

医院在提供医疗服务的过程当中发生的所有事项，包括收入、费用、利得或损失等应采用应计制基础核算。医院的普通基金会计需要运用递延、应计、配比、摊销等会计程序和方法，把一切影响医院财务结果的交易和其他事项及情况都在其发生期间记录，如固定资产折旧、应计收入、应付费用，应摊销券折价或溢价、坏账准备提取等都是采用应计制会计的典型业务。

医院日常业务发生的运营活动发生的收入，费用及非运营利得或损失应全部在普通基金中记录或反映。

①收入。医院日常业务运营活动的收入可根据其来源不同划分为医院收入和其他业务收入。其中，医疗收入是医院的主营业务收入，它单设一个账户，反映应向患者收取的或实际收取的患者医疗费总额。在收费过程中发生的医院对患者收费的减免、雇员的折扣、慈善性折扣、根据合同对收费所做的调整等事项，性质上属于收入的调整（主要是收入的抵减），应单设一个收入调整账户反映，而不应确认为费用。其他业务收入是指与向患者提供医疗服务有关的其他收入，如病房收入、餐饮收入、医疗培训收入以及基金间转账业务产生的收入。此外，为慈善患者护理而向医院捐赠或拨款也应作为收入报告。

②费用。医院发生的各种费用可以根据其用途分为护理服费、管理费用、财务费用、一般服务费、其他专业服务费、折旧费用等。这几类费用均应设置专门账户予以反映。

③非运营利得或损失。非运营利得或损失是指医院正常业务以外取得的收益或发生的损失，如投资收益、限定性基金收益、转入捐赠、捐助物资或捐赠劳务、固定资产清理收益或损失。

医院管理当局指定于特定目的，如管理当局指定用于医院房舍的扩建、偿债或捐赠等资源，应在普通基金中核算。这是因为即使管理当局对资源作了用途的限定，但他并不会改变这些资源非限定性的性质，也不形成单独的资金。它实质上是将一部分普通基金余额作了限定或分离，管理当局有权予以取消，所以它不是合同性或法定性资源，仍应当留在普通基金中核算。但是，为了反映管理当局的限定，这部分资产及与之相关的债务应与一般的普通基金资产和负债分开记录，基金余额也应分别按照限定用途和未限定用途分开列示，待限定取消或结束时予以转回或注销。

普通基金会计核算举例：

【例15－6】某医院2008年日常活动中发生如下业务：

①向患者收取医疗费6 000 000元。其会计记录为：

借：应收账款　　　　　　　　　　　　　　　　6 000 000

　　贷：医疗收入　　　　　　　　　　　　　　　　　6 000 000

②医院本年度共购进材料物料用品等存货200 000元，款项尚未支付。其会计分录为：

借：存货　　　　　　　　　　　　　　　　　　200 000

　　贷：应付账款　　　　　　　　　　　　　　　　　200 000

③本年度发生的各项费用如下：一般服务费600 000元，护理服务费800 000元，其他专业服务费580 000元，财务费用180 000元，管理费用260 000元。以上各项费用均已银行存款支付。其会计分录为：

借：一般服务费　　　　　　　　　　　　　　　600 000

　　护理服务费　　　　　　　　　　　　　　　800 000

其他专业服务费	580 000
财务费用	180 000
管理费用	260 000
贷：现金	2 420 000

④本年度获得普通基金投资收益 15 000 元现金。其会计分录为：

借：现金 15 000
　贷：非运营利得——普通基金投资收益 15 000

⑤本医院年度报废一台医疗设备，成本为 130 000 元，已计提折旧 80 000 元。其会计分录为：

借：累计折旧——设备 80 000
　非运营损失——固定资产清理 50 000
　贷：设备 130 000

（2）限定性基金会计。

①专用基金。专用基金是捐赠人或其他资源提供者限定用于特定经营目的的基金。其会计核算的要点为：不核算收入和费用；记录影响基金一切事项的财务结果时，增加（或减少）专用基金余额；医院按规定使用专用基金时，需将资金从专用基金余额转至普通基金，在普通基金中记入"非运营利得"账户，同时在普通基金中记录发生的相关费用。

先举例说明专用基金会计的核算。

【例 15－7】某医院 2008 年专用基金发生了如下业务：

收到某捐赠者指定用于医院核磁共振设备改良的限定性捐款 500 000 元。其会计分录为：

借：现金 500 000
　贷：专用基金金额——捐赠 500 000

用专用基金 300 000 元购买债券。其会计分录为：

借：投资——债券 300 000
　贷：现金 300 000

为弥补慈善减免造成的收入损失，转给普通基金 50 000 元。

在专用基金中，应作会计分录如下：

借：专用基金余额——转入普通基金 50 000
　贷：应付普通基金款 50 000

在普通基金中，应作会计分录如下：

借：应收专用基金款 50 000
　贷：合同性调整 50 000

②留本基金。留本基金是资源提供者提供的需永久或定期保存的本金资源。留本基金可根据其限定条件的不同分为永久性留本基金和暂时性留本基金。其中，暂时性留本基金又可分为限定时间的暂时性留本基金和限定用途的暂时性留本基金。暂时性留本基金在超过限定日期后或按限定用途使用后应将资源转入其他各类相应的基金中。

下面举例说明留本基金会计的核算。

【例 15 -8】某医院 2008 年留本基金发生了如下业务：

接受地方政府捐款 1 500 000 元，按规定该项捐款的本金要永久保存。其会计分录为：

借：现金　　　　　　　　　　　　　　　　　　　1 500 000

　　贷：留本基金余额——永久性留本基金　　　　　　　　　1 500 000

收到留本基金投资取得的收益 200 000 元，按资源提供者的限定，将投资收益中的 150 000 元用于固定资产的重置和扩充，另外 50 000 元未作限定。

记录投资收益的取得，其会计分录为：

借：现金　　　　　　　　　　　　　　　　　　　200 000

　　贷：留本基金余额　　　　　　　　　　　　　　　　　200 000

记录留本基金收益转出，其会计分录为：

借：留本基金余额——转出　　　　　　　　　　　200 000

　　贷：现金　　　　　　　　　　　　　　　　　　　　　200 000

在固定资产重置及扩充基金中，记录限定用于固定资产重置及扩充的 150 000 元投资收益，其会计分录为：

借：现金　　　　　　　　　　　　　　　　　　　150 000

　　贷：固定资产重置及扩充基金余额——留本基金收益转入　　150 000

在普通基金中，记录未限定用途的 50 000 元投资收益，其会计分录为：

借：现金　　　　　　　　　　　　　　　　　　　50 000

　　贷：非运营利得——留本基金收益转入　　　　　　　　　50 000

③固定资产重置及扩充基金。固定资产重置及扩充基金是指由资源提供者限定用于固定资产重置和扩充的资源，但不包括那些由医院管理当局指定用于固定资产重置及扩充的资源。医院管理当局指定的这部分资源直接在普通基金中核算。捐赠人或援助者提供给医院限定用于固定资产重置或扩充的财务资源时，应贷记"固定资产重置及扩充基金余额"。在符合捐赠人规定的支出条件时，应按取得的固定资产数额在普通基金中借记资产账户，贷记基金余额，同时，冲减固定资产重置及扩充基金中的资产及基金余额。类似地，捐赠给医院的固定资产在使用前，也应在固定资产重置及扩充基金中记录。投入使用后，应从固定资产重置及扩充基金转入普通基金。当医院按资源提供者所附条件购置固定资产时，这部分资金应从固定资产重置及扩充基金中支付。在会计核算时，应将资金从固定资产重置及扩充基金转入普通基金，同时，所购置的固定资产也在普通资金中核算。固定资产重置及扩充基金暂时闲置的基金可用于投资，如购买有价证券，其投资收益应按规定在相应基金中记录。一般情况下，投资收益应增加基金余额。医院固定资产应以历史成本记入普通基金，并计提折旧，同时在财务报告中披露固定资产的估价基础及折旧政策。

现举例说明固定资产重置及扩充基金会计的核算。

【例 15 -9】某医院 2008 年固定资产重置及扩充基金发生如下业务：

收到某企业捐赠款 800 000 元，按约定这笔捐赠款指定于购置医疗设备。其会计分录为：

| 借：现金 | 800 000 |
| 　　贷：固定资产重置及扩充基金余额 | 800 000 |

用固定资产重置及扩充基金 500 000 元购买医疗设备。

在固定资产重置及扩充基金中，记录医疗设备的购置。其会计分录为：

| 借：固定资产重置及扩充基金余额 | 500 000 |
| 　　贷：现金 | 500 000 |

在普通基金中，记录购置上述医疗设备新增的固定资产。其会计分录为：

| 借：设备 | 500 000 |
| 　　贷：普通基金余额——限定性余额 | 500 000 |

15.3.2　医院的财务报表

根据美国注册会计师协会颁布的《医院审计指南》的规定，医院需编制的主要财务报告包括财产负债表、业务运营情况表、现金流量和基金余额（或净资产）变动表及报表附注。我们以某医院 2008 年的资产负债表为例介绍医院资产负债表的构成内容（见表 15 - 3）。

表 15 - 3　　　　　　　　　　　　　　某医院资产负债表

2008 年 9 月 30 日　　　　　　　　　　　　　　　　　单位：美元

普通资金	
资产	
流动资产	
现金	1 620 000
应收账款	1 190 000
减：坏账准备	90 000
应收专用基金款	20 000
预付费用	30 000
存货	10 000
流动资产合计	2 780 000
非流动资产	
投资	500 000
限定用途资产	60 000
非流动资产合计	560 000
固定资产	
土地	3 300 000
建筑物	7 800 000
设备	6 350 000

续表

固定资产合计	17 450 000
减：累计折旧	2 050 000
固定资产净值	15 400 000
资产总计	18 740 000
捐赠人限定基金	
专用基金	
现金	480 000
投资	350 000
资产合计	830 000
留本基金	
现金	1 100 000
投资	1 580 000
利息应收	105 000
资产合计	2 785 000
固定资产重置及扩充基金	
现金	60 000
投资	2 100 000
资产合计	2 160 000
普通基金负债及基金余额	
流动负债	
应付账款	1 020 000
应付薪金	130 000
应付利息	98 000
流动负债合计	1 248 000
长期负债	
应付抵票据	1 600 000
长期负债合计	1 600 000
负债合计	2 848 000
基金余额	
未限定用途	1 968 600
限定用途	13 906 000
负债及基金余额合计	18 740 000
捐赠人限定基金负债及基金余额	
专用基金	
应付普通基金款	26 000
基金余额	804 000
负债及基金余额合计	830 000

留本基金	
基金余额	2 785 000
负债及基金余额合计	2 785 000
固定资产重置及扩充基金	
基金余额	2 160 000
负债及基金余额合计	2 160 000

从上面给出的医院资产负债表可以看出，医院的资产负债表不同于企业，整张报表是按不同的基金类别分别列示的。从构成上看，资产负债表由两部分构成：一是普通基金的资产、负债和基金余额；二是限定性基金所包括的专用基金、留本基金和固定资产重置及扩充基金的资产、负债和基金余额。但无论是哪一类基金，都严格按照会计恒等式"资产 = 负债 + 基金余额"来编制。

15.4 自愿健康和福利组织及其他非营利组织会计

1978 年美国注册会计师协会的会计准则发布了《见解公告》（SPO）78—10《某些非营利组织的会计原则和报告实务》。其中指出其他非营利组织为包括除医院、高等院校、自愿健康和福利组织、主要为其成员或股东的经济利益经营的企业型的非营利组织以外的所有非营利组织。显然，最不容易与其他非营利组织区分的就是自愿健康和福利组织，因而，我们将两者并列为一部分内容进行介绍。

自愿健康和福利组织与其他非营利组织会计与财务报告原则

从 20 世纪 60 年代起，自愿健康和福利组织与其他非营利组织的会计准则经历了几次演变。20 世纪 60 年代中期，美国注册会计师协会开始成为这些组织制定会计准则的中坚力量。目前，关于包括自愿健康和福利组织与其他非营利组织在内的一切私利非营利住址使用的权威指导文件，是 1993 年 6 月财务会计准则委员会发布的《财务会计准则第 116 号公告》"捐赠收入和捐赠支出会计"（Accounting for Contribution and Contribution Made）和《财务会计准则第 117 号公告》"非营利组织财务报表"（Financial Statements of Not-for-Profit Organizations）。

15.5 自愿健康和福利组织及其他非营利组织的特征

15.5.1 自愿健康和福利组织

自愿健康和福利组织的成立是为了向社会各阶层以免费或少量收费的方式提供各种健康、福利和社区服务，其资金来源于公众的自愿捐赠，享有免税权，为公众利益服务，主要由公众捐赠维持，并且不以营利为目的。因此，自愿健康和福利组织区别于其他非营利组织的特征如下：

目的，满足社区健康、福利或其他社会服务需要；

自愿行，免费，或只收取与所提供的服务相比极少量的费用；

与资源提供者的关系，自愿健康和鼓励组织的资源提供者不是服务的主要接受者或受益人。

有些其他非营利组织可能会提供与自愿健康和福利组织相似的服务，但其他非营利更多的是通过向服务的主要接受者收取使用费或会员费的方式提供服务的。

15.5.2　其他非营利组织

根据美国注册会计师协会《见解公告》（SOP）78—10，其他非营利组织不包括：医院。高等院校、自愿健康和福利组织和以股利、低成本等形式为其成员或股东谋取直接经济利益，本质上是营利性质的非营利组织。也就是说，其他非营利组织是指以下几种类型的组织和其他一些真正非营利的组织。其主要包括：公墓组织、公民组织、联谊组织、图书馆、博物馆、其他文化机构、艺术表演组织、政党、私人或社区基金会、私立小学或初中、职业协会、宗教组织、科研组织、动物保护协会。

15.6　自愿健康和福利组织及其他非营利组织的会计核算特点

15.6.1　会计确认基础

自愿健康和福利组织以及其他非营利组织要求采用权责发生制作为会计确认的基础，即要求核算收入和费用，也可以采用其他基础，如收付实现制记账，而在期末按公认会计原则进行调整。

15.6.2　基金会计

《财务会计准则第 117 号公告》及以前的文件不要求非营利组织采用基金会计，但是许多自愿健康和福利组织以及其他非营利组织在接受了限定目的的赠与和捐款后，都采用基金会计来保证和证明他们对这类限定的责任。一个组织拥有的限定用途资源数额越大，基金会计在加强财务控制和会计责任方面所起的作用就越显示出来。自愿健康和福利组织以及其他非营利组织的基金会计没有具体要求采用何种基金结构，也不允许用基金报告来代替汇总报告，故在此不做详细阐述。

15.6.3　净资产分类

《财务会计准则第 117 号公告》规定，自愿健康和福利组织以及其他非营利组织采用的会计等式为：资产 = 负债 + 净资产，并要求将净资产分为三类进行报告。这三类净资产分别为：

　　未限定用途净资产，未做暂时或永久限定用途的一类净资产（包括曾经是暂时限定用途，后因捐赠条件满足而解除限定的资产）；

　　暂时限定用途净资产，捐赠者对捐赠资源做了时间或用途上的限定的一类净资产；

　　永久限定用途净资产，捐赠者对资源的用途做了永久性的限定，即限定不会随时间的消逝或组织的行为而解除。

15.7　自愿健康和福利组织及其他非营利组织财务报告举例

　　《财务会计准则第 117 号公告》要求自愿健康和福利组织以及其他非营利组织提供的财务报表有：财务状况表、资产负债表、业务表和现金流量表。此外，自愿健康和福利组织还必须提供职能费用表。

　　下面我们给出某自愿健康和福利组织以及其他非营利组织资产负债表的示例（见表 15 - 4）。

表 15 - 4　　　　　　　　　　**某自愿健康和福利组织资产负债表**

2008 年 9 月 30 日　　　　　　　　　　　　　　　　　　　　　　单位：美元

	2008 年	2007 年
资产		
现金（和现金等价物）	227 000	125 000
应收捐赠承诺（扣除坏账准备为 2008 年 $14 000，2007 年 $4 000）	76 000	46 000
应收利息	—	2 000
材料及材料物资存货	7 800	3 000
投资	90 000	90 000
限定固定资产用资产	15 000	270 000
土地	50 000	50 000
建筑物及其改良（扣除累计折旧，分别为 $14 000 和 $154 000）	466 000	280 000
设备（扣除累计折旧，分别为 $56 000 和 $85 000）	290 000	115 000
限定留本用资产	411 900	445 000
资产合计	1 687 700	1 426 000
负债和净资产		
负债		
应付账款	25 000	28 000
应付工资	3 000	—
应付抵押款	165 000	205 000
负债合计	193 000	233 000
净资产		
永久限定用途净资产	411 900	345 000
暂时限定用途净资产		
用于研究	7 500	15 000

续表

	2008 年	2007 年
用于教育	84 000	24 000
用于固定资产	150 000	270 000
用于留本基金	—	100 000
用于以后年度	55 000	22 000
暂时限定用途净资产合计	296 500	431 000
为限定用途净资产		
指定用于资本支出	—	100 000
指定用于留本基金	50 000	—
投资于固定资产	560 000	240 000
未指定用途	176 300	77 000
未限定用途净资产合计	786 300	417 000
净资产合计	1 494 700	1 193 000
负债和净资产合计	1 687 700	1 426 000

本 章 小 结

　　西方非营利组织近年来发展得非常迅速，无论是规模还是数量都取得了长足的发展。非营利组织在社会经济中也发挥着越来越重要的作用。

　　本章在概述西方非营利组织活动特点的基础上，重点对西方高等院校、医院、自愿健康和福利组织及其他非营利组织的会计基本原理和财务报告构成作了介绍。西方高等院校和医院虽区分为公立和私立两大类型，但在会计核算上主要采用基金会计模式。自愿健康和福利组织大多数都是私立的，本章在讨论了这些组织的基本特征的基础上，着重介绍了它们有别于高校和医院会计的核算特点。

复习思考题

1. 试分析西方非营利组织的业务活动特点。
2. 试分析非营利组织在当今社会中扮演的角色和发挥的作用。
3. 简述西方高等院校基金设置。
4. 高等院校的财务报表包括哪些？
5. 西方医院会计设置的基金类型有哪些？
6. 西方医院普通基金会计的特点有哪些？
7. 什么是自愿健康和福利组织？
8. 试述自愿健康和福利组织与其他非营利组织的特征。
9. 自愿健康和福利组织以及其他非营利组织会计的核算特征有哪些？

参 考 文 献

1. 常勋，常亮著．国际会计（第八版），厦门大学出版社，2010

2. 郭玲，王国茹 美国会计准则的发展对中国会计准则的启示 [J]．河南商业高等专科学校学报，2005.18（5）

3. 董南雁，张俊瑞．美国会计准则超载的透视与启示 [J]．西安交通大学学报：社会科学版，2007.27（3）

4. 张流注．浅议美国会计模式 [J]．财务视点．2004.01

5. 徐黎．美国会计监管方式转向对我国的启示 [J]．财会研究，2006.11

6. 王延祥．美国会计模式——竞争市场经济会计模式．经济研究导刊，2010.14

7. 李充．法国会计体系及改革动向．财务与会计，1998.07

8. 赛娜．中日会计准则制定机制的比较．北方经济，2007.08

9. 赛娜．中国和日本会计资格考试制度的对比研究．北方经济，2008.11

10. 赛娜．日本注册会计师考试改革介绍．中国注册会计师，2011.07

11. Lee H. Radebaugh；Sidney J. Gray；Ervin L. Black. 国际会计与跨国企业．机械工业出版社，2003.05

12. 常勋，常亮著．国际会计．东北财经大学出版社，2008

13. 郝振平编著．国际会计。立信会计出版社，2010

14. Christopher Nobes ；Robert Parker. 比较国际会计，东北财经大学出版社，2005

15. 周晓红，方红星主译．国际会计学 [M]．东北财经大学出版社，2000

16. 王松年编著．国际会计前沿 [M]．上海财经大学出版社，2001

17. 郝振平著．国际会计 [M]．立信会计出版社，2005

18. 常勋著．国际会计 [M]．厦门大学出版社，2004

19. 查尔斯·H·吉布森，胡玉明主译．财务报表分析 [M]．东北财经大学出版社，2011.08

20. E. Richard Brownlee II, Kenneth R. Ferris & Mark E. Haskins. *Corporate Financial Reporting* by McGraw – Hill Higher Education，Fourth Edition

21. Financial Accounting Resarch System Academic Version 2001

22. Paul Pacter：Convergence：The Benefits and Implementation Issues January. 2003

23. 孟焰著．管理会计理论框架研究．东北财经大学出版社，2007

24. 余绪缨著．管理会计学．中国人民大学出版社，2003

25. 安东尼著．管理会计学．北京大学出版社，2005

26. 汪涛，万健坚编著．西方战略管理理论的发展历程、演进规律及未来趋势．外国经济与管理，2002

27. 常勋著．国际会计．厦门大学出版社，2001

28. 郝振平编著．国际会计．立信会计出版社，2001

29. 高璐主编．国际会计．经济科学出版社，2001

30. 潘淑娟著．金融发展、开放与国际金融衍生工具．中国金融出版社，2003

31. 乔伊，米勒著，常勋和陆祖汶等译．国际会计．立信会计图书用品社，1988

32. Aliber，R. Z. and Stickney，C. P.（1975）"Measures of foreign exchange exposure" Accounting Review，January.

33. Abdallah，W. M.（1989）International Transfer Pricing Policies，Quorum Books.

34. Belkaoui，A. R.（1994）International and Multinational Accounting，The Dryden press，chapter 8.

35. 吴应宇，陈良华主编．公司财务管理．石油工业出版社，2003

36. 吴开主编．财务会计．机械工业出版社，2000

37. 周红，王建新，张铁铸编著．国际会计准则．东北财经大学出版社，2008

38. 陈竹梅编著．财务报表分析．东北财经大学出版社，2010

39. 居尔宁，陈玉箐，吴开，黄奕编著．国际会计学．立信会计出版社，2004

40. 杨周南，赵纳辉，陈翔，蔡东，易晴，居尔宁译著．现代会计信息系统．经济科学出版社，1999

41. 常丽，何东主编．政府与非营利组织会计．东北财经大学出版社，2009

42. Lee H. Radebaugh；Sidney J. Gray；Ervin L. Black 著，国际会计与跨国企业．机械工业出版社，2008

43. 郝振平著．国际会计．立信会计出版社，2009

44. Christopher Nobes；Robert Parker 著，比较国际会计．东北财经大学出版社，2010

45. 杨志清著．国际税收理论与实践，北京出版社，1998

46. James W. Pratt & Willam N. Kulsrus. *Individual Taxation*，ARC Publishing Company，2002 edition

47. Worldwide Tax Guide by Ernst & Young 2002